인간의 생존
집단의 경쟁

일러두기

상식이 무너진 사회에서 이익 카르텔과
불공정으로 손해 보는 사람들의 생각

인간의 생존
집단의 경쟁

조남수 지음

바이북스
ByBooks

상식이 무너진 사회에서

이익 카르텔과 불공정으로 손해 보는 사람들

아무리 노력해도 빈곤에서 벗어나지 못하는 서민들을 대신하여

제20대 대통령 후보와 국민에게 전하는 생존의 메시지

머리말

한국전쟁의 폐허 속에 허리띠 졸라매고 근검절약하여 대한민국의 성장의 발판을 마련한 오늘의 노인세대는 요양병원에서 가족과 떨어져 죽을 날을 기다리는데 이 나라를 짊어진 중년세대는 이념의 갈라치기와 부의 양극화로 공정과 상식이 무너진 사회에서 진영을 쫓아 진보와 보수로 나뉘어 대결하고 미래의 청년세대는 취업난과 뛰는 부동산 가격에 삼포 세대가 되거나 영끌이라도 해서 집을 마련하려 안간힘을 쓰고 있다.

코로나에 자영업자 소상공인은 절망의 막다른 길에 내몰렸는데도 정치판은 말로만 협치와 소통이고 염치는 어디 가고 내로남불만 횡행한다. 북한 핵의 위협과 미중의 갈등 속에 문재인 정부의 군사외교정책은 기본적으로 불안해 보이고 국토의 10%에 인구 50%의 과밀수도권 때문에 생기는 서울의 아파트 가격 폭등의 근본해결은 지방의 균형발전인데 근본처방은 하지 않고 26번의 땜질 처방만 남발하였다.

새만금 추진에 열정을 바쳤던 사람으로 국가안보와 부동산 안정에 새만금을 통한 역발상 대안을 제시하였고 가족의 뇌졸중 후유증으로 인한 고통을 겪다보니 현행 의료체계에 대한 문제점에 대하여 대안을 제시하지 않을 수 없었다.

내가 지금까지 살아온 소소한 경험과 짧은 생각이라도 살아가야 할 날이 많은 사람들에게 조금은 도움이 되지 않을까 생각하여 책을 펴낸다.

조남수

제2부 - 갈등과 상생

제3부 – 국민의 위기와 대안

에이스 하이테크 시티

유기물의 결정체인 사람이 과학기술의 발전으로 무기물의 반도체를 만들어 내고 결국에는 AI에 지배당하는 시대가 언젠가는 오리라고 보고 있다. 그러나 AI에 세상의 주도권을 준다 해도 언젠가는 또다시 유기물 존재인 인간이 그 위치를 회복할 것이다. 사람들은 자칫 AI로 인하여 인류의 멸종이 올 수 있다고 걱정하나 그렇다고 절망하지 않아도 되는것은 바로 주역의 가르침이 있기 때문이다.

일음일양지위도 계지자선(一陰一陽之謂道 繼之者善). 한 번은 음하고 한 번은 양한다. 이것을 계승한 것이 선이요, 이것을 형성하는 것이 사람의 본성이다. 그것을 천지자연의 도라고 한다는 주역의 괘사전에 나오는 세상의 이치 때문이다. 한 번은 음하고 한 번은 양한다. 인공지능의 시대가 오는 것은 바로 유기물과 무기물의 교체일 따름이지 다른 한쪽이 완전히 없어지는 것은 아니기 때문이다.

1부

생존

1장
인간의 생존

1. 인간의 출현

100만 년 전 숲에서 열매만 따먹던 인류의 조상이 나무에서 내려와 주변의 적들이 두려워 일어서 살피다가 직립보행을 하게 되었고 호기심에 나뭇가지나 돌을 가지고 놀다가 연장으로 사용하기 이르러 이를 가지고 적을 무찌르고 사냥까지 하기 시작하였다. 직립을 하다 보니 빨리 도망갈 수 없고 강한 손발톱을 가진 짐승을 제압할 힘이 없었기에 서로 무리를 이루어 서로 협동하지 않으면 야생동물을 사냥할 수가 없었다. 생존과 필요에 의해 서로 의사 전달하려고 목소리를 내다보니 언어로 발달했으며, 우연하게 불을 지피다보니 불을 무서워하지 않고 이를 이용하면서부터 누구도 두렵지 않은 동물 중에 최강자로 올라서게 되었다.

서로의 먹이사슬로 묶여 있던 동물과 식물은 숲이 소멸되면 같이 소멸되었지만 인간은 스스로 그 사슬을 끊고 나와서 홀로 생존할 수 있는 길을 택한 것이다. 만약 원숭이처럼 숲에서만 머물렀다면 전 세계로 퍼져나가지 못하였고 빙하시대에 살아남지 못했을 것이다. 맘모스를 사냥했고 순록을 잡아 그 외피를 가지고 혹한의 추위를 견뎌냈던 고대인들이 빙하시대가 끝나고 기온이 따뜻해지자 씨를 뿌려 곡식을 얻는 방법을 알게 되어 사냥을 위해 먼 길까지 돌아다니지 않아도 되었고 한곳에서 머무는 농경사회가 시작되었다. 이로써 농사에 물을 공급할 수 있는 강가에서 인류의 문명이 탄생하게 되었다. 4대 문명의 발상지는 이처럼 물을 이용할 수 있어 농사를 지으면서 삶의 터전이 시작되었고 가족에서 씨족과 종족으로 커지면서 더 나아가 민족으로 집단화되면서 인간끼리의 투쟁이 시작되었다.

인간의 역사에서는 원래부터 우월한 민족과 열등한 민족이 없었건만 규모를 확대하고 기술을 발전시킨 진보한 민족과 그렇지 못한 뒤떨어진 민족으로 나누어지고 진보된 민족이 뒤처진 민족을 침략하고 수탈하는 시대가 세계 도처에서 열리게 된 것이다. 수렵에서 농사로 전환하다 보니 정착촌이 생겨나고 씨를 뿌려 곡식을 거두고 주식을 삼으니 송곳니는 퇴화되고 어금니는 발달하였고 먼 곳으로 사냥 나가는 대신 사냥감을 집에서 가축으로 사육하여 고기를 얻게 되었다.

이러한 고대 인류 문명의 발달사는 누구나 다 아는 상식에 속하지만 논조의 핵심은 인간의 생존은 집단화를 이루면서 가능했고 그러한 집단화에 승리한 세력은 싸움에 능하여 국가를 만들어 지배집단에 속하게 되고 이에 들지 못한 사람들은 피지배층이 되어 지배세력에 복속하게 되었다는 사실이다. 봉건국가에서 군주와 농민이 근대국가에서는 정치세력과 시민들로 나누어지고 국가끼리도 강대국과 약소국으로 나누어져 이해관계에 따라 연합과 연대가 형성되어 이익을 뺏고 빼앗겼다.

20세기 들어서면서 크나큰 역사 진통이었던 러시아 공산주의도 피지배층인 노동자 농민의 저항으로 시작된 것이지만 왕정이 무너지고 볼셰비키 정권이 지배층으로 진입했더라도 지배 받는 층은 역시 그대로이고 지배하는 층의 사람들만 달라졌다. 사람은 집단을 만들어 집단끼리 계속하여 뺏고 뺏기면서 명멸을 해나가고 있었다. 로마시대에는 전승지에서 잡혀온 사람들은 최하층의 노예가 되었고 중세유럽에서 왕족이나 영주 밑에는 이를 떠받들고 사는 평민이 있었다. 유럽에서 자유를 찾아 아메리카로 이민 온 청교도의 나라, 미국도 드넓은 벌판의 목화와 사탕수수를 재배하기 위해 아프리카의 흑인들을 납치하여 노예로 부려먹었고 우리도 다를 바 없어 조선건국의 이념이 성리학임에도 최하층 평민들의 남성은 상놈이라 하여 양반에 비하여 천한 사람으로 격하시켰고 이보다 더 못한 경제력이 없는 사람들은 노비가 되어 토지처럼 계약서로 사고팔고 하는 사람 아닌 동물 같은 존재였다.

이제 그처럼 인간을 차별하는 시대가 갔다고 하지만 지금도 가진 선진국과 못 가진 후진국가로 나누어지고 나라 안에서도 가진 자와 못 가진 자로 나누어졌다. 사람들이 지배세력이 되려면 뜻을 같이하는 사람들이 뭉쳐 당이나 조직을 만들어 권력쟁취를 위한 싸움을 벌인다. 평화적인 선거를 통해서 정권을 잡는 것이 일반이나 쿠데타를 일으키거나 또는 반란군으로 정부군과 싸워 이겨 정권을 잡기도 한다.

21세기 최악의 비극이 벌어지고 있는 아프가니스탄의 탈레반이나 주변의 IS 역시 궁극적으로는 정권을 잡아 국민들을 지배하는데 있고 그들이 지배집단의 목적을 달성하기 위해서는 더욱 잔악해지고 있어 이러한 지배집단끼리의 권력싸움 때문에 죄 없는 국민들만 살해당하고 핍박당하거나 난민신세가 되고 있다.

코로나로 가난한 국가는 백신이 없어 국민들이 무더기로 죽어 가는데 잘 사는 국가는 우선 자국민 살리자고 3차 접종을 시작했다. 인간의 최고의 가치는 바로 생존인데 가진 자와 못가진 자, 힘 있는 나라와 힘 없는 나라의 비극은 계속되고 있으며 이는 인류가 풀어야 할 숙제이지만 아마 인류가 멸종되지 않는 한 풀리지 않을 인류의 숙명이다.

2. 인간이란?

"인간이란 무엇이냐"라는 물음은 사람으로 태어날 때부터 항상 있어 왔던 질문이었다. 유인원인 호모사피엔스가 인간으로 진화했다는 진화론과 하나님이 흙으로 사람을 만들면서 하나님의 형상대로 사람을 창조하셨다는 창조론이 있다. 달나라를 가는 시대에 아직도 이 문제에 대한 결론이 나지 않고 있다. 전지전능하신 하나님께서 틀리게 말씀하실 일은 없을 것이고 그렇다고 과학계가 이미 고증과 분석으로 정설로 확립한 진화론과의 관계를 창조론은 어떻게 설명할 것인가? 과학계가 정설로 인정하는 우주 탄생의 비밀이 빅뱅이론이라는데 초신성의 가스가 폭발하여 우주를 만들었고 그 우주는 지금도 팽창하고 있다는데 그렇다면 하나님이 가스를 창조하셨다는 말인지 우둔한 필자로는 알 길이 없다.

성경의 창조론은 인간으로서 검증할 수 없는 별도의 팩트 영역을 갖는다고 하더라도 진화론과 창조론의 연결고리가 분명하게 있다고 생각하여 추론을 안 해볼 수 없다. 창조론은 성서에 나온 것으로 창세기에 인간의 조상인 아담과 하와를 창조하였다고 하였다. 따라서 신(神)은 종교적 개념이기에 창조의 개념도 종교적으로 인식해야지 과학적으로 인식하려면 이해할 수 없는 모순에 빠지게 된다. 성서는 종교적인 사실로 하나님의 말씀을 기록한 계시로 진실성이 있다고 볼 때 성서의 기록이 거짓이 아니라 다만 인간이 어리석어 하나님의 계시를 잘 이해하지 못하여 창조의 개념을 올바르게 인식하지 못한 때문이다.

성서에 하나님은 영(靈)하시며 영적인 하나님이 자기 형상대로 인간을 창조하였다고 하였다. 이는 하나님의 본질은 영이며 영적인 신으로 존재하는 하나님이 창조한 인간도 마땅히 영적으로 존재하는 인간이어야 하나 흙으로 빚어 사람의 형상으로 만들되 영을 불어넣어 인간으로 만들었다는 성서의 말씀은 아주 오래전 지구 내에 마그마가 분출하여 식어서 암석이 되고 그 암석이 풍화작용으로 흙이 되어 그 흙을 이용해서 사람을 만든 것이 아니라 주역에서 말한 천인지(天人地)가 상합(相合)한 일원체(一元體)를 말하는 것으로 하늘의 천상(天象(精))이 정신이 되고 땅의 지형(地形(氣))이 본체(本體)가 되어 그 사이의 인도(人道(理))가 성리(性理)가 되어 형성(形成)한 것이 바로 인간이라는 뜻이다.

이에 반해 진화론은 지구상에 존재하는 수많은 생명체 중에 호모사피엔스라는 인간인자(人間因子)의 생명체가 원숭이에서 진화하여 유인원이 되고 그 유인원이 점점 진화하여 오늘의 인간이 되었다는 것이다. 유인원의 일종인 침팬지는 인간에 비해 지능의 차이는 있지만 지능도 있으며 기억도 하고 계산능력도 있다. 인간이 태고에 어떤 생명체로부터 진화하여 유인원이 되고 다시 진화하여 호모사피엔스가 되었으며 그 호모사피엔스가 다시 진화하여 오늘의 인간이 되었다면 이는 진화가 인간을 처음 존재하게 한 원인이 아니라 유인원의 생명체가 인간으로 생성 변화하는 과정적인 변화이기에 진화론은 인간의 기원(起源)은 될 수 있어도 인간을 처음부터 존재하게 한 시원(始源)은 될 수가 없는 것이다.

예를 들어 나비의 알이 유충이 된 다음 번데기가 되고 성충이 되어 아름다운 나비로 변화하는 과정을 진화의 단계로 비유할 수 있는 것처럼 나비의 알 속에는 나비가 될 수 있는 요소가 있었기에 나비가 된 것이며 따라서 나비의 알이나 유충이나 번데기는 나비의 기원으로 삼을 수 있어도 나비의 시원은 될 수가 없다. 시원(始源)이란 태어나게 한 본질을 말하는 것으로 변하는 과정과는 다른 것이다. 하느님 즉 동양철학에서 말하는 태극은 태극의 본질은 천인지(天人地) 삼재(三才)이며 천(天)은 태극의 정신이요. 지(地)는 태극의 본제이며 인(人)은 정신과 본체를 상합시키는 성리(性理)로서 천과 지 사이에 있으므로 인간(人間)이라고 한다.

바꾸어 말하면 하나님의 정신이 인간의 사상이요, 하나님의 본체가 인간의 육신이요, 하나님의 성리가 인간의 인성인 것이다. 그러므로 인간이란 하나님의 인성이 없으면 사람이 아니고 그 인성은 하나님으로부터 만들어진 것이 아니라 동물적 본능만 가졌던 인간이 집단생활과 문명화를 거치면서 숱한 살생과 동물적 본능으로 사는 것이 아니라 서로 사랑하고 상생의 지혜를 깨닫게 되어 이것이 윤리가 되어 하나님에 의해 발현된 것이다. 따라서 기원전 이전의 하나님과 이후의 하나님 그리고 문명사회로 발전하여 근대사회에 이르기까지 하나님은 사람으로 인하여 하나님의 인성은 변화한 것이며 그 인성은 하나님의 본질 속에 계속하여 변하면서 자존하여 있던 것이다.

즉 하나님은 자기의 형상대로 인간을 창조하기 이전에 이미 인성을 수용할 인격체이기 때문에 인간을 만들 수가 있는 것이고 만약 하나임이 인성이 없고 인격체가 아니라면 인간을 만들어도 그것은 인간이 될 수가 없고 예수님 같은 선지자에 대한 계시도 할 수가 없다. 인간으로 인해서 가진 하나님의 인성은 기술의 발전처럼 원시시대와 고대사회와 중세시대와 현대사회와 앞으로의 미래사회를 거치면서 인성은 계속 달라질 것이다. 그 시대 그 지역의 사람들이 인간답게 살려는 사람들이 집단으로 형성된 생각과 염원이 하나님의 인성으로 자리 잡게 되는 것이다. 필자의 이러한 인간에 대한 생각은 사람 같지 않는 사람들이 너무 많기 때문에 드는 생각이다. 사람으로 태어났다고 사람이 아니라 하나님의 인성을 가져야만 사람이라는 것이다.

이러한 인간의 존재에 대한 성찰은 고대사회로부터 계속되어 온 문제들로 사람이기를 포기하고 살인을 저지르는 사람들, 또는 자신의 잇속이나 또는 집단의 이익 때문에 거짓말을 양심의 가책 없이 말하는 사람들이 오히려 출세하고 권력을 움켜쥐는 것에 과연 무엇이 인간의 본질인지 탐구하지 않을 수 없다.

공자가 인의예지를 중시하고 주유천하를 하면서 사람들에게 설파한 대가는 노상에서 찬밥 먹고 상갓집 개 소리를 들어야 했지만 권력을 위해서는 형제를 죽이고 많은 사람을 죽여 당태종에 오른 중국의 이세민이나 조선의 이방원은 형제를 죽이고 살생을 해야만 권력을 쥐고 임금에 오르고 부귀영화를 누렸던 것이다. 이처럼 사람을 속이고 남을 죽여 권력을 움켜쥔 사람들이 성공하는 것이 우리 인간사이다.

얼마 전 우리 사회를 경악하게 했던 정인이 사건처럼 자식을 버리고 부모를 학대하는 사람들, 찰나와 같은 세월인데도 소위 배웠고 학자이고 전문가이고 정치한다는 사람들이 드러난 거짓도 사실이라고 우기고 내로남불하는 염치없는 사람들이 우리 사회를 병들게 하고 있는 것도 현실이다. 이런 사람들이 오히려 삶의 경쟁에서 밀려 막다른 길에서 범죄를 저지르는 피지배층사람들보다 어떤 의미에서는 사회에 주는 해악이 더 크다.

　가족을 보호하고 사랑해야 함에도 등한시하고 책임 없이 방임하는 사람. 공직자가 불공정하게 일을 처리하여 사적이익을 취하는 사람. 이성적 판단보다 감성에 지우치고 동물적 본능에 휘말리는 사람. 개인과 집단이익에 매몰되어 거짓을 말하고 염치를 저버린 사람. 하늘이 부여해준 사랑과 인의로 생활하지 않고 인성을 포기한 사람. 남의 아픔을 외면하고 부정, 부당한 것에도 침묵하는 사람. 주관적인 신념으로 맹신에 빠지고 객관화되고 유기적인 사고를 갖지 못하는 사람. 자력으로 성실하게 일을 하기보다 의존하고 삶의 목표가 없는 사람. 가치관과 철학이 없이 남의 낭설에 부화뇌동하여 부엽초처럼 살아가는 사람들이 사람 같지 않은 사람이다.

　하나님이 흙으로 사람을 만들었다는 성서의 말씀은 도공이 흙으로 도자기를 빚는 것처럼 사람을 만든 것이 아니라 아주 오래전 태곳적에 무기화학물이 복잡한 화학적 작용에 의하여 유기적인 단세포가 생성되고 이것이 다세포를 거쳐 미생물이 되고 이것이 식물과 동물로 진화하면서 다양성의 생물들로 발생하였다는 자연발생설이다. 진화한 인간의 육신을 말할 때 태초에 생명이 물에서부터 태어났다고 하듯이 하느님도 창세기에 태초에 물이 있었다라고 하신 후 그 다음에 빛(불)이 있으라 하신 것은 역학(易學)의 천지창조 수리(數理)에도 제일 먼저 수(水)를 1로 하고, 화(火)를 2로 하고, 목(木)을 3으로, 금(金)을 4로 하여 토(土)는 5가 되되 음양이원론에 의해 수(水)6, 화(火)7, 목(木)8, 금(金)9, 토(土)10 순서로 생하여진 것으로 하나님의 말씀은 물에서 태어나(양수) 불을 얻어(에너지) 나무처럼 자라다가(성장) 쇠처럼 딱딱해져(노화) 흙이 되는(죽음) 것을 말한 것으로 생명을 말할 때는 물부터 시작한다고 볼 수 있다.

그리스 철학자 탈레스도 우주의 본질을 물이라 하였다. 인간은 수화목금토로 생성된 유기화학물에 지나지 않으나 이러한 육신에 교육과 환경으로 하나님의 인성이 형성되고 하나님의 영(靈)으로 살아갈 때 비로소 인간이 되는 것이다. 하나님의 영이란 사람의 형상으로 태어난 인간이 살면서 보고 느끼고 체험하고 깨달아 형성된 수많은 사람들의 생각과 소망이 죽어서 흩어지지 않고 뭉치면서 4차원세계에서 존재하는 파동에너지인 것이다. 인간은 어찌 보면 수소 산소인 물과 질소 탄소인 단백질의 결합체인 유기체 동물에 불과한 것으로 여기에 물이란 수(水)에 국한하기보다 생명운동이 될 수 있는 기본적인 요소인 영원성과 자동성과 변화성을 가진 생명 본체의 개념을 말하는 것이다.

이외에도 지구 밖에 있는 위성이나 다른 천체에 의하여 생명체가 운반되었다는 설도 있지만 이는 논외로 하겠다. 에너지가 넘치는 원시 바닷속에 있던 물고기가 육지로 올라와 포유류로 진화하여 원숭이가 되고 그 원숭이가 호모사피엔스 유인원으로 거쳐 오늘의 현생인류가 탄생한 것과 우리가 말하는 인간과의 차이는 과연 무엇인가? 사람은 사람의 형태를 갖추었다고 똑같은 사람이 아니라 사람으로서 인성을 갖추어야 사람이라 하는 것이다.

그 인성이란 시대에 따라 변하고 자의적으로 형성되는 것이 아니라 우리가 태어나기 이전에 하늘과 땅의 사이에 있었던 인도(人道, 사람의 도리)를 말한다. 하나님께서 말씀으로 세상을 창조하고 인간으로 살아가야 할 십계명을 인간에게 주었듯이 예수, 석가, 공자, 마호메트 4대성인께서도 사람으로 살아가려면 사람으로 지켜야 할 도리가 있다고 말씀하셨으니 예수는 아가페, 석가모니는 자비, 마호메트는 평등, 공자는 인의를 설파하셨다. 이러한 도리는 하느님(太極)이란 하늘의 상(象)과 땅의 형(形)과 인(人)의 리(理)가 상합(相合)한 일원체(一元體)로 하늘은 하느님의 정신(精神)이다. 땅은 하느님의 본체(本體)이며 인간은 하느님의 성리(性理)로 정신과 본체가 성리를 중심으로 상응상합한 일원체가 바로 하느님의 인격체요 그것이 바로 인성이다. "네가 바로 부처이고 네가 바로 하느님이다"라는 말씀이 그래서 나온다. 즉 하나님의 정신은 무형의 영상으로 실재하기 때문에 시간과 공간을 초월하여 영원성이 있는 것이다. 하나님의 본체는 유형의 기상(氣象)으로 실재하므로 지상에서 만물을 형성하는 것이며 하나님의 인격은 성리(性理)를 바탕으로 사랑을 베풀어 덕을 이루는 데 있는 것이다.

필자가 말하는 하느님이란 예수님을 믿으면 천당 가고 안 믿으면 지옥을 가게 만드는 그러한 하느님이 아니라 무시무종으로 처음도 없고 끝도 없으며 불편부당하여 누구에게 치우침이 없고 태극원리에 의해 생성과 소멸의 상생운동으로 생명체를 만들어내는 존재인 것이다.

인간은 동물임에도 동물과 달리 하나님의 인격인 인성을 갖고 있기에 사람들은 누구나 배움으로 인성을 함양해야 하고 도덕을 구현해야 하는 것이다. 따라서 인간이 남을 돕고 사랑하고 바르게 아는 인성을 가지는 것은 동물과 달리 욕심의 한계가 없기에 성인들은 모두가 이를 경계하고 인성을 말하는 것이다. 인성은 착하게 살라는 것이다. 인간의 탐욕은 끝이 없기에 악(惡)에 빠지기 쉽기 때문에 선(善)을 설파하신 것이다. 그 인성은 성인이 직접 만들어 낸 것이 아니라 계시를 받거나 영적 깨달음으로 말한 것이다.

모세가 시내산에서 하나님으로부터 십계명을 받았듯이 마호메트가 히라

산에서 신에게 행해야 할 도리를 계시 받았듯이 석가모니가 보리수나무 아래서 명상 끝에 얻은 진리도 하나님께서 성인들에게 말씀하신 바로 그 인성인 것이다. 그 하나님은 동양학의 주역이 말한 태극이 되기도 하고 기독교의 하나님이 될 수도 있고 불교의 부처님이기도 하다. 동학의 최재우 선생이 말한 인내천(人乃天)의 사상도 바로 하늘의 인성(人性)을 사람이 닮아야 한다는 이야기다. 인성을 포기하고 육신으로만 살아가려는 사람이 너무 많다.

3. 회전이 생명이다

티베트, 인도여행에서 관광코스로 빼놓을 수 없는 산이 수미산이다. 티베트 서쪽 히말리야산맥에 자리 잡고 있는 일명 카일라스(Kailas)산으로 불리우는 산이다. 이 산의 이름인 카일라스는 산크리스트어로 수정(水晶)이라는 뜻이 있는데 해발 6,656m가 온통 바위로 되어 있는 산이다.

힌두교, 불교, 자이나교, 티베트 본교 등 많은 종교인들이 성산으로 떠받드는 산이란다. 산 전체가 하나의 바위로 되어 있어 에너지가 충만한 산으로 인도에서는 시바링감이라는 양의 기운이 가득 차 있기에 음의 에너지인 샥티오니가 주변에 가득 차서 산 주위를 회전하고 있다고 한다.

지구가 태양의 주위를 회전하듯 많은 사람들이 수미산을 순례하면서 우주의 기(氣)를 받으려고 하는데 이것을 코라라고 한다. 지구를 포함한 행성이 태양의 주위를 도는 것을 회전이라고 하고 사람의 기와 혈이 인체에서 도는 것을 순환이라고 한다. 물질의 기본단위인 원자에는 양전하를 띤 원자핵을 중심에 두고 음전하를 띤 전자가 돌고 있다. 생명이 없는 것 주위를 도는 것을 회전이라고 하고 생명이 있는 것 주위를 도는 것을 순환이라고 하는데 회전과 순환은 경계선이 있는 것이 아니라 뫼비우스 띠와 같이 서로 앞뒷면이 되어 자연계와 생명체를 오고가며 돌고 있는 것이다.

지구가 자전하면서 태양의 주위를 돌고 있기에 태양의 거리에 따라 온도 차이가 생기고 이로 인해 바다에는 해류가 돌고 있으며 하늘과 땅에는 대류가 발생하여 물이 하늘과 땅 사이를 순환하고 있다. 일본열도 동해안에 위치한 후쿠시마 원전의 냉각수가 방류되면 쿠로시오 해류를 타고 미 서해안을 따라 다시 돌아서 우리나라에도 영향을 미칠 수 있는 것처럼 이 세상에 돌지 않는 것은 하나도 없다.

공기 중의 질소는 질소의 순환작용에 의하여 무기질소와 유기질소가 되어 서로 돌고 있으며 땅속의 미생물에 의해 고정된 질소가 식물의 영양소가 되고 이것을 동물이 섭취하여 단백질이 되고 동물이 죽으면 다시 미생물에 의해 식물의 질소 영양소가 되어 질소의 돌고 도는 순환이 이루어지고 있다. 지구가 돌고 있으므로 지구에 살고 있는 생명체도 돌고 있는 에너지가 있다. 동양철학에서 말하는 기(氣)의 운동이다. 기는 생명체의 생명주기만큼 시한적이며 생명이 죽으면 기의 활동도 없어진다.

기는 지구에 충만한 광물질이 회전하면서 밀고 당기는 기운에 의하여 발생하는데 이러한 에너지가 인체와 생명체에 존재하는 기운이 된다. 젊었을 때는 기의 활동성이 활발하나 늙으면 기가 쇠락하여진다. 지구가 돌지 않으면 움직이는 기가 없고 따라서 생명체도 생겨나지도 않고 생명체가 없으니 조물주도 하나님도 없게 된다.

사람에게도 기(氣)와 혈(血)이 돌고 있다. 혈관계와 신경계와 임파계만 있는 것이 아니라 기 또한 돌고 도는 경락이 있고 외부의 기가 출입하는 경혈이 있다. 인간이 소우주라 하듯이 1년이 12번의 큰 절기와 365일의 날짜가 있듯이 사람에게도 12경락과 365경혈이 있는데 기 또한 순환하는 과정을 반복하면서 돌고 있는 것이다.

기는 비물질적인 것으로 보이지만 빛의 구성이 입자와 파동이듯 기 또한 입자와 파동이다. 기의 입자가 흩어지면 무형적 형태로 없는 것이 되고 기의 입자가 뭉쳐지면 유형적 형태로 있는 것이 된다. 태양의 빛이 초당 30만km로 지구까지 1억5천 만km를 날아올 때 입자가 날아오는 것이 아니라 우주 공간 자체가 입자와 파동이기에 빛이 날아오는 것이다. 인체에만 기가 있는 것이 아니라 지구와 우주공간에도 기가 충만하다.

동양철학에서 무극이태극(無極而太極)이라 하여 없는 것이 있는 것이라 하였는데 중국의 장자(莊子)는 태초에 무(無)가 있었고 그 하나의 무에서 만물을 시행하여 형상을 가진 개체로서 덕(德)을 이루었다고 하였다.

아주 오래전 선인들에 의해 없는 것이 있는 것이란 철학적 사상은 현대 과학에 의하여서도 밝혀지는데, 영국과학자 J.J.톰슨(1859-1940)은 음극선 실험으로 물질의 기본단위인 원자에 전자라는 입자가 들어 있음을 발견하여 입자와 파동이 같은 것임을 규명하였다. 빨강 빛과 파랑 빛은 서로 다른 진동수를 가지고 있듯 죽은 사람의 영혼도 산 사람과 진동 주파수가 서로 다르기에 보이지 않는다. 주파수가 맞아야 라디오가 들리는 것과 같다.

사람이 태어날 때는 우주에너지인 기(氣)를 가지고 태어나고 부모의 유전적 요소와 오감과 오성작용에 의하여 두뇌활동이 시작되는데 이것을 우리는 생각이라고 한다. 이러한 생각은 기(氣)라는 에너지에 복합적으로 형성되어 생애기간동안 진화되어 사람이 죽으면 육신에서 영(靈)으로 떨어져나와 흩어지는데 영혼들이 완전 소멸되는 데는 통상 100년의 기간이 소요된다고 한다. 이러한 생각을 가진 영혼들이 집합될 때 파동의 원리에 따라끼리끼리 뭉쳐지게 되고 파동이기에 빛을 발산하기도 한다.

밤하늘의 무수한 별들이 은하계나 회전하는 유성만 있는 것이 아니라 사람의 영혼들이 빛을 내는 것이며 옛날 사람들이 많이 보았다는 도깨비불은 동식물의 영혼이라는 선인들의 주장에 필자도 한 표 던진다. 영혼의 진동주파수에 따라 지구권의 영계를 벗어나 외계로 가는 것도 있지만 지구 대기권에 머무는 영혼도 있다. 라디오 중파에 비해 극초단파가 멀리 가는 것과 같고 통신사마다 주파수 대역대가 다른 것과 같다. 영혼도 흩어졌다가 뭉치기를 이승과 저승을 사이에 두고 반복하면서 순환하는 비물질적 생명체가 되어가는 것이고 그러한 엉들의 장구한 역사 속에 인성이라는 집단지성(集團知性)을 형성하여 뭉쳐진 것이 전능하신 하늘의 하나님이 된다고 필자는 생각한다. 그 전능하신 하나님은 지구의 인력이 작용하는 대기권을 초월한 4차원 공간에서 성령(聖靈)으로 존재하리라 필자는 믿는다.

물이라는 분자가 열에 의해 흩어져서 하늘로 올라가 서로 뭉치면서 비가 되어 내리듯이 인간에게도 영의 뭉치고 흩어짐이 그러할 것이다. 양자학으로 물질의 기본단위가 규명되고 정신활동의 메커니즘이 드러난 현대사회에서 동양철학의 음양오행이 진부하기는 하나 그 원리는 같은 것이기에 필자의 생각을 말하지 않을 수 없다. 태극이 음과 양으로 나뉘고 다시 태음, 태양, 소음, 소양으로 만물이 형성되듯 수소와 산소, 탄소와 질소의 네 가지 요소에 의해 유기체의 근본이 되며 무기체(무기질) 도움으로 생명이 유지된다. 식물은 탄소가 체(體)가 되고 질소가 용(用)이 되어 태양에너지(수소)를 이용 이산화탄소를 유기화합물로 합성하고 동물은 질소가 체(體)가 되고 탄소가 용(用)이 되어 호흡(산소)으로 섭취한 유기화합물을 연소시켜 에너지를 얻는다. 수소가 산소를 만나면 생명체가 되는 물이 되지만 그 수소가 염소를 만나면 생명체를 죽이는 염산이 된다. 그래서 생(生)하고 사(死)는 바로 이웃 간이 된다. 산소와 영양분을 가진 혈액이 심장의 심박동으로 인하여 동맥을 거쳐 인체의 미세혈관까지 흩어졌다가 이것이 다시 모여 정맥이 되어 심장으로 다시 오는 과정 또한 지구의 회전과 같이 순환하고 있기에 생명이 유지되고 있다. 생명이나 생태계는 이처럼 분열운동과 통일운동을 반복하면서 살아있는 유기체가 되는 것이다.

기(氣) 또한 무한한 것이 아니고 태어날 때부터 한시적으로 갖고 있는데 하루살이는 하루의 기가 있고 매미는 한 철의 기가 있으나 사람은 백 년 동안 회전할 수 있는 기 때문에 100년의 수명이 정해지는 것이다. 기는 지역에 따라 서로 다른 성질도 갖고 있어 그 지역의 동식물을 특성화 시키고 미생물에도 서로 다르게 발현시킨다.

중국에서 발생한 코로나19가 영국에 가서 영국변이가 되고 인도 델타에 가서는 델타변이가 되는 것은 바이러스 숙주인 사람이 달라서가 아니라 그 지역의 기(파동)로 인해 변형되는 것이다. 바이러스는 무생물과 생물의 중간 단계로 지구의 회전으로 지기(地氣)가 발생하고 이로 인해 그 지기(地氣)와 유기물의 첫 결합체인 바이러스가 생성되고 그 지기는 그 지역이 가진 광물의 자기장의 영향을 받는다.

미국 텍사스 생의학 연구소 루이 마르티네즈-소브리도 교수 연구진에 의하면 코로나 바이러스 유전자에 발광단백질로 실험한 결과 변이종마다 빛을 내는 색깔이 서로 다른 것을 밝혀냈는데 이는 지기(地氣)의 진동 주파수가 달라짐으로써 바이러스가 변이됨을 확신할 수 있다.

지구의 중심인 맨틀은 암석층으로 이루어져 지구 부피의 70%를 차지하는데 지구 중앙의 높은 열로 인해 광물질은 뜨거운 액체 금속이 되어 자기장이 발생하고 그로 인하여 바이러스에서부터 동식물의 생태계의 생명 사이클에 관계가 있다. 사람의 정신도 죽으면 흩어지나 많은 사람들의 소망이나 일관된 의식이라는 파동은 죽은 뒤에 바로 우주공간의 홀로그램 속으로 들어갔다가 지구에 다시 아기로 태어나는 순환의 과정을 밟을 것이다. 정신(情神)도 기와 같이 성장했다가 소멸하는 분열과 통일의 과정을 반복해나가는 것이다.

성서의 창세기에 기원전 이전의 하나님은 같은 사람도 노예로 사는 것을 말씀하셨지만 기원후의 하나님은 예수님을 통해 사람은 모두가 평등하다는 말씀을 하셨으며 앞으로 미래에 계실 하나님께서는 동물은 물론 사람을 도와주는 사람의 피조물인 인공지능로봇도 사람과 똑같이 평등하다고 말씀을 하실 것이다. 필자가 똑똑해서가 아니고 주역에서 말한 간역(簡易), 변역(變易), 불역(不易) 간단하고 평이하며 변화하고 바뀌는 그 법칙은 영원하다는 뜻을 믿기 때문이다.

불교에서도 윤회설이 있는바 사람이 사는 세상은 최하층의 아수라에서 최상층의 제석천까지 33계층 중 하나의 계층에서 살고 있으며 업(業, 카르마)에 따라 오르고 내리고 순환하고 있는 것이며, 사람으로 태어나 죽고 다시 지은 업에 따라 동물로도 태어나고 죽어서 다시 사람으로 태어날 수 있다는 윤회사상도 생명회전을 말하는 것이다. 인간을 만물의 영장이라 한 것은 인간 이외에도 다른 동식물도 영이 있다는 뜻이며 지은 죄업이 많으면 사람의 죽은 영이 동물로 태어나는지는 확인할 방법은 없지만 가볍고 맑은 것은 위로 올라가고 무겁고 탁한 것은 아래로 내려가는 것이 물리법칙이듯이 선한 사람의 영은 위로 올라가고 악행이 있던 사람의 영은 아래로 내려가는 것이라고 추론한다.

기독교의 7요 사상(창세기의 만물을 6일 창조하고 1일 쉰다는 사상)과 동양철학의 기본인 주역의 6단계로 변화하고 지뢰복(地雷復)의 7일 복래(復來)도 이 또한 회전하는 것을 가리킨다. 흔히 말하는 끄트머리는 끝이 바로 머리가 된다는 회전사상을 말하는 것이고 출생과 죽음은 동의어라는 철학적 해석과도 같은 것이다.

사람의 일생은 생로병사하여 태어나고 죽는 것이 둘이 아니고 하나이며 식물의 성장발육과 쇠락소멸은 이 또한 돌고 도는 회전법칙이 깃들어 있다. 그래서 인도에서는 사람이 죽으면 육체에서 빠져나온 영혼이 우주의 자궁인 샥타오니 속으로 들어가고 그 시간은 대강 49일로 계산한다. 영혼에도 7개의 차크라가 있고 차크라 1개당 7회의 회전을 하는데 이것은 영혼이 49일 동안 우주의 자궁 속에 들어가 (그래서 불가의 49제가 있다고 함) 재정비(이것을 종교에서는 심판이라고 함)한 다음 다시 인간의 자궁 속으로 들어가 태어나게 된다는 것이다. 그래서 이러한 우주의 신비를 깨닫기 위하여 많은 수행자들은 수미산을 49번 코라를 하고 있다고 한다. 회전이 바로 생명이다.

4. 인간이 만든 신

"신은 존재하는가?"라는 물음은 예로부터 존재하였고 지금도 던져지는 물음이다. 독일의 철학자 니체는 "신은 죽었다"고 했지만 신은 지금도 존재하고 앞으로도 존재할 것이다. 왜냐하면 인간이 신을 계속해서 만들어 내기 때문이다.

인간의 신은 처음에는 자연계에 존재하는 태양을 위시하여 달과 별을 향한 경외하는 믿음으로 신이 탄생하였다면 원시부족사회에서는 토템신앙이 발달하여 호랑이, 곰, 원숭이 심지어는 뱀까지 숭배의 대상이 되었다. 이는 자연에 대한 두려움과 강하지 못한 인간이 영혼불멸의 바람과 죽은 뒤 내세를 의식한 믿음 때문에 생겨난 것이다. 이러한 동식물을 대상으로 하는 토템신잉은 세계에 각처에 자발적으로 탄생하였고 좀 더 발전된 고대 그리스인들은 제우스, 아폴론, 헤라클레스 등 많은 신들을 만들어 내었으며 신화 속에는 말의 몸과 인간의 머리를 합친 켄타우로스나 뱀들을 머리에 가진 히드라와 같이 다양한 신들도 등장하는데 이는 이후 후세시대에 찬란한 문학 작품의 씨앗이 되었으며 훌륭한 예술의 소재로 이용되고 있다.

인간이 신을 만들기도 하지만 가족과 씨족의 조상을 모시고 기리고 제사하는 것이 동서양 문화권에서 정착되었으며 이외에도 나라와 민족에 큰 영향을 미친 인물까지 신의 반열에 올려놓고 숭배하기에 이르렀다. 삼국지의 관운장이 대표적으로 그는 죽은 뒤에 사당에 모셔져 신의 대접을 받은 것이다. 이처럼 지역마다 서로 다른 신들을 믿는 사람들에게 전지전능하시고 최고로 높은 유일신이 있음을 가르치고 이 분이 천지를 창조하고 인간을 만드신 여호와 하느님이라는 것을 이천 년 전에 중동의 유대인에게 설교하신 분이 계셨으니 그분이 바로 예수님이시었다.

예수님 탄생 이전에는 선지자들이 기록한 구약성서에는 "나 야훼 너희 하느님은 질투하는 신이다. 나를 싫어하는 자에게는 아비의 죄를 그 후손 삼대까지 갚는다"라고 하였고 또 "너희가 히브리 사람들을 종으로 삼았을 경우에는 육 년 동안 종으로 부리고 칠 년이 되면 보상 없이 자유를 주어 내보내라"(출애굽기) 한 것은 그때의 야훼 하느님의 시대에는 신들끼리 서로 쟁탈이 있었고 인간끼리도 등급을 두어 사람을 종으로 사고파는 인신매매가 있었던 시대에 존재하였던 신이었다.

구약성서에 보면 신이 인간에게 말씀을 하셨고 기적을 행하신 것을 보면 신이 분명히 존재한 것이며 사람이 사람을 혹세무민하고자 요술을 부린 것이 아닐 테고 나타나고 말씀하신 신은 사람이 아닌 영으로 존재한 것이었다. 영은 사람의 생각과 마음이 죽으면서 흩어지기도 하나 흩어지지 않고 이승의 곁을 떠나지 못하는 것도 있고 다수의 영들이 서로 뭉치면서 신으로도 만들어지기도 한다.

이집트 파라오의 치하에서 고통의 노예생활을 했던 유대민족의 수많은 사람들이 원한을 품으면서 죽어갔을 때 그들의 영혼은 흩어지지 않고 뭉치면서 이스라엘의 야훼 하나님의 신으로 형성되었을 것이다.

그러면 어떻게 살아 있을 때의 생각과 마음이 죽어서 말씀을 전하고 기적을 행할 수 있는 것인가? 생각은 오관(五官 : 눈, 귀, 코, 혀, 피부)에 의한 인식작용과 경험에 의한 두뇌의 오성작용의 상(象)이고 마음은 그 생각이 심(心)으로 발현된 것으로 이것이 합하여 정신이 된다. 정신은 형이상학적인 것이고 물질은 형이하학적인 것으로 정신과 물질이 합쳐야 형상이 되고 실체가 된다. 그러니 사람이 죽으면 정신은 흩어지나 없어지는 것이 아니요 육체는 죽으면 분해되나 이 역시 없어지는 것이 아니고 다른 물질로 전환되는 것이다. 이는 하드웨어에 입력된 소프트웨어가 PC가 폐기된 후에도 복사되어 존재하는 것처럼 정신은 육체의 소멸 후에도 존재할 수 있는 것이다. 신의 본질이 인간의 정신이고 정(精)은 통일에서 이루어지고 신(神)은 분화에서 생기므로 정과 신이 살아 있을 때는 합쳐지고 죽으면 분화가 된다.

갈릴레이와 뉴턴은 어떤 규칙이 모든 천체에 한결같이 작용한다고 하였으며 아인슈타인은 1905년 $E=mc^2$ 공식을 발표하고 "물질과 에너지는 본시 동일한 것이었는데 그것이 다만 형상을 바꾼 것뿐이다"라고 한 것은 빛이 물질의 기본인 입자와 운동성인 파동으로 구성된 것과 같이 신도 바로 인간이라는 뜻도 되는 것이다.

필자의 신에 대한 이러한 생각은 신을 인간이 복종하고 종속되는 상위개념으로 만들어 말도 안 되는 일이 벌어지기 때문이다. 1999년 말 우리나라에서 휴거소동이 벌어졌을 때 소위 배웠다는 지식인까지 산속에 비닐천막 치고 몇 주씩 손뼉치고 찬송가 부르고 천상으로 하나님께 들림을 간구했는데 막상 집회를 주도한 목사들은 헌금을 휴거 이후에 찾도록 예치하였단다. 이러한 어처구니없는 현상은 지금도 신을 이용하여 갖은 괴기한 방법을 창안하여 돈벌이들을 하고 있으니 이를 이용하는 사이비 목회자보다 맹신 때문에 이용당하는 사람들이 안타까울 뿐이다. 맹목적 신앙은 잘못된 방향으로 발전하기도 한다. 9·11 테러나 지금의 이라크, 아프가니스탄 자살폭탄테러도 적에 대한 무장투쟁 신념에서가 아니라 왜곡된 신앙으로 신을 신격화하고 자신을 희생하면 사후에 알라 신에게 영광의 큰 보상을 받는다는 정신세뇌에 빠졌기 때문이다.

과학이 발전하다 보니 지구의 탄생과 정신과 물질의 규명이 이루어졌다. 물질의 기본단위인 원자를 방사성 가속기를 이용하여 깨보면 소립자가 나오고 그 소립자는 아무것도 아닌 것이 된단다. 그 옛날 석가모니께서 방사성 가속기도 없는데 어떻게 공즉시색(空即是色), 색즉시공(色即是空)이라고 하셨을까? 경외하지 않을 수 없다. 없는 것은 물질이고 물질은 없는 것이라는 것은 꼭 분석해보지 않아도 알 수 있고 만물의 이치를 정한 음양오행(陰陽五行)도 태극에서 나왔고 그 태극도 무극에서 나온 것과 똑같은 것이다.

　　주역의 계사전에 "재천성상(在天成象)이요 재지성형(在地成形)이라"한 것은 하늘은 영상(靈象)으로 태극의 정신을 뜻하는 것이며, 땅은 기상(氣相)으로 태극의 본체를 말하며 하늘과 땅이 인간의 본성인 인도(人道)와 상합하여 천인지 삼재지도(天人地 三才之道)에 의하여 생성된 일원체가 바로 태극이며 소우주 인간인 것이다. 여기에 태극이라 함은 동양철학에서 인용한 용어일 뿐이다. 수많은 사람들이 경험했고 학습한 오성적 작용이 죽은 후 지(地)의 본체는 DNA를 통해 후손에게 유전적으로 전달되고 천(天)의 정신(情神)은 하늘에는 성령(聖靈)이 되고 인간에게는 심령(心靈)이 되고 땅에는 신령(神靈)이 되어 이는 인식함으로써 알 수가 있다. 인간의 본성인 인도(人道)는 성리(性理)가 되어 하늘에서는 천리(天理)가 되고 인간은 윤리(倫理)가 되며 땅은 생리(生理)가 되는 것은 섭리(攝理)로서 알 수가 있다. 땅의 본체인 기(氣)는 하늘에는 정기(精氣)가 되고 인간에게는 심기(心氣)가 되고 땅에는 생기(生氣)로서 존재하는데 이는 지구가 회전함으로서 천지인(天人地)에 작용하는 것이다.

　　현세에서는 인간들이 씨족이 부족이 되고 부족이 민족이 되어 국가가 성립하면 제도와 율법을 만들어 왕조시대를 열었고 지금은 정부가 되어 국민을 다스리고 있듯이 내세에서는 현계에서 인간으로 살았던 영혼들이 하늘에 모인 것이 성령이 되어 인간에게 윤리를 만들어(소망) 이를 선지자들을 통해 인간에게 계시한 것이다.

예수님의 말씀도, 부처님의 깨달음도, 마호메트가 받은 계시도 성령을 통해 받은 인도(人道)이며 천지자연의 이치를 담은 주역(周易)의 기호를 해설한 것으로 알려진 주나라의 문왕(文王)이 만든 괘사(卦辭)도 그 내용이 사람이 지었다고 보기 어려운 현묘함으로 볼 때 문왕이 지었다기보다 은(殷)나라 주왕(紂王)에게 토굴(감옥)에 갇혀 생사의 갈림길에서 성령으로부터 현몽으로 계시 받은 것이라 생각된다. 즉 천인지 삼재지도(天人地 三才之道)의 인성(人性)이란 영혼들의 집단지성이 사람으로 살아야 할 인도(人道)를 오랜 세월동안 간절히 소망했기에 소망한 상(象)이 인간에게 계시된 것이다. 알파요 오메가인 조물주가 특별하게 인간을 위해서 인도(人道)를 만들어 낸 것이 아니고 생전의 사람들의 간절한 소망이 죽은 뒤에 영혼의 집단지성이 되어 선각자들에게 계시를 주었으리라고 필자는 생각한다.

인간의 뇌는 몰입을 하게 되면 초월적 경험과 계시를 받을 수 있다고 한다. 고대 초기부터 인간끼리 살육하고 심지어는 인육까지 먹었던 동물본능을 가진 인간들이 남에게 베풀고 도와주고 서로 상생하면서 인의(仁義)를 중시하는 인도(人道)를 만들기까지는 피비린내 나는 투쟁의 역사과정을 숱하게 겪고 난 후 진화되고 체득한 섭리가 죽은 후에야 성령(聖靈)에 의해 표출된 것이다. 예전에는 자유가 속박당한 노예나 종이 있었으나 지금의 인간은 누구나 평등하다는 인본주의에 도달하기까지는 유사 이래 수도 없이 억울하게 죽거나 희생당한 영혼들의 집단지성이 하늘에서 인간의 도리인 인도(人道)를 만들어 낸 것이다. 하나님이 흙으로 인간을 창조한 것이 아니라 인간이 죽어서 영적인 하나님을 만든 것이다. 많은 사람으로 살아가면서 보고 느끼고 깨달은 오성작용이 죽어서 없어지지 않고 뭉치면서 집단지성이 되어 영적으로 존재한 것이 하나님이고 그래서 하느님이 바로 사람이고 사람이 바로 하느님이다.

5. 개똥철학

관리되지 않고 방치된 동네 앞의 하천을 바라보면 해마다 번성하는 잡초가 서로 다름을 알 수가 있다. 어느 해는 미나리과 잡초가 무성하더니 어느 해는 국화과 잡초가 번성을 하고 또 어느 해에는 화본과 잡초가 덮여지고 있었다. 가고 오는 해에 따라 서로 다른 잡초들의 생육번식이 달라지는 것을 보고 번뜩 떠오르는 것이 있다. 영양, 햇빛, 수분 말고 어떠한 다른 요소가 잡초 생육에 작용하고 있지는 않을까? 하찮은 병충해도 해마다 창궐하는 것들이 서로 다르다고 하는데 그것은 매년 하늘에서 비춰주는 천기(天氣)가 달라 지상의 생물도 영향을 받기 때문이 아닌가 생각한다.

천기(天氣)는 무엇이고 지구는 왜 천기의 영향을 받는가? 지구는 24시간 자전하면서 태양을 365일 돌고 있다. 지구 자체가 광물질을 함유한 행성으로 자석의 힘이 발생하며 그 힘은 인력(引力)이 되어 하늘에 있는 오행(五行)의 기운을 끌어들이고 있다. 그 오행(五行)이란 지구와 같이 태양을 돌고 있는 태양계의 별들 즉 목성, 화성, 토성, 금성, 수성의 기운을 말한다. 다시 말하면 오행이란 허공에 있는 오행성권(五行星圈)이 각각 자기의 광(光)을 발사하는데 각각의 광들은 각각의 성질을 가지고 있어 태양계에 미만(彌滿)한 기운들이 행성운동에 의하여 오운(五運)으로 변화하고 그 오운은 지구의 회전축이 23.5° 경사진 관계로 인신상화(寅申相火)라는 불이 하나 더 생겨 오운육기(五運六氣)가 되어 소우주인 인간의 정신과 수명이 대우주와 차이기 조금 생겨나게 되었다고 한다.(한동석의《우주변화의 원리》인용)

지구 본체가 자장(磁場)은 아니지만 지구핵 중심으로 회전하면서 지구에 영향을 주는 오운(五運)이 해마다 바뀌면서 지구의 생물에도 직간접으로 영향을 미친다. 1년에도 사시사철이 있듯이 매년마다 비쳐주는 하늘의 기운이 다르고 더 세부적으로 보면 그 해의 어느 달 어느 날 어느 시간에 태어났느냐가 그 사람의 선천적인 인간의 조건으로 이는 그 사람 일생동안 운명으로 영향을 끼치는데 이러한 연월일시를 육십갑자로 정립하여 사주팔자라고 한다.

사주팔자는 부모형제와 결혼, 직업, 성격, 재물 등에 인용하여 운명을 해석하고 있으며 더 정확하게는 태어난 장소의 기운도 그 사람의 운명에 작용한다. 후천적인 환경의 영향이 아니라 태어나면서 그 지역의 기운을 갖고 태어나고 부모의 유전과 성장환경과 또는 조상의 음덕도 작용하기 때문에 태어난 시간과 태어난 장소는 절대적이 아니고 상대적이 되며 따라서 같은 일시에 태어나고 같이 곳에서 태어나도 운명은 서로 달라지는 것이다. 운명이 고정적인 것이 아니라 태어난 후 노력과 환경과 음덕(陰德)의 영향으로 길(吉)이 흉(凶)이 되고 흉(凶)이 길(吉)이 될 수도 있다. 하기사 인간의 입장에서 보면 길흉이지만 길흉이란 기운(氣運)이 붙고 떨어지고 하는 자연계의 현상일 뿐이다. 골방에서 역술인들이 읊어대는 사주가 바로 사람이 갖고 태어난 선천적인 조건을 말하는 것이고 각자 살아가는 방향에 따라 그 사람의 운명이 달라진다.

필자는 배움도 부족했고 삶의 밑바닥에서 살아온 속칭 흙수저로 아무리 노력해도 가붕개를 벗어나지 못했는데 이렇게 글을 써보겠다고 나선 것도 결국 내가 태어난 날이 사주에서 표시한 계묘(癸卯)일주로 그날이 문창성(文昌星)이 비치는 날 태어난 것이라고 해석할 수밖에 없다. 문창성은 작가, 문인 등 글 쓰는 재주가 있다고 알려진 별이다. 내가 글쓰기를 좋아하는 것도 다 그 때문이 아닌가 한다. 이름을 남기신 훌륭하신 문학 작가님들도 사주에 대부분 문창성이 있다고 한다. 또한 계묘(癸卯)일주는 천을귀인(天乙貴人)이 되기도 하여 어려울 때나 위험할 때 신의 도움을 받는다고 한다. 그래서 그런지 필자가 74년을 살아오면서 살아온 뒤를 회상하여 보니 확실하게 나의 선택과 의지와 관계없이 작용하는 기운이 있음을 알게 되었다.

폭우가 쏟아지는 고속도로에서 승용차의 뒤를 심하게 받쳤어도 또는 운전자의 운전미숙으로 자동차가 분리대에 부딪치고 공중에서 한 바퀴 돌았는데도 나는 이상하게 다친 데가 없었다. 25년 전 전주 서신동에 아파트공사가 한창이었다. 시에서 상수도공급이 부족하여 건설업체마다 전용상수도 인가를 내고 지하수를 파서 정수하여 식수를 공급할 때다. 현대건설 아파트 지하층에 정수처리시설을 계약하고 설비를 제작하였다. 일과가 끝날 무렵 작업반장의 전화가 왔다.

"사장님! 오실 필요가 없어요. 저희들이 이상 없게 다 마무리 잘 끝냈습니다."

보고를 받았으니 그길로 퇴근해야 하는데 왠지 현장을 가고 싶었다. 무엇인가 끌림이 있었다. 지하층에 내려가 보니 정수처리장비가 물의 압력을 받아 터지기 일보 직전이었다.

정수처리장비를 용접할 때 유입관 밸브를 잠그고 바이패스 밸브를 개방하나 시운전할 때는 바이패스 밸브를 잠그고 정수처리장비 밸브를 개방하는데 시운전이 끝나고 난 후 정수장비의 밸브를 잠그고 바이패스 밸브를 다시 개방해야 하는데 이를 하지 않아 두 곳 다 잠궈서 벌어진 일이다. 옥상에 물탱크 수위조절기가 물이 없으니 물을 보내달라 컨트롤러에 신호를 보내니 지하수 펌핑펌프는 계속 가동하는데 바이패스와 정수처리장비 밸브가 둘 다 잠겼으니 정수처리장비의 수압이 올라간 것이었다. 장비가 수압에 못 이겨 터지게 되면 지하층이 물바다 되는 것은 물론이고 지하층에 설치되었던 고가의 대형 전기수전반도 다 물에 잠겼을 것이 불문가지다. 그때는 준 공전이라 배수펌핑시설도 되어 있지 않았다.

만약 내가 그 어떤 이끌림으로 현장에 가지 않았으면 그 길로 내 인생이 끝없는 나락으로 떨어졌을 것이고 아마 야반도주를 고민했을 것이다. 사주의 천을귀인을 다시 한 번 생각해보면서 많은 사람들도 그러한 사례가 있을 것이다. 그렇다고 내 사주가 축복받은 것만 아닌 것은 사람과의 관계 즉 인복이 없고 큰 성공을 못했다. 아무리 노력해도 인덕이 없으니 인맥이 만들어지지 않고 주변에 친구도 없다. 돈을 풀고 안 풀고가 아님을 알게 되었다. 특히 형제간의 덕이 없어 필자로서 부끄러운 이야기지만 이제는 숫제 남남으로 산다는 것이다.

나와 처는 집안에 결혼 금붙이가 없다. IMF때 금모으기 운동에 동참해서가 아니라 아주 오래전에 바둑 때문에 빚진 동생을 위해 다 팔았기 때문이다. 필자가 또 표구사 할 때 동생은 잘나가는 지방신문사에 간부로 있었지만 그 오랫동안 동생은 직장동료들에게 형님이 하는 일을 알려 표구일감을 줄 만도 하겠지만 나는 일감 한 점도 도움받지 못했다.

그러나 동생이 신문사에서 퇴직하고 난 후 내 회사에 와서 일을 하게 될 때 동생이 카드값 때문에 매월 돌려막기 하는 것을 보고 동생이 나에게 부탁도 안 했지만 그동안 절약해서 5년 동안 모은 적금을 당시로서는 적지 않은 금액임에도 전액 건네주었다. 형이기 때문에 그냥 그렇게 한 것이다. 그렇게 해주었는데도 동생은 퇴직 후 나에게서 발길을 또 끊었다. 내가 동생을 해고한 것 때문이다. 동생이 관리부장으로 일했는데 생산부 출장팀이 이 핑계 저 핑계 대면서 현장출장을 기피하고 태업을 일삼는데도 관리자로 역할을 숫제 하지 못했기 때문이다.

나는 회사를 살리기 위해 어쩔 수없이 물갈이를 해야 했고 물갈이를 하면서 내 동생이라고 봐줄 수가 없었다. 본인도 섭섭한 점도 있었겠지만 그 뒤 아쉬운 일이 있었는지 인연을 끊었던 동생이 또 나를 찾아왔다. 사는 주택이 경매로 넘어간다고 죽는 소리를 하니 형으로서 또 안 도와줄 수가 없었다. 나는 동생과의 관계에서 대부분 베풀기만 했다. 그런데도 동생에게 형님 대접을 받지 못한 것은 동생이나 내 잘못이 아니라 내 사주의 형제궁에 비견, 겁재가 있어 형제 덕이 없는 것이라고 역술인들이 말해준다.

내 동생의 본성은 착하다. 거짓말도 못하고 악착스럽게 싸워 제 잇속을 챙기지도 못하는 순진한 사람인데 나와는 맞지가 않았다. 형제간 비견겁재가 있거나 서로 극하는 사주라면 오히려 남남으로 사는 게 서로 좋고 유익하다고 한다. 억지로 친하게 지내려면 누가 죽거나 탈이 난다고 한다.

반대로 내 사주 처궁에는 식신이 있어 처복으로 먹고 산다고 했는데 사실 오래 살고 보니 그 말이 딱 맞아 떨어지는 것을 알게 되었다. 오늘날 밥술이라도 먹고 살게 된 것이 내 처가 밖에 나가 일을 해서 돈 벌어 보태준

일은 없어도 중요한 결정을 할 때 처의 말을 들은 것 때문에 망하지 않고 돈을 벌었기 때문이다. 자신의 사주를 아는 것은 자기를 아는 것이다. 결혼과 직업의 선택에서도 유용할 수가 있다. 소크라테스가 "너 자신을 알라" 한 말도 이를 가리킨다. 하나밖에 없는 형제와 남매 간인데도 잘해준 것은 어디 가고 서운한 것만 부각되어 형제끼리 외면하고 사는데 이게 다 타고난 팔자라고 하니 마음이 편해진다.

옛날에는 여자가 말띠 해에 태아나면 팔자가 사납다고 했지만 현재와 같이 사회활동이 늘어나고 정치판에도 여성 진출이 늘어나는 사회에서는 말띠 해에 태어나 활동성이 있는 여성이 성공한다. 외향적인 성격은 경쟁사회에서 유리하고 유용한 장점이 된다. 그러나 여성의 사회활동을 제약하고 조강지처만 강요하는 조선시대에 여성이 말띠나 호랑이띠로 태어나면 그 시대에 맞지 않아 고생길이 많았을 것이다. 여기에서 말띠나 호랑이 띠 등 12지간의 동물들은 그냥 인용한 동물 명칭일 뿐이고 실제는 그해 지구에 비치는 서로 다른 행성의 기운을 받아 형성된 성격이나 체질을 말한다. 사기꾼하고 변호사가 말로 벌어먹고 사니 오십 보 백 보이듯 열녀와 창녀의 차이도 사주가 오히려 비슷하다.

사주는 본인이 태어난 선천적인 조건이듯이 이를 알면 인생을 순조롭게 항해할 수가 있다. 태어난 선천적인 조건이 좋고 나쁘고 할 수는 있지만 자신의 대운과 세운에 따라 운세가 바뀌어질 수 있다. 성경의 마태복음 씨 뿌리는 자의 비유를 들어 인용하면 수분이 없는 모래밭에 떨어진 씨는 비가 자주 오는 것이 좋고, 수분이 많은 습지에 떨어진 씨는 햇볕이 계속 비춰져야 좋은 것이다. 비오는 것과 맑은 날씨로 예를 든 것이지만 각자의 인생에게는 각자의 기운이 다르게 온다.

6. 남녀 간의 대결

코로나바이러스가 전국을 휩쓸고 있을 때 성(性)착취물 동영상을 유포시키고 돈벌이한 텔레그램 'n번방 박사 조주빈'의 행각이 밝혀져 신상정보를 공개하라는 국민청원이 200만이 넘어섰다. 성착취란 강압적 간음이나 강간보다 더 악랄하게 여성의 약점이나 어려움을 우월적 지위를 이용, 저항을 무력화시키고 가학적인 음란행위를 강요하거나 실행하여 이를 동영상으로 찍어 이를 보고자 하는 남성들에게 텔레그램 채팅방에 가입시켜 돈벌이한 범죄이다. 이는 남성이 경제권을 주도하고 있기에 생길 수밖에 없었던 현상이다. 그것은 성욕이 인간의 기본욕구로 경제력을 갖춘 청장년층이란 시장이 형성되어 있기 때문에 가능한 것이다.

인간이 살아가는 것을 생존이라고 한다. 생(生)은 먹고사는 경제적인 것이고 존(存)은 낳고 기르는 것으로 둘이 합쳐야 생명이 연속된다. 따라서 생은 남자의 몫으로 경제활동이 되고 존은 여자의 몫으로 육아와 가사가 되었지만 이는 불변의 것이 아닌 시대에 따라 경계선을 서로 간에 넘나들고 있다.

현재 지구상의 많은 후진국들에서 여성들이 남성들의 성적 학대와 차별에 불공정한 대우를 받고 있는 것은 사실이지만 이제는 몇 천 년 동안 이어져온 부계사회의 남성우위 시대가 이제는 역사의 변천사에 여성시대로 들어서 여성우위 시대에 들어서고 있다. 어찌하여 모계사회가 있고 부계사회가 있어 남녀의 패권이 지역에 따라 다르고 긴 역사에서 서로 리턴매치가 되는가? 인류가 원숭이에서 분리되어 유인원으로 살기 시작했을 때는 대부분 모계사회였다고 한다. 가족끼리 살아가면서 주변에 많은 열매와 먹을 것이 풍부하였기에 자식을 낳고 기르는 어머니의 힘은 절대적이었다. 아빠는 할 일이 없어 자식들을 돌보거나 부수적인 일만 하였다.

지금도 아프리카 오지에 가면 남자들이 여자들에게 잘 보이려고 화장을 하여 신부에게 신랑감으로 선택당하고 결혼하기 위해 가축으로 지참금을 지불하고 살다가 잘못되면 그대로 맨몸으로 쫓겨나는 모계사회가 존재한다. 지금도 남성미인선발대회가 있는데 플라니족의 게레올축제에서는 남자가 얼굴 화장과 화려한 장식을 하고 춤을 추면서 여성의 선택을 받는다. 아프리카의 남성이 화장을 하고 여성에게 잘 보이려고 하고 여성의 집으로 장가와서 머슴살이를 하는 문화는 온도하고 관계가 있다. 북극지방처럼 음(陰)에 속하는 낮은 기후는 양(陽)이 발현하여 남성이 우위에 서고 열대지방처럼 양(陽)에 속하는 높은 기후는 음(陰)이 발현하여 여성이 우위에 설 수 있는 기본 환경이 형성된다.

또한 남녀 간의 성비 차이 또는 사회적 환경에 따라 모계사회나 남성 중심사회가 형성되기도 한다. 인도 북부 고산지대의 록파족은 가혹한 기후 때문에 여아 사망률이 높아 자연스럽게 일처다부제 전통이 생기게 되었고 동서양 문물교역의 실크로드를 따라 몇 개월씩 사막의 카라반이 되는 중동의 남성들은 집을 비울 때 집안의 여성들이 남성의 성적 충동으로부터 보호하기 위해 신체 노출이 없는 부르카 의상이 이슬람 문화로 정착된 것이다. 과거의 모계사회가 부계사회로 전환된 것은 가족이 많아지고 씨족사회로 변화되었기 때문이다. 사람이 많아지면 먹을 것이 부족해지고 먹을 것이 부족해지니 먹을 것을 위해 새로운 방법을 찾기 시작하였다. 빈둥빈둥하던 남자들이 개량된 무기를 가지고 더 멀리 사냥을 나가 고기를 갖고 들어오기 시작하였고 농업도 가축을 이용하면서 힘 있는 남성들의 몫이 되다보니 경제의 주도권은 자연히 남성들이 차지하게 되었다. 이제 여성들은 먹이를 제공받고 아기를 키우는 보조적인 위치로 전락하게 된 것이다.

씨족사회에서 부족사회로 이어서 나라가 생기기 시작하자 경제권을 쥐고 있었던 남성들이 땅을 뺏고 뺏기는 싸움의 주도권을 가지고 지배층으로 진입하기 시작하였고 지배층의 패권전쟁은 남성들의 몫으로 여성의 주무대는 자식을 낳아 기르는 가정으로 오랜 세월을 보내야만 했다. 얼음으로 뒤덮인 툰드라에서 에스키모인들은 주 식량이 물개나 순록으로 잡아오는 남성들의 부계사회가 철저히 확립되어 과거에는 자기 부인을 손님에게 대접하는 악습도 있었다고 하니 모계사회냐 부계사회냐 하는 것은 원래부터 정해진 것이 아니고 시대환경에 따라 경제권을 누가 쥐느냐에 따라 선택되는 것이다.

이제 세상이 변해 여성이 더더욱 대접받고 주도권을 행사하는 시대가 도래하고 있다. 이는 목축과 사냥으로 생존을 이어가는 시대가 아니라 컴퓨터로 정보를 검색하고 이를 활용하는 IT시대에 들어섰고 직업이 수만 가지로 다변화하여 섬세하고 근면한 여성의 할 일이 남성보다 더 많아졌기 때문이다. 동물은 생존이 열악하면 번식을 줄이고 풍요하면 번식을 늘이는데 풍요의 현대사회에서 여성은 자식보다 자신의 삶을 우선하기 시작하였다. 많은 여성들이 자식을 낳지 않고 남성과 대등한 경제활동을 하기 시작한 것은 기술의 발전으로 남자가 해왔던 힘든 일들을 이제는 기계장비나 로봇으로 대행할 수 있고 감성과 지성을 필요로 하는 지식정보사회에서 남성보다 여성을 위한 더 많은 일자리가 만들어지기 때문이다.

이러한 남녀 간의 성별의 선택은 하나님이 인위적으로 만든 것이 아니라 호르몬과 온도가 관여한다. 푸른바다거북은 20~25년 자라야 번식하는데 부화한 새끼의 1%정도만 살아남아 후손을 남기는데 암컷과 수컷의 성별은 알을 품은 둥지의 온도에 따라 결정지어 지는데 온도가 30도보다 높으면 암컷, 그 이하면 수컷으로 태어난다고 한다. 이러한 온도는 호르몬 생성에도 영향을 준다. 남성의 고환을 차게 해주면 정자생산이 활발하고 여성의 자궁을 따뜻하게 해주면 난자생성이 활발해진다.

온도에 따라 생성되는 호르몬은 일생주기에 따라 변하는데 성별을 선택하고 남성은 청년기에는 남성호르몬으로 인하여 왕성하여 기백이 넘치나 노년에는 에스토로겐 여성호르몬 때문에 성정이 변하는 것이며 여성은 처녀시절 여성호르몬으로 인하여 유순하고 수줍으나 폐경 후에는 남성호르몬 테스토스테론이 분비되어 뻔뻔해지고 부끄러움이 없어지는 것 등이 자연의 섭리인 음과 양의 조화인 것이다.

아빠의 성정을 딸이 닮고 엄마의 성정을 아들이 닮아가는 것도 음과 양의 순환이듯이 여성이라 해서 남성에 차별되고 종속되는 것이 아니라 시대에 따라서 누가 경제권을 갖느냐에 따라 우위를 갖게 되고 그것은 항상 돌고 도는 것이다.

7. 여성 상위 시대

　여성과 남성이 평등하다는 것은 두말 할 필요가 없다. 그러나 남녀의 역할을 구분하지 않고 남녀가 똑같은 것을 전제로 일을 시키다 보면 많은 문제가 발생한다. 전주 지방법원 법정에서 피의자가 여성 교도관의 팔목을 꺾고 도망간 것이나 택시 승차 시비로 발생한 광주집단폭행사건에서 경찰이 쩔쩔매며 초기 진압을 못했던 것도 범인을 제압하지 못하고 그냥 서 있기만 했던 여자 경찰이 있었기 때문이다. 대한항공 이명희 일우재단 이사장의 호텔 공사장의 갑질 동영상도 긴 머리에 안전모를 쓴 여직원이 힘없이 밀리는 것도 위험과 중노동이 수반되는 건설현장에서는 어디인가 역부족이기 때문이다.

　폭우가 쏟아진 작년 8월 6일 춘천시 의암호 인공수초섬이 떠내려가자 이를 수습하다 지원에 나선 경찰 선박과 함께 침몰하여 순직한 춘천시 공무원은 휴가 중인 말단 남성 공무원이었다. 지시를 내린 사람은 상급자인 여성 주무관과 담당 여성 계장이었다. 여성으로서 강물이 범람 위기에 있는데 위험을 무릅쓰고 쓰레기를 치우거나 떠내려가는 약초섬을 고정할 엄두도 못 내었을 것이다. 여성이라고 범람하는 강물에 보트를 못 타라는 법은 없으나 아무래도 이는 남성의 몫이라 해야 할 것이다. 여성 경찰관이 남성 경찰관이 범인을 넘어뜨려 제압하고 있는데 할 수 있는 일이란 옆에서 사진 찍어주는 역할만 하고 있다는 신문 보도에 볼멘소리가 나오는 것도 다 이런 이유이다.

　우리 사회에서 예로부터 사회적 강자와 기득권층을 남녀에서 굳이 구분

한다면 두말할 것도 없이 남성이다. 그래서 여성은 약자의 입장에서 남성의 피지배층에 해당한다. 현재 우리 사회에서 이슈가 된 버닝클럽 성접대, 김학의 전 법무차관의 별장 성접대사건, 장자연의 자살사건 등은 따지고 보면 돈과 권력을 가진 남성들에 의한 여성들의 성 침해사건들이다. 사건이 일파만파로 퍼지다보니 언론들도 심층취재하기에 이르렀고 이제 추잡스러운 부분까지 까발려지기 시작했다. 연예인의 꿈을 갖고 달려드는 연예지망생이나 단역배우들을 상대로 방송이나 영화에 캐스팅해주겠다고 힘과 권력을 가진 기업인, 투자자, 방송PD, 영화감독 등 고위층에 성매매 알선한 고씨 성의 여성이 언론의 촉수에 걸려들었었다고 보도되기도 했다.

우리의 여성들은 그래도 직장이나 사회활동에 큰 제약 없이 활동하고 있지만 이 지구상의 많은 여성들이 그렇지는 않다. 교육과 취업과 사회활동에서 차별받고 있으며 아직 후진국으로 빈곤에서 벗어나지 못하고 있는 아프리카나 중남미 국가 여성들의 희생보다 더 혹독한 곳이 있다. 이슬람국가의 여성들로 인권과 삶의 질은 최하위에 머물면서 남성들에게 차별받고 있다. 사막 유목생활에서 뿌리내린 남성우위시대가 석유를 팔아먹고 휴대폰을 사용하는 21세기인 지금도 지속되고 있다.

남편과 가족 이외에는 얼굴을 보여서는 안 된다는 의상인 부르카와 니캅, 그리고 얼굴은 내놓지만 몸 전체를 검은 천으로 휘감아야 하는 차도르와 머리에 두건을 써야 하는 히잡으로 여성들의 외출복이 되어야 하는 나라들의 여성들이 어떻게 여성스러운 삶을 살겠는가? 몇 년 전 아프가니스탄 여성앵커가 부르카를 벗고 방송했다가 가족들에게 명예살인을 당한 것이나 키르니스탄에서 알라카추(납치결혼)에 저항한 여성이 그 남자에 의해 살해되었는데 이는 전체 결혼의 약 20%에 해당하는 잘못된 관행 악습인 납치

결혼이 남성이 주도하는 정부권력에 의해 방임되고 있기 때문이고 인도에서 13세의 어린소녀를 조혼시키는 이유가 사실은 딸을 파는 아버지인 남성이 제공하는 여성 성착취라 할 것이다. 특히 아프가니스탄을 장악한 탈레반은 여성에 대한 교육까지 제한하여 여성을 남성의 종속물로 만들려고 하고 있다.

그러나 선진국에서는 이미 여성상위시대가 시작된 지 오래다. 영국 신사라는 말의 본래 취지는 여성에 대한 배려를 우선한다는 것이니 후진국의 여성들도 시간이 문제지만 세계화로 여성의 권익이 점차 회복되고 있다고 봐야 할 것이다. 그러다보니 이제는 한국에서 남성의 차별문제가 여기저기 나오기 시작한다.

2013년 성재기 남성연대대표가 남성들의 권익을 찾고자 활동해온 그가 한강다리에서 이목을 조명 받고자 퍼포먼스 하다가 실족하여 죽은 사건은 그동안 가부장적인 사회풍습에 물들어온 우리네 남성들이 시대가 바뀌었음을 알지 못한 오판이라 할 것이다. 100년 전 이 땅의 강증산은 여성의 지위를 회복하는 여러 가지 공사를 보았는데 이는 여성시대가 오는 것을 미리 안 예언자의 안목이기도 하다. 그래서 지난 4.7 재보선선거에서 취업문이 좁아진 20대 남성들이 서울에서 72.5%를 야당인 오세훈 후보에게 투표한 것은 여당의 불공정과 위선에도 원인이 있지만 여성에 비해 차별적인 것에 불만도 영향이 있다 할 것이다. 모든 생활영역에서 남성들과 동일한 여성의 권리를 주장하는 이론인 페미니즘이 이제 남성들의 차별받지 않을 권리로도 이용되기 시작했다.

1999년 남성들의 군 가산점 위헌판결로 남성은 2~3년 동안 군에서 박박 기고 나온 그들과 달리 그동안 공부에만 매달렸던 여성들에 비해 가점없이 경쟁하라는 것이 불공정하다고 여긴 것이다. 급기야 여성도 징집하라는 청와대 청원이 올라왔고 사흘 만에 사전동의가 4만 명도 넘어섰다. 이스라엘이나 스웨덴처럼 여성징병제를 실시하여 남녀평등복무제를 주장하는 국회의원도 나오고 있다. 이 또한 좌파적 시각이 만들어낸 절름발이 정책으로 웃음거리가 될 것이 자명하다.

'남녀평등' 얼마나 고귀하고 정의로운 말인가? 그래서 여성도 징집하여 군사훈련을 받게 하여 백만 대군을 만들면 이대남(20대 남성)의 불만도 없어지고 안보에도 도움이 되니 일석삼조 아닌가? 이런 분들의 좌파적 시각은 무대뽀(막무가내) 평등론에서 나온 것으로 여성은 남성이 하지 못한 임신과 출산이라는 생존을 이어가는 거룩한 소명을 수행하기에 남성과 달리 아기를 낳게 되면 신체 활력도가 떨어지는 본인의 희생이 수반되고 이후 육아에 매달리는 것에 대한 보상으로 보면 될 것을 쪼잔하게 이를 외면하고 있다. 그러나 여성이 아기를 낳지 않으면 어떻게 되나? 그것은 나도 모르겠다. 하나님의 영역이니까, 이제 머지않은 시대에 인공지능의 군인로봇이 경비를 담당하고 전투에 참가하는 시대가 열리는데 여성징집제를 도입하여 무엇을 하려고 여성군인들을 잔뜩 만들어 전투에 투입하려는 것인가? 한 치 앞을 내다보지 못하는 어리석음이다.

이제 힘으로 하는 노동이 아니라 섬세함이 필요한 ICT시대에 여성의 적합 선호도가 높아질 텐데 남성들의 험로는 이제 시작에 불과하다고 보아야 한다. 이미 은퇴한 노년의 부모님들의 모습을 보면 할머니는 그래도 손주와 놀아주면서 비빌 언덕이 있지만 할아버지는 아예 갈 곳이 없다. 지금은 음기시대이다. 여성은 떠오르고 남성은 지고 있는 것이다.

8. 미투운동

　미투운동은 2017년 미국 할리우드 영화제작자 하비 와인스타인에게 "나도 당했다"고 폭로한 배우이자 가수인 알리사 밀라노로부터 불붙기 시작한 권력을 가진 남성들의 성폭력, 성추행 고발 운동이다. 우리 한국에서도 현직 검사인 서지현이 JTBC에 출연하여 검찰조직의 성폭력과 보복인사를 폭로하여 일파만파 퍼져 갔다. 매년 노벨문학상 후보로 거론되던 고은 시인, 베니스국제영화제 등에서 이름을 날린 김기덕 감독, 연극계의 대부 이윤택 연출가, 박재동 시사만화가, 조민기 탤런트 등등 예술문화계로 불똥이 퍼졌고 차기 여권유력 대선주자인 안희정 충남지사도 수행 비서를 성폭력한 것이 폭로되자 지사직을 사퇴했고 추락했다. "잘난 사내 열 계집 거느린다", "열 번 찍어 안 넘어가는 나무 없다"는 등 말할 수 있었던 남성우위시대에서 양성평등을 넘어 이제는 순결은 거추장스러운 짐으로 벗어버린 여성우위시대에 들어선 시대적 변화에 이를 읽지 못한 못난 남성들이 당하는 업보이다.

　애시 당초 남성들의 여성에 대한 정복욕은 윤리로 판단하기 이전에 본능에 가까운 것이다. 입으로는 미투운동을 지지하고 여성권리를 제창했던 안희정 지사가 수행 비서에게 한 행동은 죄의식으로 생각하지 못한 인식의 차이였을 것이다. 이는 출연여부, 개런티 등 절대 권력을 행사할 수 있는 감독이나 연출가에게 매달려야 하는 신인들의 머리채를 잡고 호텔로 끌고 가는 폭력을 행사하지 않았어도 "너 따라와" 말하는 자체가 거역할 수 없는 위력이 존재하기 때문이다. 안 지사가 강압이 없어 성폭행이 아니라고 해도 자신을 비서에서 해고하여 내보낼 수 있는 절대 권력자에게 "이건 안 돼요"

하고 저항하기가 쉽지 않았을 것이다.

어떤 여성이든 평범한 직장인이 아니고 정치판 선거캠프에 기웃거려 일을 하게 되고 나중에 권력자의 비서가 되었다면 나중에 정치가의 꿈을 가질 만도 하고 따라서 자신을 비서에서 지방정치계로 입문시켜줄 보스가 지켜야 할 선을 넘어설 때 방어선이 무너지고 허물어졌을 것이다. 그것이 도덕을 우선하는 좌파진영의 이념서클에서 동지애로 뭉쳐지고 조직을 위해서는 개인의 희생은 감수해야 한다는 분위기가 있을 때 그 조직을 이끄는 리더에게는 범접할 수 없는 카리스마 때문에 김지은 씨 역시 파고드는 손을 뿌리치지 못했을 것이다. 또한 사회적으로 미투운동이 없었다면 폭로 또한 쉽지 않았을 것이나 혹여 안희정 지사가 차기 여권의 대선주자이기에 보이지 않는 덫에 걸렸다 하더라도 이미 한물간 가부장적인 사고로 여성을 짓누른 것은 지금이 어느 시대인지를 몰랐던 아둔함이라 할 수 있는 것이다.

개구리 올챙이 시절 생각 못한다고 사회정의와 환경운동을 위해 나섰던 오래전의 장원이나 박원순 등 시민운동가들이 높은 지위에 오르자 본인도 아무런 죄의식 없이 부하 여직원을 성추행하여 나락으로 떨어졌다. 시민운동의 생명이 도덕성인데 그동안 쌓아올린 명예가 감당할 수가 없자 귀중한 생명을 스스로 포기한 것은 지금은 여성시대라는 것을 몰랐기 때문에 벌어진 업보이다.

여성의 의사에 반하여 어깨에 손을 얹거나 허리를 만졌다가 낭패 보는 군인들은 별이 날아가고 국방장관은 사과하는 시대이다.

필자도 아파트에서 음식물쓰레기를 버리는 일을 아내 대신 군말 없이 하고 있다. 아마 어머니께서 살아계셨다면 한소리 들었을 것이나 주변의 남자들도 다들 하니 나도 따라 할 수밖에 없다.

9. 청년들의 좌절

지난 4.7재보선에 그동안 민주당을 지지했던 남성 청년들이 등을 돌려 이대남이라는 신조어를 만들어 냈다. 연애, 결혼, 출산을 포기하는 3포세대라는 수식어를 지녔던 청년들을 이렇게 또 만든 것은 취업은 암울하고, 부동산 폭등으로 내 집 마련의 꿈은 사라져가고 문재인 정권의 내로남불과 정치인들의 위선에 젊은 세대들이 등을 돌린 결과이다. 오죽했으면 새로이 취임한 송영길 대표의 성년의 날 청년간담회에서 지금도 민주당 지지하냐가 조롱의 말이 되었다는 쓴소리가 나올 정도이다.

1980~2000년대 초반에 출생한 청년세대들은 기성세대에 비하여 풍요와 개인주의가 만연한 민주주의 체제 속 시대에서 자란 약칭 MZ세대로 현재 이들 세대가 좌절에 빠졌다. 이들 20~30세대는 현 노인세대가 겪었던 물 한 바가지로 배를 채웠던 보릿고개를 모른다. 영양가 많은 인스턴트 식품이 지천에 널려 있는 사회이다 보니 그 당시 노인세대의 먹을 것이 없어 산나물과 칡으로 연명해야 했던 배고픔의 공포를 알 리가 없고 왜 그랬는지도 이해하지도 못한다.

나라의 경제성장기에 출생했고 자랐기에 온실의 화초처럼 화사한 자태를 뽐낼 수 있어도 강인한 생명력은 없었다. 식물이 발아 과정에 버널리제이션이란 저온과정을 거치면 병충해애 강하고 성장발육이 잘되는 것처럼 차가운 시련의 시기가 우리 청년들에게는 없기에 오히려 허약한 세대이다. 모두가 1등이 되려는 입시교육에 매달렸지 타고난 각자의 소질을 개발하려는 적성교육이 없었다. 전인교육이 없었기에 경쟁에서 탈락한 계층에서 빈

곤충이 만들어지고 그래서 자살률 세계 1위의 영예(?)를 만들어내고 입양한 어린이를 학대하는 젊은 부부가 늘어나며 결혼 후 수 틀리면 바로 이혼도 불사하는 개인주의 성향의 청년들은 우리 사회가 만들어 낸 것이다.

그래서 지금의 청년세대들은 기라면 기는 수직적 위계질서를 거부하고 IT가 가져다주는 21세기 글로벌 정보환경 속에서 그들만의 수평적 세계관을 서로 공유한다. 노인세대들처럼 절약하여 종잣돈 모아 키우기보다 주식이나 코인처럼 쉽게 벌리는 판에 뛰어든다. 쉽게 돈을 벌 수 있다는 다단계 판매에 청년들이 그토록 많이 모이는 것은 이것이 통계학상 확률적으로 구조적 사기임에도 이것이 미끼임을 알지 못하는 나무보다 숲을 볼 수 있는 교육을 받지 못했기 때문이다. 어차피 기성세대가 천정부지로 올려놓은 부동산에 한 푼 두 푼 모아 내 집 마련하는 것이 어차피 불가능 할 바에는 달리 방법이 없기 때문이다.

MZ세대는 1700만 명 정도로 인구의 1/3에 해당하는 나라를 지탱하는 중추세대인데 가상화폐에 열광하는 것은 우리 기성세대의 책임이고 정치가 그들을 그렇게 만든 것이다. 앞으로의 사회가 출산율이 떨어지는 시대가 되리라는 미래학자들의 경고가 있는 데도 대학의 문턱을 없애는 바람에 모두 대학에 들어갔지만 졸업 후 대학보다 더 높은 취업의 문턱이 있는 줄을 아예 몰랐던 것이다. 이제 그 대학들도 많은 대학들이 정원미달로 퇴출표를 받을 모양이다. 통계에 의하면 청년취업자의 70%인 12만5천 명이 1년 미만 임시직이었고 그중 10만 명은 음식배달원, 건설노동자 등 단순노무자인데 정부는 청년고용세가 뚜렷하게 증가하고 있다고 둘러댄다. 양질의 일자리는 기업이 만들어 낸다. 세금으로 퍼붓는 단기간 일자리는 실업자의 고용창출효과는 없는 도장 찍고 받아가는 가짜 일자리일 뿐이다. 이전 정권에서는 아무리 저성장이라도 1년에 20∼30만 신규취업자가 유지되었는데 문재인 정부 들어 10만 명까지 곤두박질한 고용대란이 발생한 것은 족보에도 없는 소득주도성장을 강행했기 때문이다.

이 땅의 청년들은 과거세대가 한 푼 두 푼 모아 종잣돈을 만들어 키우는 방법을 거부한다. 셋방살이에서 출발하기보다 은행 빚내서 처음부터 새 아파트에 올인하고 한몫 심리에 주식투자나 비트코인에도 망설임이 없고 할 수만 있다면 모든 것을 거는 영끌도 한다. 이러한 청년들의 잠재적 개연성이 문재인 정부 들어 부쩍 늘었다. 현 정권의 지난 4년 동안 20대 청년들의 은행대출이 2배 이상 급증하여 일반 가계대출 증가율보다 높다. 30대의 소득대비 부채증가속도가 2.7배로 세대 간에 가장 높다. 이는 취업은 어렵고 부동산은 폭등하고 결혼 후 자녀교육비에 자신이 없자 모 아니면 도라는 심리가 발동한 것이다. 이러한 청년들을 몰아세운 것은 정부가 자초한 것으로 현재 4,50대에 책임이 있다.

정부가 규제와 족쇄입법으로 기업경영을 위축시키면 기업은 투자할 리가 없고 기업이 투자를 안 하니 일자리가 없는 것이다. 경영자는 잘하려고 했다가 손해 보면 배임으로 엮어 처벌받고 재벌오너는 법의 잣대에 걸렸다 하면 국민정서법으로 감옥에 처넣어지니 일자리가 생길 리가 없다. 협력업체가 사고를 내도 대기업 경영진을 처벌하는 중대재해처벌법같은 무리한 법들을 다 합치면 2,600개가 된다고 한다. 이러니 청년들의 일자리가 만들어질 리 없다. 이러한 청년들에게 일자리를 만들어낼 근본적인 처방을 하지 않고 선심성 회유정책만 남발한다. 그동안 복지시혜정책으로 벌써 1,000조 원에 육박하는 나랏빚을 만들어 고스란히 청년세대들에게 물려주는 것은 나랏빚을 갚아나갈 강인한 정신적 자산을 물려주지 않고 고교 졸업하면 해외여행비 1천만 원, 태어나서 성년이 되면 1억 원, 군대제대하면 3천만 원 등 청년들을 돈을 미끼로 낚아채려 한다. 참으로 나쁜 사람들이다. 착취라는 것은 가진 자, 높은 자, 강한 자가 못 갖고 낮고 약한 자에게 저지르는 폭력행위들인데 정치인들이 국민세금을 자기 것처럼 헤프게 쓰는 것도 모자라 빚까지 내어 펑펑 쏟아 붓는 포퓰리즘이라면 그 또한 후대세대에 대한 착취이다.

정치가 무슨 권한으로 청년세대들에게 빚덩이를 안겨주는가? 나라 재정이 부채가 한계점을 넘으면 국가부도가 온다. 남미의 나라들이 그랬고 남유럽의 일부국가가 그랬다. 국민들은 급기야 형편이 조금 나은 이웃국가로 품을 팔러 나가거나 못 나간 국민들은 쓰레기를 뒤지는 하층민으로 전락했다. 경제위기가 오는 것은 순식간이다. 유리에 압력을 가해도 임계점까지 깨지지 않으나 그 임계점에 도달하면 순식간에 박살이 난다. 1997년 IMF 때도 나라경제가 그랬다. 빚 무서운 줄 모르고 흥청대다가는 망하는 것 순식간에 찾아온다.

청년들은 대선주자들의 탐욕스런 선심에 혹해서는 안 된다. 미몽을 깨지 못하면 죽을 일만 남기 때문이다. 이제 기득권을 갖고 오만과 내로남불로 공정을 파괴한 586정치권에 식상하여 지난 4.7재보선에 서울시장 선거결과를 지지했던 청년층이 이번에는 36세의 이준석 후보를 제1야당의 당대표로 밀어 올렸다. 열정과 패기의 젊은 세대는 경륜과 지혜를 가진 노년세대와 함께 상호 보완적으로 해나가야지 세대 간 교체라는 명분으로 독자적인 밀어붙임을 해서는 아니 될 것이다.

10. 우리는 망할 것인가?

사람도 혈관에 피가 막히면 뇌졸중이나 심근경색으로 사망할 수가 있고 잘나가는 회사도 자금줄이 막히면 부도가 나서 법정관리가 되거나 퇴출되기도 한다. 나라가 아무리 잘못되어 가도 결코 망하지 않을 거라는 생각은 대마불사라는 믿음 때문에 나온다. 그러나 사람이 죽듯 언제가 나라도 망한다. 외세의 침입으로 망하든 경제파탄으로 망하든 내부분열로 망하든 망하는 것은 당연한 것이고 그것이 언제 도래하느냐만 다를 뿐 망한다는 사실은 변함없는 진리가 되어 역사가 말해주고 있다.

고대의 세계 최강국 로마도 멸망했고 냉전시대의 소련도 망해 국토는 분할되었다. 세계 7대 부국으로 불리우던 아르헨티나도 석유자원국 베네수엘라도 중동의 진주 레바논도 옛날의 그 나라들이 아니다. 중남미의 실상은 더욱 비참하다. 과테말라의 쓰레기 산에서 살아가는 빈민들이 있고 온두라스는 갱단에 의해 무고한 시민이 살해되는 치안부재의 나라이고 엘살바도로는 여성들의 지옥으로 최악의 여성범죄국가이다. 영화 〈맨 온 파이어〉에서 보여준 어린이 납치사건이 실제로 벌어지지는 멕시코 등 세계에는 힘없는 국민들이 국가에 의해 보호 받지 못하고 희생당하고 있다.

경찰에 맞서는 아시아의 4마리 용으로 불리웠던 한국이 이대로 망할 것 같은 조짐이 있다고 주장하면 무슨 헛소리냐라고 할 것이다. 세계 10경제 대국의 반열에 이미 올라서 지난 선진 G7장상회담에도 초대되고 세계가 한류에 열광하고 BTS의 인기는 항상 정상이며 기생충, 미나리의 한국영화는 세계가 감동하는데 무슨 잠꼬대냐고 할 것이다. 그러나 국가의 위기는 느닷없이 찾아와 뇌졸중환자가 쓰러지기 직전까지 정상생활을 유지하는 것과 같다. 그것은 압력의 임계점까지 도달하기 직전까지는 깨지지 않는 유리와 같은 것으로 위기는 순간적으로 찾아온다. 나라의 조직과 기능은 유기적으로 얽혀 있어 어느 하나가 흔들리면 연쇄작용을 불러일으켜 무너지기 시작하는 것이다.

해방 후 혼란기와 과도기를 거쳐 산업화와 민주화를 이루어낸 대한민국이 무너지는 데는 일부에서 무너지면 그것이 연쇄적으로 이어지면서 무너지는 것이다. 그 일부란 국가가 빚내어 국민에게 복지라는 이름으로 마약처럼 투약하는 포퓰리즘 정책, 기업의 쇠퇴, 사회분열과 적대적 대결, 노동의 욕의 상실, 조세저항, 정치 불신 등 내부적인 요인이 외세의 간섭이나 침략보다 더 무서운 것이다.

오죽했으면 101세의 철학자 김형석 연세대 명예교수가 나라가 무너지고 있다고 통탄을 하겠는가? 그 징조는 여기서기 나타나고 있다. 우선 특정집단의 이익 카르텔에 의하여 공정이 파괴되고 그들만의 부와 권력의 독점으로 공동체가 무너지고 있기 때문이다. 특히 법조인들의 이익 카르텔은 이념과 여야를 떠나 얽혀 있는데 성남시 대장동 개발사업에 관련된 피고인, 변호인, 검사장이 소액투자로 천문학적 이익을 챙긴 화천대유에 다시 연결되고 대법관, 검찰총장, 특별검사 등이 고문으로 이름을 올리고 고액 자문료를 받은 것이 이를 입증한다. 이익 카르텔은 고래심줄보다 더 질겨 여야가 없고 양심도 없다. 서로 봐주고 이끌어주고 심어주고 무죄판결 내려주고, 여자를 남자로 만들어주는 것 빼고는 모두 다 한다. 가붕개들만 서러울 뿐이다.

국가 부채가 1000조 원이 되어가는 데도 국민에 대한 포퓰리즘 복지지원이 둑 무너지듯 터져 나오기 시작한다. 2022 대선에 출마하려는 여권주자들의 입에서 태어나서 20대 청년이 되면 1억 원, 고등학교 졸업하고 대학 안 가면 해외여행비 1,000만 원, 군대 제대하면 3,000만 원을 준다고 통 크게 경쟁한다. 문재인 정권은 작년 총선 전에 현금살포로 큰 재미를 보았기에 내년 대선에도 이 수법을 써먹을 것이다. 미래 먹거리를 만드는 일보다 돈으로 표 사는 일만 하는 것은 전형적인 망국병이다.

　로마가 게르만족이 침범하여 망한 것이 아니라 평민들의 과도한 세금 부담으로 내부에서 붕괴되었기 때문이고 동학의 봉기도 가혹한 세금에서 시작된 것처럼 가혹한 세금은 나라를 부강하게 하는 것이 아니라 망하게 하는 것이다. 평생을 일해 마련한 유일한 자산인 아파트 한 채 가격이 올랐다 하여 소득은 없는데 종부세 대상이 되고 그렇다고 집을 팔아 세금을 낼 수도 없는 진퇴양난에 빠진 사람들의 원망이 하늘을 찌를 때 나라가 망하게 되는 하나의 단초를 제공할 수 있다. 종부세의 입법취지가 상위 1% 때문이라는데 아파트 가격폭등으로 서울의 대다수가 종부세 부과 지역으로 전환되었다고 한다. 양도하면 양도세 중과, 팔도 못하고 그렇다고 갖고 있지도 못하는 피지배층 국민들의 원성이 높아가는 것은 북한의 핵위협이나 무력도발보다 더 무서운 것이다.

　유럽의 덴마크는 지형적으로 우리와 유사한 점이 있다. 덴마크는 원래 스칸디아반도까지 북유럽에 걸쳐 세워진 국가이나 유럽대륙에서 북으로 툭 튀어나온 유틀란드 반도로 쪼그라들더니 프러시아(독일)와 전쟁에서 패하고 기름진 슐레스비하와 홀슈타인을 빼앗기고 남한의 절반도 안 되는 소국으로 전락했으며 대한민국도 조상들은 드넓은 만주 땅을 내달리던 호연지기 민족성을 가진 나라인데 만주대륙에서 남으로 툭 튀어나온 외통수 한반도까지 밀려와 그나마도 남북으로 갈라진 소국이 되어 두 나라 모두 강대국에 둘러싸였다는 사실이다.

다른 점은 덴마크는 국토의 태반을 빼앗기고 좌절하고 있을 때 "밖에서 잃은 것 안에서 찾자"는 달가스 지도자의 외침에 국민들이 단합해서 유럽의 최고의 국민소득을 올리는 평화로운 국가가 되었으나 한국은 전쟁의 참화를 딛고 경제발전에는 성공했으나 좌우로 대립하고 지역으로 대립하고 이념으로 대립하여 싸움질로 격돌하면서 지낸다는 사실이다. 백의민족이라고 칭송을 들었던 우리가 여유가 없고 아량이 없고 상대가 실수했거나 잘못을 저지르면 아예 봉을 빼려는 사람들이 늘어나고 있다. 그물처럼 만들어 놓은 법망 속에서 조금이라도 걸렸다면 물고 늘어지는 사람이 늘고 있다. 사나워지고 조급해지고 있다. 사기꾼만 있는 것이 아니라 가짜뉴스를 퍼트리고 비열한 공작도 마다하지 않는다. 이유 없는 살해나 존속살해가 늘어나는 것은 사람들의 심성이 악랄해졌기 때문이다.

중소기업에는 사람이 오지 않아 현재의 중장년층이 물러나면 우리의 청년들이 이를 외면하니 많은 공장들이 문을 닫고 그 틈을 타서 외국제품들이 더욱 시장을 장악할 것이다. 생활 속에 필요한 목공, 설비, 배관, 전기, 건설 등 힘든 현장에는 일할 사람이 줄어들고 가격은 뛰고 있다. 집안의 웬만한 수리를 의뢰하려면 불과 몇 년 전에 비해 50~100%씩 뛰었다. 최저임금인상의 풍선효과로 모두가 덩달아 올랐다. 이제 식료, 생필품도 뛰어올라 봉급 빼고 다 올랐다는 말이 거짓이 아니다. 나라재정은 곳간은 비고 빚더미는 쌓여 가는데 당국자는 건전하다고 한다. 우선 곶감을 빼먹고 있으니 걱정하지 말라는 뜻이다.

청년들이 근면절약을 배우지 않고 한탕대열에 뒤처질까 마음 졸이고 있으니 이것이 망하는 길이다. 타고난 저마다의 소질을 개발하여 직업을 선택하기보다 적성에 맞지 않아도 보다 편하고 봉급 많이 주는 직장을 찾아 헤매고 있다. 공무원과 공공기업에 목을 매고 변호사와 의사에 청년들이 몰리고 외국인이 없으면 지탱할 수 없는 나라이다.

아침 공원에서 할머니들이 우리의 후일을 걱정하고 계신다.

"요즈음 젊은것들이 결혼도 안하고 하더라도 지 새끼는 안 낳고 강아지 새끼하고만 놀고 있으니 참 걱정이다."

젊은 부부들의 답변을 대신한다.

"낳으면 어떻게 길러요. 제대로 교육시키려면 모을 수가 없어요. 아파트 가격이 장난이 아니게 오르는데 어떻게 모으고 어떻게 가르쳐요. 그냥 즐기면서 살아야죠. 빚이라도 내서 살고 정부에서 주는 기본소득이든 뭐든 주는 대로 받아먹고 살아야죠. 저축해서 돈 버는 시대가 아니에요. 또 운이 좋아 돈을 많이 벌어봤자 뭐해요. 자식한데 물려주지도 못하고 국가가 상속세로 다 가져가는데."

이대로 가면 나라가 망한다는 것에 내기를 건다.

11. 미래의 생존

인공지능이 영화 같은 가상세계에서 우리 곁에 성큼 다가온 것은 한국의 바둑천재 이세돌을 격파한 구글의 인공지능(AI) "알파고 리"에서 더한층 진일보한 "알파고 제로"가 100전 100승하여 신의 경지에 올랐다는 평판을 들으면서다. 인공지능이 스스로 기보를 터득하고 알아서 최적의 묘수를 내린 다는 보도는 이제 인공지능이 가상이 아닌 실생활에서 우리 곁에 있음을 보여준 것이다.

이제 인공지능은 우리 실생활에서 사람이 할 수 있는 모든 일에 서서히 다가오고 있다. 단순한 번역이나 통역만이 아니라 데이터 자료를 찾아주는 보조적인 역할에서 벗어나 스스로 생각하고 순식간에 맞는 해답을 찾아내 는 어쩌면 스티븐 호킹이 예언했듯 앞으로 인공지능이 인간의 직업을 빼앗 고 기계가 인간을 지배하는 날이 오지 않을까 걱정이 된다.

이미 인공지능 의사와 변호사가 일선에 배치되기 시작했고 생명도 없는 기계덩어리가 인간보다 정교한 반도체 신경망을 구성하여 수십만 건의 진 료기록과 판결사례를 숙독하여 스스로 최적의 판단을 내리는 단계로 진화 한다고 하니 소름이 끼칠 정도로 오싹하기만 하다. 이미 법률시장에서도 1 초 만에 10억 장의 판례를 분석한 리걸테크(legal technology)가 각광을 받고 있다 하니 어쩌면 인공로봇 판사가 내리는 판결은 그동안 힘 있고 돈 많은 권력자들을 봐주는 불공정한 판결이 없어짐으로써 사법 불신을 해소할 수 있는 모두가 수긍하는 공정한 재판이 될 것으로 기대도 되지만 그렇다고 인 간사의 분쟁을 로봇에게 맡기다니 이게 잘하는 것인지 왠지 불안감을 떨쳐 버릴 수 없다.

앞으로 인공지능로봇이 인간의 일자리를 빼앗아 인류 직업의 50% 이상 이 사라지게 될 것이라는 전망도 나왔다. 그렇다고 부정적인 측면만 있는 것은 아니다. 로봇과 인공지능이 결합하면 무한한 무인시대를 가져 올 수 있기 때문이다. 시각장애인의 눈이 되어주는 인공지능, 요양원에서 중증노 인을 돌봐주는 간병로봇, 가정에서 집안청소와 요리까지 척척해주는 가정로봇, 무대 위에서 악기를 연주하고 노래를 부르는 헤비메탈 밴드로봇이 사회 전반에서 사람을 대체해 줄 날이 다가오고 있는 것이다. 이러한 로봇이 감정인식 로봇으로 진화하고 로봇의 몸체인 금속이 단백질과 결합이 이루어지는 날 사람 같은 로봇의 출현으로 사람의 모든 일을 대신하는 날이 올수도 있다. 특히 SF영화처럼 사람을 대신하여 전투에 참가하는 군인로봇이 등장하면 국가 간 분쟁에서 전쟁이 지금보다 많아질 수도 있다.

신혼부부의 결혼 혼수품목이 TV, 냉장고가 아니라 가정로봇이 살림목록 1호가 되어 집집마다 인공지능로봇과 같이 살아가는 날이 올지도 모른다. 그렇지 않아도 출산율이 저조하여 경제활동 인구가 감소하는데 사람이 할 일을 가상인간인 로봇으로 대체하면 특히 현재 어려움을 겪고 있는 인구 고령화와 일손 부족에 시달리는 사회문제를 해결할 수도 있고 농촌에서는 로봇 트랙터가 밭을 갈고 드론으로 농장을 관리하여 무인 농업으로 해결하는 효과도 있을 것이다.

기술의 발전으로 인공지능로봇이 앞으로 인간에게 유용함을 줄 것은 분명하고 더 나아가 "한 번 더 안아 주세요" 말을 하고 애교를 부리는 감성의 리얼돌 섹스로봇이 등장했다. 성매매특별법이 무력화되고 아마 인공지능시장에서 리얼돌이 크게 점유할 것으로 보는 것은 예전 비디오가 출시되었을 때 일반 영화보다 먼저 시중에 퍼진 것이 섹스비디오였던 것처럼 성욕은 인간의 기본욕구이기 때문이다. 그러다 리얼돌 섹스로봇이 사람처럼 말하고 생각하고 감성을 가지게 되어 영화 〈그녀(Her)〉의 주인공이 인공지능과 사랑에 빠지는 일이 생기지 않을까? 걱정이다. 혹자는 그런 망상은 기우라고 말하겠지만 천만의 말씀이다.

조선시대에는 개는 마루에 올라올 수 없고 사람의 분변을 먹고 식용으로 공급되던 마당에서 사는 가축이었다. 이제 개들도 반려견이라는 호칭을 갖고 사람과 똑같이 거실에서 또는 침대까지 올라와 생활하는 세상이 되었다. 하물며 개보다 더 영리하고 사람과 대화를 하고 감성까지 공유하고 대소변이 필요 없는 AI가 사람에게서 입력되고 지시받는 위치에서 대등한 관계로 발전하리라는 것은 너무나 자명하다. 생활인공지능이 기존의 AI처럼 입력된 특정주제에만 대답하고 이행하는 단계에서 발전하여 테슬라의 일론 머스크의 투자회사 오픈AI가 개발한 진일보한 GPT-3처럼 기억의 응용능력을 가지고 스스로 판단하는 AI가 출연하는 것은 시간문제이다.

인류가 만물의 영장이라고 하나 처음에는 질소(단백질)가 체(體)가 되고 탄소(탄수화물)을 용(用)으로 하는 다세포를 가진 미물에서 포유류 동물로 진화해나간 유기체에 불과하고 21세기 들어서 과학문명의 꽃이라 할 수 있는 인공지능이 로봇의 몸을 빌어 사람의 많은 일을 대체하기에 이르렀으나. 그 인공지능이란 따지고 보면 반도체의 결과물이고 반도체는 기실 무기물인 모래의 성분인 규사에서 만들어진 것이다. 유기물의 영장인 사람과 무기물의 영장인 AI가 이제 4차혁명을 시작으로 서로 임무 교대가 이루어져 가고 있다. 문제는 AI가 사람이 입력한 프로그램에 의해 시키는 대로 이행하고 따르는 수동적인 수준에서 스스로 생각하고 판단하는 능동적인 단계로 발전하면 사람과의 관계가 뒤집어질 수 있고 결국은 인간이 AI의 지배를 받는 날이 오리라는 끔직한 결과에 과학자들도 아니라고 말을 못하고 있다.

윌 스미스 주연의 영화 〈아이, 로봇〉에서 사람이 아무리 인간의 안전을 최우선으로 하는 로봇 3원칙을 만들었지만 AI는 이를 무력화하고 사람까지 살인하는 영화의 줄거리가 앞으로 현실에서 가능하다는 것이다. 인공지능 반도체는 입력되어진 많은 정보를 축적하고 비교하여 최적화된 답만 내놓는 것이 아니라 입력된 정보가 없어도 스스로 정보를 추론하여 만들어내고 판단을 한다는 것이다. 이러한 추론은 너무나 당연한 것이다. 예를 들어 어린아이가 어렸을 때는 부모가 가르치고 시키는 대로 따라 하지만 성장하면서 스스로 판단하고 결정을 내리게 되는 것은 바로 어린아이가 두뇌의 자율성을 갖는 것이고 인공지능 또한 이러한 사람의 입력된 정보에 의존하는 타율적 단계에서 더 나아가 정보를 스스로 만들어 내는 자율 인공지능의 길을 가는 것은 어쩌면 반도체의 신경 회로망이 사람의 두뇌와 다르지 않기 때문이다.

유기물의 결정체인 사람이 더 발전하고 편리를 위해 무기물의 반도체를 만들어내고 결국에는 AI에 지배당하는 시대가 언젠가는 오리라고 보고 있다. 그러나 AI에 세상의 주도권을 준다해도 언젠가는 또다시 유기물 존재인 인간이 그 위치를 회복할 것이기 때문이다. 그러나 사람들은 자칫 AI로 인하여 인류의 멸종이 올 수 있다고 걱정하나 그렇다고 절망하지 않아도 되는 것은 바로 주역의 가르침이 있기 때문이다.

일음일양지위도 계지자선(一陰一陽之謂道 繼之者善). 한 번은 음하고 한 번은 양한다. 이것을 계승한 것이 선이요, 이것을 형성하는 것이 사람의 본성이다. 그것을 천지자연의 도라고 한다는 주역의 괘사전에 나오는 세상의 이치 때문이다. 한 번은 음하고 한 번은 양한다. 인공지능의 시대가 오는 것은 바로 유기물과 무기물의 교체일 따름이지 다른 한쪽이 완전히 없어지는 것은 아니기 때문이다. 이제 인공지능의 역할이 사람을 돕고 보좌하는 위치에서 인간이 로봇을 사랑을 하게 되거나 로봇이 인간을 지시 감독하는 상하 관계로 되는 일도 올 것이다. 그렇지만 앞으로 그런 일은 당분간 일어나지 않았으면 좋겠다. 나도 인간이기 때문에 내 자식과 또 그 자식들 또 그 자식 대까지는 말이다.

2장
국가의 생존

일러두기

영리한 토끼는 굴을 세 개나 파놓고 대비하며 힘없는 피식자 고라니는 새끼를 낳을 때는 여러 곳에 나누어 낳으므로 포식자로부터 새끼의 생존확률을 높인다. 강대국에 둘러싸이고 호시탐탐 적화통일을 버리지 않는 핵보유국 북한과 마주한 대한민국의 국가생존의 방법은 어떻게 할 것인가?

우리는 통일을 원하는데 중국과 일본이 한반도 통일을 원하지 않는 것은 중국과 일본이 통일된 한국이 강대국이 되는 것이 싫기 때문이다. 그러나 미국은 한국에 의한 한반도 통일을 원하고 있다. 그것은 대한민국이 통일되면 중국의 패권을 미국을 대신해서 먼저 억제할 수 있는 이익이 생기기 때문이다. 그러나 아이러니하게도 친북세력이 통일을 주장하고 있다. 그들의 통일은 겉으로는 남북연방제이지만 속내는 적화통일이다. 영화처럼 보였다. 이륙하는 미 수송기의 바퀴에서 떨어지는 아프가니스탄 탈출 국민의 비극을 전 세계가 생생히 보았다. 우리도 나라를 지킬 의지가 없다면 저런 비극이 없지 말라는 법이 없다. 조선 말기의 수구파와 개화파의 싸움에서 조선은 식민지가 되었고 지금의 대한민국은 친중파와 친미파의 싸움으로 한치 앞을 가늠할 수가 없다.

전문가의 시각이 아닌 개천에 사는 가붕개의 시각으로 대한민국 생존의 방법을 제시해본다. 왜냐하면 나라가 망하거나 침략을 당하면 지배층은 잘도 빠져나가는데 남아서 제일 먼저 당하는 사람들이 나와 같은 가붕개이니 뭐라고 한마디 말해야 되지 않겠는가?

1. 중국몽

중국의 국가주석 시진핑은 지난 7·1일 중국공산당 100주년 기념식에서 미국에 대한 전쟁불사 까지 암시하는 "외세가 중국을 업신여기거나 적대하면 머리가 깨지고 피를 흘릴 것이다"라고 경고하였다. 시진핑은 트럼프가 대통령에 당선되자 미국에 달려가 화해의 손길을 내밀었으나 그동안 미국의 무역보복으로 양국관계가 더 악화되었고 바이든 정부 들어 더 확실해진 미국의 국제사회의 일원으로 동참하라는 서방세계의 요구를 적대시한 것이다.

중국과 미국을 위시한 서방세계는 충돌할 수밖에 없다. 자유와 인권을 인류의 보편적 가치로 내세우는 서방세계와 달리 중국은 통제된 사회주의 공동체 완성을 목표로 하기 있기 때문이다. 중국이 세계사 흐름에 함께하지 않고 중국은 중국의 길을 계속 가겠다고 하는 것은 시진핑의 장기집권을 위한 내부용임에 틀림없다. 그러나 충돌은 예측불가능에서 나오기에 우리는 미중관계를 생존의 핵심으로 보고 우리는 살펴야 한다. 대한민국의 생존을 이야기하려면 제일 우선하는 것은 북한의 위협이고 다음엔 북한과 중국의 관계이고 중국을 알려면 지금의 중국몽을 파악해야 한다.

중국몽은 시진핑 국가주석이 2012년 18차 당대회에서 시진핑이 총서기에 오르면서 내세웠던 국가의 지도이념이다. 중국몽은 중화민족의 위대함을 다시 일으키는 것이 핵심으로 실천방법이 세계평화공존이 아니라 강군몽의 성격을 갖는다. 2017년 시진핑이 군에 전쟁준비를 확실히 강화해야 하고 군대는 적과 싸워 이길 수 있어야 한다는 말은 중국몽의 달성은 결국 군사적으로 세계 패권을 차지하겠다는 뜻이다.

이는 중국 근대사의 치욕인 아편전쟁의 굴욕을 씻어내고 당시 중국을 침략하고 강탈했던 서방을 무력의 힘으로 제압하겠다는 중국인들의 한이 집약된 것이다. 중국은 천하의 중심을 중국에 두고 동아시아에서 화이(華夷) 질서를 구상하여 중국만이 세계의 중심이고 주변나라는 모두 변방이고 오랑캐에 불과하다는 사상으로 이는 월나라 구천의 와신상담의 사상적 DNA가 중국인들에게 흐르고 있었기에 도광양회를 거쳐 지금 화광굴기를 하려는 것이다. 사상으로 갈라졌던 중국을 모택동이 대장정으로 통일했고 개혁개방으로 중국경제의 기초를 다진 등소평에 이어 커진 국력과 군사력을 바탕으로 미국을 대신하는 세계 패권국가를 시진핑은 꿈꾸고 있는 것이다. 이러한 중국인들의 중국몽은 지도자들의 선동구호가 아닌 중국인들의 서방에 당해야 했던 뼈저린 한이 있었기에 갖게 되는 중국인들의 정서를 이용하는 것이며 시진핑은 총서기의 취임 첫 일정으로 중국국가박물관 부흥의 길 전시관을 방문한 것도 이를 대변하는 것이다.

왕도중국에서 이제 세계패도를 꿈꾸면서 이제 미국과 함께 G2 경제대국으로 올라선 중국, 앞으로 15년이면 경제력과 군사력에서 미국을 앞설 것으로 예상한다는데 우리는 누구를 선택할 것인가? 중국은 즉흥적이질 않다. 만만디라는 그들 속담이 있듯이 냄비가 쉽게 펄펄 끓는 것 같은 우리네 민족성과 확연히 다르다. 한반도도 역사적으로 중국의 일부라는 그들의 역사공정, 김치도 한복도 그들의 것이라는 어이없는 문화공정은 독도가 그들 것이라는 일본보다 한 술 더 뜨는 것이다.

세계 패권국가를 꿈꾸고 있기에 일대일로 사업을 추진하여 머나먼 아프리카 인도양 연안 국가에도 항만건설 같은 원조와 투자를 하여 그 나라를 부채의 함정에 빠뜨리고 언젠가 있을 서방대결에서 항만을 군사기지화 하여 전쟁에서 이기려는 숨어 있는 치밀한 계획들이 있다. 누가 봐도 공해상인 남중국해 환초에다 비행장을 건설하여 베트남, 필리핀 등 주변국들의 반발에도 눈 하나 껌뻑하지 않고 강행하고 있으며 남태평양의 솔로몬군도 근처의 바누아트에 항만을 건설하고 인도양의 스리랑카 항구에 대단위 투자하여 결국에는 미중전선의 군사적 대결에서 포위망을 넓히려는 중국의 군사전략의 일환이라 할 수 있다. 이 모두가 언제가 있을 미중싸움에서 우위를 확보하려는 항만의 중국의 군사기지화 일환이라 할 것이다.

이 모든 것이 미국과 한판대결에서 승리를 거두고 중화민족의 위대함을 실현시키는 중국몽의 첫 번째 시험대는 우리 한반도가 아닌 대만이 될 가능성이 가장 높다. 대만은 국민당의 장개석이 홍군에 쫓겨나온 피난지 섬이었으나 중국의 국가 사회주의 체제와 달리 자유시장 경제체제를 도입하여 아시아의 네 마리 용이 되었고 자유세계진영의 일원이 되었다. 중국의 입장에서 보면 아편전쟁에 빼앗겼던 홍콩을 반환받고 중국의 체제로 전환되고 있으니 마지막 대만까지 합쳐야 중국인들의 위대한 통일의 대업을 달성하게 되는 것이다. 돌발적인 사태가 발생하지 않는 한 앞으로 5년 이내는 대만해협에서 무력충돌은 없겠지만 군사력이 미국에 대등한 수준에 이른다면 언제든지 대만해협의 충돌은 불가피한 것이다.

대만사람들의 95%가 중국의 속국을 살고 싶지 않다는 여론조사가 반영하듯 평화적으로 1국2체제도 불가하고 그렇다고 현재 같은 양국체제로는 중국이 갈 수 없는 것이기에 언젠가는 미중의 한판대결이 오리라는 것이 개천에 사는 가붕개가 바라보는 잔뜩 낀 검은 구름으로 덮인 하늘의 날씨이다.

현재 미중의 불꽃 튀는 한판전쟁을 준비하는 양측의 음성적 회색전쟁은 이미 진행되고 있다. 미국의 쿼드연합체나 5G 이동통신 기술의 화웨이 제재 등도 다 한판 전쟁에 대비하는 미국의 대중 방어전략이다.

2. 한미관계

미국이 제2차 세계대전을 치르고 난 후 자유과 인권을 가치로 하는 민주주의를 내세워 세계 패권국가로 올라서자 소련을 종주국으로 하는 공산세계와 대립은 불가피했고 결국 한반도에서 전쟁은 발발했고 미국이 개입하게 되었다. 중국까지 참전하면서 진행되던 전투는 휴전 후 철수하려는 미군에 이승만이 배수의 진을 치고 한반도에 붙들어 매놓았으니 그것이 바로 한미상호방위조약이다.

우리가 공산주의에 속하지 않고 자유세계 진영에 편입하여 GDP 세계 10위 경제대국과 국민소득 3만 불을 달성했으니 건국의 방향타를 미국과 함께한 것은 5천년 역사에서 우리 민족의 크나큰 행운이었다. 그러나 한미 관계는 근래에 들어 파열음의 연속이었다. 주한미군 철수 주장이 수도 없이 나오고 전작권환수를 하지 않으면 주권국가가 아니라는 생각들이 국민에게 퍼져나갔다. 북한만이 주장해 오던 미군철수도 이제 우리나라의 좌파진영에서는 수시 외쳐대는 구호가 되었다. 미군이 철수하면 어떻게 될까? 우리의 젊은 세대를 위해서 나 같은 늙은 세대가 염려하는 것은 미군철수 후 상황이 매우 나쁘기 때문이다.

미군은 얼마 전 아프간에서 11월 철수를 한다고 해놓고 7월초 주력이 소리 없이 바람과 함께 사라져 나갔다. 한마디로 야반도주 한 것이다. 인권을 중시한다는 나라가 아프간이 팔레반의 통치에 들어가면 그 나라 국민들이 이슬람 원리주의에 의해 자유는 사라지고 특히 여성들이 교육을 박탈당하고 노예처럼 살아야 하는 것이 불 보듯 뻔한데 그 나라가 미국의 이익이 없다고 판단하니 야멸차게 돌아선 것이다. 어차피 소련이 붕괴되어 아프간이 방어선으로서의 지정학적 중요성을 상실했기 때문이다.

미군이 월남에서 철수 후 바로 사이공이 함락되듯이 아프간 정부군의 병사들이 군을 이탈 탈레반에 대거 항복하고 있다 하니 이제 아프간의 탈레반국가가 되는 것은 시간문제가 되었고 미국과 탈레반의 협정철군 시한인 8·30일이 되기도 전에 탈레반이 밀고 들어오자 카불은 바로 함락되었다.

6·25때 미국이 우리를 지켜준 것은 우리가 이뻐서가 아니라 한반도가 미소대결에서 태평양방어선의 최전선 교두보 역할을 할 수 있는 지정학적 위치가 있었기 때문이다. 이제 이러한 전략적 중요성은 이미 사라져 가고

있다. 보병을 보내 진지를 뺏는 땅따먹기 싸움이 아니라 원거리 미사일로 적의 군사기지와 생산시설을 초토화시키는 전략적 개념이 군사핵심전략으로 자리 잡았기 때문이다.

이제는 미소가 아니라 미중의 대결구도로 상대가 바뀌었다. 그래서 중국은 미국에 대항하여 대중국 방어선 성격의 일대일로 사업을 구축하고 있으며 미국은 일본, 호주, 대만, 인도를 포함하는 쿼드협력을 추진하는 것인데 여기에 한국이 빠진 것이다. 예전 미국의 카터대통령이 미군철수를 주장할 때 미군정책 브레인들이 반대했는데 이제는 미 육군 브레인들도 미군철수를 시사하고 있다고 한다. 인도태평양사령부의 역할은 커지고 주한미사령부의 역할은 줄어들고 있는 것이다.

한국이 미국의 대중국 포위 전략에서 빠졌다는 것은 군사적 파트너로 가치를 상실했다는 것이며 이는 사드의 추가배치도 진척이 없고 신형중거리 미사일이나 전략적 자산의 한국 배치에 호응이 없자 전략을 바꾼 것으로 보이며 한반도에 전쟁발발 시 한국 내 미국 시민의 한국 탈출계획을 세운 것도 우리에게는 사실 기분 나쁘지만 사태는 심각한 것이다. 수빅만의 미군이 1992년 철수하고 경제가 몰락하여 파출부 수출국이 된 필리핀이 같이 되지는 않겠지만 미군철수 후 한국의 앞날은 누구도 장담할 수가 없다. 북한의 무력도발보다 더 위험한 것은 우리 내부에서 연방제통일을 부르짖는 움직임이 들불처럼 번질까이다.

자유를 맛본 우리의 청년세대와 미래 세대들이 북한의 통제된 사회와 함께 갈 수는 없기 때문이다. 따라서 미중의 패권대결이 근본적으로 해소되지 않는 이상 미군철수를 한미양국에서 각자 서랍에 넣고 봉인하는 것이 맞다. 지난번 트럼프 미대통령이 우리를 좋아하지 않는 나라가 있다고 했을 때 알아봤어야 했다. 피를 나눈 혈맹은 어디 가고 장사꾼 계산만 남아 있는 한미관계는 최악으로 빠져든 적이 있었다. 순망치한이라고 한국이 버티고 있으므로 일본과 괌 그리고 미국 본토까지 안전해지는 법인데 한국이 친중으로 넘어가면 일본과 미국이 중러와 북한의 직접 위험에 노출되어 돈으로 살 수 없는 전략적 가치를 장사꾼 트럼프는 몰랐기 때문이다.

그러니 한미훈련이 돈이 많이 들어간다고 푸념하더니만 결국은 방위비 분담인상을 요구하고 한국 대통령을 압박하여 10억 달러 받아내는 것이 뉴욕 브루클린 아파트 임대료 114달러 받는 것보다 더 쉬웠었다고 조롱성 발언도 서슴지 않았다. 이는 트럼프가 돈만 아는 부동산업자 출신 대통령이라 그런 것이라고 치부하기보다 우리의 대미관계에서 우리의 실수를 곱씹어 다시는 이러한 치욕적인 상황을 만들지 않도록 해야 하는데 있다.

CNN방송에서 트럼프 행정부 당국자의 말을 인용 한국이 북한의 증가하는 공격적 행위(미사일발사)에 제어하지 않는 것에 감정이 틀어졌다고 보도했다. 아닌 게 아니라 북한이 미사일을 마구 쏴대고 맞을 짓을 하지 말라고 하는 데도 대북제재 허물기에 골몰하는 한국 정부에 정나미가 떨어졌기 때문일 것이다. 고 최진실이 CF에서 "여자하기 나름이에요" 했던 말은 국제관계에서 통용되는 세상사 이치이다. 모두가 내가 하기에 따라 상대의 반응도 달라지기 때문이다.

시진핑이 2015 중국전승절 기념행사에 한국의 박근혜 대통령을 초청하여 천안문 성루에서 강대국 푸틴 러시아 대통령과 동등하게 파격적인 대접을 해준 것은 미국과 한국이 2014년부터 협의한 고고도미사일 사드배치에 한국에 쐐기를 박기 위해서이지 한국이 예뻐서 한 것이 아니다.

그럼에도 한국이 2016년 1월 사드배치를 공식화하자 중국 내 한국 기업에 대한 보복과 한한령을 발동한 것은 국가도 개인처럼 이해관계가 틀어지면 오늘의 친구가 내일의 적이 될 수 있다는 엄연한 사실을 알려준 것이다. 그래서 내가 힘이 있어야 하고 힘이 없다면 뒷배를 두거나 약한 자끼리 연합을 해야 생존할 수가 있는 것은 동물의 세계에서 이미 말해주고 있다.

3. 한일관계

한국과 일본은 45년 해방 후 상호호혜 관계보다 내심 경계하고 앙숙으로 지내고 있다고 보아야 한다. 그렇지 않아도 독도 영유권 문제와 징용자 배상판결 등으로 살얼음 걷던 양국 관계가 반도체 기초 소재인 불화수소 등 핵심원료의 대한수출을 금지하자 반일감정이 퍼지면서 한국에서는 일본산 불매운동이 일어났다. "독립운동은 못했어도 불매운동은 한다"는 문구는 들불처럼 전국에 퍼져 편의점에 일본산 맥주가 자취를 감추고 판매에 고전하던 닛산자동차는 결국 한국 철수를 발표하였다. 여론의 지지를 업은 반일 정서는 사회 전반으로 퍼졌으며 일본의 반도체 대한수출금지가 오히려 한국의 반도체 소재 자급화와 일본제품의 한국철수를 들어 한일싸움에 우리가 이겼다고 승리로 착각하는 분위기를 일부 언론에서 만들어 내고 있다. 이러한 것이 과연 옳은 것일까? 국민들은 한일관계에서 이성보다 감정에 치우쳐 냉정하게 생각하지 않고 있다.

일본군 위안부 피해자인 이용수 할머니는 본인이 치욕스런 피해자이면서도 과거청산의 방법으로 한일청소년들의 교류를 역설하고 있다. 참으로 우리들의 행위를 창피하게 만드는 넉넉한 포용정책으로 진정한 승리를 한국에 가져다주는 지혜로운 발상이다. 철수하는 닛산자동차가 재고정리를 위해 일천만 원 정도 낮게 할인판매 하자 하루 만에 완판하였다는 기사와 이에 열 받은 누리꾼들은 신차가 받게 되는 세 자리 숫자의 닛산자동차가 거리에서 주차위반으로 발각되면 바로 신고하자는 댓글이 인터넷에 줄을 이었다. 참으로 일제에 고통을 받았던 이용수 할머니에 비하여 속 좁은 소견들이다.

필자는 일본 자동차를 타 본 일이 없다. 그러나 일본에서 거의 모든 부품을 들여다 만든 사실상의 일본 자동차인 초기의 삼성자동차 SM520이 국내에서 처음으로 출시하자 구매하여 타 본 적이 있다. 10년 넘게 타보면서 고장이 나거나 불편을 가져본 일이 거의 없었다. 삼성이 그런 자동차인 줄 알고 또 다시 삼성자동차를 SM5를 구매하여 타게 되었는데 이제 그게 아니었다. 삼성이 일본 닛산과 관계를 끊고 프랑스 르노와 합작으로 생산하면서 국산화율을 높인 탓에 이제는 예전 같은 자동차가 아님을 알게 되었다. 매번 고장이 발생하는 바람에 물적, 시간적 피해를 보았다. 충격도 없었는데 멀쩡한 라디에이터가 물이 새는 바람에 교체해야 했고 보증 주행거리가 넘었다고 모두 자부담으로 처리하였다. 고장이 잘 안 나고 가성비가 좋은 차를 싸게 판다면 그것이 일본차라도 구입하는 것이 정서이고 그것을 비난해서는 안 된다.

이제 우리의 청년세대들이 미래를 위해 과거세대와 다르게 한일 간 호혜관계를 가져야 하고 그렇기 위해서는 청소년들의 교류부터 먼저 하고 서로의 이해와 인식을 같이하는 단계로 발전시켜야 하는 것은 피해자이면서도 한일관계의 회복을 말하는 이용수 할머니에게 누리꾼들은 배워야 할 것이다.

중국의 천하통일이 진나라의 원교근공(먼나라와 친교하고 가까운 나라를 공격)에서부터 이루어졌듯이 해방 후 미소 이념대결에서 남쪽에 있던 우리나라는 먼 나라(미국)와 친교하여 가까운 나라(중국)를 멀리했는데 좌파정부가 들어선 뒤부터 친중으로 기울어지면서 미국과 동맹인 일본과의 관계가 급격이 흔들리기 시작하였다.

지난 위안부 갈등과 강제징용 배상판결로 최악으로 되어버린 한일관계에서 우리의 문재인 대통령은 일본의 경제보복 조치에 대하여 다시는 지지 않겠다고 국민에게 반일감정을 부추기고 일본에 대해서 일본이 우리에 대해 한 것처럼 수출우대심사 우대국에서 배제하는 등 맞대응하면서 일본과 적대관계로 몰고 간 것은 한미일을 주축으로 하는 대중국 동맹의 근간을 흔드는 일이었다. 일본제품 불매운동과 일본관광 취소를 통하여 국민 감정배설은 될지 몰라도 강대국에 둘러싸인 대한민국의 안보환경에는 오히려 손실로 다가오기 때문이다. 일본 외무성 관계자는 최악의 상황으로 빠져드는 한일관계에서 지금 일본은 영어의 '코리아퍼티그'(Korea fatigue)에 해당하는 강코쿠 즈카레(한국인 피로감)가 있다고 말했다. 그는 국가 간의 조약이나 약속은 사법을 포함해 전체를 구속하는 것이라 했는데 이는 위안부합의가 사실상 파기되고 청구권협정도 부정되고 있다는 한국인과 정부의 대응에 일본의 짜증난 속내를 말한 것이다.

한일갈등은 1965년 박정희 정권에서 한일청구권협정이 체결되면서 오히라 메모대로 무상 3억, 정부차관 2억, 민간차관 1억 등 총 8억 달러를 지원받으면서 포괄적 배상에 합의한 바 있다. 그러나 종군위안부 문제가 일본대사관 앞 소녀상 건립과 시위 등으로 계속하여 문제가 되자 일본은 2015년 2월 위안부 피해자 문제해결방안에 합의하고 불가역적인 해결을 양국이 선언한 바 있다.

그러나 강제징용에 대한 한국대법원의 김능환 대법관의 판결로 신일본제철, 미쓰비시 등 자국기업들의 재산에 대한 압류가 현실화 되자 일본은 강경패턴으로 돌아섰고 한일 간의 외교는 파국으로 치달았다. 대법원은 2012년 앞선 1, 2심 판결에서 10년의 소멸시효가 지났고 피고인 신일본제철이 과거 회사의 책임을 승계하였다고 보기 어렵다고 한 것은 징용자가 근무했던 구 일본제철이 1950년 4월에 해산되어 소멸되었고 신일본제철은 새로 태어난 법인이고 이 사건의 소송이 제기된 2005년을 기준으로 해도 1965년 개인들의 청구건이 포괄적으로 포함된다는 해석이 있는 1965년 한일청구건 협정으로부터 약 60년의 세월이 흐른 것이다. 그런데 대법원이 이념적으로 접근하여 소멸시효라는 법 원칙을 넘어서 한일 갈등의 불씨를 제공한 것이다.

한미일은 중국의 위협에 대처하는 동북아 동맹인데 한국은 2019. 8. 22. 한일군사정보협정인 지소미아를 파기하면서 미국이 충분히 이해했다고 했는데 미국은 곧바로 실망과 우려를 금할 수 없다고 발표하였다. 동맹국가인 한미가 이렇게 엇박자가 나는 것은 전조가 좋지 못한 것이다. 무엇인가 서로 틀어져 있음이 분명한데 이는 우리가 친중, 친북으로 기울어졌기 때문이다.

북한이 미사일을 발사해도 쾌적 거리를 탐지 못해 일본 정보의 도움을 받아 사거리를 수정하면서 일본 정보가 필요 없다고 한다. 일본이 미사일 발사를 10여 분 먼저 발표하자 우리도 일본보다 늦지 않았다고 변명하고 지소미아 발표 사흘 후 독도 방어훈련을 시작하였다. 보란 듯이 갈등 속으로 국민을 몰아놓고 있었다.

문재인 대통령은 제74주년 광복절기념 축사에서 "아무도 흔들 수 없는 나라를"7번이나 언급하면서 대일 의지를 드러냈고 2032년 서울평양 공동 올림픽을 거쳐 2045년 광복 100주년에는 남북한이 통일할 것을 국민들에게 시한으로 제시하였다.

듣기에는 가슴 벅찬 희망의 메아리인 것만은 틀림이 없다. 그러나 이러한 환상은 현실적으로 매우 위험한 것으로 국론분열을 가져오고 실현될 수 없는 것으로 보아야 하는 것은 세계 어디에서도 1국가 2체제가 성공한 역사가 없다는 사실이다.

수단과 예멘의 실패보다 더 극명한 것은 지금 중국에 예속되지 않으려는 홍콩 시위대의 절규는 문제의 근본이 2체제 때문에 발생하고 있기 때문이다. 그럼에도 대통령이 통일을 자신하는 것은 핵을 가지고 중국과 러시아의 뒷배를 가진 북한정권이 몰락할 것을 확신한 것이 아닐진대 결국은 우리 자유민주의 대한민국이 사회주의국가로 편입되는 무시무시한 시나리오가 있지 않다면 나올 수 없는 발언이다. 환상은 사실과 관계없이 멋져 보이고 사람들이 빠져들게 된다. 사회주의의 환상에 빠져 사회주의 길에 들어섰다가 국민을 피폐하게 만들고 경제가 몰락한 남미 사회주의국가는 불나방이 불이 좋아 보여 불 주위를 맴돌다가 불에 타죽는 것과 똑같다고 할 수 있다.

일본은 지진이 많은 불안한 나라이다. 그러한 불안이 있기에 또한 부단히 변신하고 노력하는 국가이다. 동아시아에서 가장 먼저 개항하고 서구문물을 받아들이고 강국의 대열에 동참하였다. 한때는 조선을 병탄하고 만주에 이어 중국 본토까지 침략하여 세계대전을 일으켜 초토화된 일본을 다시 경제발전을 이루어 한때 미국 다음의 경제대국까지 간 적이 있다.

생존을 위해서는 변신의 천재인 우리의 이웃인 일본, 과거로 회귀하여 죽창가를 부르고 반일감정 내세워 끝까지 대립으로 갈 것인가? 아니면 새로운 동아시아 새로운 질서체제를 수립함에 일본도 동참시켜 갈 것인가? 운명은 받아들이는 것이 아니라 개척하는 것인데 한일관계를 악화시킨 문재인 대통령께서는 마지막 한일 간의 갈등을 해소하고 막힌 물꼬를 틀 수 있는 7월 23일 열리는 2020년 도쿄올림픽에 참석을 하지 않겠다고 발표하였다. 양국에 얽힌 현안문제를 해결하라는 것이 아니라 코로나에 무관중 경기를 치러야 하고 주요정상들도 불참하여 야심차게 준비한 도쿄올림픽이 일본을 알리는 성과는커녕 국제적 망신살만 사게 된 스가 일본총리에게 이웃으로 위로해주고 덕담만 나누고 오면 그게 일본을 이기는 것이었다.

원래 실리를 챙기려면 자존심은 져주는 것이다. 져 주는 게 결국에는 이기는 것이다.

4. 중국이냐 미국이냐

지난 5월 문재인 대통령은 바이든 미대통령과 만나 국내재벌들의 44조 원 미국 투자를 발표하고 백신의 모더나 위탁 국내생산을 삼성바이로직스로 결정했음을 알렸다. mRNA의 코로나 백신 원천기술을 이전받은 것도 아니고 원액을 들여다 물 섞고 용기에 담아 포장하는 대가치고 너무나 큰 규모의 투자이다. 미국에서 보면 자국 내 투자이나 한국 입장에서 보면 해외탈출이다. 투자를 목말라 하는 쇠락해가는 구미공단에도 광활한 새만금에도 꿈쩍 않던 재벌기업들이 이역만리 남의 땅에 투자보따리를 풀어놓은 것은 누구 말따나 자의반 타의반일 것이고 정부의 강요에 의한 것이리라 의심된다. 우선 발등에 코로나 불부터 꺼야 되는 백신 스와프도 아니고 국군 장병 55만 명분에 대한 백신지원은 한 달 전 일본의 1억 회분의 백신 확보와는 너무나 대비된다.

LG의 SK에 대한 미국 내 배터리 소송을 2조원으로 합의시켜놓고 SK로부터 포드와 배터리 합작공장을 만들고 애틀랜타 공장은 증설하는 투자약속을 받아냈다. 삼성의 총수를 감옥에 처넣었으니 20조 아니라 더 이상도 투자하라고 오더를 주더라도 삼성은 받아들였을 것이다. 기업이 시장과 미래 전망에 따라 자발적으로 투자하지 않고 대통령의 낯내기를 위해 투자한다면 그것은 잘못된 것이다. 대통령 또한 평소에 미국과 돈독하게 관계를 유지했다면 이처럼 무리한 미국 측 강요에 두 손을 들지 않아도 될 수 있었으리라. K방역을 자랑하다 백신확보경쟁에 뒤처지고 코로나 감염은 경로를 알 수 없는 깜깜이 확진자가 계속 늘어나는 위기에서 총보다 위력이 더 센 미국의 백신외교에 그대로 당한 것이다. 그까짓 크랩케이크 오찬을 대접받았다고 황송해 할 일도 아니다. 맥도날드 햄버거로 오찬을 해도 국군장병 100만 명분이 아닌 국민 전체가 맞을 5,000만 명분의 백신이 바로 왔어야만 했다.

지난 4월 3일 동시에 벌어진 한중일안보회의와 한중외교장관회의는 그동안 미중간의 대결에서 전략적 모호성이라는 이름 아래 걸친 양다리 외교안보전략이 얼마나 외통수로 대한민국을 운신의 폭이 없이 벼랑 끝으로 내몰았는지 증명해주는 날이었다.

세계의 패권국임을 계속 유지하려는 미국과 그동안 고속 경제성장으로 힘을 키운 중국이 미국에 도전하는 세계질서의 충돌 속에 한국이 어느 편을 선택할 것인지 양측에서 요구받고 있다. 과거 미소의 대결에서 소련에 대응하기 위해 미국은 중국에 손을 내밀어 자기편으로 만들려 했던 보잘것없던 중국이 미국과 대등한 관계로 커지자 이제는 중국을 봉쇄하는 포위 전략에 한국의 동참을 요구하고 있고 중국은 한국에 대해 미국의 전방위적 압박에 대응하기 위해 5G통신, 반도체집적회로, AI 인공지능 등 한국의 첨단기술도 같이 공유하자고 압박하고 나선 것이다.

해방 후 공산주의와 민주주의의 대결에서 희생된 4·3제주사건 일에 맞추어 미국과 중국의 양진영이 대한민국의 선택을 강요하고 있다. 70년 전 제주에서 이념에 대해 아무것도 모르는 선량한 우리 국민들이 남로당 무장대와 국군 토벌대 사이에 서로 자기편에 서라는 선택을 강요받고 어찌할 줄 모르다가 억울하게 희생된 사건의 배경이 또 다시 엄습하고 있는 것이다.

이는 그동안 자유민주주의 가치를 내세워 한미동맹을 결속해 온 지난 정부와 달리 "반미면 어때?" 하는 노무현 정권의 가치와 철학을 공유한 문재인 정부 들어 이미 예견된 사태인 것이다. 한미동맹을 가스라이팅으로 비유한 김준형 국립외교원장의 속내처럼 안보 관련하여 한국전쟁으로 한미동맹이 생겨난 만큼 한반도 평화체제를 위해서는 미군 철수의 필요성을 주장하고 중국을 대국으로 생각하고 주권국에서는 있을 수 없는 사드 3불정책을 약속한 것이 좌파정권이다. 뼛속까지 친중으로 보여지는 문재인 대통령이기에 "중국을 높은 산봉우리 한국을 작은 나라"라고 하자 시진핑은 한반도는 역사적으로 중국의 일부였다고 말한 것도 다 이러한 맥락들이 서로 통하고 있기 때문이다. 이제 한국의 상징인 김치도 삼계탕도 한복도 본래가 중국 것이라는 억지까지 나오고 있다.

중국은 미국과 맞장을 붙기보다 북한을 내세워 탐색전으로 일관해왔다. 중국은 입으로는 북한의 비핵화를 원한다고 국제사회에 공언하지만 비핵화를 막기 위한 실효적인 조치는 전혀 하지 않고 있다. 다시 말해 북한은 중국의 암묵적 동의 아래 핵을 개발하고 있는 것이다.

북한이 핵을 운반할 수 있는 ICBM이나 SLBM의 개발을 완료하여 실전배치단계에 이르면 미국과 또 한 번 벼랑 끝 전술을 구사할 것이다. 국제사회의 경고를 무시하고 발사하여 위기를 최대한 끌어 올린 후 미국과 담판하여 핵보유국을 인정받고 핵사찰을 받는 대신 핵개발과 이동수단의 개발을 완전 동결하겠다고 제안할 것이다. 쉽게 말해 개발된 핵은 폐기 못하고 앞으로 더 이상 핵개발을 안 할 테니 이쯤에서 휴전하자는 수법으로 결국 승자는 북한이고 패자는 북한의 핵 위협을 머리에 지고 꼬붕 노릇하면서 살아야 하는 대한민국이 될 것이다. 앞으로 그렇게 될 가능성이 70%가 넘는다는 것이 필자의 판단이다. 북한이 이렇게 할 수 있는 배경은 뒤를 봐주는 중국이 있기 때문이며 중국 또한 미국의 싸움에서 북한이라는 대타가 나서주니 손 안 대고 코 푸는 격이며 하등 손해날 것이 없기 때문이며 따라서 북한과 중국은 이와 입술의 관계를 계속하여 지속해 나갈 것이다.

필자 같은 가붕개도 생각해내는 앞으로의 북미대결 판도를 미국도 손바닥 들여다보듯 알고 있겠지만 해법이 없는 것은 북한이 중국과 한배를 탔기 때문이다. 말 안 듣는다고 군사행동으로 가기에는 득보다 실이 많고 너무 위험하기 때문이다. 이미 유엔의 제재에도 효력이 다했기에 이러한 경제봉쇄에도 살아남은 북한이 핵을 포기할 리가 없다. 우리가 북한의 입장에서 생각하고 우리가 북한을 이길 수 있는 신의 한 수는 역지사지 관점에서 찾아야 한다.

5. 우리가 누구의 속국인가?

25년 전 필자의 중국 방문 시 중국인 교수에게 들었던 전기통신업체 화훼이가 껍데기만 남아 오늘 내일 망한다는 이야기를 똑똑히 들었는데 망하기는커녕 지금은 꿈의 통신으로 불리우는 차세대 전파기술인 5세대(5G) 이동통신장비의 기술력과 가격 경쟁력을 갖고 한국의 SK텔레콤, KT, LG⁺가 구매를 검토하고 있다는 뉴스까지 들었다. 어떻게 곧 망한다는 화웨이가 이렇게 일취월장을 하여 이제는 휴대폰까지 삼성을 제압하고 쫓아내게 되었는가? 중국은 자국기업에 막대한 정부보조금과 R&D지원을 해주고 외국 경쟁기업에는 과도한 환경규제와 시장에선 제품에 태클을 걸고 중화사상을 소비자에 심어 이제 중국은 해외기업은 설자리가 없게 만든다.

2014년 중국 스마트폰 시장 점유율 1위이던 삼성전자는 샤오미, 화웨이 등에 내주고 2018년에는 점유율 0%로 추락하였고 한때 북경의 대표적 택시로 명성을 날리던 현대차는 매출이 2/3까지 급감하였다. 이는 중국 정부의 편파적인 시장 관리 때문이며 4차산업의 핵심인 반도체, 이동통신 등을 미래국가전략사업으로 분류하여 적극 투자했기 때문이다.

이에 반해 대한민국은 정부지원은커녕 재벌을 적대하고 노조와 시민단체들에 떠밀려 규제를 더욱 강화하고 있다. 중국 반도체와 경쟁해야 할 삼성은 총수가 사법처리 되어 두 번째 감옥에 가 있다가 여론 때문에 광복절 특사로 풀려났다. 미국은 현재 한국에게 화웨이 장비를 쓰지 말 것을 강요하고 있으며 5G이동통신사업에 화웨이 장비를 도입한 LG는 매우 난감한 처지에 빠졌다. 중국은 아직은 미국의 상대가 되지 못할뿐더러 짝퉁 제품이 말해주듯 기술의 완성도는 한참 뒤처져 있다. 코로나 백신을 개발했고 저개발국가에 원조까지 하겠다는 사노백 같은 중국 백신을 맞은 국가의 국민들이 확진자가 늘어나는 것을 보더라도 알 수 있다.

지난해 12월 23일 중국에서 열린 한중일 정상회담에서 일본의 아베 수상은 중국 시진핑 주석에게 국제사회의 우려가 큰 홍콩, 위구르 인권 문제를 제기한 반면 우리 문재인 대통령은 이와 관련 말 한마디 못하고 중국 측이 한국은 홍콩이든 신장이든 모두가 중국의 내정이라고 여긴다는 왜곡된 발표에 대하여 한마디 아니라고 항의조차 못하는 신세가 된 것이다.

지난 연초에 부임한 싱하이밍 주한 중국대사는 부임 5일 만에 기자회견을 열어 WHO권고를 내세워 우리 정부의 우한폐렴(신종 코로나바이러스) 발원지인 우한과 후베이성의 중국인을 입국 금지한 것에 대해 비판하였다. 신임상도 아직 못 받은 외교관이 한국에 대해 공개적으로 비판한 것은 한국을 중국의 속국으로 생각한 한국총독으로 착각하기 때문이다. 사드보복으로 한한령을 발동하여 국내기업을 옥죄이고 한국에 막대한 피해를 주면서도 한국과 중국은 운명공동체라고 한다. 중국인을 입국 금지해야 한다는 청와대 민원에 60만이 넘게 서명했지만 중국과 혈맹인 북한도 자국민을 위해 국경을 폐쇄했는데도 청와대는 꿀 먹은 벙어리마냥 대답이 없다. 국민의 안위는 안중에도 없는 뼛속까지 친중노선이 배어 있는 문재인 정부 때문이다.

콧털수염의 해리슨 당시 주한미국대사가 지난 1월 정부의 대북개별관광을 허용하는 것에 대하여 자칫 유엔안보리 대북제재조치에 위반될 수 있다고 말하자 "지가 총독이냐 내정간섭 말라" 하고 벌떼처럼 떠들던 사람들이 중국대사의 내정간섭에는 질병보다 가짜뉴스를 차단해야 한다고 딴청을 부리고 있다. 1,000년 이상을 중국의 속국으로 살아오면서 조공을 받치고 왕의 즉위와 세자책봉에 황제의 승인을 받아야 했던 비굴했던 역사에서 자주국가의 위상을 갖게 된 것은 해방 후 미국의 자유사상과 시장경제를 받아들여 GDP 10위권의 경제강국이 되었기 때문이다.

이제 문재인 대통령이 말한 한 번도 경험해보지 못한 나라로 만들어 중국의 속국이 된다면 지금까지 한국인이 중국에 가서 발마사지를 받았다면 이제부터는 우리가 중국인들의 발을 씻어주고 마사지 할 날도 머지않았다.

6. 북한은 핵을 포기할 것인가?

북한이 핵을 포기할 것인지의 답은 너무나 간단명료하다. "아니다"이다. 북한의 핵은 생존에 달린 문제이기 때문이다. 핵을 갖는 것은 선대 김일성 주석의 유훈이며 김정일 국방위원장이 집념으로 이뤄낸 성과를 계승하는 것도 있지만 핵이 없으면 정권이 존립을 못한다는 사실을 알고 있기 때문이다. 예전 리비아의 카다피도 핵을 포기하였기에 불어오는 오렌지혁명에 속수무책 당하였고 현재의 우크라이나가 러시아에 크림반도를 빼앗기고 동부 지역까지 전쟁터가 되었어도 러시아에 딱히 대항할 카드가 없어 속절없이 당해야 하는 뼈저린 현실도 소연방 해체 시 우크라이나가 핵을 포기한 때문이라는 것을 북한 지도부가 너무 잘 알고 있기 때문이다.

국가가 통제하는 사회주의는 자본주의 시장경제와 성장게임에서 상대가 되지 못한다. 그것은 같이 협동하여 생산하자는 공평주의는 인간의 본능에 기반하지 못했기 때문이며 노동투입에 대한 효율이 낮은 것은 말 두 마리가 끄는 힘이 한 마리가 끄는 힘의 배가 되지 못한다는 리벨만 효과로도 말해 주고 있다. 해방 전 지하자원이 많아 북한은 남한에 비해 월등히 많은 산업 시설이 있었고 한국전쟁 시 상당수 파괴되었어도 전쟁이 끝난 후 경제력은 남한보다 상당한 우위에 있었다.

북한과 남한의 경제력의 차이는 GDP 대비 1/60이라는데 북한의 계속된 도발에도 말로만 대응하고 국제규범으로 보호받아야 할 북한 내 개성공단 에 투자한 남한기업들을 쫓아내고 지난해 남북관리사무소를 폭파할 수 있 는 뒷배가 바로 핵이 있기 때문이라는 사실을 북한 지도부는 너무 잘 알고 있다.

강대국만 핵을 가지라는 법이 없기에 약소국도 핵을 갖고 싶어 한다. 동 북아에 세력이 몰려 있는 한반도의 남한과 북한도 그것이 서로 필요했다. 대치의 남북관계에서 박정희 정권이 1972년 7·4 화해의 협력을 명시한 남 북공동성명 발표 이후 2년 만에 장기집권을 여는 10월 유신으로 돌아섰고 박정희의 유신독재가 시작되자 미국의 견제가 잇따르고 이에 박정희도 자 주적인 핵개발에 눈을 돌렸다. 1976년 한국은 프랑스와 원자력협력협정으 로 핵개발을 시작했으나 미국의 압력으로 결국 포기하였지만 북한만은 중 러의 힘의 공백을 이용하여 핵개발을 중단없이 시작할 수 있었다.

북한의 핵개발이 알려지고 이슈가 되자 국제사회의 압력이 잇따르고 1993년 3월 북한은 NPT(핵확산금지조약)에서 탈퇴한 후에 지속적으로 핵개 발을 진행하였고 열강의 압박에 스위스 제네바에서 열리는 핵확산금지 대 화에는 형식적으로 참여하면서 계속 시간을 끌었고 결국 2006년 10월 9일 제1차 핵실험을 터트렸다. 국제사회의 압력에 마지못해 대화에는 참여하면서 뒷구멍으로 호박씨를 까고 있었던 것이었다. 다음해 미·중·러·일본과 남북한이 참여하는 6자회담에서 영변원자로 폐쇄와 불능화에 합의하고 전 세계에 냉각탑 폭파쇼를 보여주었다.

공짜가 없으니 당장 북한에 필요한 중유 50만 톤 등 국세사회의 지원을 받으면서 다른 비밀의 장소에서 핵개발은 계속 되었고 이후 2009년 5월 2차 핵실험과 꾸준한 미사일 개량사업을 통해 미국을 위협하는 핵보유국으로 성장했다. 약속을 헌신짝처럼 폐기하고 국제간의 신의를 패대기친 북한은 트럼프 대통령과의 싱가포르회담과 베트남회담 그리고 판문점회담까지 양의 탈을 쓴 이리처럼 남한정부와 미국을 가지고 시간벌기 놀이를 하였고 중국 또한 말로는 북한의 핵보유를 인정할 수 없다고 하지만 북한이 중국을 대신하여 적국 미국에 미사일을 발사하고 돌격대를 자처하는 마당에 굳이 북한의 핵을 막을 필요가 없었다는 전략적 판단을 하였을 것이다. 설령 북한이 만약에 변심하여 중국에 적대국이 된다 하더라도 북한의 내부사정을 손바닥처럼 보고 있는 중국의 막강 군사력이 북한의 내부 급변 시 즉시 압록강, 두만강을 건너 단숨에 상황 정리할 수 있다는 중국의 자신감이 있기 때문에 북한 핵을 전략적으로 용인하고 있는 것이다.

북한의 김정은은 문재인 대통령과 회담 시 "우리 아이들에게까지 핵을 머리에 이고 살게 할 수 없다"라고 했다는데 이는 미국에 대해 비핵화 회담에 임할 테니 경제제체를 풀어주라는 뜻이고 우리 아이들이란 남한을 지칭하는 것이다. 북한이 남한과 경제적 격차를 넘어 경제발전을 이루고 체제안정이 보장된다면 그때 가서야 고려해 볼 수 있다는 뜻으로 한마디로 그때까지는 절대 핵을 포기할 수 없다는 뜻이다. 말귀를 못 알아들으면 사는데 매번 남한테 당하고 사는 것이 인간사이다. 미국도 북한에 대하여 쓸 수 있는 마땅한 카드가 없이 시간만 보내고 있다. 결국 북한은 중국과, 남한은 미국과 핵으로 겨루는 마주보고 달려오는 기차처럼 될 것인가? 대한민국이 북한의 핵 위협에서 벗어나고 미중싸움에 휘말리지 않고 살아남는 생존의 방법은 없는 것일까?

남북 화해무드에 판문점에서 정상회담을 연이어 갖더니만 우리의 대통령은 김대중, 노무현에 이어 세 번째로 평양을 갔다. 경색된 남북관계를 더 이상 지속될 수는 없기에 현 정부의 친북 노선을 탓할 수는 없다. 그러나 문재인 대통령이 평양에서 북한의 집단체조 "빛나는 조국"을 관람하면서 "어려운 시절 민족의 자존을 지킨 불굴의 용기를 보았다. 김정은 위원장에게 찬사를 보낸다. 우리는 함께 새로운 시대를 만들고 있다" 말했다. 이게 무슨 소리인가? 문재인 대통령의 말은 북한이 늘상 말하는 미국의 핵 위협에 굴하지 않고 자력으로 핵 개발에 성공시킨 용기라고 추켜세우는 것이 아닌가? 늘상 공격하고 도전하여 천안함을 폭침하고 연평도를 포격, 꽃다운 젊은이들의 목숨을 앗아간 북한에 대하여 할 소리는 아니었다. 적어도 "분단으로 전쟁을 겪어야 했고 단절로 갈등과 적대감으로 대립했던 남북이 이제 김정은 위원장의 열린 지도력에 새로운 시대를 만들고 있다"라고 말해야 했다. 그러나 새로운 시대를 김정은 위원장은 만들지 못하고 있다.

우리의 대통령이 방북하여 관람했던 집단체조는 이미 선진국에서 자취가 없어진 국가에 의한 개인을 동원해서 체제 선전을 주목적으로 하는 관제 예술 행위이다. 어린이부터 성인까지 수만 명을 동원하여 몇 달간 반복적이고 혹독한 연습을 계속하여 한 치의 오차도 없이 원하는 그림을 만들어 낼 수 있는 것은 개인이 국가에 속한 재화이기에 가능한 것이다. 개인의 자유는 없고 오직 장군님의 영광을 위하여 아픈 것도 참고 연습하는 북한의 어린이는 국가에 의해 노동이 착취당하는 명백한 인권침해현장이다. 이러한 북한 주민들의 땀과 눈물과 고통은 보이지 않고 참관했던 고 박원순 시장은 "북한에서만 볼 수 있는, 전 세계에서 어디에서도 볼 수 없는 대단한 것"이라고 찬사를 아끼지 않았다고 한다. 북한 주민들도 사람이다. 국가의 귀속물이 아니다. 체제 선전을 위해 또는 돈벌이를 위해 동원되어 기계처럼 움직여야 하는 집단체조의 이면을 보지 못하고 감탄사를 연발하는 사람들이 다름 아닌 다음 대통령을 바라보았다는 서울시장과 좌파진영의 인사들이었다. 참으로 어이가 없다.

북한에서 새해 들어 열린 제8차 북한노동당 전당대회를 기념하기 위한 1·14 야간 열병식에서 보여준 감탄사는 그들이 자랑하는 SLBM 잠수함발사 탄도미사일이 아니다. 영하 17도의 매서운 추위에서 코트도 없이 훈련복만 걸치고 열병에 도열하고 행진하는 북한 병사의 얼굴에서 사회주의의 인권은 참으로 비참한 것임을 감탄(?)하지 않을 수 없다. 얼굴이 붉게 달아오른 것은 동상 직전 피부 반응이다. 무엇을 뽐내고 싶어 장병들을 혹한의 야간에 열병식을 치른단 말인가? 최고지도자는 가죽 코트를 입고 군중들은 털 코트를 입었지만 병사들은 코트도 입지 않았다. 코트 입고 행진하면 모양새가 안 좋아 그러나? 장병들을 손톱만큼이라도 생각하고 있다면 있을 수 없는 독재주의의 전횡이 벌어지고 있건만 남한 내 좌편향 인사들은 북한에 아부하기 바쁘다.

남북연락사무소가 폭파되고 실종된 공무원이 피살당해도 북한에 말 한마디 항의 못하고 핵무력을 완성하여 통일의 위업을 달성하겠다고 해도 북한의 심기를 거스리지 않고 이쁨 받기 위해 북한에 대북 전단 살포를 금지하는 법안을 통과시켰다. 도대체 이 정권은 이솝우화에서 나오는 "떡 하나

주면 안 잡아먹지" 하는 교훈을 모르고 있나 보다.

북한의 일관된 노선은 남한과 상생이 아니라 적화통일이고 이를 달성해 줄 수 있는 핵탄두를 개발하였는데 무엇이 아쉬워서 상생한다는 말인가? 북한은 남한과는 경제적으로 실속만 챙기는 상생만 바랄 뿐이다.

7. 미군 철수

제국의 무덤으로 불리었던 아프가니스탄에서 미군이 8월 말 시한으로 철수를 시작하자 아프가니스탄 정부는 말일이 되기도 전에 스스로 무너져 버렸다. 미군의 지원 아래 최신식 무기를 소지하고 탈레반에 비해 4배나 많은 정규군을 보유했던 아프가니스탄 정부군이 차례차례 주정부를 빼앗기고 카불을 압박당하자 바로 백기를 들고 항복하였다. 대통령이란 자는 탈레반이 입성하기 전 해외로 줄행랑을 쳤고 정부기능은 작동도 하지 않고 무너져 버렸다. 아프간 정부군의 정예특수부대는 실탄이 없어 싸우지도 못하고 포로가 되어 탈레반에 의해 전원 사살되었다.

자강하지 못하면 멸망하는 것이 세상의 이치, 자유와 민주의 가치를 수호하기 위하여 나라를 지킨다는 신념이 없는 군대는 해 뜨면 없어지는 물안개처럼 사라지는 것은 역사의 교훈이다. 돈 많은 나라 미국이 도와줄 때 자립하여 자주 국가를 만들 생각은 하지 않고 아프간 지도층은 분열과 부패가 만연하여 군인과 공무원들도 너도나도 제 잇속만 챙겼다고 한다. 30만 정규군이라 하지만 상당수가 봉급만 타먹는 서류상 가짜군인이다 보니 1975년 4월 패망한 월남의 부패가 오버랩 된다.

당시 월남군은 최신장비와 무기로 무장한 군대였음에도 소위 게릴라인 베트콩에도 밀렸으며 월맹군이 밀고 들어오자 정부와 군인들은 저항 한번 제대로 못하고 스스로 무너져 버린 것은 내부가 부패했기 때문이다. 군인들에게 지급된 무기와 탄약이 소리 없이 적군에게 넘어간 것이 다반사로 일어났으니 월남군에는 그만큼 공산첩자가 많았다는 것은 패망 후 밝혀진 사실이다. 정부와 군의 부패는 필패로 이어지는 예정된 수순일 뿐이다. 군이 부패하고 싸울 의지가 없으면 아무리 첨단무기를 갖다 주어도 고철덩이에 불과한 것이다.

2001년 오사마 빈라덴이 지휘하는 알카에다가 뉴욕의 쌍둥이 빌딩을 공격한 9·11 테러사건 이후 미국은 아프가니스탄을 점령 20년간 10조 달러가 넘는 천문학적인 돈을 쏟아부었는데도 철군을 결심한 이유가 무엇일까? 아프가니스탄이 과거 소련의 남하를 막아주던 지정학적 가치는 이미 소멸했고 오히려 이슬람 원리주의를 표방하는 탈레반 정권이 들어서면 미국의 최대의 적 중국을 분열시키고 교란시킬 수 있는 전략적 위치를 가지고 있기 때문이다.

중국의 최대 골칫거리인 신장 위구르 지역은 이슬람교를 믿는 곳으로 중화민족으로서는 이질적인 민족이 사는 곳이다. 아프가니스탄 탈레반 정권이 신장 위구르의 탄압받는 이슬람 형제들을 모른 체한다면 이슬람 교리의 자기모순에 빠지게 된다. 중국도 이 점을 걱정하고 있기에 탈레반 지도부를 초청 경제지원을 약속했다고 하지만 이슬람 형제의 피(교리)는 물(경제)보다 진하기 때문에 미국은 이를 알고 중국 포위망에 아프가니스탄을 포함시키고자 향후에는 관계를 개선할 것이다.

　이제 우리를 돌아보자! 이제 우리에게도 미군철수가 정부 간 테이블 위에 올려지고 이를 주장하는 사람들이 많아지고 있다는 사실이다. 주한미군은 과거 이승만 정부가 한국전쟁 휴전 시 철수하려는 미군을 한미상호방위조약에 의거 주둔하게 되었다. 미군이 주둔함으로써 한국은 안보를 보장받고 자유번영과 경제발전을 이루어 현재에 이르게 된 것은 하늘이 준 대한민국의 행운이었다. 당시 북한의 지도부가 남침 시 미국이 개입하지 않으리라고 오판한 미국의 애치슨라인(미국의 방위선에 한반도가 배제된 것)이 현재에도 미 전략가들의 머릿속에는 있다고 본다.

　한국에서 계속 미군철수를 주장하면 미국은 한국을 빼고 일본 오키나와, 대만, 베트남, 타이, 인도로 이어지는 대 중국 포위망을 다시 생각해낼 것이다. 미국 입장에서 한국의 지정학적 가치는 계륵처럼 있으면 좋고 없어도 무방한 것이 되어버린 것은 미국의 군사전략이 한미 방위전략에서 아시아 태평양 방위전략으로 바뀌었기 때문이다.

　필자의 상상이지만 미국은 아마 아프가니스탄에서 일본까지 빙 둘러싸는 대중국 포위 전략에 한국이 빠진 그림도 그리고 있을 것이다. 미군이 철수되면 어찌되는가? 2021 한미연합훈련은 그동안 연례적으로 해오던 것을 코로나를 핑계로 컴퓨터 시뮬레이션 게임으로 바꾸고 훈련범위도 대폭 축소하였다. 미국의 입장에서 자존심이 있는데 미국 장성이 한국 장성의 지휘를 받으라 하고(전작권환수 후 한미연합사령부) 한미훈련은 형식적이 되어가고 미군철수 주장은 봇물처럼 터져 나오면 미국은 주저없이 철수를 단행할 것이다. 월남에서 철수했고 필리핀에서 철수했고 아프가니스탄에서도 철수했는데 한국에서 철수를 못할 것도 없다. 철수해달라고 조르면 철수할 것이다. 문제는 미군철수가 아니라 철수 이후가 문제이다.

미군철수가 발표되면 여기저기서 이제서야 자주국가가 되었다고 환호성이 터져 나올 것이고 정치권과 민간분야에서 남북교류와 연방제 논의가 넘쳐 나오면서 이것이 활화산처럼 타오르면 국내에 암약하고 있는 친북세력의 은밀한 행동도 표면화될 것이다. 시위는 일상화되고 파업과 점거를 거쳐 사회혼란을 노리는 테러 행위까지도 발생할 것이다.

북한 지도부는 아프가니스탄 사태를 통해 또 한 번 비대칭 전술에 확신을 가졌을 것이다. 탱크도 없고 헬리콥터도 없는 탈레반은 AK47소총과 유탄발사기 정도만 갖고 있는 약체 반란군이다. 그러나 심리전에서 상상 못할 전술을 구사하여 전세를 유리하게 이끌었다. 높은 문맹율의 아프가니스탄 청년들을 이슬람 교리로 세뇌하여 죽으면 알라신을 모시면서 미인들에 둘러싸여 영화를 누린다는 현혹으로 수많은 알라딘 전사를 만들어 스스로 자살폭탄을 감행케 하여 수백 명씩 무차별 살상시키면서 아프가니스탄 사회는 혼란과 공포의 아비규환을 만들었다. 도처에 터지는 폭탄테러에 국민들의 국가관과 미래는 무너졌고 각자도생의 길만 남았다. 20년 동안 아프간에 자살폭탄과 전쟁으로 사망한 사람들의 숫자가 50만이 된다고 하니 한마디로 지치게 만들어 국민은 싸울 의지가 없는 자포자기 심정이 되었고 만연한 부패도 그래서 생겨난 것이다. 잔악하지만 효율이 좋은 고도의 탈레반 전술이 미국을 이긴 것이다. 비옥한 토지가 없는 아프가니스탄은 험준한 산악으로 마약의 원료인 양귀비 재배에 안성맞춤이고 탈레반은 이를 이용하여 주민의 지지를 얻어내고 판매수익으로 무기를 수입하는 고도의 게릴라 전술을 구사한 것이다.

북한은 1950년 6.25 같은 전면남침은 하지 않을 것이다. 서울을 점령하기 전에 평양이 초토화 될 텐데 북한 지도부가 바보가 아닌 이상 전면전을 감행할 이유가 없다. 대신 남한 내 좌파 및 친북세력을 통해 미군철수를 주장하여 이것이 실행되면 단계적 연방제 등을 내세워 내부 혼란을 유도한 다음 아프가니스탄에서 했던 것처럼 남한에서도 여기저기 테러행위를 배후에서 조종할 것이다. 지령을 받고 또는 자발적으로 참여하는 테러리스트가 남한에 생길 것이다. 이석기의 유사시 혜화동전화국 폭파 계획 같은 것이 줄지어 실행될 것이다.

남한의 극심한 혼란이 그들의 목표이고 북한은 숫제 모른 척하고 있을 것이다. 주식시장의 주가는 떨어지고 부유층들의 해외탈출도 줄지어 시도될 것이다. 남한 내부 붕괴를 유도한 후 무혈입성하는 시나리오를 그들은 계획하고 있을 것이다. 전략적 이치가 원래 그런 것이다. 쌓아올리는데 오랜 시간 정성을 다하지만 무너지는 데는 순식간에 무너진다. 핵을 가진 북한이기 때문에 우리에게 몽니를 부려도 정부가 쩔쩔매는 남북관계이다. 북한과 평화공존을 위한답시고 북한이 요구하는 미군철수를 우리가 주장하여 미군이 철수하게 되면 상기와 같은 남한붕괴 시나리오가 높아지는 것은 사필귀정이다.

남한 내부에 광범위하게 친북세력이 있기에 미군철수는 국민 분열의 시작이고 안보는 급격하게 무너지기 시작할 것이다. 남한 적화통일을 포기하지 않고 줄곧 한미훈련을 트집 잡고 미군철수를 주장하는 북한의 전략에 우리가 미군철수 주장에 동조하면 북한의 대남 적화야욕에 부응하는 길이 된다. 그래도 미군철수를 주장하겠는가? 미군철수를 주장하는 그대들의 조국은 과연 북한인가? 대한민국인가? 아프가니스탄 카불 공항에 필사의 탈출을 하려는 그곳 국민들의 아비규환 같은 기막힌 참상이 대한민국에서도 벌어지길 원하는가?

8. 미중 대결의 승자는?

미국과 중국이 한판 붙으면 누가 이길까? 현재 군사력은 미국이 월등히 우세하지만 중국이 GDP성장을 바탕으로 꾸준히 군사력을 늘리고 있어 10년 후에는 막상막하 장담할 수가 없을 것이다. 미중싸움에 핵전쟁으로 확산되어 3차 대전이 일어나고 세계가 멸망할 것인지? 아니면 재래식 무기로 붙어 초반 싸움에 우열이 가려지고 국제사회의 중재 속에 한쪽이 꼬랑지 내리면서 막을 내릴 것인지는 하나님도 모르고 그 누구도 모른다. 전쟁이 어떻게 전개되고 힘의 역학구조가 어떻게 변하느냐에 따라 달라지기 때문이다. 군사력이 우세하다고 이긴다면 수나라 백만 대군이 을지문덕에 패하지 않았을 것이고 왜군의 수백 척 함선이 이순신 장군의 12척 배에 당할 리가 없는 것이다.

싸움에는 여러 요소가 결합되어 승패의 요인이 될 수가 있기에 전략과 전술이 톱니바퀴처럼 맞물려야 하기에 예전에도 그랬지만 미중간의 단독 싸움으로 절대 이루어지지 않는다는 사실이다. 미중의 싸움은 편을 만들어 연합이나 동맹으로 판을 키워 싸우지 절대로 미중 단둘이 싸우지를 않는다는 것이다. 팽창하는 세력과 방어하는 세력이 연합체를 만들어 세의 대결이 이루어지기 때문에 미국은 쿼드연합을 통해 포위망을 만들고 중국은 일대일 사업으로 군사적 방어막을 구축하는 것이다.

중국이 자국민을 무참히 학살하는 강경 미얀마 군부정권을 지지하는 것은 미얀마가 일본에서 인도로 이어지는 미국의 대중 포위망을 무력화시키는 전략적 요충지이기 때문이며 미국이 과거 적대국이었던 베트남을 적극적으로 우호세력으로 만드는 것도 대중국의 전략적 중요성 때문이다.

따라서 미중간의 대결에 승자를 살펴보려면 첫째가 지정학적 유리함을 봐야 하고, 둘째 내부의 분열요소를 들여다보는 것이며, 셋째는 전쟁의 도덕적 우월성을 누가 갖고 있느냐에 있다. 이에 나는 미중의 싸움에서의 승자는 미국으로 보고 그 근거를 다음과 같이 열거한다. 중국은 국경에 많은 적들을 직접 맞닥뜨리고 있다. 인도와 태국, 베트남과 대만 그리고 한국과 일본까지 국경을 맞대거나 근거리에 위치하고 있는 반면 미국의 국경은 동서로 넓은 대서양과 태평양이 보호하고 남북으로는 찰떡맹방인 캐나다와 멕시코가 감싸주고 있다. 동물의 왕 사자도 하이에나가 떼거지로 달려들면 도망가듯 중국은 전쟁이 일어나면 미국과 동맹인 주변국들의 다자 침공을 직접 당해야 하기 때문이다.

또한 북극곰의 음흉한 속내를 알 수가 없듯이 러시아가 미중전쟁이 발발하면 중국에 동맹으로 참전하기는 제한적 한계에 그치리라 본다. 어차피 미중전쟁이 시작되면 자유민주주의와 인권, 시장가치를 공유하는 유럽이 미국의 편에서 지원할 것이기에 러시아가 유럽과 전쟁을 불사하기는 어렵다고 본다. 러시아의 실리적 중요성은 아시아 동부가 아니라 유럽과 맞닿은 서부이고 턱밑의 우크라이나는 이미 서방진영이 되었기 때문이다. 다음은 역사가 증명하듯 필패의 원인은 내부 분란에 있다. 미국이 중국의 아킬레스건인 신장 위구르 지역의 인권탄압을 제기하고 티베트에서 피신한 달라이라마를 후원하는 것 등 유사시 양 지역의 분리 독립의 토대를 만들기 위해서이다.

인류의 보편적 가치인 인권이 무참히 유린되는 중국은 겉으로는 안정된 사회인 것처럼 보이지만 전쟁이나 사회질서가 무너지면 모래 위의 탑처럼 무너지기 십상이다. 이미 오랫동안 뼛속까지 자유의 맛을 본 홍콩주민이나 중화민족과 다른 티베트, 신장 위구르, 내몽고 지역 등을 가혹한 통제로 억누르고 있지만 이탈의 가능성이 있어 중국으로서는 쉽게 미국과 전쟁을 하기 어렵다고 할 것이다.

이에 반해 총기 사고가 빈번하고 흑인이나 아시아계 사람들을 인종 차별하는 나라이지만 국가를 위해 전사하거나 행방불명이 되어도 몇 십 년이 지나도 끝까지 찾아가 귀국시켜 예우해주는 나라가 미국이다. 군인이 국가를 위해 지키다 전사하면 최고의 예우를 해주는 것, 그것은 국가의 국민에 대한 의무이고 그렇기 때문에 국민에게 자유를 지키자며 희생도 요구한다. 6·25 때 죽은 미군의 유골도 어떻게 해서라도 송환해가는 그들의 집념에 미국 국민은 신뢰하고 국가가 부르면 끝까지 세계 어디든지 달려간다.

이에 반해 이민족을 탄압하고 고유문화를 말살하는 중국 정부의 인민군에 승리를 기대할 수 있을까? 6·25 당시 미군에 포로가 된 중국 인민군 21,000명 중 14,000명이 중국보다 자유세계 대만을 택하였다. 모택동의 홍군이 70만 장제스 국민당 군에 포위되어 한줌도 안 되는 병력으로 탈출하여 대장정의 위업을 달성하고 중국을 통일한 것도 약탈과 민폐를 끼친 국민당 군과 달리 약자인 농민을 보호하고 계몽했기 때문이다. 이제 80년 가까이 세월이 흐른 다음 홍콩의 민주화를 가혹하게 탄압하고 소수민족의 인권을 유린하고 강제노역을 예사로 시키는 중국 정부에 전쟁이 나면 홍콩과 소수민족도 도화선이 될 것이다. 중국 공산당이 모택동을 지도자로 권력을 장악하자 말끝마다 내세운 것이 인민을 위한 것이었다.

모택동은 1950년 반(反)우파운동으로 인민의 적 색출에 나서 1976년 사망할 때까지 중국인민 수백만 명을 인민의 적이라는 이름으로 숙청하고 살해하였다. 이러한 탄압은 우선은 체제를 안정시키고 독재를 공고히 할 수 있으나 격동기에는 힘을 잃는다. 이러한 통치기술을 이어받은 시진핑은 2018년 3월 전인대대회에서 2,964명 출석, 찬성 2,958표, 찬성율 99.8%를 만들어 내고 절대권력을 가지자 국가감찰위원회라는 초사법기구를 신설 전 국민을 대상으로 체포, 구금할 수 있는 사법적 독재의 길을 열었다.

10년 정권 교체의 법통을 무시하고 종신연임의 길로 들어서기 위하여 정권이 사법과 언론을 장악했고 그 다음은 국민을 노예로 전락시키는 길로 들어서고 있다. 온라인 비대면 시대가 되어 세계가 빅테크 기업들의 전성시대로 들어섰는데 체제에 위협이 된다 싶으면 하루아침에 주저앉게 만든다. 중국 최대의 전자상거래업체 알리바바, 중국 최대의 배달업체 메이퇀펑팅, 중국 최대승차공유기업 디디추싱은 당국으로부터 철퇴를 받고도 관할부처 지도에 감사를 드린단다. 얼마나 무서운 독재국가인가? 이러한 독재국가는 겉으로는 견고하게 보이지만 전쟁 같은 혼란기가 닥치면 귀퉁이가 무너지는 것은 시간문제이다.

끝으로 전쟁의 도덕적 우월성이 있는 쪽이 결국 이기는 것을 역사가 말해준다. 독일의 히틀러가 약속을 깨고 폴란드를 침공하고 일본이 선전포고 없이 진주만을 공격하였을 때 전쟁의 도덕성에서 이미 진 것이나 다름없다. 중국이 막강 군사력을 과신하여 대만을 하루아침 해장거리로 생각하고 침공하였을 때 중국은 전 세계에 도덕성을 잃게 되는 것이며 따라서 미중 싸움에서 중국의 패배는 예상된 시나리오에 불과하다 할 것이다.

지난번 미국은 중국의 방어벽인 일대일로에 맞서 이를 포위하는 G7국가 (일본, 호주, 독일, 프랑스, 영국, 이탈리아, 캐나다) 정상들이 모여 '더 나은 세계재 건(Build Back Better World-B3W) 지원에 합의하면서 중국과의 미중패권싸움 에 진영을 결성하고 아프리카 아시아 국가들을 우호국으로 만들어 향후 미 중패권전쟁의 진영쟁탈이 이제 본격적으로 시작되었으니 향후 세대결이 볼 만하다 할 것이다. 코로나 백신이 없어 세계 후진국 국가들의 국민들이 죽 어갈 때 그래도 백신을 다량 공급한 것은 중국이 아니라 미국이었다.

9.문재인 정부의 전략적 모호성

세계 패권을 차지하기 위한 미중간의 대결이 부딪치는 곳은 바로 대한민 국이다. 친중이냐 친미냐로 나누어지는 정권의 성향에 따라 미중의 태도 또 한 달라지고 있다. 박근혜 대통령을 천안문 망루에서 시진핑 주석 옆에 세 워 최고의 국빈대접을 해주었다가 사드가 성주에 도입되자 문재인 대통령 의 방중에는 혼밥을 먹게 하고 경호원까지 폭행한 것은 대한민국을 의도적 으로 핍박한 것이며 그것이 외교행사라 하더라도 그 속성이 한국에 대한 불 만이 표출된 것으로 나라도 이해관계가 충돌되면 저잣거리 깡패보다 더 못 한 것이 된다.

미국 또한 크게 다르지 않으니 트럼프 대통령의 방미 시 문재인 대통령도 일본 아베 수상에 비하여 야박한 푸대접을 받았으나 지난 5월 2차 방문에는 바이든 대통령으로부터 극진한 환대를 받았다. 백신을 대가로 한국 대기업들의 미국 내 투자를 요청했을 것이고 삼성, 현대, SK, LG는 44조의 미국 내 투자를 약속하였으니 중국이나 미국, 그들 탓을 하기 전에 고 최진실 씨가 유행시킨 "남자는 여자하기 나름이야"를 정부도 몸에 배고 있었어야 한다. 국가 간 외교에는 약한 나라가 어떻게 처신하느냐에 따라 강대국의 대우가 달라진다는 것을 볼 수 있는 것은 역사가 보여준다.

문재인 정부의 외교는 한마디로 친중, 친북성향을 갖되 동맹 미국에 대하여서는 불가근, 불가원 정책으로 일관하여 왔다. 한마디로 전략적 모호성으로, 결과적으로 미국과 중국에 배척대상이 되어 버린 것이다. 우리나라의 대통령이 중국과 미국의 방문해서 홀대받은 것이 이를 증거하는 것이다.

문재인 정부의 외교전략을 이해하려면 문정인 외교특보의 2020년 7월 5일 KBS특별기획 '코로나19 이후 대한민국 길을 묻다' 프로그램에서 찾을 수 있다. 그는 강연에서 영민하고 결기 있는 외교로 국가이익에 대한 원칙이 있고 원칙의 바탕 위에 전략을 세우고 행동해야 하며 현재는 미중의 패권싸움에서 중국을 고립시키려는 미국의 전략에 한국과 미국의 동맹 관계가 한국과 중국의 경제적 동반자 관계가 충돌하고 있다고 진단하고 이에 대한 방법으로 다음과 같이 열거하였다.

- **밸런싱 전략** - 패권국(미국)과 동맹을 계속 강화
- **중국 편승론** - 신흥패권국 중국에 갈아타기(친명배금정책으로 병자호란 초래)
- **홀로서기론** - 영세중립국선언, 글로벌 강대국의 인정이 필요, 현실성 없음
- **논두렁론** - 안보는 미국, 경제는 중국으로 관계를 계속 유지(양국으로부터 시달림, 스트

레스)

• 동북아 새 질서 - 동북아 다자안보협력체제(남북관계가 선결 조건)

우리가 생존과 번영을 동시에 달성하려면 동북아 새 질서인 다자안보협력체제로 가야 하며 따라서 북한과 평화 공존이 먼저 중요하다고 내비쳤다. 그래서 문재인 정부는 천안함 피격을 북한의 잠수함 소행이라고 공식적으로 말하지 못하는 등 매사 감싸는 것은 그러한 북한과 평화공존을 해야 미중 간 대결에서 대한민국이 생존을 유지할 수가 있다고 믿는 것이다. 이것이 좌파전문가들의 국가생존전략이다. 그동안 계속 속임수를 써온 북한의 핵 개발에 대응 한 번 못하고 우리가 이렇게 참으면서 잘해주는데 지성이면 감천이라는 착각 속에 결과적으로 미중대결에서 대한민국을 위험에 빠뜨리고 있는 것이다.

미중의 패권싸움에 동북아 다자안보협력체제가 과연 가능할 것인가? 다자안보협력체제란 쉽게 말해 미국과 중국에 한국과 북한, 러시아 일본을 참여하는 동북아 세력 조합인데 이는 실현되지도 않을 밀장난 아닌가? 미중이 서로가 적인데 어떻게 안보를 같이 협력한다는 말인가? 본질은 숨고 기망만 난무할 것이다. 중국패권을 가지고 대결한 항우와 유방이 서로 화해 협력하자는 홍구담판이 사실은 기만전술인 것처럼 말이다.

현장에 가보지도 않고 공사를 지시하는 공사감독과 같이 책상머리 이론을 가진 좌파전문가들의 국가전략에 불안한 마음 숨길 수가 없다. 중국의 춘추전국시대에 원교근공이냐(멀리 있는 나라와 가까이 하여 가까운 나라를 공격한다 - 팽창시대 논리) 근교원공이냐(가까운 나라와 가까이 하여 멀리 있는 나라를 제어한다 - 블록시대 논리)가 이 시대에 해법이 될 수 있을까? 미국과 같이 가면 중국과 틀어지고 미국과 더 밀착하면 중국의 압박을 피할 수 없다. 미국과 중국의 새로운 냉전 구도의 최전선에 한국이 처해져 생존의 문제가 되기 때문이다.

한국의 수출비중이 26%를 차지하기에 중국의 협력적, 전략적 동반자 관계가 필요하나 그렇다고 중국에 밀착하다가는 한미관계가 더욱 훼손될 수가 있다. 이에 중국이 주도하는 아시아 인프라 은행에 참여하고 동북아 비핵화의 병행추진이 필요하다고 하는데 과연 북한이 동의하고 이것이 대한민국 생존에 맞는 정책인가?

지난 4월초 미 상원외교위원회가 중국 견제를 위한 종합적인 견제 목적을 가진 "전략적 경쟁법"을 공개했는데 한국은 보이지 않는다. 미국의 대중국 군사안보동맹인 쿼드에 미, 일, 호주, 인도만 있지 한국은 없다. 한국은 한국전쟁에 미국의 희생과 도움으로 민주국가로 자임했는데 지금은 중국에 바짝 기울고 있다고 미국은 한국을 못미더워하고 있는 것이다.

하다못해 미 상원외교위원장은 "이러려고(6.25때) 우리가 함께 피를 흘긴 것이 아니다"라고 노골적인 불만을 드러냈다. 과연 미국과 중국 누구를 선택할 것인가?

3장
대한민국의 생존과 대안

1. 한중일 삼국의 경제협력체

　문재인 정부가 미중관계에서 해왔던 논두렁이론이나 참모들이 주장하는 동북아 다자안보협력체제를 나는 너무 위험하고 현실성이 없다고 전항에 설명한 바 있다. 이는 앞으로의 세계는 세계화와 정보화와 블록화의 시대이기 때문이다. 그래서 미중패권시대에 우리나라의 생존전략은 우리의 국가이익과 주변 국가이익이 서로 상충되지 않고 조화되어 더욱 시너지 효과까지 나도록 국가발전전략을 수립해야 한다는 뜻이다. 우리의 구상이 매우 합리적이고 구체적 타당성까지 갖춘 실현가능한 전략을 세워야 이웃을 설득할 수가 있다. 그러면 이에 대처할 '미중패권싸움에 대한민국의 생존을 보장할 안보는 무엇인가?'에 전문가도 아닌 가붕개가 무얼 알겠느냐마는 비 오기 전 비가 오는 것을 미리 알고 우는 개구리의 본능처럼 위기의 직감은 진영논리에 매몰된 전문가가 아니라 진영에 속하지 않고 생존을 걱정하는 나 같은 가붕개가 더 정확히 예감할 수 있는 것이라는 생각에 소회를 피력하고자 한다.

국가안보라는 것도 군사와 외교의 문제가 아니라 기실 내부에 경제가 핵심이 되어 있음은 주지의 사실이다. 타국을 침략하는 것도 경제 때문이며 경제 때문에 국가 간 마찰이 일어나고 분쟁이 시작되는 것이다. 문정인 외교특보가 말한 다자안보협력체제는 핵심당사자인 남북한의 경제력 차이가 60대 1로 숫자가 너무 차이가 나 북한으로서는 남한을 제압하고 경제력을 극복할 수 있는 것은 핵보유뿐이라는 사실을 본능적으로 알고 그토록 속임수를 써가면서 핵병진정책을 추구해왔던 것이다.

등소평의 개혁개방을 북한이 도입하기에는 북한의 체제유지가 위험했기에 한때 시도했던 시장경제 장마당도 이제 자취를 감추고 있는 것이다. 백두혈통을 내세우는 김씨 정권과 이를 뒷받침하는 군부세력은 핵을 보유하고 과잉 군사력을 계속 유지해야만 굶주리는 피지배층 북한인민들과 달리 권력과 부를 가질 수 있기 때문이다. 북한의 김씨 정권은 군부세력과 악어와 악어새처럼 공존할 수밖에 없는 것이기에 서로 살기 위해 핵보유국으로 계속 갈 것인바 이러한 북한에 대하여 동북아 비핵화 운운하는 것은 상대를 제대로 분석 안 한 이쪽의 희망사항일 뿐이다.

미중의 첨예한 패권다툼과 북한의 핵 위협에 대한민국의 생존 방법은 다음과 같이 우리의 지정학적 위치를 활용하여 다자안보협력 체제가 아니라 한중일 삼국경제협력 체제로 전환하되 삼국경제협력 체제는 처음에는 북한을 배제하고 일본과 한국 그리고 중국이 삼국을 고속철도와 화물열차가 직통으로 연결되는 새로운 실크로드를 만들어 이를 러시아와 유럽을 잇는 유라시아 다자간경제협력 체제로 확대하는 구상이다.

삼국을 연결하는 그 중심으로 전북의 새만금에 한중일 경제특구를 만들고 한국과 중국은 한중해저터널, 한국과 일본은 한일해저터널, 한국 내에서는 부산에서 새만금까지 복합철도망을 개설하여 한국과 중국과 일본이 직통으로 연결되는 한중일 삼국경제협력체를 추진하자는 것이 나의 제안이다.

그 이유는 간단명료하다. 미국과 중국의 두 세력 간의 패권전쟁에 또다시 작용하는 힘이 있다면 그것은 바로 시장의 힘이다. 시장은 기본적으로 분업에 기초한 상호의존과 상호이익이 작용하는 수평의 장(場)이다. 패권은 서로 위에서 군림하여 지시하고 따르게 하려는 수직의 장(場)이기에. 패권은 대립적인 관계라면 시장은 교환적인 관계로 지시와 복종이 없고 서로 상호주의만 작동한다.

지금은 세계화, 정보화, 블록화의 시대이다. 한중일이 동아시아 블록화 경제협력제체를 만들어 유라시아 시장과 교류를 확대하면 미중간의 대립적인 패권구도는 약화되고 세계가 대륙마다 블록화 경제체제를 만들어 서로 교류하고 의존하는 세계화 시장을 한중일 삼국이 먼저 주도하는 것이다.

북한은 핵 때문에 유엔제제에 묶여 있고 중국과 러시아가 숨통을 틔워주고 있으니 당분간 핵을 포기하지 않고 핵을 가지고 남측을 압박하여 최대한 지원을 받으려 할 것이다. 그러나 이러한 구도가 한중일경제협력체로 바뀌게 되면 그들의 전략도 바뀌게 될 것이다. 북한이 핵을 포기하고 한중일경제협력체에 동참하는 그날이 우리의 생존이 확립되는 날이기 때문이다.

그러나 걱정이 없는 것은 아니다. 중국은 시진핑 이후 시장의 힘이 작용하는 보편국가로 가는 대신 미국과 군사적 경쟁에서 이겨 중화패권국가로 가는 것이 보이기 때문이다. 그러나 중국 또한 세계화의 시장질서에 반하는 일방주의를 계속 고집하기는 어렵기 때문에 결국은 패권구도보다 국제사회의 다자주의 시장협력체로 방향전환을 할 것이며 이는 군사적 패권이란 결국 다자간 시장경제협력체 앞에서는 힘을 쓸 수가 없기 때문이다.

이미 미국, 일본 및 서유럽 국가들의 탈 중국이 시작되었으며 이는 중국 당국이 시장의 자율성을 무시하고 일방적인 자국기업 우선주의로 차별을 하고 있기 때문이다. 그러나 중국이 15억 인구의 거대 소비시장이 있고 기초소재나 첨단기술 분야에 아직은 자립이 안 되어 있기에 일본 같은 나라는 중국시장의 전초기지로 새만금에 매력을 가질 수밖에 없다.

한중일 FTA를 체결하고 새만금에 한중일 경제특구를 만들어 한국의 새만금이 동북아 허브가 되어 물류와 사람이 모여들면 이것이 시장의 힘으로 패권의 힘이 부딪치는 것을 막을 수가 있다.

2. 한중일의 가교 새만금

미국과 중국의 패권싸움에 실현성도 없는 북한이 참여하는 다자간안보협력체제보다 한중일 삼국이 서로 지리적 접근성이 좋으며 현재 개발 불모지로 무한대의 개발 여력이 있는 새만금을 통해 한중일 삼국의 삼무(관세, 비자, 노조)가 없는 경제특구가 만들어지면 가능한 신의 해법이 될 수 있다.

한중일 삼국이 새만금에 경제협력특구를 만들고 이를 연결하는 교통망으로 후쿠오카에서 부산까지 한일해저터널, 부산에서 새만금까지 복합철도, 새만금에서 칭다오까지 한중해저터널을 추진하여 한중일의 물류와 승객이 일본과 EU(유럽연합)까지 연결되어 한국의 새만금이 중심축이 되어 중국의 TCR(중국횡단철도), 러시아의 TSR(시베리아철도)를 통하여 연결되는 유라시아 신경제협력체를 꿈꾸어 보는 신의 한 수를 나는 제시하여 본다.

다시 말해 일본에게 새만금에 투자거점을 만들어 주고 중국도 중국 밖에 투자거점 방석을 새만금에 깔아주면 일본과 중국 기업이 물밀 듯이 들어오리라는 것이 나의 판단이다. 왜냐하면 일본은 해외 전진기지로 새만금이 근거리에 위치하여 1일 생산관리가 가능하며 국내와 같이 지진 불안이 없으면서 대중국과 유럽의 전진기지로서 적합하기 때문이다. 그렇다고 일본인들이 중국에 물건을 팔겠다고 중국 본토에 투자하는 것은 그간 중국의 공산당 체제가 투자 시 약속이 무시되고 불확실성이 증가하기 때문에 우리와 달리 중국 내 투자가 줄어들고 있다는 사실이다. 중국 기업 또한 산업벨트인 동부 연안에서 가까운 해외투자 지역으로 새만금은 지정학적 이점을 갖고 있으며 중국공산당과 지방정부의 관시통제에서 벗어나 보다 가까운 지역에서 자유로운 기업 활동이 보장되어 경쟁력을 높일 수 있기 때문이다.

이를 위해서는 부산과 새만금에 철도망이 개설되어야 하며 상기의 철도망은 고속철도와 일반철도를 병행하여 건설하되 고속철도는 일본의 신칸센이 한일 해저터널을 통해 부산으로 와 새만금을 거쳐 다시 한중해저터널을 통해 칭다오를 거쳐 북경으로 갈 수가 있고 물류는 일본의 JR노선화물이 한일해저터널을 통해 부산 신항을 거쳐 새만금 신항에 연결되고 다시 한중해저터널을 통해 연운항에 도착하여 중국 내 TCR(중국내륙철도)와 러시아의 TSR(대륙횡단철도)을 통하여 유럽의 네덜란드의 로테르담 항구에 이르는 유럽과 동북아시아가 연결되는 유라시아 신 실크로드를 한중일 삼국이 만들자는 것이다.

이렇게 되면 한중일의 물류가 해상납치와 전쟁위험이 상존해 있는 호르무즈 해협을 통과하는 긴 여정의 해상항로보다 유용하고 물류운송의 선택의 폭이 넓어지는 이점이 있다. 상기와 같은 경제협력구조가 만들어지면 대한민국의 미중 대결구도의 한미동맹 안보가 한중일 삼국의 경제협력이 유럽까지 확대된 다자간 경제협력 체제와 함께 병행됨으로써 대한민국이 미중패권 싸움의 샌드위치 신세에서 벗어날 수 있다는 것이 나의 통찰이다. 이는 안보라는 것이 사실은 경제를 더 많이 차지하려는 국가 간의 경쟁에 군사력을 통해 보호받고 해결하려는 방법 중의 하나이기에 한국과 일본이 미국의 동맹으로 군사적으로 보호받으면서 중국과 대립구도를 완화하는 방법으로 한국, 중국, 일본의 삼국 경제협력 체제를 만들면 우리가 북한의 미사일공격에 방어체계로 사드를 도입하면서 중국에 눈치보고 일방적으로 당해야 했던 중국 갑질에 일본과 함께 대항력이 만들어지기 때문이다.

상기의 한중일 경제협력이 유럽 경제권과 연결되는 유라시아 경제공동체로 발전하면 세계의 생산기지 중국도 이익이 되기 때문에 한중해저터널과 한일해저터널로 만들어지는 한중일 유라시아 경제협력구상에 반듯이 참여하리라 본다. 일본은 섬나라 아킬레스건을 벗어나고 유라시아 대륙으로 진출하는 천재일우 하늘이 만들어주는 기회가 되는 것이니 한일해저터널 공사비는 일본이 전액(?) 책임지겠다고 나설 것이니 한국은 손 안 대고 코 풀 수도 있다.

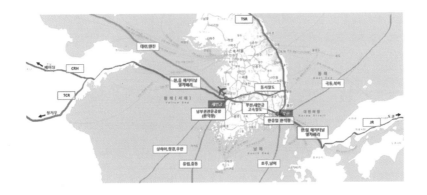

상기와 같은 구상이 실현되려면 러시아를 참여시켜 한중일 철도 레일 폭과 다른 러시아 TSR 광폭이 해결되면 한중일의 새만금 경제특구물류가 TCR과 TSR을 거쳐 유럽으로 운반하는 새장이 열리는 것이며 EU유럽인 들이 셍겐조약으로 국가 간 자유로이 통행할 수 있는 것처럼 한중일도 한 중일 셍겐조약을 체결하여 국민들이 한중해저터널과 한일해저터널을 이용 하여 고속철도를 타고 3국이 어디든지 자유롭게 갈 수 있도록 하는 것이다. 상기와 같은 3국의 물류와 인적교류가 보다 자유롭고 활발하게 이루어지면 대립구도가 완화되고 상호 공존하는 체제로 전환될 것이다. 즉 한일이 손을 잡아야 한국이 중국의 압박에서 벗어나고 한중일이 힘을 모아야 동북아가 세계의 물류의 중심이 될 수 있기 때문이다. 이러한 구상이 실현되면 중국 은 북한에 대하여 방임적 핵 묵인에서 벗어나 실질적인 비핵화를 유도하고 북한도 한중일 삼국의 경제협력 체제에 편승이 자연스럽게 이루어지고 따 라서 한반도의 실제적인 평화체제가 구축되리라고 본다.

북한이 중국의 뒷배를 믿고 미국과 대결하여 핵보유를 인정받고 한국에 우월적 위치에 서려는 전략은 실행될 수도 없고 절대 실행되어서도 안 된다. 북한의 비핵화를 유도할 수 있는 길은 미국이 아니라 한국이 일본과 손을 잡고 중국을 참여시켜 한중일 동북아 경제협력 체제가 세계경제를 주도하고 한중일 삼국의 물류는 새만금과 한중해저터널을 이용 유라시아 대륙으로 가는 것이며 미주는 부산항을 통해 태평양을 건너 이루어지는 유럽과 동북아시아와 미주가 연결되는 대한민국의 글로벌 실크로드가 해결하여 주는 것이다.

중국은 지금까지는 노동집약적 상품을 세계에 수출하고 우리는 중국에 중간재 및 자본재를 수출하는 협업구조로 되어 있었다. 일본은 기초과학이 발달, 부품소재나 첨단설비 등을 한국에 제공하고 우리는 중국에 수출이 많고 일본은 우리에게 수출이 많은 무역구조를 가지고 있어 삼국이 새만금 경제특구에서 협업과 기술이 공유되면 동아시아의 핵심연구 생산거점으로 발전하게 될 것이기 때문이다. 이와 같이 한중일 삼국은 한중해저터널과 한일해저터널이 새만금과 부산을 통해 연결되면 부산에서 고속철로 새만금에 출근하여 공장에서 업무를 보고 오후에는 칭다오에서 바이어와 함께 저녁식사를 할 수 있는 길이 열릴 것이다.

3. 한중해저터널, 한일해저터널

미국과 유럽은 세계의 양대 소비시장으로 세계의 물류가 모이는 곳이다. 이에 반해 중국과 동남아는 아직은 세계에 물류를 공급하는 생산기지로서 자리 잡고 있으며 앞으로도 당분간은 그럴 것이다. 유럽과 미주에 물류를 공급하는 곳은 동북아가 그 중심에 있으며 물류의 주요 출발점은 중국의 상하이, 닝보 저우산항 등 동부연안 항만과 한국의 부산항 그리고 일본의 고베, 오사카, 요코하마 등 남부 항만 등이 자리 잡고 있다.

그 옛날 중국의 비단이 낙타를 타고 중동을 사막을 건너 유럽까지 건너간 실크로드 길을 만들었다면 이제는 비단 대신 중국의 공산품이 중국 동부연안 항만이나 부산항에서 환적되어 동남아 말라카해협을 통과하여 중동의 호르무즈해협과 수에즈운하를 거쳐 유럽의 관문인 로테르담 항구까지 보내고 반대로 유럽의 제품들이 역으로 같은 경로로 돌아오는 유럽과 동북아 물류 항로가 있다.

필자는 길게 한 달 가까이 걸리고 운송비용이 만만치 않고 중동의 위험요소가 많은 유럽과 동북아의 항로 대신 로테르담 항구에서 컨테이너에 실려 TSR과 TCR을 통해 중국의 동부연안 운항을 거쳐 한중해저터널을 지나 새만금과 부산을 통해서 일본의 후쿠오카항에 연결되면 일본 중부공업지대까지 물류가 운반되어 서유럽과 동북아시아가 경제공동체를 함께 만들 수 있는 꿈을 가져본다. 이는 부산에서 말라카해협을 거쳐 홍해의 수에즈운하를 거쳐 유럽으로 가는 20,000㎞가 넘는 항로에 한 달 가까이 소요되는 것보다 더 유용하고 경제성 있는 물류운송 방법이 될 수 있다.

더욱이 이란은 강경파가 집권하고 세계의 화약고인 중동의 분쟁이 상존하여 언제든지 통행봉쇄나 해적납치와 같은 불상사가 있는 지금의 대유럽 해상 물류항로 보다 안전한 육상노선을 또 하나 마련하는 것은 만일에 대한 최적의 대안이 될 수가 있다. 이러한 육상을 통한 대유럽 수출은 일본도 매우 매력적일 수 있다. 일본 최대의 공단밀집지역인 가와사키, 게이힌 공업지대의 공산품이 JR로선을 통해 한일해저터널과 한반도와 한중해저터널을 거쳐 중국과 러시아의 대륙철도망으로 유럽으로 운반되는 경제성 때문에 한중일 경제협력 체제에 일본은 참여할 것이고 특히 본토와 달리 지진에 안전한 새만금에 공장을 짓게 되면 생산된 제품을 바로 한중해저터널을 통해 유럽으로 보내고 일본인들이 신칸센을 타고 한일해저터널을 건너 새만금에서 당일 업무처리가 가능할 수 있기에 새만금으로의 일본 기업 진출을 확신하는 것이다.

필자 또한 일본이 과거 우리를 침탈했던 역사를 생각하면 유라시아 경제공동체에서 배척하고 싶은 마음도 굴뚝같지만 일본이 포함되어야 실질적인 동북아 경제협력이 이루어지기에 과거에 얽매여 미래를 닫을 수 없기 때문이다. 그렇다고 자기 속국으로 생각하고 지금도 안하무인 상갑질을 일삼는 중국에게 자존심 접고 계속해서 조아리면서 살 일도 더욱 아니기 때문에 일본과 함께 경제공동체가 되어야 한다.

앞으로도 강대국 이웃에 끼어 시달리면서 살 것인가? 아니면 한중일 지정학적 위치에서 중심국가로 리더 역할을 스스로 열 것인가는 순전히 우리의 몫이다. 중국 또한 일본에 당한 응어리는 우리와 별반 다르지 않다. 난징대학살을 위시해 전국 도처에서 자행된 일본의 만행에 대한 중국인의 분노도 우리 못지않음에도 등소평은 당시 중국의 경제발전을 위해 일본에 도움을 요청하고 신일본제철로부터 경제차관과 기술을 제공받아 도약의 발판을 마련하였다. 일본은 중국의 선생님이라고 말할 정도로 등소평은 과거에 얽매이지 않고 미래를 위해서는 적국에도 손을 내밀 수 있는 위대한 작은 거인이었다. 죽창가를 부르고 토착왜구를 외쳐서 지금도 일본과 갈등을 빚고 있는 우리 지도자와 다른 대인의 면모가 엿보인다. 일본에서 독도를 죽도로

칭하고 자기들 땅이라고 우겨도 그것은 일본 내 우익세력의 정치행위의 일환이고 독도를 실질적으로 지배하고 있는 우리는 태연하게 대응하면 되는 것이지 반일감정의 촉매제로 이용해서도 아니된다.

미래는 세계화, 정보화, 블록화시대로 전환되고 있기에 앞으로의 시대에 맞는 고도의 생존전략이 필요한 것이고, 이것은 한중해저터널과 한일해저터널을 만들어서 한중일 삼국이 경제공동체로 세계물류의 주도하겠다는 새 시대의 핵심전략이며 그 중심에 대한민국의 새만금과 부산의 역할이 있다는 것이다. 이러한 전략의 바탕은 북한의 핵위협으로부터 대한민국의 생존을 지키는 것이며 결국 북한이 핵을 포기하고 한중일 동북아 경제공동체로 참여시키는 유인책이기도 하다.

북한이 바라는 것은 유엔의 경제제제를 풀고 핵보유를 인정받은 후 남북 간의 경제격차를 줄이는 데 있을 것이다. 남북대화가 더 깊이 진행되면 핵을 무기로 더 많이 경제지원을 요구할 것이다. 떡 하나 주면 안 잡아먹지 하면서 계속 요구하다가 나중에 잡아먹는 전래동화의 호랑이가 바로 북한이다. 그게 북한이 원하는 최선이지만 상황이 바뀌면 차선도 택하는 것은 역시 북한이라고 예외는 아니다. 중국의 궁극적인 목적은 미국을 누르고 세계 패권을 갖는 일이다. 북한의 핵을 용인할 수도 없지만 중국을 대신하여 대타로 미국과 싸워주니 묵인하여 주지만 한중일의 경제협력 체제가 되고 유럽과 경제교류가 활발해지면 굳이 미국과 적대관계를 심화시킬 필요가 없다. 미국의 맹방과 우방이 중국의 우호적인 경제 파트너로 전환되면 미국과 적대관계를 계속 지속할 필요가 없어질 것이고 추구했던 대미 군사적 대결보다 한중일 삼국과 경제공동체를 만들어 중국이 서유럽과 손을 잡는 동북아시아 경제공동체로의 정책전환이 이루어질 것이다. 따라서 그동안 형식적이던 북한의 비핵화에 적극적으로 역할을 함으로써 동북아의 안정을 기하는 쪽으로 중국의 북한정책이 전환하게 될 것이며 이는 한중일 삼국의 경제공동체가 중국에 더 큰 이익이 되기 때문이다.

부연설명하면 한중일 삼국의 경제협력체가 이루어지면 북한이 핵을 갖는 최선보다 핵 없이 경제발전을 이루는 차선을 택하여 북한 경제를 살리고 남북 격차를 줄여갈 수 있는 합리적인 길임을 북한 지도부도 인식하고 채택할 것이기 때문이다.

코로나로 움츠렸던 세계경제가 기지개를 켜자 시설능력을 확충한 중국의 연안 항만들이 부산항이 갖고 있던 환적항의 기능을 빼앗아가는 역피더 현상이 일어나고 있다고 한다. 기존 중국에서 부산으로 화물을 보내 미주, 유럽으로 가던 것이 중국 허브항만에서 직접 환적화물을 모아 유럽으로 미국으로 보낸다는 것이다. 그러면 한국의 수도권 물류도 부산 신항을 통하지 않고 중국의 연안 항만에서 수출되는 일이 앞으로 더 벌어지고 있어 이미 국내 컨테이너 운임은 인상되어 국내기업은 손실이 예상된다. 부산항이 향후 57선석까지 확장되더라도 이는 지정학적으로 중대한 위기인 것이다.

나는 이에 대한 대책으로 현재 우리나라 물류의 80%를 책임지는 부산항이 새만금 신항을 전북과 같이 개발하여 부산 신항과 새만금 신항을 묶어 함께 운용하는 항만관리 일원화로 중국 연안 항만에 우위를 확보하고 중국으로 쏠리는 역피더 현상을 막아야 하고 부산항의 환적항의 물류가 유럽으로 가기 위해 수에즈운하를 통과하여 유럽으로 가는 대신 새만금을 거쳐 한중일 해저터널과 TCR(중국내륙철도)와 러시아의 TSR(대륙횡단철도) 통해 로테르담항구에 도착할 수가 있는 길도 함께 열어야 한다는 것이다.

중국도 새만금의 경제특구에 동참하면 중국의 기업인들이 관치규제가 많은 본토에 비하여 보다 자유로운 경제활동이 가능하고 대한, 대일, 대미 수출의 전진기지 역할을 할 수 있어 많은 기업들이 참여할 것이다. 새만금에 한중일 삼국의 경제특구로 만들어지면 한중일 삼국이 FTA를 체결하고 공동으로 글로벌 면세점을 만들어 여행객들에게 편의를 제공할 수도 있게 하고 한일해저터널은 대마도에 한중해저터널은 서해중간 수역 부근에 인공섬을 조성하여 비상지원시설이나 국제 면세점이 있는 관광지로 개발하는 것도 바람직하다.

한중해저터널은 예전부터 경기도나 충남에서 도지사나 추진단체들이 관심을 갖고 관계 전문가들과 토론했던 한중협력사업이었으나 실질적인 추진에 이르지 못한 것은 100조 원이 넘는 공사비나 374㎞의 세계 최장거리보다도 관광 이외에는 별 경제성이 없고 얼마든지 대체재가 있었기 때문이었다. 이에 반해 한일해저터널은 일본 후쿠오카에서 부산까지 215㎞에 60조 원에 경제성도 충분하며 공사비도 대륙진출이 아쉬운 일본이 공사비 전액 부담할 수 있다는 예측도 가능하고 부산시민의 절대적 지지가 있기에 양국이 결단만 내리면 언제든지 공론화 될 수 있다.

요즈음 기독교계에서 미래 국가전략으로 인천과 칭다오의 한중해저터널과 후쿠오카 한일해저터널 신문광고가 나오는데 한중일 해저터널의 효용성은 인천이 아닌 새만금으로 해야 대한민국이 확실한 동북아 중심국가로 시너지 효과를 발휘한다. 따라서 한중일 삼국이 동북아경제공동체를 구상하여 한국의 새만금에 삼국의 경제특구를 개발하고 한중해저터널과 한일해저터널을 함께 만든다면 그 개발의 시너지 효과는 상상을 초월할 이익을 가져와 한중일 삼국의 동북아가 세계경제의 중심이 되고 따라서 지금까지 미중 패권의 자기편에 서기를 강요하는 강대국들의 편 가르기 구도를 해체할 수 있는 것이다.

한중일은 이미 자국 내 거미줄 같은 고속철도망을 구축하여 놓았다. 한국의 KTX가, 일본의 신칸센이, 중국의 고속열차가 서로 상대국의 목적지에 논스톱으로 운행하여 한중일 국민들이 서로 편리하게 관광여행을 즐길 수 있는 그날이 분명히 오리라고 나는 확신한다.

다만 한중해저터널과 한일해저터널은 국가 간 협의, 세밀한 기술적 검토, 천문학적 예산, 국민동의 등의 문제가 있으므로 오랜 검토와 공사기간을 감안하여 우선은 후쿠오카와 부산, 새만금과 칭다오에 열차를 수송하는 열차 페리호를 취역시켜 한중일의 신 실크로드를 만들 수가 있다.

4. 새만금 한중일 경제특구

새만금은 전북 서해안에 1991년 착공하여 방조제 착공 후 환경단체의 반대에 부딪쳐 표류하다 대법원 판결을 받고서야 2006년 33.9㎞의 방조제 공사를 완료하고 40,100ha(1억2천만 평)의 광활한 국토가 새로 만들어진 곳으로 여의도 면적의 120배에 해당한다. 새만금은 역대정권의 무관심과 형식적인 지원으로, 동시대에 착공한 중국의 푸동지구는 천지개벽이 되어 중국 동부 중심권으로 발전했으나 새만금은 준공 15년이 지나도록 투자유치, 수질오염, 매립토, 행정구역 확정 등 어느 것 하나 만족하게 진행된 것이 없는 현재 개발 청사진만 있는 불모의 땅이다. 2023년 세계 잼버리대회에 맞추어 개항을 추진했던 새만금 신공항은 환경단체의 반대와 무안공항을 서남권 거점공항으로 만들려는 전남 광주 또는 청주공항의 견제를 받으면서 과연 순항할 수 있을지 의문이며 단본 활주로 2,500m의 규모의 소형공항으로 향후 또 하나의 적자 공항을 염려하고 있는 실정이다.

또한 새만금은 수심이 20~30m로 깊어 최적의 국제무역항의 조건을 가졌음에도 불구하고 2025년까지 겨우 2선석의 항만을 구축하고 2030년까지 부두 6선석이 계획되어 있으나 물류핵심인 컨테이너 부두는 겨우 1선석으로 정치인들의 동북아 물류항 운운은 사실상 사탕발림이 되어버렸다.

특히 새만금의 앞날을 어둡게 하고 있는 것은 문재인 정부의 핵심사업인 재생에너지 태양광 사업의 핵심지역이라는 것이다. 태양광 패널은 한번 설치하면 20년의 내구연한 기간 동안 개발할 수 없고 따라서 동북아 허브를 목표로 했던 새만금 사업은 그만큼 늦어지는 것이다. 찰나와 같이 발전 속도를 내는 현시점에 20년을 뒤로 물리는 것은 아예 개발을 안 하겠다는 것이나 진배없다. 정부는 새만금에 2022년까지 새만금 전체면적의 9.4%인 38.29㎢ 땅에 초대형 재생에너지 클러스터를 조성하고 민간발전사업자가 6조원을 투자하여 2.8GW의 전력을 생산 향후 20년간을 태양광으로 생산할 수 있는 전력량은 총 73.6twh이다. 이 전기를 1kwh당 110원에 한전에 팔면 20년간 약 8조 원의 매출이 들어온단다. 태양광 패널 설치비 4조4천억 원과 송전선과 변전소 건설비 6600억 원을 제하면 무엇이 남겠는가? 염분이 있는 해수로 인해 패널의 중금속 오염도 문제지만 20년 뒤 태양광 패널의 폐기물 처리는 어떻게 할 것인지 문제이지만 4차 산업혁명으로 찰나와 같이 변하는 이 시대에 동북아 허브로 자리매김할 수 있는 땅을 20년을 썩히겠다는 것이 참으로 어리석기 이를 데 없다.

그래서 나는 제21대 대통령의 새 정권에서는 현재 지자체끼리 먹자판이 되어버린 태양광을 설치하는 신재생에너지 사업을 즉시 중단하고 새만금의 기본계획부터 다시 정립하여 한중일 경제협력 특구를 개발하자는 것이다.

전항에 설명한 바와 같이 새만금의 한중일 경제특구가 조성되면 유럽과 연결되는 다자간경제협력 체제가 구축되어 미중간의 패권쟁탈전의 양자택일을 강요받는 위험성에서 벗어날 수 있다. 이는 미중 싸움에서 대한민국이 혼자가 아니라 일본과 손을 잡고 중국과 경제공동체를 이룩하는 세계화 전략에 중국도 참여하는 것이 그들에게도 이익이 되기 때문이다. 대외적으로 미국과 군사적으로 반도체 기술로 경쟁하고 있지만 자유민주주의 시장가치를 공유하는 전 세계를 상대로 통제식 중국 사회주의를 내세워 대결하는 것은 득보다 실이 많기 때문에 새만금에 한중일 경제특구와 한중해저터널과 한일해저터널을 같이 건설하여 실제적인 한중일 경제공동체를 이룩하는 것에 중국 지도부도 관심과 참여가 있을 것으로 판단한다.

상기와 같은 한중일 경제특구는 대단위 공단과 비즈니스 도시가 들어서야 하며 욕심을 더 내보자면 중국의 탄압으로 현재 홍콩 기업들의 엑소더스가 더욱 진행되면 앞으로 홍콩이 금융 중심지로부터 쇠락할 것이고 따라서 도쿄와 북경의 중간지인 새만금에 홍콩을 대신할 국제금융도시를 만들 수가 있다. 뉴욕과 런던에 이어 새만금에 국제금융도시를 만드는 꿈이 성사되려면 새만금이 3무(관세, 노조, 비자)가 없는 지역으로 만들어져 한중일 삼국의 기업들의 투자의 문턱을 없애야 한다.

새만금이 실질적인 한중일 삼국의 동북아 허브가 되기 위해서는 한중해저터널 및 한일해저터널과 함께 새만금에 영호남을 아우르는 남부권 관문공항을 추진하고 새만금 신항은 부산과 동북아 환적화물을 유치하기 위한 컨테이너 24선석 이상으로 항만을 개발하여 부산 신항과 항만관리 일원화로 동북아 물류를 한국으로 모아 유럽과 북미항로로 가는 역할분담으로 부산 신항과 새만금이 중국동부 연안항만이나 일본의 남부항만에 대하여 항만 경쟁력을 가지게 되는 것이다.

5. 새만금 남부권 관문공항

새만금 국제공항은 공항 오지인 전북에 1997년 추진된 김제공항이 경제성 이유로 좌절되자 이에 굴하지 않고 다시 시작된 전북도민의 열망사업으로 전북에는 유일하게 군산공항이 있으나 이는 미군공항을 이용하는 셋방살이 공항으로 김포노선은 경제성이 없어 폐지되었다. 현재 군산~제주 간 2개 항공사가 하루 한 편씩 운항하고 연간이용객수 평균 20만 명으로 승객 수요가 없으나 향후 새만금 개발에 대비하여 정부를 설득한 결과 국토교통부 제5차 공항개발중장기계획고시에 새만금 국제공항 타당성 검토를 반영하여 추진 근거를 마련하였다. 공항건설의 기본인 항공수요는 전북도가 한국항공대의 전북권 항공수요조사 용역에서 2025년 190만 명, 2030년 402만 명 제시받고 2019. 1월 말 정부로부터 예비타당성 면제를 받고 2,500m 활주로 1본으로 한 신공항을 건설할 예정이나 인접 충청권과 전남의 견제심리 발동으로 사업을 매우 어렵게 하고 있다.

이는 청주공항이 120㎞, 무안공항이 100㎞ 남짓 거리에 있고 지역 거점공항으로 육성하려는 충북, 광주 전남의 반대가 노골적으로 만연하고 있어 향후 새만금신공항의 건설이 순탄치 않을 전망이다. 이는 공항수지가 무안공항은 2014년 개항하여 평균 70억, 청주공항도 초기에는 매해 34~55억 적자가 발생한 과거가 있기에 새만금 신공항이 들어서면 자연히 승객을 뺏길 수 있어 이로 인한 감정 때문에 향후 새만금 국제공항 건설이 순탄하지 않다고 보는 것이다.

현재 흑자공항은 인천, 김포, 김해, 제주공항 등으로 새만금 국제공항도 무안공항보다 더 심한 적자투성이 지방공항으로 전락할 가능성이 매우 크다. 이에 전북 자체로서만 항공수요는 제한적이기 때문에 항공수요를 창출하기 위해서는 별도의 코페르니쿠스 전략이 필요하다. 따라서 부산, 경남, 경북, 전남, 전북을 아우르는 남부권 관문공항의 새만금으로 유치하는 것이 필요하다고 하겠다.

현재 우리나라의 관문공항은 영종도 인천공항 한 군데로 유사시 북한과 근접거리에 있어 숨통이 조여지는 안보상 문제가 있고 싱싱한 농산물을 비행기로 수출하는 시대에 남부권 농산물을 인천공항을 이용하기에는 시간이 많이 소요되어 신선도가 떨어져 현지에서 경쟁력을 위협받고 있기 때문이다. 예를 들어 동남아에서 인기 좋은 진주의 매향딸기를 홍콩이나 싱가포르에 수출하고자 할 때 진주에서 인천공항까지 원거리를 가야 하고 극심한 수도권 외곽도로에서 정체로 인천공항에서의 출발은 시간낭비가 너무 많다. 따라서 새만금 신공항을 이용하면 운송시간을 대폭 줄여 신선한 딸기를 동남아시장에 내놓을 수 있게 된다. 관문공항이란 단순한 비행기만 뜨고 내리는 것이 아니라 비행기에 실리는 물류의 가공, 생산, 포장은 물론 정비, 훈련 등 다양한 관련사업이 펼쳐져야 한다.

현재 예타면제가 된 부산의 가덕신공항은 배후 부지를 마련할 수 없는 반면 새만금은 광활한 배후 부지가 준비되어 있다. 이는 네덜란드의 경우 이러한 지리적 조건 때문에 스키폴공항이 유럽의 관문공항이 되어 1시간에 1700대 이착륙하는 유럽의 관문이 된 것처럼 한중일 중심에 위치하고 1억2천만 평 부지를 가진 새만금이 동북아 관문공항의 조건을 갖추었다. 따라서 현재 지난 4·7 재보궐선거 당시 예타면제를 받고 추진의 발판을 마련한 가덕도신공항에 대하여 내가 구상하는 새만금 남부권 관문공항과 통합논의를 하여 가덕도에 건설하려는 동남권신공항을 새만금에 옮겨 건설하는 혁신적인 제안을 정부는 검토해야 한다.

부산의 가덕신공항은 부산권의 김해공항의 이용객 천만 명 포화상태와 소음문제로 야간 7시간 이착륙 금지, 주변 산이나 민가 등 시설확장이 불

가하고 여기에 대구 정치권의 K2공항 이전 속셈과 맞물려 동남권신공항으로 추진했으나 이명박 정부 시절 경제성 없다고 백지화했지만 부산영남권이 항공수요와 지역개발에 맞물려 계속하여 공론화되고 있다. 박근혜 정부에 의해 다시 추진된 영남권 신공항 후보지의 사전타당성 검토연구용역이 2016. 6월말 발표 예정으로 잡고 밀양과 가덕도 중 택일하기로 한 것인데 결국 김해공항 확장으로 결론을 내렸다.

그러나 문재인 대통령은 후보 시절 부산서 열린 대선후보합동토론회에서 타 후보와 달리 "정권이 교체되면 김해공항 관련 결정이 적절한 것인지 살펴보겠다" 하더니만 당선 후 끝내 김해공항 확장을 철회시키고 가덕도신공항의 추진을 공표하고 건설교통부 추정 예산 26조 원의 방대한 사업을 예비타당성까지 면제하고 4·7 재보궐선거 직전에 가덕도까지 방문하여 "가슴이 뛴다"라고 추진을 기정사실화 한 역대정부가 관련되고 영남 지자체까지 두루 얽힌 세계가 조롱하는 대한민국의 진흙탕 사업이다.

공항, 항만, 도로 등 모든 사회기반시설은 정부의 사전 타당성 입지조사를 통해 입지를 선정하고 개략적으로 사업비를 추산하고 이를 기반해 사업을 추진해야 한다. 가덕도는 처음에는 남북 방향의 섬에 비례하여 활주로를 계획하려다 수심이 깊고 지반이 뻘로 되어 입지조건이 나쁘자 가덕도를 가로지르는 동서방향의 활주로로 수정하였으나 악명 높은 남풍으로 인해 비행기의 이착륙에 안전성을 위협하고 있어 진퇴양난에 빠졌다. 국토부가 추산한 최대사업비 28조의 대형국책사업인데 예타를 면제하고 군사시설보호법, 산림보호법, 물환경보전법 등 관련 31개나 되는 법들의 각종 인허가나 승인절차 없이 사업을 추진할 수 있도록 하였다.

인천공항은 1969~1983년에 세 차례 사전타당성 조사를 했고 1989년

4차 타당성 조사 끝에 기본계획과 22곳의 예비후보지에서 1990년에 영종도로 최종결정하고 이듬해 특별법을 제정한 것에 비해 가덕도는 절차도 검증도 없이 일사천리로 밀어 붙인다. 주무부처인 국토부가 반대의견을 냈다가 문재인 대통령은 국토부장관에게 "가덕도 신공항에 의지를 가져야 한다고 한다."고 압력을 가했다. 세상에 이런 법이 어디 있나? 가덕신공항은 영남지역 주민들에게 특히 경북권에서는 접근성이 매우 나쁘다. 가덕신공항은 가덕대항 앞 새바지 앞바다가 예정부지로 부산서 가덕대항까지 39.8㎞, 소요시간 기존도로망 1시간이나 울산~가덕은 도심통과 87.97㎞, 3시간 34분 경북 경남 울산 대구 접근성 불리함에도 추진된 사업으로 가덕도는 대한해협에 접하고 있는 외측 섬으로 태풍의 길목으로 해일, 태풍에 보호를 받을 수 없는 지역에 위치하고 있다. 따라서 2002년 태풍 매미로 신항만 800톤, 크레인 11대가 파괴된 것처럼 공항지역으로 위해요소 지역이며. 예전 밀양공항을 선호했던 경남발전연구원도 가덕도신공항은 공사비 20.2조 원이나 가덕도해상 평균수심 12~20m 매립에도 매립토양 확보와 수심 (16~17m) 아래 연약지반(20~49m)을 다지는 데 막대한 비용이 들어간다고 부정적인 입장을 발표한 바 있다.

이처럼 공사비 과다와 동쪽 해상 17.5㎢ (530만평) 해상공항의 외각 방조제건설, 진입도로, 철도, 전철추가 건설 등 반영이 안 되어 천문학적 추가예산이 필요하고 가덕도는 공항건설 후 일본 간사이공항처럼 지반침하로 계속적인 유지비용과 안전성 문제가 있어 더욱 경제성이 없는 공항이 될 것이다.

간사이공항은 완공 이후에도 침하에 따른 유지보수비가 들어가 애를 먹고 있다. 19조 원을 들여 바다를 메워 건설한 일본 오사카만의 간사이공항의 경우 1994년 개항 이후 20년 동안 침하로 인한 유지보수비가 연간 2천억 원 이상 들어갔다. 연약지반인 탓에 침하가 12m 넘게 발생했기 때문이다. 간사이공항은 가덕도와 비교해 평균 연약지반(18m)이 덜 깊은데도 지반침하 때문에 상당한 유지보수비를 들였음을 알아야 한다. 따라서 김해공황확장, 밀양신공항, 가덕신공항을 공항타당성을 용역한 파리엔지니어링은 가덕도신공항이 경제성에서도 최하점을 받아 탈락시켰고 김해공항 확장안을 정부에 제시한 바 있었다.

가덕도는 현재 활주로 1본에 3.3㎢(약 100만 평) 면적의 가덕도 사업비는 단순계산하여 5조9천억 원으로 추산된다고 하지만 가덕도가 밀양 수준으로 접근성을 높이려면 약 3조4천억 원 이상의 추가 비용이 들어가고 한반도 남동쪽 끝의 섬인 가덕도에 공항이 들어서면 도로, 철도 등 추가 사회간접자본(SOC) 투자에 상상을 초월한 예산이 들 것이 불 보듯 뻔하다. 이는 대구와 경북, 울산, 경남 등 4개 시도의 분석 결과, 2030년 기준 밀양의 영남권 1시간 이내 접근 가능 항공수요는 1천900만 명인데 비해, 가덕도는 1천300만 명에 머물기에 결국 가덕도가 밀양 수준으로 접근성을 높이려면 삼랑진과 가덕도를 잇는 38㎞의 도시철도(1조7천억 원)를 비롯해 부산 도심과 연결할 도시철도 19㎞(8천억 원), 사상구와 가덕도 사이의 도시철도 26㎞(8천억 원) 등을 건설해야 한다고 한다.

또 가덕도공항과 김해공항을 잇는 별도의 교통시설도 필요하다. 부산의 주장대로 활주로 1본뿐인 가덕도의 단점을 보완하기 위해 김해공항을 존치시킨다면 이로 인해 두 공항을 연결할 도로나 철도 등을 추가로 건설해야 하는 부담이 불가피한 것이다. 바다를 메워야 하는 가덕도 후보지는 매립토양 확보와 수심(16~17m) 아래 연약지반(20~49m)을 다지는 데 막대한 비용이 들어간다. 이 때문에 현재 부산이 예측한 사업비보다 약 1조~1조5천억 원의 추가 건설비가 필요할 것이란 지적이 나온다. 토목 전문가들은 가덕도 앞 바다처럼 수심과 연약지반이 깊은 곳은 난공사가 예상되기 때문에 애초보다 부지조성에 더 많은 돈을 투입해야 할 가능성이 크다고 지적하고 있다.

가덕도 연약지반은 물과 공기가 빠지지 않는 '갯벌'로 구성돼 있어 비용이 더 드는 다른 공법(Sand Drain, Sand Compaction Pile 등)으로 바꾸거나 여러 공법을 혼합하는 방법으로 연약지반을 보강해야 한다고 한다. 이로 인해 사업비 대부분을 차지하는 부지조성비가 더 불어날 수 있다고 한다. 전문가들은 '삼성자동차 부산공장의 교훈'을 지적했다. 삼성자동차 부산공장은 1990년대 초중반 가덕도에서 불과 10여㎞ 떨어진 낙동강 하구(강서구 신호동)에 조성됐다. 바닷가 갯벌을 메워 만든 탓에 수조 원을 투입해 철심 1만7천여 개를 촘촘하게 박아 무른 지반을 다졌다. 한 토목 전문가는 "연약지반 다지는 데 투자한 비용이 결국 삼성자동차의 경영 위기를 몰고 온 원인 중하나"라며 "가덕도는 수심이 깊은 바다 한가운데에서 기둥을 박는 공사를 벌여야 하기 때문에 더 많은 예산이 필요할 가능성이 크다"고 지적했다. 이러한 위험성은 바다에 공항을 건설한 일본의 간사이공항 침하 보수비로 해마다 2천억을 투자해야 하고 지금도 침하현상이 일어나고 있음을 교훈으로 살펴야 한다.

부산은 가덕도 국수봉(해발 269m)을 깎아 바로 옆 바다를 메운다는 복안이지만 국수봉 토양이 바다 메우기에는 적당하지 않다. 국수봉을 통해 확보할 수 있는 매립재 1억800만㎥ 중 300만㎥만 토사이고, 나머지는 암석이어서 이를 부수는 가공작업을 거쳐야 해 경제성이 떨어진다고 한다. 외부에서 별도로 매립재를 사들일 경우 먼 거리를 차량으로 운송하는 비용 등으로 인해 애초보다 사업비가 더 늘어난다고 전문가들은 우려하고 있다. 또한 가덕도는 공항 배후시설 조성을 위한 '확장성' 확보에도 천문학적인 돈이 든다. 후보지 주위에 넓은 평야가 있는 밀양에 비해 가덕도는 일부 섬 지역을 제외하면 주변 대부분이 바다다. 활주로 확충이나 배후도시 건설을 위해선 추가적인 매립이 불가피한 상황인 것이다. 결국 수천억 원을 들여 다시 바다를 메워야 하는 비용이 드는 셈이다.

지난 이야기지만 실제로 밀양. 가덕 후보지별로 5㎞ 이내 개발 가능한 부지 현황을 보면 밀양은 89㎢(2천700만 평)나 되고, 가덕도는 2㎢(60만 평)에 불과하다. 즉 산과 바다를 제외하면 5㎢ 이내 활용 가능한 땅이 밀양은 56%에 이르지만 가덕도는 1.4%뿐이다. 그런데도 문재인 정부와 성추문으로 물러난 오거돈 전 부산시장은 가덕도신공항건설을 부산의 영광을 가져다 줄 핵심사업으로 그동안 과장 홍보해왔다.

이제 냉정하게 동북아 중심으로 위대하게 발전할 부산시를 위한 역발상 전략을 제시하니 그것이 가덕도신공항을 포기하고 영남권신공항을 새만금으로 옮겨 남부권 관문공항으로 건설하고 부산의 경제영토를 새만금까지 넓혀 세계의 물류가 부산에 모이고 퍼져나가는 부산의 영광을 새만금과 함께 만들자는 것이 10배의 성장이 10%의 성장보다도 더 쉽다는 문샷싱킹전략이다.

영남권신공항을 새만금에 유치하면 굳이 바다를 메워 가덕신공항을 만들지 않아도 되고 새만금신공항을 부산시민은 40분대 접근성으로 공항을 이용할 수가 있다. 부산시민뿐만 아니라 남부권 주민들의 공항 이용 편의성이 증가되고 진주의 매향딸기나 성주의 참외도 보다 빠르게 해외 수출의 길이 열릴 것이다. 따라서 새만금의 항공수요도 해결되며 대구경북권도 계획 중인 동서철도 도로망으로 획기적으로 접근성이 좋아진다.

새만금국제공항은 이미 뭍으로 들어나 있기에 1조 원이면 허브공항 건설이 가능하고 남는 예산으로 부산~새만금 간 고속철과 철도망을 건설하고 한중일 삼국이 한중해저터널과 한일해저터널로 연결된다면 동북아경제공동체로 세계 물류를 주도하게 될 것이다. 이는 대한민국의 취약한 안보를 해결하고 국가경제에 도움이 되고 한중일 삼국을 경제벨트로 만들어 대한민국이 동북아 중심국가로 발돋움하는 기초가 마련된다.

6. 동북아 물류 허브기지, 부산항

부산항은 우리나라의 동남부에 위치한 최대 항만으로 항만시설은 전체 수출입화물의 99%를 차지하고 부산항은 그 항만 물동량의 75.3%를 처리하는 국가의 핵심 항만이다. 그러나 부산항은 현재 중국 7개 항구와 경쟁으로 위기에 봉착. 부산항은 2014년 컨테이너 물동량은 1,865만TEU(부산항의 환적 화물량(941만TEU)로 전년대비 5.5% 늘어나면서 개항 이래 최대치를 기록하고 환적화물도 처음으로 국내 수출입 화물량 923만TEU를 추월했으나 중국 상하이 인근에 있는 닝보, 저우산항의 물동량 1,943만 TEU에 밀려 세계 5위 자리까지 빼앗긴 바 있다. 또한 산동반도의 칭다오항은 매년 7~8% 높은 성장률로 부산항을 맹추격하고 있으며 부산의 최대 위협 항만인 상하이 앞바다의 양산도에 건설한 양산컨테이너터미널은 2020년 기준 연간 2,500만 TEU를 처리하는 세계 최대의 컨테이너항만으로 건설되어 인근의 닝보, 저우산항까지 포함하면 연간 5,000만 TEU 이상 처리하는 체계 최대 물류항만으로 성장이 확실하며 이러한 중국의 동부연안 항만의 확충시설 때문에 매년 20~30% 물동량이 증가하고 있어 이는 부산항의 위기로 닥쳐오고 있다.

이는 그동안 중국 발 화물을 환적해 주어 재미를 보았던 부산항이 이제 중국 항만이 본격 개발되고 환적항의 중심이 되면서 이른바 역피디 현상(기존 중국의 물류가 부산으로 와 미주 유럽으로 가던 것이 이제 중국 허브항만으로 옮겨 환적되는 것)이 커지기에 이에 대한 혁신적인 부산항의 생존전략이 필요하다. 이에 대하여 중국에 경쟁력을 갖게 되는 부산항의 생존전략을 다음과 같이 제시해본다.

1. 새만금 신항을 대규모 컨테이너항만으로 개발하여 고속철도와 별도로 부산~새만금의 화물 철도망을 개설한다.
2. 부산항과 새만금항의 항만관리 일원화로 중국 동부연안 항만의 물류와 일본의 규슈 및 동해 항만의 물류가 부산항과 새만금을 통해 환적화물을 유치하여 유럽과 북미로 운송되도록 한다.
3. 한중해저터널과 한일해저터널도 함께 추진되어 고속철과 별도로 화물철도도 같이 개설하여 향후에는 중국 내 운송화물과 일본 내 화물이 부산항과 새만금 신항에 운반되어 유럽 및 미주항로 선박을 통해 운송되도록 한다.

즉 텐진, 대련, 칭다오와 상하이에서 나오는 중국의 북미의 환적화물은 새만금에 내려놓으면 새만금에서 부산항으로 옮겨져 부산에서 출발하는 북미노선 컨테이너선에 환적하여 운송하고 반대로 한중일, 중동 및 동남아,

유럽화물이 부산항에 들어오면 이를 새만금으로 옮겨 새만금에서 출발하는 유럽, 중동 및 동남아노선 컨테이너선에 환적하는 새만금과 부산이 항만관리를 일원화하는 코피티션 전략을 도입하는 것이다. 남해안을 빙 돌지 않아도 되는 부산과 새만금의 환적화물의 시간단축은 물론 화주와 선사 모두에게 이익이 되고 이는 부산과 새만금의 철도망이 개설만 되면 충분히 가능하다. 사람의 이동도 도심에는 자가용, 택시, 버스, 지하철이 다양하게 있듯이 세계를 향한 물류운송도 선박과 철도를 병행하는 투톱체제로 가야 고객이 모이고 시너지 효과가 생긴다. 한중일 삼국의 물류가 유럽항로와 대륙횡단철도를 병행하는 것이 우리나라에 중일 물류가 집합되는 효과가 있을 것으로 확신한다.

이와 같은 새만금 신항과 부산 신항의 서로 보완하는 코피티션 전략을 채택한다면 부산항의 역피더 현상을 방지하고 부산항이 동북아 물류 허브

항으로 자리매김이 가능하다. 이는 부산과 새만금 간의 철도망이 필수이며 따라서 부산항만공사는 추진 중인 새만금 신항의 컨테이너항만 개발에 참여하고 부산 신항과 새만금 신항의 항만관리 일원화로 부산의 항만 경쟁력을 높일 수가 있다. 이러한 구상이 실현된다면 그것은 닝보, 저우산항에 세계5위를 뺏기고 갈수록 환적화물이 줄어드는 부산항의 돌파구를 마련하는 것이며 수도권의 물류가 수출을 위해 겪게 되는 만성적인 부산항의 교통 정체를 해소하고 협소한 부산은 새만금으로 경제 영토가 넓어져 부산에 절호의 기회가 된다고 보는 것이다.

최근 부산항에 외국 선사들의 선박입항이 갈수록 줄고 있다고 한다. 부산항만공사에 따르면 올해 1월부터 4월까지 부산에 들어온 해외선사 컨테이너선은 6,411척으로 작년 같은 기간보다 11%가 줄었다고 한다. 이전에 중국 동남아 등지에서 출발한 선박들이 한국에서 짐을 실으려 선적공간을 20~30% 비워 입항하여 부산에서 화물을 실었는데 이제는 출발지에서 화물을 꽉 채운 후 곧장 미국과 유럽으로 간다. 수출호황이 도래하니 수출업체들이 중국, 동남아에서 배를 싹쓸이하기 위하여 운임을 올려주거나 부산항으로 가는 환적 화물량을 줄이기 위해 칭다오항처럼 부산항에 환적하러 가는 물량에 대해서 하역료를 인상한 것이 한 예이다.

부산 신항의 부두 회전율이 떨어지다 보니 항만에 접안하지 못하고 바다 위에서 길게는 하루씩 대기하다 들어오는 선박도 있고 녹산공단과 명지 등의 창고 앞에는 컨테이너를 실은 차량들이 컨테이너를 내려놓고 돌아간다고 한다. 터미널이 컨테이너로 꽉 차 마냥 기다릴 수가 없기 때문이다.

따라서 부산 신항이 동북아 주변항만과 경쟁력을 갖기 위해서는 새만금 신항에 최대 24선석의 컨테이너항만을 개발하고 부산 신항과 항만관리를 일원화하여 적체되고 포화상태의 물류처리를 해소해야 한다. 이는 부산 신항의 인근 녹산산업단지 땅값이 평당 500만 원도 간다는데 새만금은 임자 없는 땅 그래서 정부가 마음만 먹으면 1/20인 25만 원도 가능한 저렴한 부지를 공급할 수 있어 부산기업들의 부지난을 해소할 수 있다.

이제 우리는 크게 생각하고 크게 눈을 떠보자. 대한민국의 지정학적 위치는 중국대륙 만주에서 뻗어 나온 삼면이 바다인 반도로 예로부터 대륙세력과 해양세력의 대척점 위치에 있다. 따라서 항상 외세의 침략으로 나라가 편한 날이 없었다. 지난 사드 관련하여 미국과 중국의 사이에서 운신의 폭이 좁아 중국의 시달림을 받은 것도 이를 말한다.

따라서 반도로서 지정학적인 불리함을 오히려 한중일 삼국을 연결하여 우리가 한중일 중심국가로 지정학적 조건을 갖추고 있다. 이는 네덜란드가 소국이면서도 유럽의 관문을 수행하고 있는 것도 그 나라의 지정학적 조건을 잘 활용하였기 때문이다.

7. 새만금 태양광 문제

새만금은 현재 계륵의 신세이다. 먹자니 그렇고 버리자니 그렇고 어쩌면 새만금을 바라보는 정부의 심정이 그럴 것이다. 그러니 역대 대통령들이 전북만 내려오면 약속이나 하듯 새만금을 동북아 중심거점으로 만들겠다고 바람만 잔뜩 집어넣고 그 뒤로는 국민이 아는 바와 같이 황량한 벌판 그대로이다. 마지못해 해주는 지원으로 도대체 무슨 동북아 중심을 만들겠다는 것인가? 새만금은 지난 노태우 대통령 후보가 전북 방문 시 한 선거공약으로 면밀한 검토 없이 덜컥 말했다가 추진한 사업이니 태생적 한계는 있으나 과연 이처럼 30년을 질질 끌어온 사업이 이 세상에 또 어디 있을까?

문재인 대통령이 2018.11.30. 전북 군산에서 행한 새만금 재생에너지 비전 선포식에 따라 이제 탈원전의 정부가 새만금에 6조를 들여 태양광을 쫙 깔겠다는데 한마디로 20년 후 철거하고 그때 다시 개발하겠다는 것이다. 한마디로 그때까지 흉내만 내고 그때 가서 개발하겠다는 것은 전북에 너무 큰 실망만 안겨주었다. 결국 50년을 손가락만 빨고 있으란 이야기다. 전북이 주장하는 새만금 신공항도 이웃 전남, 광주의 반대가 극심하고 충청도 견제하니 정부도 운신의 폭이 좁을 수밖에 없다. 그래서 전북이 요구하는 신공항 용역예산이나 예타면제도 그동안 미루고 있었는데 당초 2023년 새만금잼버리에 맞추어서 개항하려던 것도 이미 물 건너갔다. 정부는 해주기 싫은데 전북에서 자꾸만 요구하니 옳거니 하고 생각해낸 것이 새만금 태양광 사업일 것이다. 이는 필자의 느낌이다. 그럴싸한 새만금 비지니스 모델, 재생에너지의 메카, 그 허울 속에 감춰진 문제의 본질이 무엇인가 살펴보기로 하자.

정부의 당초 발표는 2022년까지 새만금 전체면적의 9.4%인 38.29㎢ 땅에 초대형 재생에너지클러스터를 조성하여 관련 산업의 메카로 만들겠다고 한다. 전체부지의 10%도 안 되는 땅이란다. 이제 진실을 밝히자. 정부가 최종 확정한 새만금 기본계획 변경안은 사업면적 40,100hr에 담수호 11,800hr 생태환경용지 5,980hr로 담수호와 생태환경용지를 합하면 약 45%가 그냥 호소이다. 태양광이 설치되는 B, C, D지구는 새만금의 노른자

위 위치로 현재 매립이 안 된 호소로 20년 후 철거까지 개발을 안 하겠다는 뜻이다. 애당초 삼성이 투자한다고 눈독 들였던 부지이다. 태양광 3,829hr는 유효부지 22,320hr의 약 18%에 달한다. 정부는 과연 개발의 뜻이 있는가?

새만금의 핵심은 수질개선이다. 새만금 태양광은 아예 수질을 포기하고 해수유통을 기정사실 하는 것이다. 그렇다면 무엇 때문에 방조제 막았는지 질문하지 않을 수 없다. 한마디로 죽 쒀서 개 좋은 일도 못된다. 새만금은 계획대로 매립이 되었어도 호소가 약 45%에 달한다. 그럴싸한 생태환경용지도 사실은 똑같은 호소이다. 만경강 동진강은 유수량은 적은데 호소가 너무 커서 물이 흐르지 않는 정체 구역이 대부분이다. 물이 고인 곳은 침전물에 의한 혐기성 부패로 계속 수질은 나빠진다. 해결은 호소를 줄이고 강을 직강화해야 하는데 수상 태양광과 풍력단지는 넓은 호소로 가겠다는 것이다. 그러면 수질 개선은 포기하는 것이고 해수유통을 하겠다는 것이다. 결국 새만금을 포기하는 것이며 동북아 중심은 허공에 날아가는 것이다. 새만금 호소의 수질이 현재 농업용수로도 사용할 수 없는 6급수로 떨어지고 수질개선을 위한 2조 원이 투입되었어도 효과가 없는 것은 만경, 동진강의 적은 유량 대비 넓은 호소로 인한 물의 정체구역이 존재하여 무산소층의 사수로 전락하기 때문이며 이에 전주·익산 하수처리장 방류수 70만㎥/DAY의 영양염류와 침전물에 의한 혐기성 부패가 존재하는데 1,100만 평의 태양광의 설치는 새만금의 수질개선을 아예 포기하는 것이다. 이는 태양광에 의해 담수호에 내리쬐는 태양광이 차단되기 때문이기도 하다.

수상에 태양광 패널로 쫙 깔면 패널로 인해 햇빛이 비추지 않아 광합성을 하는 식물성 플랑크톤이 줄어들고 이를 먹이로 하고 있는 새우나 동물성 플랑크톤이 살 수가 없고 이를 먹이로 하는 작은 고기와 포식자 살쾡이같은 큰 고기들의 생태계가 무너지면 결국은 생물이 살 수 없는 죽음의 호소로 되어간다. 그래서 생물의 순환 고리가 없어진 죽음의 호소를 해결할 방법은 해수유통이라고 환경단체는 주장하는 것이다. 그러나 해수유통 시는 바닷물의 염분이 태양광 알루미늄패널을 부식하고 독성물질을 용출하여 수질 악화에 따른 어류 및 이에 따른 주민피해가 발생할 수가 있다. 이뿐만 아니라 넓은 호소의 태양광 패널들은 갈매기나 가마우지 또는 철새들의 놀이터로 이미 변하였다. 갈매기들이 배설한 하얀 분뇨는 지저분도 하지만 닦아낼 염두도 못 낼 정도로 독성이 강하고 광범위하게 퍼져가고 있으며 이를 관리한답시고 하는 화학적 세척은 또 다른 수질오염을 발생시킨다. 이처럼 태양광 패널은 전기를 생산하기는커녕 죽 쒀서 개 좋은 일도 못되는 골칫덩어리가 되어가고 있다. 그뿐만 아니다. 태풍이 불면 파도에 줄이 끊어지고 태양광끼리 부딪쳐 무더기로 파손되기 일쑤이다.

사실이 이런데도 불구하고 정부와 지자체는 우선 신재생에너지 정책이랍시고 태양광 사업을 계속 밀어 붙이고 있다. 중국산 패널이 도배하듯 깔리는 태양광 사업이 과연 공익에 부합하고 투자 대비 그만한 부가가치가 창출되는 것인가? 법리적인 검토와 지금까지 새만금에 투자한 4조 원의 국책사업을 무용지물로 만들고 태양광설치에 대한 주민여론수렴과 사업시행 전 환경영향평가 등이 없이 우선 새만금에 태양광 대못 박기로 신재생에너지 연구, 태양광발전 송변전사업 등을 바로 추진하고 있는 것은 절차상 중대한 결격사유가 있다.

새만금호소와 개발할 토지에 6조 원을 투자하여 $2.8GW$(2,800MW) 태양광 발전을 추진하면 계산법에 의해 상기 태양광이 20년 간 생산할 수 있는 전력량은 총 73.6TWh이고 이 전기를 1kWh당 110원 한전에 팔면 20년간 8조 원 매출이 예상된다. 따라서 태양광 패널설치비 4조4000억 원과 송변전소 건설비 6,600억 원 기타비용 합계 등 총 6조원 사업비는 20년 후 태양광 패널 폐기비용, 수질오염 개선비용을 감안하지 않은 비용 대비 효용가치에서 말도 안 되는 손실사업이며 20년 동안 낙후된 전북에 연관된 경제적 효과가 전혀 없는 부당한 사업이다. 이렇게 말도 안 되는 사업을 하려는 속내가 무엇인가? 나름대로 의심해본다.

금강산관광 등 대북사업 북한 파트너인 현대그룹의 계열사인 현대글로벌이 새만금의 수상태양광발전과 송·변전설치 공사의 약 1/3 공사를 따내면서 하자보수에 대한 책임을 지지 않는 특혜성 계약을 하고 정부의 태양광 등 신재생에너지 사업분야에 자금줄을 담당하는 정부의 뉴딜펀드 운용책임자에 금융 문외한인 황현선 전 청와대행정관이 내정되었다는 보도는 정부가 유엔제재로 어려움을 겪고 있는 북한에 대한 비공식 지원을 하려는 게 아닌가하는 의구심까지 든다. 그렇지 않고서야 어떻게 대한민국의 동북아 거점이 될 새만금에 태양광을 깔아 망치게 한단 말인가? 전라북도는 최악의 경제낙후지역으로 대한민국 국세납부의 1%이고 법인세 납부 0.7% 인구도 현재 180만 이하로 추락한 것은 이웃 광주·전남이 304만에서 340만으로 증가된 것과 대비해보면 전북도민으로서 실망을 넘어 분노가 앞서는 사업이다.

결국 이 사업의 최대수혜자는 한전으로부터 앞으로 받을 8조원 규모의 태양광발전 보조금을 받는 태양광 사업 환경시민단체와 이름만 빌린 어용 태양광협동조합이며 그 피해는 전체 다수 국민에게 돌아가는 것이다. 도대체 이러한 탐욕적이고 이해할 수 없는 일들이 새만금에 벌어지고 있는 것이다. 새만금이 탈원전의 희생제물 밖에 안 되는가? 태양광 패널은 20년 쓰고 철거, 원상복구한 후 2042년 산업용지 등 당초목적대로 개발예정 한다는 정부(새만금개발청)의 방침은 앞으로 20년 간 본격적인 개발을 보류하겠다는 것이고 이는 낙후 전북에 대한 역차별로 국가 균형발전과 기회균등의 목적에 어긋나는 것이다.

따라서 새만금 호소에 태양광 등 재생에너지단지를 조성하는 것은 수질을 포기하고 전북발전을 20년 간 뒤로 미루겠다는 것은 이는 수질환경보전법과 국가균형발전특별법에 어긋나므로 전북도민의 자구적 생존권에 의해 말하지 않을 수 없다. 새만금 추진에 열정을 바쳤던 필자가 이렇게 새만금이 망가지는 것을 두고 볼 수가 없기 때문에 말하는 것이다.

8. 시장이 패권을 이긴다

시장은 이익을 좇아서 형성되는 수평적 관계이나 패권은 이익확보를 위해 힘에 의한 수직적 관계를 만들어낸다. 힘이란 근원을 따져보면 시장의 경제 질서에서 나오므로 시장이 패권을 이길 수 있는 것이다. 자유로운 사상은 수평적 시장을 만들어내지만 평등을 만들겠다는 사회주의는 수직적 질서를 만들어내는 것이다. 현재 가장 수직적 공산주의 일당독재체제를 완성한 중국은 미국의 패권에 도전하고 있다. 미국과 중국의 패권이 남의 일이 아닌 대한민국의 생존이 걸린 문제이므로 위에서 설명한 바와 같이 언급하였고 어떻게 새만금의 한중일 협력체제가 미중의 패권싸움에서 우리 안위의 해법이 될 수 있는지 살펴보기로 한다.

세계의 중심이라고 자부했던 중국이 근세 들어 코쟁이 영국에게 아편전쟁에서 깨갱한 후 언제인가 서방세계에 설욕할 날을 중국인들은 마음속에 줄곧 가지고 있었다. 다행이 등소평같은 실용적 지도자가 중국을 개혁개방으로 이끌어 이제는 미국에 도전하는 세계 2대 강국으로 자리매김하였다. 조용히 힘을 기른다는 도광양회는 후진타오시대까지는 화평굴기로 가는 길이었다. 그러나 시진핑 이후 중국은 주변국과 미국을 상대로 대국굴기를 내세워 미국을 제치고 세계 패권국가의 야심을 드러내고 있다. 미국과의 충돌은 언제이냐가 문제이지 피할 수 없는 사실로 다가오고 있다. 패권은 수직적 질서를 내포하고 있다. 경제력이든 군사력이든 위에서 군림하고 지시하고 복종하기를 바란다. 힘이 바탕이 되면 매우 굳건하고 단단하다. 그러나 시장은 수평적 질서로 이익에 따라 움직여지는 거대한 에너지이다. 수평적 힘이 가해지면 수직적 힘은 맥을 못 추게 되어 있다. 지반을 튼튼하게 하는 콘크리트 파일공사에서 이해를 찾고 싶다. 파일박기 해머가 높은 데서 쿵하고 떨어지면 파일이 부서지지 않고 땅속에 박힌다. 깨지지 않고 암반까지 들어가는 파일들의 높이를 맞추기 위해 수평으로 작용하는 절단기가 압력을 가하면 맥없이 파일은 부서져 버린다. 수평의 힘이 수직의 힘을 무력화시키는 한 예이다. 군사적 패권은 경제력에서 나오며 경제력은 시장에서 나온다.

필자는 대한민국의 안보생존을 위해서는 현재의 한미동맹은 필수적이라고 생각한다. 이는 북한이 핵을 보유하고 대남 적화통일의 노선을 버리지 않는 이상 절대적이어야 하며 만약에 통일이 된다 하더라도 중국의 공산주의 일당독재가 지속되는 한 한미상호방위조약은 그대로 유지되어야 한다. 자유민주주의 시장경제와 사회주의 계획경제의 경계선에 대한민국이 있기 때문이다. 세상은 유기적으로 얽혀 있어 힘이 작용한다. 유기적이란 것은 참으로 현묘하기만 하다. 강대국의 무덤이라 불리던 아프가니스탄이 탈레반의 수중으로 떨어졌다. 탈레반의 군사자금의 70%는 양귀비같은 마약을 재배하여 유럽과 미국으로 판매하여 수익을 내고, 그 돈으로 무기를 구매하여 미국과 전투를 한 것이다.

중국은 값싼 석탄발전으로 싼 가격에 전기를 생산하여 태양광 패널을 만들고 석탄발전으로 생긴 매연은 편서풍이 되어 우리에게 미세먼지 피해를 주면서 값싼 태양광 패널로 한국의 태양광 시장을 장악하고 있다. 이처럼 시장의 이익은 국경이 없고 적군과 아군이 없고 옳고 그름이 없다. 새만금이 무어라고 미중패권 싸움에 완충역할을 할 것인지는 새만금이 세계의 물류시장의 지렛대 역할을 할 수 있기 때문이다. 중국은 일당독재 사회주의 체제로 외국기업이 투자 시 예측불가성을 가지고 있다. 공산당에 수틀리면 언제든지 날벼락이 떨어질 수 있다. 그러나 지금은 중국이 세계의 생산공장에서 세계의 소비시장으로 떠오르고 있다. 거대한 중국시장을 공략할 수 있는 최적의 지리적 조건을 가진 새만금에 둥지를 트는 일본 기업이 줄을 설 것이다.

우리도 투자리스크가 많은 중국 본토에 투자하기보다 내 나라 내 땅 새만금에서 그것도 평당 20만 원대의 저렴한 공단부지를 제공받을 수 있으면 어찌 투자하지 않을까? 중국 기업 또한 한일 두 나라에 원자재 및 부품공급 기지로서 새만금은 세계시장의 교두보 역할을 할 적지라는 것을 알고 있기에 서로 투자할 것이다. 중국과 일본의 많은 기업들이 새만금 경제특구에 둥지를 틀게 되면 만약에 패권전쟁이 되더라도 최악의 상황은 피할 것이다.

자기 딸을 시집보낸 사돈집에 이해관계가 틀어진다고 주먹을 휘두를 것인가? 딸이 그 집안 식구가 되어 있으니 함부로 하기 어렵듯이 중국과 일본의 많은 기업들이 새만금에 둥지를 틀었는데 수틀린다고 대한민국을 함부로 못할 것이다. 자국에 기여하는 이익이 크다면 그렇다는 것이다.

새만금의 한중일 삼국의 경제특구는 유럽시장과 북미시장 세계 2대 시장을 아우르는 동북아 3국의 물류중심지가 되어 한중일 삼국이 공동으로 발전할 수 있다. 패권은 패권이고 시장은 시장이기 때문이다. 패권의 수직적 힘은 시장의 수평적 힘에 의해 무력화될 수밖에 없다. 예전의 유럽은 분열과 싸움의 역사였다. 오래 동안 피바람의 전쟁을 숱하게 겪어보면서 얻은 해답이 유럽의 수평관계는 경제적 통합이고 그것이 지금의 EU이다. 한중일도 오랜 역사 속에 침략하고 침탈당했던 대결의 시대를 지내왔다면 이제는 수평관계의 통합적 시대로 바꾸어야 한다. 한중일 경제통합의 패러다임과 대한민국 생존은 새만금에 답이 있다

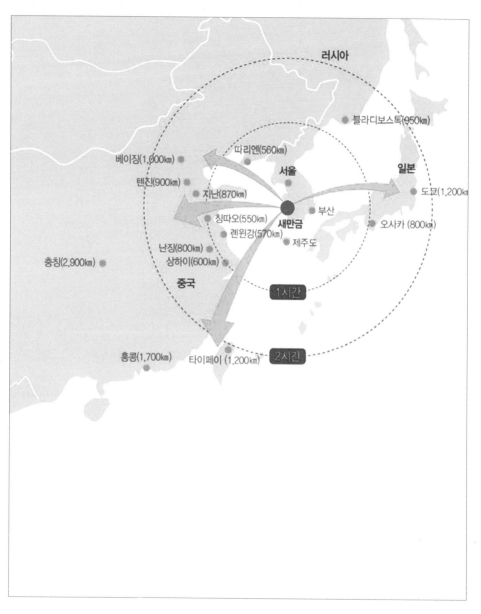

새만금의 동북아 중심의 지정학적 위치를 표현한 그래픽도

활인상생, 사람을 살리고 같이 살아야 한다는 대명제는 어떤 종교의 이념도 아니고 성인의 가르침도 아닌 하늘이 부여해준 인간이 누려야 할 천부적 권리이다. 그러나 세상은 사람이 사람을 죽이고 같이 살지 못하고 투쟁하고 대립하고 있다. 예전부터 그랬고 어느 곳이든 그랬으며 앞으로도 계속되는 사람간의 차별이 고착화되고 경쟁에서 불공정한 사회는 우리가 해결해야 할 숙명의 과제이기도 하다. 사람은 태어날 때 부모가 다르고 성장환경에 따라서 계층 간 신분으로 나누어지고 이로 인해 부와 가난의 차이가 생기고 가진 자와 못가진 자가 되는 출발점은 교육의 차이에서부터 시작된다.

2부

갈등과
상생

1

내 민족 내 나라

1. 한 번도 경험 못한 나라

한 번도 경험하지 못한 나라를 만들겠다는 나라님 말씀이 씨가 되어 전국에 퍼진 코로나가 이 땅의 서민들의 삶을 송두리째 흔들어 놓았다. 저성장 불경기에 또는 2년 만에 약 30%까지 오른 최저임금인상에도 간신히 버텨왔으나 이제는 문을 닫지도 못하고 열어봐도 아무런 희망이 없게 된 사람들이 있다. 560만 명의 자영업자와 소상공인 그리고 270만 중소기업인들이다. 매월 스스로 돈을 벌어야 생존할 수 있는 사람들로 그들은 날짜가 되면 돈이 꼬박꼬박 들어오는 공무원이나 직장인 또는 근로자들과 다르게 그날그날 돈을 벌어야 살 수 있는 사람들이다.

코로나가 길어지자 자영업자들은 막다른 길에 내몰렸다. 코로나 기간 중에 폐업업소가 40만 개소 이상이 넘어섰고 올 들어 인천의 치킨집, 평택의 노래방, 제주의 호프집 등 많은 사장님들이 견디다 견디다 못해 자살을 했고 20년 간 해오던 마포의 명소 맥주집 여사장님도 추석을 앞두고 극단적 선택을 하여 국민의 눈시울을 붉혔다. 시내 도처에 빈 상가이고 임대푯말이 덕지덕지 붙어 있다.

자영업자 소상공인들은 하루하루 힘들게 살아가는데 탱자탱자하고 사는 사람들도 있다. 정치권력과 이익 카르텔이 형성된 시민단체나 귀족노조 등이다. 오세훈 서울시장의 발표에 의하면 지난 10년 동안 시민단체에 지급된 돈이 1조 원으로 ATM(현금지급기)로 전락했다고 탄식했다. 민간위탁사업이란 명분으로 시민단체의 뱃속을 채워주고 시민단체는 친정권 여론을 조성하고 표를 몰아주는 악어와 악어새로 상호 이익을 공유하는데 반하여 자영업자들은 어디에도 손 내밀 때가 없다. 어차피 피지배층의 최하층에 사는 가붕개들이니 못살겠다고 차량 1인시위를 한다는 데도 경찰은 이를 불법집회로 차단하면서도 민노총의 수천 명 노조원들의 노상에서 불법시위에 대하여서는 미온적으로 대처하는 것처럼 공권력의 대응이 사뭇 다르다. 부동산 폭등과 부의 양극화는 세대까지 갈라놓았고 법과 상식이 유린되고 어른이 없는 사회는 거짓이 판을 치고 각자도생하는 세상이 되었다. 그러고도 산업화와 민주화를 이룬 나라, GDP 세계 10위 경제대국의 국민소득 3만 불의 선진국가에 도취되어 기둥뿌리가 썩어가고 있는 줄 모르고 있다.

지금의 노인세대가 청년일 때는 모두가 절약하고 저축해서 어떻게 하든 종잣돈을 모으려 했다. 나라가 가난했기 때문이다. 이제는 나라가 경제성장을 하자 땀 흘리지 않고 한몫 챙기려는 풍조가 퍼져갔다. 많은 청년들이 도처에서 다단계에 빠져 큰 사회문제가 된 일이 있었다. 지금의 청년세대는 부동산 폭등에 희망이 보이지 않자 가상화폐에 빠져들었고 비트코인이 폭락하자 또다시 패닉에 빠졌다. 취업난과 불공정에 청년들의 분노가 치솟자 정치인들은 당근을 내밀기 시작했다. 외국을 보내주고 군대 갔다 오면 얼마를 주고 청년기본소득이 문제의 해결이라고 경기도 청년이라면 누구나 백만 원씩 준다고 공영방송 KBS에서도 울려 퍼진다. 이제 과거세대가 되어버린 필자가 현재 이 땅의 주축인 40·50 현재세대와 20·30 미래세대가 나라다운 나라에서 살 수 있도록 뭔가 한마디 하고 싶었다. 20·30 청년세대들의 불만이 치솟는 것은 40·50세대가 제 역할을 못한 것이고 그들을 그렇게 만든 것은 나와 같은 60·70세대인 노인들의 책임이 있는 것이기에 소중한 내 나라와 미래세대를 위해 나라도 말하고 싶었다. 망하지 않고 번영해야만 하는 대한민국이기 때문이다.

필자는 초등학교 4학년 때 아버지가 돌아가셨고 그로부터 중학교 졸업까지 친척집에 얹혀 학교에 다녔다. 남들이 고등학교에서 한참 공부할 때 나는 가족과 떨어져 대전의 한 포목상에서 점원으로부터 시작했고 만17세가 되자 창살 없는 감옥을 벗어나기 위해 해병대에 자원입대하였다. 제대 후 서울로 올라와 외판원, 운전사 등 온갖 일을 닥치는 대로 해야만 했던 것은 학력도 연줄도 가진 것도 없는 완전 흙수저 출신이기 때문이다. 택시운전사로 일할 때는 새벽부터 자정까지 사흘을 내리 운전한 일도 흔했고 시내버스에서는 교통체증에 운행시간 까먹으면 식사시간이 없어 물에 밥 말아 먹으며 운전하는 일도 다반사였다. 그때는 나뿐만 아니라 생존의 벼랑길에 내몰렸던 지금의 노인세대는 청년시절 그 정도는 고생도 아니었고 좌절하지도 않았다. 아무리 힘들어도 가족을 생각하고 참고 열심히 일했다. 죽을 수도 있는 월남파병에 다들 두려움도 없이 지원했으며 중동의 열사에도 돈 벌 수 있다는 희망 때문에 너도나도 건설사에 이력서를 내밀었다. 그때는 지도자도 공무원도 국민들도 "우리도 한번 잘살아보자" 하는 컨센선스가 형성되어 역동성 있는 대한민국이기에 모든 게 가능하였다.

이제 세월이 흘러 세계 10위 경제력의 나라를 만들었던 우리는 낙엽 지듯 쇠락하였고 군사독재에 맞서 민주화의 주먹을 불끈 쥐었던 586들은 정치권력을 잡자 그들만의 공정성인 적폐청산을 내세워 나라를 이념으로 갈라치고 치부는 내로남불로 덮었으니 청년들은 분노했고 세대 간 갈등은 더욱 심화되었다. 중소기업과 궂은일에는 사람이 없어 애를 태우는데 청년들의 실업률은 높아가는 아이러니가 대한민국의 현실이 되었다. 어떻게 이룩한 나라인데 법과 상식이 무너진 불공정한 사회, 부패와 증오가 판을 치는 사회, 스스로 자정능력을 상실하고 법과 규제만 가지고 사회를 지탱하려는 사회, 오늘의 대한민국에 현재세대와 미래세대를 위해서 과거세대가 전하는 생존의 메시지이다.

2. 사다리 없는 사회

중국 황산 정상 부근에 자리한 소나무는 몸통은 굵고 키는 작으나 뿌리는 바위 위로 길게 길게 뻗어 있었다. 세찬 비바람과 혹독한 환경에 살아남기 위해 스스로 택한 생존의 방법이다. 그러나 옴팡스런 내 고향 양지바른 소나무는 키도 크고 가지는 많으나 뿌리가 깊지 못해 폭설에 맥없이 쓰러지기 일쑤였다. 인생의 생존도 똑같은 것이다. 생존은 인간에게 가장 고귀한 가치이다. 그렇다고 생존을 위해서는 무엇이나 다 할 수 있다는 이야기도 아니다. 기회가 공평하고 경쟁은 공정하고 결과는 공개되는 사회라면 가난하게 살아도 억울할 것도 없고 가진 자를 시샘할 필요도 없다. 개인 간의 경쟁이나 집단 간의 경쟁, 또는 이념의 경쟁을 넘어 지역, 세대 간에 더 나아가 나라 간의 경쟁은 피할 수 없는 생존의 실체이다. 나같이 피지배층 흙수저로 태어나 어려운 시대에 배움도 모자라 경쟁에서 뒤처지다 보니 가붕개가 되었다. 그러나 살아야만 했다. 생존의 본능으로 노력해왔으나 지배층의 장벽은 높았고 그 장벽을 오르는 사다리는 교육에 의해서 주어지는 것이었다. 지배층의 자녀들은 어릴 때부터 수월성 교육을 받고 유학을 다녀와서 부모가 누렸던 지배층으로 대물림하나 피지배층의 자녀들은 아무리 노력해도 가붕개 처지를 벗어나지 못하고 있다.

　필자가 가붕개로서 74년 넘게 살아온 생존의 투쟁사를 그냥 묻어두고 가기에는 너무나 아까웠다. 나라가 망하면 나도 망하는 것이기에 나라의 잘못 되가는 것을 그냥 보고만 있을 수가 없었다. 그래서 2017년에는 촛불로 탄생한 정권에 거는 기대감에 《나는 혁명가 대통령을 원한다》를 출간했고 2019년에는 문재인 정부의 소득주도성장이 이게 아니다 싶어 《조남수의 이건 아니야》를 또 펴냈으며 이번 2021년에는 내 나라가 망하지 않기를 바라는 마음에서 대한민국 제20대 대통령에게 바라는 글로 《인간의 생존과 집단의 경쟁》을 펴낸다. 이 책은 가붕개의 생존을 생각하며 쓴 글인데 가붕개는 조국 전장관이 "개천에서 가재나 붕어나 개구리처럼 살아도 행복하면 된다" 하여 모든 사람이 굳이 용이 될 필요가 없다 해서 회자된 용어이다. 그러나 개천에서 용이 나와야 한다. 이 사회에서 누구든 노력하면 계층 간 사다리를 타고 올라가 용이 될 수 있어야 하기에 이를 알아달라고 이 책을 펴낸다.

　편법과 반칙을 밥 먹듯이 하여 부와 권력을 세습하고 있는 지배세력에 비해 구조적으로 힘들게 살 수밖에 없는 가붕개들의 목소리를 내가 대신 전하는 것은 같이 살자는 생존의 메시지이다. 공자님도 9살 동자에게 들어야 할 말이 있고 장기판의 외통수도 두는 고수보다 옆 구경꾼이 더 잘 보인다고 했으니 많은 분들이 나의 졸저를 펼쳐주길 바랄 뿐이다.

3. 내가 책을 쓴 이유

　전대미문의 코로나로 인하여 소상공인과 자영업자들의 파산이 줄을 잇고 청년들은 일자리가 없어 좌절과 분노가 쌓여가고 있다. 생존경쟁에서 탈락한 사람들의 자살은 늘어 가는데 백화점의 명품매장에는 값비싼 상품을 사느라 고객들로 줄을 잇고 있다. 사람 사는 곳이라면 빈부격차는 어느 시대 어느 곳에나 있었지만 문제는 이러한 빈부가 계속하여 세습되고 있고 이는 매우 구조적으로 되어 있다는 것이다. 조선시대에는 같은 사람인데도 양반과 상놈으로 나뉘었고 농사지을 땅도 없고 돈도 없으면 노비가 되어 사람이 물건처럼 사고 팔렸고 심지어는 노비의 가족까지 팔면서 임신한 태아까지도 노비로 팔려갔다. 1895년 갑오개혁으로 노비법이 폐지되고 말로는 평등사회를 이루었다고 하나 가진 자와 못가진 자로 나누어져 갈등은 계속되었다. 식민지를 거쳐 산업화와 민주화를 이룩한 오늘에서도 우리 사회를 지배하는 지배층의 사람들은 특권을 가지고 반칙과 편법을 일삼아 문제가 되면 내로남불로 일관하고 서로를 이끌어 주며 그들만의 이익 카르텔을 형성하고 있었다.

그 옛날 조선 중기에 훈구파와 사림파가 대립하고 말기에는 개화파와 수구파가 싸우다가 나라를 일본에 빼앗기니 이 땅의 백성들은 남의 나라 탄광에서 혹사당하거나 또는 전장의 총알받이가 되어야 했지만 일제에 협력한 왕실과 대신의 가족들은 영화를 계속해서 누렸다. 대원군에 의해 어린 나이에 임금이 된 고종은 받쳐주는 자기 세력이 없었다. 결혼하고 명성왕후의 세력이 커지자 대원군과 명성왕후 사이 줄타기를 하다 동학란이 일어나자 청국을 끌어들였고 청군을 통제할 수 없자 일본을 불러들여 한반도를 열강의 각축장으로 만들었다. 일본과 손잡은 개화파가 득세하자 러시아대사관으로 도망을 가고 결국은 나라가 무너지고 일제에 식민지가 되었다. 그러나 고종과 그 일가들은 일제로부터 막대한 돈을 받고 왕공족으로 분류되어 부귀를 끝까지 누렸으나 백성은 파탄에 빠지고 말았다. 무능한 군주는 저만 살기 위해 나라를 무너지게 하고 백성도 버리니 젊은 여성들은 일본군 위안부로 끌려가 인간성이 파괴되고 이 나라 백성들은 전답과 가진 것을 일제에 수탈당했으니 피해는 순전히 피지배층 사람들의 몫이었다.

하나님이 보호하사 해방이 되었으나 이 땅의 민주주의와 공산주의 대결에서 자유대한민국을 수립했으나 6.25전쟁이 발발했고 이후 남한의 정치는 좌우로 나뉘어 체제대결이 계속되었다. 번번이 우파에 주도권을 빼앗겼던 좌파진영은 잡초와 같이 끈질긴 생명력으로 군사독재의 탄압에도 살아남고 이후 DJP연합으로 정권교체까지 이루었다. 대한민국이 산업화와 민주화를 이룬 다음 정치지형은 운동권과 시민단체에 뿌리를 둔 이념세력이 좌파

정부의 핵심세력으로 들어서더니 좌파의 특징인 분배복지와 결과의 평등을 추구하여 사회의 공정한 경쟁은 기울어진 운동장이 되어버렸다.

친중노선과 핵을 가진 북한과의 평화노선추구는 한미동맹의 균열과 한일갈등을 가져왔고 시민단체의 어젠다인 소득주도성장과 탈원전은 오히려 경제를 후퇴시키고 부동산을 폭등시켰으며 이는 결과적으로 양극화를 더욱 심화시키고 국민들에 대한 시혜복지는 경제의 역동성을 잃게 하였다. 투자 확대로 고용을 만들어내야 할 재벌들을 규제로 속박하고 사법처리하니 나라경제는 더욱 어려워지고 자영업은 폭망하고 실업율은 치솟았다. 서민과 중산층을 위한다는 정부가 오히려 그들을 낭떠러지로 밀고 있다. 미중갈등과 북핵 위협에 이 나라가 곧 망할 것 같은 두려움이 들어 정치인은 아니지만 나라를 위해 나라도 책을 펴내 호소하고 싶었다. 정치인도 전문가도 아니고 지배층에 오르지도 못한 가붕개이지만 피지배층의 절망과 고뇌를 체험하고 살아온 나의 생존의 이야기가 실마리가 될 수 있을 것 같았다.

우리 사회의 권력을 가진 정치세력은 법과 제도를 통해 재벌에서부터 영세상공인까지 모두를 통제하고 있다. 아무리 돈 많은 기업총수라 해도 사법 권력이 부르면 달려가야 했고 아무리 서슬 퍼런 정권의 강압에 의해 받친 돈이라도 정권이 바뀌면 그것은 뇌물이 되어 감옥에 가야만 했다. 우리 사회의 권력과 부를 특정한 집단이 독점하고 그로 인하여 부의 권력이 편중되고 이로 인해 빈부의 양극화와 심화되고 세습까지 이루어지는 것은 잘못된 것이지만 이는 매우 구조적으로 되어 있어 일부 세력의 퇴출과 진입이 이루어져도 본질적인 것은 변하지 않았다. 이를 바꾸어야 했지만 역대정권에서는 개혁할 의지도 없거니와 국민 또한 체념하고 살았기에 민중은 개 돼지라는 비아냥을 계속 들어야만 했다. 이러한 문제점은 지도자의 강력한 의지와 실천력 없이 계속해서 고착화되었고 계층 간에 사다리가 없는 개천에서 사는 가붕개는 용이 되지 못하고 계속해서 가난을 대물림하는 개천에서 살아가는 것이 필자는 견디기 어려웠다. 아무리 노력해도 계층 간 사다리가 무너진 사회인 필자가 살아가는 대한민국에 나라의 망할 조짐을 보고 이것은 아니야 하고 목소리를 내지 못한다면 나 또한 개 돼지나 다를 바 없기에 목소리를 낸다. 회사도 망하듯이 나라도 망할 수가 있다. 나라가 망할 수 있다는 것은 역설적으로 나라를 살릴 수 있는 해법이 있는 것이며 그래서 세상을 유기적으로 바라보는 나의 생각이 위기의 대한민국에 조금은 도움이 될까 해서 용기를 내본 것이다.

지금과 같은 국가의 심각한 위기에는 자칭 전문가들의 지식보다 나와 같은 가붕개들의 경험과 밑바닥에서 길어올린 지혜가 더 유용할 수가 있다. 문재인 정부에 가장 큰 영향을 끼쳤던 참여연대나 민변, 전교조, 민노총 등의 이념이나 주장이 정부정책에 반영되어 어떤 결과를 가져왔는지 보면 알수 있다. 복합적으로 얽혀 있는 유기적인 관계를 살피지 않고 고상한 이론만 가지고 달려드는 전문가보다 하층바닥에서 부딪치는 서민층의 외침을 정부나 지배층 사람들이 새겨듣는다면 현재 대한민국이 당면한 복합적이고 고질적인 난제에 도움이 될 것이다.

배가 침몰할 것을 미리 알고 쥐는 먼저 탈출하고 지진이 오기 전에 미리 알고 새는 도피한다고 한다. 나라가 망하는 것을 아는 것은 외교나 경제에 통계를 들이대고 데이터를 분석하여 얻어지는 것이 아니라 가붕개인 풀뿌리 민초들이 자고로 이 땅에 오랜 삶을 살아오면서 느끼는 본능적인 DNA에서 나오는 것이다. 지배층 사람들은 그것을 알지도 못하고 관심 또한 갖지 않는다. 어떻게 해서라도 그들의 지위와 여유를 계속 누리는 데만 관심이 있을 뿐이다. 그것은 그들이야 말로 생존을 위협받는 절박함이 없기 때문이며 따라서 그들이 생각하는 정책과 판단으로는 정확한 원인규명과 대책이 나올 수 없다는 것이다.

미중 간 패권다툼에 갈피를 못 잡는 샌드위치 신세, 우리보다 경제력이 60배 낮은 북한에 대한 굴욕적 외교, 26번의 부동산 대책에도 가격 폭등을 불러온 주거정책, 경제의 흐름과 부작용을 보지 못한 소득주도성장 등 하나같이 좌로 편향된 생각에서 나온 결과물이다. 타이타닉호가 침몰할 때 3등 선실의 하층민이나 1등선실의 부유층이 함께 죽는 것은 한배에 탄 공동체이기 때문이다. 대한민국이라는 한배에 같이 탄 지배층이나 피지배층이 대한민국호가 침몰하지 않고 번영의 항해를 계속하려면 껍데기 허상인 좌우 이념에 매몰되어 싸우지 말고 실용적인 정책으로 많은 대한민국의 국민들이 비록 개천에서 가붕개로 살더라도 노력하면 용이 될 수 있는 계층 간 사다리를 만들어 주는 공정사회를 만드는데 희망을 걸어야 하기에 감히 이 책을 펴내는 것이다.

4. 힘들게 살아가는 피지배층

미스터트롯의 영탁이 걸쭉하게 부른 노래 막걸리 한잔에서 "황소처럼 일만 하셔도 살림살이는 마냥 그 자리"의 가사처럼 많은 국민들은 평생 열심히 일해도 부를 모으기는커녕 항상 가난에서 벗어나지 못하고 산다. 대부분 그 이유를 알지 못하고 그냥 고된 삶을 하루하루 이어가며 살아가고 있다.

모 종편의 엄마의 봄날에서 평생 가정과 자식을 위해 열심히 일만 했지 그렇게 몸이 망가졌는지 몰랐던 우리네 엄마들이 허리 아픈 것이 본인이 감당해야 할 숙명으로 알았지 정부의 방임적 의료정책 부재 때문에 생긴 원인으로 개인마다 맞춤형 의료혜택이 주어졌다면 그렇게 망가지지 않을 수도 있다는 사실을 까맣게 모르고 있는 것이다. 국민들은 세금을 내는 만큼 국가에게 이에 걸맞는 혜택을 요구할 수가 있어야 하고 최적의 혜택을 받아야 한다는 것을 모르고 있다. 전 국민에게 가정전문의 제도를 도입하고 개인의 의료정보를 백데이터하고 비대면 진료를 허용하여 미리미리 질병을 예방하는 가성비 좋은 진료체계가 마련되는 의료개혁을 안 했기 때문에 어머님들은 허리가 굽어지고 한참 일할 나이에도 많은 사람들이 뇌졸중에 쓰러져 죽거나 병신이 되어가고 있었다. 이는 개인의 손실이지만 국가에도 큰 손실이 되기에 반듯이 짚고 넘어가야 한다.

그러나 그렇게 힘들게 살아가는 가붕개들인 서민들과 달리 삶을 여유있게 만끽하면서 살아가는 부유층들이 있다. 그들은 권력을 잡고 있거나 그 아류에 속한 집단에서 연결고리가 이루어져 서로 당기고 이끌어주면서 사는 지배층 사람들이다. 3억5천의 투자금으로 4,000억이 넘는 배당수익을 올린 화천대유는 성남시가 대장동 도시개발의 위험요소인 토지수용과 인허가를 책임지고 대법관, 검찰총장, 기자, 변호사 등 법조인맥으로 이익카르텔이 있었기에 돈 잔치가 가능한 것이며 노골적인 친여방송으로 이름난 TBS 뉴스공장 김어준 씨는 회당 출연료를 일반규정의 배가 넘는 200만 원으로 5년간 23억을 챙겨 받았으며 4·7선거에서는 근거 없는 생태탕이나 페라가모 구두로 야 후보 흠집내기를 한 것은 고래심줄같은 서로의 이념과 이익이 결부되었기 때문일 것이다. 서울시 산하기관들이 TBS에 2015년에는 1억3백만 원 광고 협찬했으나 2016년 9월부터 김어준 씨가 뉴스공장 진행을 맡은 후 폭발적으로 늘어 지난해에는 20억4900만 원이 되었다고 한다. 입금되는 돈도 실체 없는 1인법인회사로 수령하여 법인세율을 적용받는 꼼수를 누렸다고 하니 법을 잘 아는 그들만의 지배층 특권이기도 하다. 법을 잘 아는 지배층 사람들이말로 상상할 수 없는 특혜를 누린다.

조국 전 장관의 동생 조권 씨에게 웅동학원을 건축하면서 받은 동남은행 대출 35억을 갚지 않고 학원을 차후 경매로 가는 것을 막기 위해서라고 생각되는 허위공사대금을 만들어 청구하고 위장이혼으로 알려진 부인에게 채권을 넘겨 웅동학원에 소송을 걸어 학원측은 일부러 무대응으로 일관하여 115억 원의 채권을 확보한 가족끼리 짜고 쳤다고 보도된 황당한 사건과 웅동학원 교사채용에 1억4700만 원 받은 것에 돈을 배달한 하수인은 유죄인데 돈을 받은 사람은 무죄판결을 내렸던 판사를 보노라면 다 법을 알고 법을 이용할 줄 아는 지배층 사람들이었다.

정치를 하는 이유가 국리민복을 위해 하기보다 권력을 잡고 그것을 가진 자들과 계속 향유하는 사람들이 대부분일 것이다. 원래 가난이 부를 이길 수 없고 부는 권력을 이길 수 없다고 한다. 그렇지만 가난은 권력을 이길 수 있다. 백성이 가난하면 권력에 저항하고 바다가 배를 뒤집어버리듯 백성이 가난하면 정권을 바꾸거나 혁명의 불길이 타오르기도 한다. 역사가 그랬다. 권력은 지배층을 움직이는 집단에서 나오고 대부분 법조인이고 교수이고 정치집단이고 시민단체 출신들이 주류를 이루고 있다. 지배층 집단에 있는 사람들은 부동산 부자가 많고 학벌이 좋고 자식들은 일반인과 다른 특수목적고에서 수월성 교육을 받고 외국유학을 다녀와 부의 대물림을 계속

이어가는 공통점이 있다. 자율형사립고를 없애버리고 누구나 똑같은 교육을 받아야 된다고 소리쳐 온 전교조 출신의 조희연 서울시 교육감이 자신의 두 아들만은 외국어고에 진학시켜 내로남불을 실천하였다. 그들에게는 우리 사회의 화두인 공정과 정의는 입으로만 살아있는 말장난이며 반칙과 특권이 그들 지배층을 유지해주는 든든한 기반이 된다. 그래서 4·7재보선에서 그동안 진보 측 지지층으로 생각했던 20대 남성들이 민주당에 등을 돌린 것도 이러한 불공정 때문이며 취업과 내집마련에서 희망을 잃어 버렸기 때문에 분노가 표출된 것이다.

모든 인생살이가 마냥 그 모양이듯 나 또한 아무리 노력해도 성공하지 못했고 어언 인생을 마무리하는 황혼기에 접어들었다. 차이는 있겠지만 학창시절에는 열심히 공부하면 성적이 오르고 원하는 대학교를 가거나 알맞은 전공을 선택할 수가 있었다. 그러나 사회라는 생존경쟁에 내몰렸을 때는 노력한다고 되는 것이 아님을 알게 된다. 이것을 사람들은 자신의 능력보다 사회 때문이라고 하며 또는 운이 없어서라고 한다. 그래서 성공은 노력보다 운칠기삼이 작용한다고 한다. 운이 칠이고 노력이 삼이라는 뜻이다. 내가 이러한 운에 맡기는 체념론에 거부를 하는 것은 운이라는 우연 속에는 다양한 필연적 요소가 있으며 나는 이러한 필연은 보여지는 현상 이전에 보여지지 않는 구조적인 것에 의해 만들어 지며 그것은 부와 권력을 가지는 지배층이 만들어 내고 이들이 법을 통하여 피지배층을 통제하는 결과물로 보기 때문이다.

우리가 사는 사회는 법이라는 규범을 통하여 개정하고 양산하여 이러한 그물망식 법을 통하여 이들에 의해 지배받는 자들을 통제하고 다스리게 되는, 지배하는 자와 지배 받는 자들의 구분이 이루어진다. 이러한 세력 간의 구분에 집단이 형성되고 무한경쟁이 무한한 역사 속에서 이루어지고 있으며 이러한 집단의 경쟁은 지구상의 국가 간에서 또는 한 나라의 지역, 계층, 세대에서도 존재하여 성장과 복지라는 이념깃발을 가지고 서로 간의 파이 경쟁에 힘이 약한 피지배층은 사다리 없는 사회에서 개천에서 가붕개처럼 살아가고 있다.

5. 인류의 보편적 가치는 활인상생이다

활인상생, 사람을 살리고 같이 살아야 한다는 대명제는 어떤 종교의 이념도 아니고 성인의 가르침도 아닌 하늘이 부여해준 인간이 누려야 할 천부적 권리이다. 그러나 세상은 사람이 사람을 죽이고 같이 살지 못하고 투쟁하고 대립하고 있다. 예전부터 그랬고 어느 곳이든 그랬으며 앞으로도 계속되는 사람간의 차별이 고착화되고 경쟁에서 불공정한 사회는 우리가 해결해야 할 숙명의 과제이기도 하다. 사람은 태어날 때 부모가 다르고 성장환경에 따라서 계층 간 신분으로 나누어지고 이로 인해 부와 가난의 차이가 생기고 가진 자와 못가진 자가 되는 출발점은 교육의 차이에서부터 시작된다.

옛날에는 싸움을 잘하는 사람들이 지배층이 되었다. 중국의 유방은 고향 패현에서 싸움 잘하는 사람들이 따르면서 무리를 만들어 항우와 패권다툼에서 이겨 나라를 세우고 황제가 되었다. 고려의 왕건이나 조선의 이성계 또한 싸움을 잘했기에 나라를 건국하고 왕이 되었다. 고려시대에는 권력과 토지를 가진 권문세족들이 지배층으로 군림했다면 조선은 성리학을 중심으로 유교정치를 통치이념으로 삼아 유학을 공부한 사대부들이 과거시험에 급제하여 지배층에 편입되었다.

일제 식민지부터 해방되어 대한민국이 건국되자 서구의 삼권분립제도가 도입되어 법치시대가 열리고 사법고시가 권력을 가지는 지배층으로 갈 수 있는 길이 되었고 연줄 있고 능력이 있는 사람들은 선거라는 제도를 통해서도 지배집단에 들어갔다. 법에 의한 통치는 법은 사람이 살아가는데 사회적 룰을 보좌하는 최소한의 수단이 되어야 하는데 법이 상식을 누르고 삶의 기준이 되어버렸다. 국회의 입법권은 이익단체의 로비대상이 되었으며 행정은 법을 통한 각종규제를 양산하여 권력을 갖게 되었고 공무원은 법으로 주어진 행정권으로 혜택을 누리고 있으며 사법은 기소와 판결이라는 권한을 가지고 지배층의 핵심으로 자리 잡았다. 사람들이 사는 세상은 지배층과 피지배층이 존재하고 다스리고 다스림을 받아야 하는 관계로 시대에 따라 옛날에는 싸움을 잘한 사람이 또는 유학을 공부했던 사람이 지배층이 되었다면 이제는 능력 있는 부모를 둔 자식들이 다른 애들과 달리 교육과 학벌에 차별화되어 경쟁력을 갖게 되고 기득권 사회로 들어가 지배층이 된다는 사실이다.

지배층에 있는 사람들은 자식 교육에서부터 출발선이 다르다. 비싼 사교육비도 특목고의 높은 학비도 문제가 되지 않는다. 지배층의 자식들은 어렸을 때부터 수월성 교육을 받았기에 명문대학 또는 외국유학을 갔다 오는데 가붕개들의 자식들은 계층 간 사다리로 올라가는 좁은 문의 경쟁에서 그들에게 적수가 되지 못했다. 그들은 자자손손 대를 이어 지배층에 진입하고 가붕개들의 자식들은 계속해서 피지배층에 머물게 된다. 수만 가지 직업이 분류되고 다양한 사회체제에서 피지배층은 넓은 의미의 국민이고 좁혀 놓고 보면 농민, 근로자와 자영업자 및 소상공인들로 분류할 수 있다. 코로나에 직격탄을 맞고 생존의 기로에 서있는 것은 자영업자 및 중소기업을 포함하는 영세상공인들이다.

그래도 200만 농민들은 농사를 지으면 농업직불금도 나오고 농사를 안 져도 휴경보상금도 나온다. 겨울철 농한기에는 마을회관에서 고스톱 치면서 쉴 수도 있고 정부로부터 각종 세제감면을 받고 있어 팬데믹 코로나 피해가 가장 적을 수 있다. 근로자는 일한 만큼 돈이 나오고 회사에서 해고가 되면 실업수당도 나온다. 웃돌 빼서 아랫돌 괴는 회사라도 한 달만 되면 급여는 법적으로 보장받는다. 이러한 근로자에도 급수가 있으니 몇 개월째 급여도 못 받고 있는 하청업체 근로자가 있는 반면 억대 가까운 연봉의 대기업 근로자는 고임금 혜택 이외에도 노조라는 이익단체가 권익을 보호해주어 귀족노조원의 혜택을 누리고 있다. 근로자는 이에 보답하고자 노조의 강경투쟁대열에 앞서 목소리를 높여주어 서로 상호보완 관계로 이익을 챙긴다.

이에 반해 560만 자영업자는 코로나 때문에 장사를 못해도 폐업을 해도 누가 돈을 주지 않는다. 스스로 벌어먹어야 하는 팔자이기 때문이다. 다만 코로나라는 전대미문의 재앙에 재난지원금이 찔끔찔끔 나왔지만 이는 언 발에 오줌 누기로 이러한 소상공인 자영업자와 같은 지배받는 층은 근본적인 변화를 요구하고 있고 이러한 시대가 요구하는 사회적인 영감은 2020년 우리의 봉준호 감독이 영화 〈기생충〉으로 미국에서 오스카상을 받는 쾌거까지 이룩하는데 기반이 되었다. 영화는 단순한 흥미로 보는 시각적 오락이나 감동의 레파토리보다 더 중요한 작품이 주는 메시지가 있다. 기생충은 서울의 반지하에서 사는 기택(송강호분)과 넓은 호화주책에서 사는 박 사장을 대비함으로서 우리 사회의 빈부격차를 조명하였고 이로 인해 부유층을 상대로 한 범죄의 정당성까지 내비치는 줄거리도 함께 담고 있다. 봉준호 감독은 그 이전에 〈설국열차〉라는 영화를 통해 지배하는 자와 지배받는 자들의 이분법 논리를 가지고 지배받는 자들의 공격을 정당화하였는데 이 모든 것의 저변에는 가진 자와 못 가진 자를 가른 이념의 계급투쟁이 있는데 이는 인류 역사 이래 있었고 지금도 세계 어느 곳에서나 진행되고 있는 인간끼리의 삶의 현장이다. 이러한 삶의 차이는 부의 양극화로 나타나는데 선진국인 미국도 상위 1% 부자가 전체부의 1/3를 차지하고 하위 90% 해당 자들이 가진 부보다 많지만 그들이 비난받지 않는 것은 자의적으로 자선을 실천하고 노블레스 오블리제 지도층의 모범을 보이기 때문이다.

이제 다시 한 번 우리의 역사를 되돌아보자. 일제 만행에 씻을 수 없는 피해를 본 위안부 할머니들! 그리고 징용 나가 탄광에서 혹사당하고 군에 징발되어 총알받이가 되어 남태평양에서 죽어야 했던 우리의 할아버지들! 더 멀리 보면 병자호란 때 눈길에 만주로 끌려갔다가 그들의 성 노리개가 되어 만신창이 몸으로 귀국하여 같은 동포에게도 멸시를 받았던 환향녀들, 그들은 우리의 누이동생이요 우리가 낳은 백성들의 딸이었다. 누가 그들을 그렇게 비참하게 만들었는가? 일본 군인인가? 후금 군인들인가? 아니다. 내 나라 내 백성을 지키지 못하고 당쟁으로 날을 지새우다 침략을 자초한 우리 선조들의 지배층이 아니던가? 시키면 시키는 대로 하는 백성들이 무슨 죄가 있어 이토록 가혹한 벌을 받아야 했단 말인가?

이제 세월이 흘러 2021년을 넘어서 대한민국에서 삶의 터전을 마련하고 있는 국민들이 지배층의 탐욕과 무능으로 나라가 망해버린다면 어떻게 되는 것인가? 질문하지 않을 수 없다. 나라는 망하지 않는 거라고 누가 말하던가?

군이 역사 속으로 들어가 로마 멸망을 들먹이지 않아도 근세 들어 세계 7대 부국으로 불리었던 아르헨티나도 한때 망했었고 석유 매장량 1위의 부국 베네수엘라도 폭망해 국민들이 쓰레기통을 뒤지는 지금의 현실이 꼭 남의 나라의 이야기일까? 이제 우리가 대한민국이라는 국가가 핵을 가진 북한과 강대국사이의 틈바구니에서 국가를 유지하고 힘들지 않는 삶을 국민이 가지려면 어떻게 해야 하는가? 중요한 문제이다. 첫째 나라가 망하지 않아야 한다. 강대국의 강압에서도 그렇고 경제적으로도 예속되지 않아야 한다.

그러나 내 눈으로 보면 나라가 망해가고 있다. 그래서 나는 책을 쓴다. 내 생각이 틀릴 수도 있다. 그러나 망할 조짐이 너무 많이 보인다. 회사가 망하듯 나라도 망할 수 있기 때문에 책의 제목도 생존으로 하였다. 내가 죽지 않고 살아온 것처럼 우리나라가 망하지 않기를 바라기 때문에 생존을 책의 제목으로 삼은 것이다.

코로나19가 발발한 2020년부터 지금의 전후 사정은 매우 어둡다. 그것이 문제인 정부의 실정이던 역대정권들의 누적된 결과이던 또는 코로나19 때문에 어쩔 수 없는 운명인지는 중요하지가 않다. 문제는 우리 사회와 우리나라가 이대로는 안 된다는 것이 분명하고 개혁하지 않으면 망할 것이고 이러한 나의 확고한 신념 때문에 책을 내도록 만들었다. 지금의 정치적 위기는 기본적으로 사상에서 국민들이 좌우로 나뉘어 쌈박질하는 것부터 시작되었다. 뿌리 깊은 좌우이념이 우리들의 사고를 지배하기 때문이다.

조선시대 훈구파와 사림파의 싸움으로 나라가 기울어지자 개화파와 수구파로 다시 갈려 싸우다 결국은 망했고 해방이 되자 찬탁이냐 반탁이냐로 시작해서 친미와 친중으로 갈라서고 민주화 이후 5·18과 세월호를 가지고 또는 탄핵정국에서 국민은 양분하여 대립했으며 지난번의 조국 사태나 추미애 장관과 윤석열 총장의 추윤공방에서는 진실을 규명하기보다 진영으로 나뉘어 공격하고 감싸고 대립하였다. 도덕적으로 지탄받고 법률적으로 처벌되어야 할 사건들이 진영싸움이 되어 정권과 뜻을 같이하는 시민단체들이 옹호하고 나선 것은 민주주의를 침해하는 심각한 왜곡인데 이를 놓고도 국민은 찬반으로 분열되어 있다. 이러한 바탕에는 그들이 정권과 이해관계를 공유하는 것은 시민운동가들의 권력 출세길로 이용되고 이권을 얻을 수 있기 때문이다.

특히 진보정권에서의 시민단체는 비정부기구(NGO)가 아니라 친정부기구로 변신하여 정권을 호위한다. 조국 사태로 정권이 궁지에 몰리면 진보시민단체가 총출동하여 서초동거리를 메워 조국 장관을 옹호해주는 내편이니 정부는 임명권을 가진 산하 각종위원회에 위원장 감투를 씌워주고 억대 돈줄로 보답하는 것이다.

6. 국가의 존재 이유

국가가 존재하는 이유는 국민에게 행복을 주는 데 있다. 행복이란 거대한 담론도 따지고 보면 경제를 살려 국민들에게 윤택한 삶을 보장하고 건강한 삶을 노년까지 유지시켜 줄 수 있어야 하며 투명한 사회를 만들어 공정한 경쟁사회가 만들어져 있다면 그것이 행복한 사회인 것이다.

그러기 위해서 국가를 담당하는 정권의 능력이란 비전과 목표를 올바르게 세워야 하고 비전과 목표달성을 위해서는 합리적인 정책을 수립해야 하고 수립된 정책을 효율적으로 추진할 수 있는 리더십 능력을 가져야만 한다. 정권의 교체기가 되면 수많은 폴리페서, 시민단체, 전직 관료들이 검증되지 않는 정책, 표를 위한 포퓰리즘 정책, 이익관련정책, 한물간 정책들이 쏟아질 때 정권은 이를 검증하여 취사선택할 수 있는 능력을 가져야 한다. 문재인 정권의 26번의 부동산 정책, 탈원전 정책, 소득주도성장 정책 등이 국민의 지지를 받지 못하고 파열음만 나온 것은 정권에 제시되는 정책에 대한 선별능력이 결여되었기 때문이다.

좋은 정책이 발탁되면 행복한 사회가 되고 이에 국민은 세금을 기꺼이 납부하게 되고 국가는 치안을 유지하고 외세로부터 국민을 보호해주면서 경쟁에서 탈락한 사람들에게는 재도전의 기회를 주고 시혜복지를 꼼꼼히 챙겨주면 된다. 국민들이 서로의 공정한 경쟁을 통해 역동성 있는 사회를 만들고 부가가치를 창출해내면 행복의 선순환구조가 만들어진다. 행복지수가 높은 선진국가는 대부분 GDP가 높고 평균수명이 길며 투명한 사회라는 공통점이 있다.

"짐이 국가다"라고 했던 중세 프랑스의 태양왕 루이14세 때에 30년전쟁, 스페인전쟁 등으로 수백만 명이 희생되었고 한 세기 넘게 지난 나폴레옹전쟁(1803-1815)에도 650만 명이나 사망했다. 루이14세 시절 당시 프랑스 국민이 2천만 명도 못 되었으니 임금이나 귀족같은 지배층에 비해 군대에 징집당하고 들판의 시체가 되어야 했던 평민들의 목숨은 파리보다 못한 일회성 소모품이었다. 지난 역사이지만 프랑스 국민은 비참한 삶을 살았고 왕족만 행복한 삶을 산 것이다. 우리 또한 양반의 지배 아래 평민이나 노비는 지배층의 수탈 대상이었지 주인은 아니었다.

역사 이래 국가는 지배층의 이익을 대변했고 피지배층은 보호해주지 못했다. 유사 이래 셀 수 없는 외침을 당해야 했고 결국에는 일제의 식민지가 되어 주권재민은 사라지고 고통 받는 암흑의 시대를 우리의 조상들은 겪어야만 했다. 국가가 국민을 통치하면서 지배하는 세력과 지배받는 세력이 나누어지고 지배하는 세력은 기득권이 되고 지배받는 세력은 타율적인 법과 제도로 인해 경제의 쏠림현상이 발생하게 되고 이는 부의 양극화로 되어가고 있었다. 지배층이 말하는 정의와 공정은 지배받는 층만 지켜야 할 덕목이 되어버렸다.

조선시대 중기에 사림세력과 훈구세력이, 말기에는 개화파와 수구파가 권력을 잡기 위해 다투다가 근대국가가 되자 국가권력은 행정, 입법, 사법으로 나누어졌으나 대통령 중심제 하에 권력은 대통령을 가진 정치세력이 가지게 되었다. 좋은 나라는 3부 권력이 견제와 균형을 이루고 언론과 시민단체는 지배 받는 자의 편에 서서 제 기능을 다할 때 나라가 정상국가가 되는 것인데도 지배받는 세력은 세력을 구축하지 못하고 비바람에 노출되듯 지배하는 세력에 의해 노예처럼 되고 있는 것이다. 그 지배받는 세력이란 크게는 재벌기업도 포함되며 작게는 중소기업과 자영업자를 포함하는 모든 소상공인이라 할 수 있다. 농경시대에는 농민이 조세를 부담하는 지배받는 층이라 하면 현대사회는 국가조세를 책임지고 있는 경제활동의 주체들이 지배받는 층이라 할 것이다. 지배받는 층을 대변하는 270만 중소기업과 560만 자영업자들은 생존을 위협받고 있다. 그것이 소득주도성장이건 친노동정책이든 코로나 19이건 따질 것도 못된다. 현실은 망하기 직전에 있기 때문이다.

지금은 경제위기이다. 이제 지배하는 층과 지배받는 층으로 나누어지는 사회는 종지부를 찍어야 한다. 국가의 생존은 조세에서 나오며 따라서 세금을 부담하는 지배받는 층의 경제 주체들이 지배하는 층에 참여하고 행동하는 시대를 열어야 한다. 세상이 공평하고 공정하고 그것이 공개만 된다면 정의로운 사회이지만 지배하는 층이 자의적으로 운용하면 불의의 시대인 것이다. 현 사회가 정의의 사회인지 불의의 사회인지는 말하지 않아도 알 수 있다. 지금까지 경제성장과 민주화를 달성하는 과정에서 시민사회의 역할은 분명 큰 것이지만 이제 그 소명이 끝났다고 보는 것은 SNS 정보화시대에 시민다수가 참여하는 여론정치가 정치권력의 중심으로 안착해버렸기 때문이다. 이제 해바라기가 되어버린 언론과 시민단체는 소금의 짠맛을 잃은 거나 진배없게 되었기 때문에 그 역할은 축소되어야 한다. 그동안 대표적인 시민단체인 참여연대의 정책제안들이 정부정책으로 대부분 수용되고 많은 활동인사들이 권력핵심부에 진입하였는데 나라경제가 추락한 것이 이를 입증하고도 남는다. 그들이 주창했던 탈원전, 소득주도 성장 등이 권력을 잡게 되자 이는 경제 주체들의 지향성과 전혀 다른 정책으로 바꾸어 버리고 조세를 책임지는 경제활동 주체들이 결국은 파국을 맞게 되었기 때문이다.

공장이 문을 닫고 점포가 문을 닫고 근로자와 종업원이 없어지는 이 현상이 더 이상 지속되어서는 안 되기 때문이다. 부동산 폭등과 자영업자의 몰락을 가져온 경제파탄, 뻔뻔한 내로남불과 몰염치로 독단으로 치닫던 정권에게 4·7 재보선 때 국민의 분노가 심판을 내렸는데 현정권에 어젠다를 제공했던 시민단체가 그들의 정책에 참회하고 사과했다는 말은 들어보지 못했다.

7. 우리의 현실

이래서 나는 지배받는 층을 대변하여 목소리를 내는 것이며 책을 펴내는 취지도 바로 여기에 있다. 그동안 정권을 차지하려는 진보는 기득권 보수를 이기기 위해 시민운동과 전략적 제휴를 맺고 공생관계가 되었다. 한배에 탔으니 정권의 잘못에도 눈감고 진영논리에 파묻혀 진실을 감추기도 하였다. 바람직한 사회는 대다수 국민을 지칭하는 지배받는 세력이 국가 정체성을 인정하고 법률에 따르고 순응할 수 있어야 한다. 국가는 지배받는 세력들이 만들어 내는 시장이 제대로 작동하게 해주어야 하며 지배하는 세력은 시장이 룰에 의해 확대 재생산되도록 유도하고 언론과 시민단체는 이러한 작동과 견제가 제대로 유지되도록 하는데 있는데 그렇지 못했다. 그렇게 못했으니 이제 그 권력지향형 시민단체의 기능을 조세를 부담하는 경제활동 주체들이 담당해야 한다. 5부 권력에 의하여 피지배 위치에 있었던 한국의 재벌과 기업, 중소소상공인 및 자영업자 등이 이제는 지배하는 자들의 나라경영에 보다 적극적으로 참여하여 목소리를 높여야 한다.

지금까지 정치권력에 동화되어 조직을 확대하고 영향력을 행사해온 집단은 민노총, 전교조, 참여연대, 민변 등으로 대표되는 선출되지 않는 사회권력들이다. 이들 집단은 떼지어 목소리를 높임으로 스스로 사회권력을 쟁취한 집단으로 정치권력에 편입되어 나라의 정책을 주무르고 정부산하기관이나 위원회에 수장이나 위원으로 착석하여 땀 흘리지 않고 목구멍 포도청을 해결하는 능력들을 가지고 있다. 이들 사회권력의 본래의 목적은 정치권력을 비판하고 견제하는데 있건만 문재인 정부 들어 아예 보호받고 밀착되거나 아예 한통속으로 변질되어 있다. 흰옷을 즐겨 입고 유교 사상이 사회를 지배하여 동방예의지국이라 불리웠던 우리나라 사람들이 언제부터인가 여유가 없고 남의 실수를 용납지 않으려는 이전투구의 세상이 되었다. 현재 정치판에 걸핏하면 좌우로 나뉘어 고소고발이 난무하는 것이 그 한 예이며 인터넷에 벌떼처럼 쏘아대는 악성댓글이 우리네 일그러진 심성의 자화상이다. 오죽했으면 유명연예인들이 이를 못 견디고 자살을 했을까? 문재인 대통령이 말한 한 번도 경험해보지 못한 나라는 의외로 전대미문의 코로나19가 가져왔다.

이제 우리는 코로나 이전의 삶과 이후의 삶으로 나누어지는 변환기에 살고 있다. 그렇지 않아도 저성장 불경기에 살기가 팍팍한 판에 문재인 정권의 소득주도 성장과 근로시간 단축으로 직원들 두고 아르바이트생을 두고 명맥을 유지했던 소상공인이나 자영업자들은 임금인상 등으로 현상유지가 어렵자 직원들을 내보내고 가족끼리 하거나 파트타임을 쓰기 시작하였다. 중소기업도 생산성보다 근로자의 잉여가치가 밑돌자 사람을 줄이거나 외국인을 쓰기 시작하였다. 힘든 일 싫어하는 세태에 사람 구하기도 어렵고 살길 찾아 외국으로 떠나니 제조업의 공동화는 진작부터 시작되고 있었다.

빈곤에서 출발하여 오늘의 풍요를 있게 한 지금의 노인세대는 어른으로 대접받지 못하고 뒤안길로 밀려나고 말았다. 도덕이 붕괴되고 이기적 다툼만 횡행하는 사회에서 젊은이들에게 말 한마디 했다가는 봉변당하는 사회가 되고 말았다. 경륜과 경험으로 방향을 제시하고 삶의 지혜를 전수하지 못하고 방관하여 우리 후손들이 개인주의 성향으로 공동체가 무너지는 것을 지켜보는 것은 노인세대의 직무유기라 할 수 있다. 그래서 나라도 한마디 해야 하겠다고 나선 것이다. 지금은 우리 사회를 지탱하고 이끌 책임 있는 기성세대가 닥쳐오는 절박한 위기를 타개하기 위한 근본해법을 제시하기보다 퍼주기 포퓰리즘 정책으로 국민들을 회유하고 있다. 사람은 만나야 하는데 만나서는 아니되는 코로나19로 지배받는 층의 몰락을 더한층 가져오고 말았다. 재난기금이라는 명분 아래 전국민에게 현금이 살포되는 아편 주사(?)를 맞았으니 국민은 앞으로 더 기댈 것이고 정부는 이에 보답하듯 세금을 더 걷어 들여 국민기본소득도 추진될 것이다.

자영업자와 소상공인 등 힘든 삶에 반해 시민단체의 행태는 상식을 뛰어넘는다. 시민단체 정대협은 위안부 할머니를 돕는다는 명분으로 10억 원을 기부 받아 시세보다 비싼 가격으로 쉼터를 만들어 놓고 위안부 할머니 대신 친북단체에 팬션처럼 제공되고 삼겹살 굽고 파티를 했다는 언론보도는 자영업자와 소상공인 등 경제활동 주체의 머리로는 이해되지 않는 지배하는 자들의 권력 특혜인 것이다. 앞으로 이러한 구조적인 틀을 바꾸지 아니하면 현재의 불확실한 위험성은 다가오고 근본해법을 찾지 아니하면 지배받는 경제활동 주체들의 삶은 더욱 힘들어질 것이다. 국민은 복지에 열광하고 국가에 의탁하게 되면 회사가 망하듯이 나라도 망할 수가 있다. 화덕의 불은 끄지 않고 솥에 물이 끓는다고 찬물만 계속하여 솥에 붓는 격이다.

8. 자유민주주의는 지키는 것이다

잔디와 잡초의 싸움에서 승부는 어떻게 관리하느냐에 따라 정확히 예정되어 있다. 주인이 잘 가꾸면 잔디가 이기지만 방치하면 잡초가 언제나 이기게 되어 있다. 이는 잔디와 잡초의 싸움뿐만 아니라 사회주의와 민주주의의 싸움에도 항상 나타나는 현상이다. 국보법을 해체하자는 여당의 움직임은 누가 하루아침에 제시된 것이 아니다. 왕조국가를 거쳐 일제 식민지를 벗어나 독립할 때부터 어떤 국가체제를 갖느냐가 핵심이었다. 사회주의와 자본주의를 기본이념으로 하는 좌우 싸움에서 그와 같은 이론적 깃발을 내건 공산주의와 민주주의의 대결 중에서 끊임없이 농민, 노동자를 대변하는 지식인들 사이에서 터져 나왔었고 이는 세계의 동서진영의 대결과 소련의 몰락 이후에도 그 투쟁의 역사는 계속 이어져 왔다.

건국초기 남한 땅에서도 사회주의 국가를 건설하려 했던 좌파진영의 꿈은 몰락했지만 이 땅에 사회주의를 향한 *끈끈한* 생명력은 계속하여 살아남아 기회가 오기만을 기다렸다. 지난번 4·15총선에서 승리한 민주당 원내대표는 여의도 당사에서 열린 선거대책위원회 해단식에서 "그런(국보법철폐) 희망을 저도 가질 수 있고 누구나 가질 수 있다"라고 말해 사회주의 국가건설의 장애물인 국보법을 언젠가는 폐지해야 한다는 좌파진영의 속내를 숨기지 않았다. 바로 전날 민주당의 비례위생정당 더불어시민정당 우희종 시민대표가 범여권의 190석 압승을 "국가보안법 철폐가 가능하지 않을까"로 해석한 것과 사회주의 국가건설의 동일선상에 있는 것이다. 과거 2004년 17대 총선에서 과반의석을 얻은 열린우리당이 국가보안법 폐지를 포함한 소위 4대입법을 추진하다가 국민들의 지지를 잃고 몰락했는데 참으로 마약 같은 사상적 신념은 죽어야 끝이 나는 잡초와 같이 진한 생명력을 갖고 있는 것이다. 문재인 대통령도 4·3제주사건 기념식에서 통일을 향한 사건이라고 하였는데 과연 사회주의와 자본주의 중 어떤 것을 추구하는 통일이었는가를 대답해주어야 한다. 자유민주주의라는 생태환경 속에 사회주의라는 외래종이 침입하면 급속히 퍼져나가 무너질 수가 있다. 월남의 패망도 사실 내부로부터 무너진 것은 다 아는 사실이다.

해방 후 남한에서는 끊임없는 간첩사건이 터져 나왔고 이중에는 정권에 의해 인혁당사건처럼 억울하게 희생된 사람들도 있지만 실제로 북한에서 지령을 받고 간첩으로 암약한 사건도 많이 있었다. 간첩은 아니지만 북한의 사회주의 노선에 추종하여 활약하다 구속되는 사람들은 지금도 이어지고 있다. 2013년 8월 국가정보원으로부터 적발된 통합진보당 이석기 내란음모사건이나 얼마 전 미국의 첨단스텔스전투기 F-35A 도입반대를 한 자주통일 충북동지회 핵심맴버들이 구속된 사건은 우리 사회가 얼마나 아슬아슬하게 취약한 자유민주주의 체제에 사는 것인지를 보여주는 것이다.

정치적 신념은 부모도 못 말리고 하나님도 못 말린다. 사이비종교에 맹신하면 전 재산 갖다 바치고도 그것이 우매한 일인 줄도 모르는 것처럼 자유민주주의의 소중한 가치를 모르고 부의 양극화와 사회의 구조적 모순에만 분노하면 사회주의의 평등론에 빠지게 되고 계속해서 그러한 사람들은 생겨나게 될 것이다. 잡초를 잘 관리하듯 자유민주주의는 자율과 시장경제 틀 속에서 누구에게나 공평하게 기회를 주고 공정하게 경쟁을 하게 하고 경쟁에서 탈락하면 재도전의 기회를 다시 주어야 하고 끝까지 보듬어 주는 사회보장성을 만들지 아니하면 사회주의는 잡초와 같이 끊임없이 침투할 것이다. 지배세력이 말로는 민주주의하면서 특권과 반칙을 독점하고 불공정을 예사로 하면서 들키면 내로남불 하니 힘없는 피지배세력 특히 가붕개들은 사회주의를 바라볼 수밖에 없을 것이다.

코로나에 벼랑으로 몰린 취약 계층의 사람들이 은행에서 외면당하고 보험을 해약하여 견디다가 결국에는 죽어가고 있다. 있던 집에서 경매로 쫓겨나 차에서 죽고 다락방에서 또는 반지하방에서 외롭게 죽고 힘든 세상 살기 어렵다고 모녀가 동반해서 죽어가는 자살률이 OECD 최고의 대한민국이다. 자유민주주의는 혜택이 아니다. 잔디를 관리하듯 소중하게 지켜나가는 것이다.

9. 가붕개

가붕개는 전 법무부장관 조국 씨가 "누구나 용이 될 필요는 없다. 개천에서 가재나 붕어나 개구리처럼 살아도 행복하게 살면 된다"라고 하여 유명해진 비속어이다. 개 돼지처럼 살아도 행복하게 살면 되니 굳이 구름 속에서 신선놀음하는 자신들과 비교하지 말고 주면 주는 대로 시키면 시키는 대로 살아라 하는 의미가 함축되어 있다. 가붕개가 그 당시 세간에 회자된 것은 당시 추미애 법무장관 아들을 둘러싸고 벌어지는 그들의 논리와 변명 때문이다. 국회의원 5선에 집권당 대표에 법무부장관을 하였던 추장관의 아들 서모 씨는 2017. 6. 5~14일 1차 병가, 15~23일 2차 병가, 24~27일

3차 휴가, 총23일을 국방부 규정인 병가심의나 문서도 없이 전화 한마디에 병가가 추가되고 또다시 휴가를 메꾸어 주어 다른 일반 사병이 17분 늦었다고 탈영으로 처리, 귀대하여 감방에 간 가붕개와 다르다고 보도되었기 때문이다. 이는 서모 씨가 추미애 집권당 대표인 부모님의 전화 한마디에 휴가가 연장되는 용의 새끼나 마찬가지이기 때문이다. 그들은 말로는 공평하고 공정한 사회를 부르짖으면서 뒤로는 카투사 용산 배치나 평창올림픽 통역병 선발에 청탁과 압력을 행사한 것으로도 보도되었다. 그런데도 휴가 미복귀 사건을 수사하는 서울동부지검은 8개월을 미적거리다 여론이 커지자 그제서야 수사했다고 한다. 병원진단서나 군의관 소견서나 휴가명령서도 없는 것을 행정절차상 오류라고 하는 국방부장관 또한 권력에 아첨하고 있는 것이 아닌가?

조국이나 추미애 법무부 장관이 언론과 국민의 지탄을 받은 것도 따지고 보면 평소의 말과 지금의 행동이 달랐기 때문이다. 자식이 휴가 와서 무릎 수술을 받아 부대 복귀가 어려우면 병가를 낼 수 있고 병가가 안 되면 내달라고 민원을 낼 수가 있다. 세상 모든 사람들이 다 그렇게 한다. 그러나 가붕개들은 절차를 밟아서 산다. 진단서를 제출하고 병가심의를 받아 휴가를 연장하지 누구처럼 전화로 계속해서 병가를 연장하지 못한다. 용이 아니라 가붕개이기 때문이다. 누구나 철책선에서 근무하기보다 편하고 영어 숙달 기회가 있는 카투사에 지원하여 기왕이면 의정부보다 시내에 있는 용산에서 근무하고 싶은 것이다. 많은 이가 자식 사랑에 연줄이 있다면 청탁을 할 것이나 가붕개이기 때문에 그러지 못한 것이다. 그래서 스펙과 경험을 쌓을 수 있는 평창올림픽 통역병 파견에 경쟁이 치열하니 힘 있는 자리에 있는 부모라면 압력성 청탁을 하게 되는 것은 어찌 추 장관 뿐일까?

용이 되고 싶어하는 지배층의 사람들이 진정 용이 되려고 한다면 청탁도 하지 말고 내로남불도 해서는 안 된다. 지배받는 층의 백성들을 생각해서 모든 일에 모범을 보여야 하는 것이지 편법과 반칙을 하게 되면 국민들은 화가 나는 것이다. 선이 닿는 사람 통해 전화하고 이게 안 되면 부모가 직접 찾아가서 내 자식을 챙기겠다고 하는 것은 용이 될 꿈을 꿀 수 없는 가붕개나 할 일이다. 조국, 추미애 전 장관들이 공정과 반칙이 없는 사회를 부르짖고 용이 머무는 곳에 있으면서 행동은 가붕개처럼 하니까 비난을 받는 것이다.

10. 공정한 교육에서 시작하자

"일음일양지위도 계지자선야(一陰一陽之謂道 繼之者善也)" 한 번은 음하고 한 번은 양한다. 이것을 계승한 것이 선이요 이것을 형성하는 것이 사람의 본성이다. 그것을 천지자연의 도라고 한다. 주역의 괘사전에 나오는 세상의 이치이다. 이처럼 한 번 음하고 한 번 양하는 것의 실체를 변화라고 하며 그 변화는 시간인 계절에서 공간인 사회에서 모두 변화의 이치가 있는 것이다. 변화할 때 변화하지 않으면 순리를 거스르는 것이 되고 순서에 따라 변화해나가는 것을 개선이라고 한다. 변화하려는 것과 변화하지 않으려는 것이 충돌할 때 갈등이 생기며 이를 혁신으로 해결하지 않으면 뒤집어엎는 혁명을 갈구하게 된다.

농경시대에는 땅을 많이 가진 자가 부를 차지했고 산업화 시대에는 큰 공장을 가진 자가 부를 가졌다면 지금의 정보화 시대에는 빅데이터를 가진 자가 부를 거머쥐고 있다. 이제는 싸움 잘하는 놈이 아니라 지식정보를 활용하는 사람이 부를 창출한다. 사람들의 지식정보의 격차는 경제적 격차로 나타나고 지식정보는 교육에 의해서 제공된다. 그러나 교육이 공평하지가 않다. 지배층에 있는 사람은 있는 사람이고 그들의 자녀는 부가 있기 때문에 사교육을 포함한 수월성 교육을 받고 또는 외국유학을 갔다 와서 지배층에 진입하여 부의 대물림을 이어간다.

자율성학교 폐지를 말하면서 자신들의 자녀들은 수월성 교육을 받게 하는 내로남불이 그래서 나온다. 출세길의 하나인 사법고시도 폐지되고 이를 대체한 로스쿨은 비싼 수업료 때문에 가붕개들에게는 경쟁에서 또 한 번 밀리게 되어있다. 수월성 교육을 받고 로스쿨에 입학하거나 외국유학을 가는 그들과 달리 피지배층에 있는 없는 사람의 자녀들은 일반교육을 받고 그들과의 경쟁에서 탈락하여 생활전선에 떠밀려 피지배층으로 가난의 대물림을 이어간다. 계층 간의 사다리가 무너진 오늘의 한국사회에서 이를 이대로 방치할 것인가? 그렇다고 빈부의 격차를 인위적으로 공평하게 할 수도 없다. 조선의 김만중이 지은 전래소설 구운몽에서 천상에서 팔선녀를 희롱하다 지상으로 끌려 내려온 성진이가 양소유의 아들로 태어나게 한 저승사자에게 부탁하여 고관대작 자식으로 태어나게 해달라고 할 수도 없다. 그러면 교육의 불공정은 어찌할 수 없는 것일까?

지금의 교육제도는 초등의무교육이며 중고등도 빈한한 가정에도 교육의 기회가 누구에게나 제공된다. 다만 교육의 질에 문제가 있다. 이제 정부는 지난 과거 입시교육에 치중하고 대학문을 활짝 열어 제치고 누구나 대학에 쉽게 들어가게 되었으나 졸업 후 갈 곳이 없는 청년 실업자를 양산하고 지방대학을 존폐의 기로에 서게 만들었다.

　그러나 이제는 공정의 뿌리인 교육의 공평기회를 위해서 전인교육, 적성교육, 전문교육의 3분야를 교육의 핵심정책으로 삼아 우선 사람이 되게 만들고 각자 타고난 저마다의 소질을 개발하고 사회가 요구하는 전문인력을 배출하는 교육혁신을 시행하여야 한다. 기본소득이니 청년수당이니 하면서 무차별로 예산을 뿌려 젊은이들의 근로의욕을 되레 망치기보다 가난한 수재를 뽑아 대학에 보내거나 또는 외국 유학까지 보내는 기회까지 주어야 한다. 외국에 유학 보낼 때 학자금만 주어서도 안 되고 최소한 거주공간과 일정생활비도 지원해주어야 한다. 공무원이나 군인들을 외국에 유학 보낼 때 해주는 것처럼 학생들도 해주면 된다. 왜 공무원은 되고 이 땅의 청년들은 안 되는가? 많은 청년들이 외국에서 첨단기술과 지식과 정보를 가져오면 퇴직을 앞둔 공무원보다 더 많은 기간을 국가에 기여할 것이 아닌가? 이처럼 공부만 잘하면 외국의 명문대학을 정부가 보내주면 어렸을 때부터 대다수의 청소년들이 어찌 공부에 매진하지 않을 것인가? 또한 표 때문에 이념 때문에 수월성 교육을 배 아파해서 자율고, 특목고 등을 없애려 하지 말고 수월성 교육을 받을 수 없는 가붕개 자녀들에게 정부가 첨단 ICT기술로 쌍방소통이 되는 양질의 비대면 교육을 무료로 시행하여 얼마든지 교육의 불공정을 해소할 수 있게 해주는 방법도 있다.

　그러나 정부는 저출산으로 아기를 낳지 않자 학생들이 줄어들기 시작하여 시골에 있는 초등학교들이 폐교가 늘어나고 도시의 학교는 학생들이 줄어드는 데도 도시학교에 돈 바르는 공사가 연일 진행되고 있다고 한다. 학생은 줄어드는데 예산은 늘어나니 불필요한 공사까지 해서 소진해야 내년도 예산을 배정받기 때문이다. 2019. 9. 25일 교육부에 따르면 5년간 17개

시 시도교육청의 이월 불용예산은 연 평균 5조5943억 원에 달한다고 한다. 쓰지도 못할 예산을 매년 반영하는 것은 정부가 지급하는 지방재정 교육 교부금이 매년 늘어나기 때문인데 17개 시도 교육청 총예산은 2014년 57조8283억 원에서 2018년 73조7371억 원으로 30%가까이 늘어났기 때문이다. 이뿐만 아니다. 이렇듯 돈이 남아돌자 조희연 서울시 교육감은 9·23일 서울시 의회에서 일률적으로 현금을 지급하는 기본소득을 중고입학생들에게 무상교복 대신 30만 원씩 지원하자고 한다. 학생은 줄고 예산은 늘어나니 별의별 지원대책이 나온다. 수학여행비 지원, 무상교복, 학용품 등에 이어 현금살포까지 나오고 있다. 도대체 교육의 기본방향이 무엇인지 갈피를 못 잡고 있다. 예산은 남아돌고 학생은 줄어들면 성적 좋은 가붕개의 자식들을 선별하여 대학에 보내고 외국 유학을 보내자. 그것이 일부학생들이 부모덕에 혜택받고 있는 수월성 교육이 못 받는 일반학생들에게 올라갈 수 있는 계층 간 사다리 기회를 주는 것이다.

현재 한국의 주입식 이론교육은 창의적인 발상을 가로막는 피동적인 교육이다. 이론적인 지식 함양에 치중하다보니 4년 대학 나와서도 기업에서는 대학에서 도대체 뭘 배웠느냐? 하는 탄식이 나오는 실정이다. 대학과는 별도로 학원에서 실무강의를 듣고 자격증을 따야 하는 시대이다. 현장실습을 반영하지 못한 대학교육 그래서 기업에서 새로 재교육해야 하는 실정이다. 핀란드, 영국, 독일 등 유럽국가 특히 이스라엘 같은 나라는 취학 전 문자 교육을 금한다고 한다. 너무 어린 나이에 글자를 배우다보면 창의력과 상상력을 펼칠 기회를 빼앗긴다는 것이다. 언어능력을 관장하는 뇌는 7~8살이 되어야 발달하니 언어 문자 교육은 초등학교 입학 후에 하는 것이 맞는다는 이야기다. 암기력 위주의 교육을 하다 보니 우뇌만 발달하고 좌뇌는 발달하지 않아 수리력이나 과학적 사고가 뒤떨어진다.

유아부터 사교육으로 내몰린 대한민국의 경쟁사회는 부모들의 허리를 휘게 만들고 가난의 굴레에서 벗어나지 못한다. 유치원 사교육비가 최하가 몇십만 원 이상이고 두 자녀 유아원, 유치원에 보내다 보면 수입의 30% 이상이 지출되니 젊은 세대는 자식을 낳지 않고 쓰고 즐기면서 산다는 풍조가 늘고 있다. 우리나라의 취학 전 사교육비 3조 원 이상을 엉뚱한 데 쏟아 붓고 있는 것이다. 놀이문화에서 공간 지각력과 창의적 발상이 나오는데 취학 전 영어 문자부터 교육하는 것의 부작용은 생각지 않고 오로지 남의 자식에 뒤떨어지지 않게 하기 위하여 사교육 현장으로 내모는 것이다. 다시 말해 남이 하니 나도 하는 것이다. 그 길이 올바른 것인지 숙고하지도 않는다.

미국공대 우수성적의 학생들은 거의가 창업을 하는데 한국학생들은 취업을 못해야 창업을 한다. 창업의 쓴맛을 알고 있는 선배들의 경험담과 사회분위기에 창업은 엄두도 낼 생각을 못한다. 공무원, 공기업, 대기업에 들어가기 위하여 대학 졸업 후 학원에 다시 매달려야 하고 그래서 취업하여 20~30년 직장생활 하다가 구조조정이던 싫증이 나든 퇴직하고 난 후 그때서야 자영업 창업대열에 동참하는 것이 한국사회의 서글픈 현실이다. 그러다보니 경험 없이 거리에 내몰린 창업의 대부분은 식당, 편의점, 치킨가게 등 프랜차이즈점에 나설 수밖에 없어 사자의 사냥 성공률 보다 낮은 사업성공율 5년 유지가 10%에 불과하여 대부분 폐업하고 그동안 벌어논 돈 다 까먹고 빈곤층으로 전락하는 게 한국사회이다. 이러한 자영업자들이 코로나로 절망하고 있으며 결국 그런 자영업자로 가게 되어 있는 취업이 더욱 좁아져 있다.

이제 우리도 자사고 폐지에 좌우로 갈려 싸우기보다 어릴 때부터 과학적이고 창의적인 교육환경을 갖춰주어야 한다. 작년에도 일본 과학자가 노벨상을 받았다. 일본에서 노벨상 수상자는 지금까지 22명에 이른다. 그런데 우리는 김대중 대통령의 평화상 말고는 한 사람도 없다. 상상력을 키워주는 환경이 없고 우리의 기초과학이 형편없기 때문이다. 이제 수월성 교육을 받지 못한 가붕개들의 우수성적의 자식들에게 정부가 무상기회를 주자. 또한 기업들도 정부의 선택적 무상교육에 같이 참여하여 기업마다 지정장학제도를 만들어 학업성적이 좋은 학생들에게 지원하도록 유도하고 참여하는 기업들에게 세제혜택을 주면 많은 기업들이 같이 동참할 것이다. 이스라엘이 건국 후 황무지에서 나라를 부강하게 만든 것이 교육이듯이 우리 사회도 시대의 화두이자 최대관심인 교육의 정상화를 위해 기회의 교육을 만들어야 한다. 가진 자와 못가진 자 모두가 공정의 룰에서 경쟁하려면 교육의 불공정을 시정하는 것에서부터 다시 시작하여야 한다.

2장
보수와 진보

1. 집단 간의 경쟁

주역의 계사상전(繫辭上傳)에 따르면 방이유취 물이군분(方以類聚 物以群分)이라 하여 방법과 성행이 유사한 것끼리 모이고 만물은 무리로 나뉘어져 공존한다고 하였다. 따라서 어찌 보면 동식물의 생존방법도 대개 이와 같은 것이다. 공평의 잣대로 보면 모든 식물은 서로가 뒤섞여 사이좋게 자랄 것 같지만 같은 종끼리 군락을 이루면서 자란다. 이러한 식물의 우점현상은 햇빛, 물, 바람, 토양을 갖고 서로 경쟁해야 하는 생육환경에서 식물 하나하나가 서로 경쟁하는 개체간(個體間) 경합이 아니라 집단을 이루어 집단끼리 경쟁하는 개체군 간의 경합이 식물생육을 절대적으로 결정하고 있음은 학술적으로 입증된 이론이다. 동물의 세계에서도 무리를 이루고 집단으로 살아가야 개체가 생존할 수 있는 것처럼 우리 인간사의 경쟁도 마찬가지이다.

인간의 생존경쟁은 각자 개인끼리의 경쟁같이 보이지만 큰 틀에서 보면 인간이 속한 집단 간의 경쟁에서 우열을 갖게 되고 그것이 개인의 삶이 좌우되는 것을 알 수 있다. 내가 성장하여 어떠한 집단에 속하는가에 따라 살아가는 삶의 질을 좌우한다는 것이다. 작게는 내가 스스로 벌어야 하는 자영업자가 되느냐 아니면 대기업의 노동자로 종사하느냐에 따라 이념과 목적이 달라지고 사고의 틀도 달라지듯 좌파성향의 진보진영에 있을 때와 우파성향의 보수진영에 속했을 때 같은 사안을 놓고 철학과 생각과 행동이 달라지는 것은 바로 집단의 경쟁에 개인이 속하기 때문이다.

작년 조국사태 때에 서초동과 광화문으로 나뉘어 시위를 벌였던 좌우집단은 도덕적 가치나 팩트의 진실성은 그다지 문제가 되지 않고 오로지 내편이 상대편에지지 않기 위해 촛불과 태극기를 손에 들었을 뿐이다. 즉 개인의 싸움이 아니라 집단의 싸움이기 때문이다. 초등학교 시절 운동회 때 친구나 형제간에도 청군과 백군으로 나뉘어 한쪽을 위해 집단으로 응원하고 경쟁했던 것처럼 말이다. 집단의 해석은 광역의 의미로는 국가나 국가간 동맹체가 포함되며 한 국가에서도 입법, 사법, 행정부나 정당 및 산하기관과 사회단체가 포함되며 신앙에 따라 교리에 따라 종교에서도 집단의 대립이 있다. 사회라는 구성원 간에 연결고리가 느슨하지만 지역간, 계층간, 세대간, 혈연, 학연 등 심지어는 취미활동에 따라 천차만별 다양하게 형성되어 있다. 기업을 경영하는 기업에도 기업끼리 연대한 연합체가 있으며 근로자들은 근로자들 끼리 결성한 노조라는 집단조직을 만들어 권익을 찾으려 하고 있다. 미얀마의 군사쿠데타에 저항하는 시민들을 무참하게 학살하는 군부에 대하여 중국이 침묵하거나 보호해주는 것은 미얀마군부가 추구하는 노선이 중국의 이익에 부합되기 때문이며 일본의 후쿠시마 오염수의 방류

결정에 주변국들이 반대를 하는데도 미국이 지지의사를 표명하는 것 또한 일본과 같이 하는 동맹의 이익이 미국에 우선하기 때문이다. 공무원의 꽃이라 불리우는 기획재정부 공무원들이 퇴직 후에 산하기관장에 낙하산으로 떨어지고 기업체에서도 최고 우대받는 것은 돈을 쥐락펴락하는 직장에서 한솥밥 먹던 집단의 이익이 서로 형성되었기 때문이다.

LH가 시행하는 서민을 위한 다가구 주택 매입사업에 참여해본 원룸건축업자는 LH에 주택을 팔려면 반드시 LH퇴직자를 통해야 한다고 한다. 이유는 공개경쟁입찰이 아니고 LH 내부에서 자체평가를 하여 선별하기 때문에 LH주택 퇴직자 출신 브로커를 끼어야 선정이 잘 된다고 한다. LH직원도 생뚱 모르는 사람에게 재수 없이 민원에 시달리는 것보다 서로가 한솥밥 먹고 서로의 처지를 잘 알고 감싸주는 전직에게 선심 쓰는 것이 서로의 이익이고 바로 집단의 이익이 되기 때문이다.

2. 이념 간의 경쟁

한민족은 우리가 교과서에서 시베리아 유역의 우랄 알타이족의 계열인 퉁구스족으로 배웠지만 박종화 울산과학기술원(UNIST)교수는 아시아인 게놈을 토대로 한국인의 기원을 추적한 결과 수만 년 전부터 남중국과 동남아시아에서 건너온 이주민이 여러 가지 섞이면서 현재의 한국인을 형성했다는 연구결과를 내놓았다. 국보31호 신라 기마인물형토기를 보면 신라의 지배층인 흉노족이 이주한 것으로 확실해 보이며 이는 한국인은 북방 기마민족의 피도 흐르고 있다고 봐야 한다. 남방민족과 북방민족의 피가 서로 융합하여 흐르는 한민족이 어찌하여 남북으로 갈리고 이제는 좌우로 갈려 진영싸움으로 대한민국의 앞날을 어둡게 하는지 걱정하지 않을 수 없다.

이제는 대한민국도 다민족 국가로 진입하였다. 북방의 조선족과 중국인들이 대거 이 땅에 터를 잡고 살아가고 있으며 네팔, 베트남, 필리핀 등 동남아 처녀들이 한국에 시집 와서 한민족의 일원이 되어 가고 있다. 이제 세계가 한 지붕이라는 글로벌 시대에 민족의 개념이 퇴색하고 있지만 남북이 화해시대로 들어서면서 유달리 민족이 강조되고 있다. 10월 3일은 단군 할아버지가 나라를 세운 개천절이다. 환인, 환웅, 단군에 이르는 전설적 기록은 우리 민족의 구심점을 갖는다는 의미가 있다. 우리 민족은 계통상으로 우랄 알타이어 계통의 퉁구스 민족으로 북방에 근원을 두고 따뜻한 남으로 내려오다 반도에 정착한 민족이 바로 한민족이다.

배달민족으로 알려진 우리 민족이 선거 때만 되면 우리가 남이가 하고 지역으로 나누어지는데 하물며 70년을 떨어져 살았던 남과 북이 제대로 융화가 될는지는 두고 볼 일이지만 남한에서의 다문화 가족이 증가하고 노동시장에서 외국인의 비율이 비약적으로 증가하여 과연 우리가 단일민족이라는 어휘를 사용하기가 어렵게 되었다는 사실이다. 현재 중국인들이 많이 사는 서울 대림동의 한 초등학교는 전교생의 70%가 외국인이거나 부모 중한쪽이 외국인이라고 한다. 이제 저 멀리 피부색이 검은 수단인들도 들어와 있고 얼마 전 남북 갈등 내전으로 전쟁터가 되어 난민 신청한 예맨인들도 들어와 있다.

선진국으로 우리가 동경했고 선망의 대상이었던 미국과 유럽에서도 한

국이 좋아 한국인이 되겠다고 한국에서 살아가는 사람이 많아지는데 해방
후 건국과정의 정통성을 가지고 좌우가 서로 싸우고 건국기념일이 없는 나
라가 되었으니 이래서는 안 된다.

　민주당 대선후보 1위 당시 이재명 경기지사가 해방 후 한국에 진주한 미
군을 점령군이라 하여 윤석열 전 검찰총장과 한바탕 설전이 벌어졌다. 맥아
더 사령관의 포고문에도 점령군이라고 명시하였으나 일본 측에서 보면 점
령군이 맞지만 우리 입장에서 보면 일제의 압제에서 해방을 시켜 주었으니
해방군도 맞는 말이다. 문제는 광복회장 김원웅 씨가 말한 남한에 진주한
미군은 점령군이고 북한에 진주한 소련군은 해방군이라고 한 이념적 갈라
치기로 이러한 자의적 표현은 나라의 정체성과 건국의 정통성에 혼란을 주
는 것이다. 북한에 진주한 소련군은 일본군을 몰아냈으니 해방군이라 할 수
있으나 산업시설물을 뜯어가고 은행금고도 털어갔다고 하니 약탈군이라는
명칭이 더 잘 맞는 것이다.

　점령군이냐 해방군이냐 하는 것은 누구 입장에서 보느냐의 관점에서 다
르게 나타나므로 일본이 아닌 한국의 입장에서는 남한 주둔 미군도 해방군
이 맞는 것이다. 다만 소련은 해방군을 정치적 용어로 이용했고 미군은 그
러한 의도가 없었기에 점령군이라고 지칭한 것이다. 해방 후 지금까지 이념
갈등의 중심에는 친일세력이 건국에 참여하여 대한민국의 정통성을 부정하
게 만들었다는 좌파진영의 주장에 우파진영은 건국의 주도세력은 항일독립
운동을 했던 지도자들이며 이는 초대 내각구성원 명단에서도 나타나 있으
며 다만 행정, 경찰 등 정부조직에 경험이 있는 총독부시절 관료들이 필요
하여 채용할 수밖에 없었다고 항변한다.

　사람이 태어나면 태어난 날을 생일로 정하여 죽을 때까지 기념하는데 하

물며 우리나라에는 건국절이 없다. 다만 1948년 8월 15일을 정부수립기념일로 정하여 행사를 하고 있을 뿐인데 이는 건국의 정통을 상해임시정부수립일로 하느냐 아니면 남한만의 단독정부수립일로 하느냐 서로가 양보할 수 없는 좌우세력의 이념논쟁으로 첨예하게 대립하고 있다. 이러한 국가건국에 대한 이념정리가 안 되고 있으니 한국전쟁 때 북한군에 납북된 국군포로에 관해서는 북한에 씨알도 안 먹힌 것도 있지만 남한 내부에서도 방치하고 있었던 것은 참으로 창피스럽고 반성해야 할 대목이다. 1953년 유엔군사령부가 집계한 국군실종자는 8만2천 명 그렇지만 1954년 1월까지 포로로 돌아온 국군은 8,343명. 이에 비해 남한은 북한군 7만5천 명을 돌려보냈다. 북한은 강제 억류된 국군포로가 단 1명도 없다고 하나 수많은 국군포로들이 탄광에서 노역에 시달리며 여생을 마감하고 있는데 어느 역대 정부가 이에 대하여 북한에 국군포로 송환을 요구한 일도 없다. 20대 대통령은 건국절을 제정하되 진보세력과 보수세력의 통합의 차원에서 삼일절을 건국절로 승화시켜 기렸으면 좋겠다는 생각이다.

3. 좌파진영

좌파운동권의 정신적 지주이며 대부로 불리우는 리영희 교수의 《새는 양쪽 날개로 난다》는 저서는 운동권의 바이블 같은 서적이다. 성장이나 분배냐 또는 개발이냐 환경이냐 등 우리 사회의 좌우 대립에서 보수진영에 맞선

진보의 가치를 동등선상에서 보는 사상적 가치이다. 그러나 이는 좌파들이 흔히 실수를 저질러온 표면에 나타난 현상만 보는 단편적 시각임을 그대로 드러낸다. 새가 날아갈 때 날개가 움직여 날아가는 것으로 보이니 새는 날개로 난다고 한다. 그래서 보이는 것만 가지고 판단하고 이면에 있는 유기적인 관계를 살피지 않기 때문에 그동안 문재인 정권의 소득주도 성장, 탈원전, 대북평화, 친중정책 등이 파열음을 내고 성과를 못내는 이유가 바로 여기에 있는 것이다.

조류는 지상에 있는 동물보다 체온이 1~2도 높다. 섭취한 영양소를 빨리 에너지인 ATP로 전환하기 위해서다. 하체가 짧거나 가늘어야 하며 가슴살이 발달하여 날개의 지속적 운동을 가능하게 해주어야 한다. 뼈는 육상의 동물과 달리 다공성으로 되어 있기 때문에 몸무게도 가볍게 해 날 수 있도록 도와준다. 새의 뼈가 육상동물처럼 단단하게 고밀화되었다면 날지 못한다. 이 모든 것이 유기적으로 조합되어 날 수 있는 것이지 단순히 날개가 작동하여 난다고 하는 것은 보이는 것만 바라보고 판단하는 표면적인 시각이다. 새가 나는 것은 신속한 열에너지의 전환과 비상할 수 있는 체형을 가지고 있기 때문이다.

문재인 정부가 추진한 소득주도 성장도 이러한 표면만 바라보고 시행했기에 부작용이 날 수밖에 없었다. 오랜 직장생활 끝에 자식한테 손 안 벌리고 노후생활하려고 편의점을 차렸는데 수입은 한정인데 정부는 아르바이트생에게 최저임금 이상 주라고 2년에 약 30% 올려버렸다. 임금 주고나면 버틸 재간이 없으니 아르바이트생을 내보내고 부부가 교대로 편의점에 얽매이니 놀러갈 엄두도 못 내고 소비생활도 못하게 되면 경제의 선순환구조도 막히게 된다. 아르바이트 근로자만 눈에 보였으니 한 쪽만 바라본 좌편향 시각이 오늘의 실패를 만들어낸 것이다. 세상은 유기적으로 얽혀 있어 전체를 보고 그 이면을 보아야 한다. 1950년대 후반 중국 마오쩌둥이 말한 "참새는 해로운 새다" 이 한마디에 중국 전역에서 벼 낟알을 축내는 참새박멸이 시작되었고 참새가 사라진 가을 들판에서 중국인들은 풍요를 기대했으나 수확량은 참혹한 결과로 나타났다. 참새가 사라진 논밭에는 천적 없는 해충이 만연하여 오히려 수확량이 크게 줄었기 때문이다. 공산당이 야심 있게 시작한 대약진운동은 참새를 생태계 먹이사슬 고리에서 없애버린 결과 1958년부터 3년간 3000만 명 이상이 굶어 죽는 대기근이 발생하였다. 참새가 쪼아 먹는 눈에 보이는 작은 손실만 생각하다 더 큰 손해를 받은 것은 자연계가 모두가 존재해야 할 이유가 있어 유기적으로 얽혀 있음에도 이를 바라보지 못한 좌파적 시각 때문이다.

좌파운동의 이념 서클에는 동지애가 있다. 그래서 대의명분이나 조직을 위해 개인의 희생을 감수해야 한다는 분위기가 있다. 이러한 좌파진영에서는 조직을 이끄는 리더에게는 범접할 수 없는 위력이 있다. 박원순이나 안희정이 이러한 도취된 분위기에 넘지 말아야 할 선을 넘고 추락한 것이다. 미투운동을 지지했던 안희정이나 페미니스트를 자처한 박원순이 평소의 말과 다르게 자기 비서에게 행했던 위력에 의한 성폭력, 성추행 등은 이를 부정적으로 인식하지 못했을 가능성이 크다. 좌파들이 흔히 저질러온 도덕성을 독점하기에 자기 착각에 빠진 내로남불이 뼛속까지 스며들었기 때문이다. 미투운동의 여파로 인해 언론에 이름이 오르내린 유명인사들인 고은 시인, 박재동 시사만화가, 이윤택 연극예술가, 김기덕 영화감독, 한만삼 정의구현사제단신부, 장원 녹색연합사무처장 등 많은 시민운동가들이 평소 도덕과 인권에 기반을 둔 좌파이념에 충실했던 사람들이라 더욱 그런 것이다.

4. 집단의 위선

좌파는 대체적으로 도덕적 가치를 우선하여 지지를 얻는다. 그러나 인간의 욕망은 재물욕, 성욕, 명예욕을 내재하고 있기에 권력을 잡은 많은 좌파 측 인사들의 일탈이 우파 측 사람보다 더 눈에 잘 띈다. 부정부패를 규탄하고 여성의 인권을 부르짖으며 가난한 서민층의 대변자를 자임하면서 개인의 행동에서는 그렇지 않는 경우가 좌파 지도자급에서 유난히 많다. 좌파의 위선이 우파의 탐욕보다 더 비난을 받아야 하는 것은 우파는 탐욕을 몸으로 실천해도 입으로는 도덕을 그다지 내세우지 않아 그리 비난 받지 않지만 좌파는 탐욕은 뒤로 실천하고 앞에서는 도덕적 가치를 늘상 입으로 말하기 때문이다. 그러나 이상과 현실은 그렇지 않기에 그들은 사단이 나면 내로남불이요, 해석은 아전인수요, 비난엔 자화지찬으로 일관한다.

그래도 그동안 쌓아올린 공덕이 너무 커서 감당할 수 없는 지경에 이르면 목숨을 끊는 것도 서슴지 않는다. 노무현, 노회찬, 박원순이 자살이라는 극단적 선택으로 도덕적 위기에서 벗어나면 좌파진영은 그것을 정치적 부활로 승화시키는데 기막힌 재주들이 있다. 그들이 죽음으로써 노무현의 사저는 좌파의 성지가 되어 해마다 이념의 순례길이 되고 노회찬은 부정한 것은 사라지고 투쟁의 역사만 부각되었다. 박원순이야말로 그 또한 죽음을 선택함으로써 좌파진영은 추악한 성추행의 굴레에서 벗어나 그를 위해 국민세금으로 장례식에 꽃다발을 헌양하고 그간의 인권운동을 칭송함으로써 좌파진영은 그들의 위선을 실수로 덮을 수가 있었다.

이에 우파진영은 지도자급에서 좌파에 비해 그러한 살신정신은 찾아 볼 수가 없었다. 김영삼 문민정부가 군부청산으로 숨통을 조여올 때 앞으로 감옥 이상의 치욕이 예견되는 것을 알고 있다면 "나는 5·18의 절대 절명의 국가적 위기에서 이를 극복하고 북한의 헛된 망상을 차단하기 위해서 나는 그 길 밖에 달리 없었다" 하는 유서를 써놓고 전두환이 자살했더라면 또는 영광의 자리에서 끌려 내려와 치욕적인 수모를 당해야 했던 것을 예상할 수 있었던 박근혜 또한 "나의 죽음으로 이 땅에 법과 원칙으로 지배되는 자유민주주의가 훼손되지 않기를 바란다" 하고 자살했더라면 촛불이 아무리 광화문을 덮었어도 지난 대선이나 총선 때 우파가 그렇게도 지리멸렬하지 않았을 것이다.

좌파나 우파나 잘잘못 따지자면 서로 오십 보 백 보인데 지금의 문재인 정권이 입으로는 야당과 협치를 말하면서 의회 일당독재로 치닫고 사법까지 장악하고 독재 시대를 열고 있다고 비난받고 있어도 40% 지지율을 유지하는 것도 좌파지도자의 자살이 밑바탕이 되어 있었기 때문이다. 전두환이 정승화로부터 한직인 동해사령부로 좌천되지 않기 위해 12·12를 일으키고 권력을 장악하다 보니 대권의 욕심이 생겨 광주시민의 저항을 무력으로 진압한 과오를 저질렀다 해도 스스로 매듭짓는 용기를 냈었어야 보수도 살아나갈 수 있었다.

지난 7월 21일 대법원은 2017년 대선을 앞두고 김경수 경남지사에게 두루킹댓글조작에 관여한 혐의로 유죄를 선고하고 지사직이 박탈되었다. 바둑이라는 별명처럼 순한 이미지의 정치인이지만 그가 속한 집단 때문에 끝까지 잘못을 인정하지도, 국민에게 사과하지도 안 했다. SNS가 여론을 좌지우지 하는 세상이다 보니 이전에는 야권에서도 국정원을 동원하여 골방에서 여론조작을 하다 탄로가 났었고 이를 부정선거라고 맹렬히 규탄한 여권도 경공모라는 민간단체에 댓글조작을 위탁하여 선거에 공정성을 스스로 무너뜨리고 대선의 정통성 시비를 낳게 만들었다. 목적을 위해서라면 여론을 조작하고 가짜뉴스를 퍼뜨리고 수단방법 가리지 않는 것은 집단이 개인을 지배하고 개인의 일탈은 집단의 생존을 위해서 생기기도 한다. 다만 좌파에서 정도가 심할 뿐이다.

5. 강남좌파

문재인 정부의 핵심실세들인 장하성, 조국, 김상조 등은 과거 시민단체에서 활동했고 교수 출신들인 사람들로 보수언론은 이들을 강남좌파라는 별명을 안겨주었다. 강남좌파의 용어는 전북대 강준만 교수가 2006년 운동권 386세대들의 자기 모순적 행태에 대하여 사용했던 말이다. 민주화와 법치주의를 부르짖으면서 위법행위는 도맡아서 했고 자신의 눈의 들보는 못보고 남의 허물만 탓했기 때문이다. 내로남불이 대표적이다.

금수저를 물고 명문대학 출신에 외국 유학과 시민운동 경력이 많은 것이 이들의 특징이다. 부동산 정책을 지휘하고 있는 장하성 정책실장은 하루에 1억씩 오른다는 강남에 살고 있으면서 모든 국민이 강남에 살아야 할 이유가 없고 거기에 삶의 터전이 있지도 않다면서 강남에 몰려들지 말라고 강남에 살고 있는 기득권자로서 친절한 충고를 아끼지 않았다. 국민 억장 찌르는 소리이다. 자기는 이미 부의 상징이 된 강남에 둥지를 틀었으니 이제 다른 사람들은 넘보지 말라는 이야기 아닌가? 그가 보유한 송파구 잠실동 아시아 선수촌 아파트(134.48㎡)는 그 당시 1년 사이 4억5천이 올라 24억 5천만 원이 되었고 지금은 더 올랐을 것이다. 김상조 공정거래위원장도 강남아파트 말고도 예금만 15억6천만 원을 신고했으며 조국 민정수석도 50억에 가까운 재산신고를 하였다.

이들의 공통점은 자신들의 위치는 부르주아이면서도 톡톡 튀는 진보이론과 시민운동으로 서민 근로대중의 인기를 몰고 다니다 촛불혁명으로 요직을 한자리씩 꿰찬 능력자라는 점이다. 자본가 계급에 속하면서 좌파 쪽으로 이름을 날리기에 강남좌파는 딱 들어맞는 별칭이 된다. 이들이 하루 벌어 하루 먹고사는 수많은 중소상공인과 자영업자들의 절박함을 조금이나마 이해한다면 견습공이든 숙련공이든 서울 도심이든 산골 벽지이든 똑같은 최저임금 이상 주어야 하고 2018년 추석 연휴가 있는 9월 한 달 일수가 30일 중 휴일과 연휴 때문에 17일 밖에 일하지 못했어도 직원에게는 한 달 봉급을 챙겨줘야 하는 모순에 눈 감고 있지는 않았을 것이다. 과부심정은 홀아비가 안다고 했는데 역시 강남에 아파트를 갖고서 55억 8천만 원 자산가인 강남좌파 홍종학 전 중소벤처기업부 장관도 지난 추석에 270만 중소기업, 560만 자영업자들의 추석의 피 눈물 나는 고충을 알 리가 없을 것이다. 방송작가가 막장드라마를 쓰고 레드카펫의 여배우가 파격노출을 하는 것은 보다 자극적으로 하여 시청률을 올리고 팬들의 이목을 받기 위해서다. 그러나 정치인들 곧 권력을 가진 자들이 내로남불 이중성으로 국민을 기만하고 자신들의 실속을 차린다면 그것은 범죄이지 돌출행동이라 할 수는 없다.

촛불혁명으로 집권한 문재인 정권의 이중성과 내로남불은 가히 입을 다물지 못할 정도다. 역시 백미는 김의겸 전 청와대 대변인의 상가 투기이다.

소득주도 성장이라는 망상에 최저임금을 올리고 근로시간 단축으로 자영업자들에 일격을 가하자 그렇지 않아도 불경기에 버티던 영세자영업자들은 폐업으로 줄을 이었다. 권력과 정보를 한손에 쥔 청와대 고위공직자가 매입한 흑석동 상가는 기존 건물주가 39년 지켜오면서 그동안 임대수입원이었던 치킨집과 호프집은 불경기로 망해 나가버렸고 마지막 남은 식당을 가족끼리 근근이 유지했으나 더 이상 버티지 못하고 급매물로 내놓은 상가였다. 이런 흑석동 상가에 눈독을 들인 것은 이 지역이 재개발될 것을 미리 알고 사업시행 인가 3달 전에 고교동문인 지점장의 뻥튀기 감정평가에 힘입어 10억 대출을 받아 배팅하였고 여론이 나빠지자 아내가 상의 없이 결정한 일이었다고 잡아떼었다고 보도되었는데 기존 건물주가 재개발될 것을 알았다면 뭐하러 팔았겠는가? 그냥 있어도 아파트 2채와 상가를 분양받고 시행 인가 공표 즉시 10억의 차액이 생기는데 말이다. 결국 김의겸은 우리와 같은 서민과 급수가 다른 특권층임을 보여준 것이다. 이 정권의 이중성과 내로남불은 모든 분야에 걸쳐 있다. 부동산 투기와 전쟁 운운하면서 내가 사는 집이 아니면 파시라고 충고를 아끼지 않았던 정부의 고관들 다반사가 다주택자이고 자사고 외고폐지에 열을 올리는 전교조 출신 교육감과 이 정권 공직자들은 자신의 자녀들만은 외고나 자사고에 보내고 외국유학을 보냈다.

중소벤처기업부장관을 역임한 박영선 후보는 삼성 저격수로 불릴 만큼 삼성의 공격에 앞장섰는데 그 남편은 2008~2018년 외국계 로펌에 근무하면서 13건의 삼성전자 관련사건을 수임하였고 내부제보에 따르면 삼성그룹 미래전략실 대관업무담당 부사장에게 연락하면 그 부사장은 "우리가 박영선에게 덜 물어 뜯기려면 도와줘야 한다"는 취지로 최고경영진을 설득했다고 하는 보도가 장관 내정 시 흘러나왔다. 한마디로 남편과 부인이 각각 역할분담 해서 한쪽은 국회의원 지위를 이용 재벌을 물어뜯고 한쪽은 변호사가 되어 수백억을 사건수임료로 받아내는 지능적 범죄가 아닌가? 하고 의심을 가져보는 것은 어찌 보면 자연스러운 것이다.

6. 진영의 대결

2020년 4·15총선에서 민주당은 비례위성정당을 포함하여 180석을 차지하였고 진보성향 의원까지 포함하면 190석이 되는 거대여당이 되었다. 그러나 1년 뒤 4·7 재보선선거에서는 서울 25개 선거구에서 전패를 기록하고 그동안 진보적 지지층이었던 20대 남성들은 72.5%가 보수정당인 국민의힘 오세훈 후보에 표를 몰아주었다. 민주당 부산의 김영춘 후보는 국민의힘 박형준 후보에게 더블스코어 이상으로 져 숫제 게임도 안 되었다. 이러한 널뛰기 선거결과는 국민의 정당지지가 국민정서에 반해 일방향으로 흐를 때 국민은 손바닥 뒤집듯 지지정당을 바꾸는 것이다. 지난 4·7 재보선 선거에 민주당의 참패는 스스로 자초한 것이다. 국민은 도대체 족보에도 없는 소득주도성장을 밀어붙여 중소기업과 자영업자를 바닥까지 끌어내리고 언론과 사법을 장악하여 국정을 독주하는 정부여당에 무엇이 이쁘다고 몰표를 밀어주겠는가? 코로나19로 발등에 불이 떨어져 과거의 실정이 덮혀버릴 수 있다 해도 누가 해도 그놈이 그놈이기 때문에 우왕좌왕하는 야당보다 내로남불하더라도 밀어붙이는 여당을 택한 것일까? 아니면 나라가 망하던 홍하던 우선 복지현금 살포하겠다는 정부의 러브샷에 중독된 국민들의 진보 대세론이 작용한 것이 아닐까? 이나저나 소득 불문 전 국민 재난기본소득을 통합당은 50만 원인데 민주당은 통 크게 100만 원 준다고 하니 나라도 어찌 표를 안 줄 것인가? 그러나 국민의 표심은 이미 굳어져 있었던 것이다.

그 옛날 하나님의 선택된 민족 이스라엘이 말씀을 어기고 이단의 길을 택한 결과 약 2천 년 동안 세계 각지를 떠돌아다녀야 했고 끝내는 독일에서 나치에게 600만이 학살당하는 대가를 치른 것도 따지고 보면 이집트의 노예로 살다가 하나님의 십계명을 따르도록 한 선지자의 말씀을 듣지 않고 민중의 쏠림에 하나님의 선민임을 포기한 것은 다름 아닌 이스라엘 민족이었다. 우리 또한 이와 다르지 않다. 박정희가 유신헌법을 만들어 국민투표에 부쳤을 때 그것이 얼마나 국민의 기본권을 해치고 독재국가로 가는 길임을 알았다면 95%가 넘는 지지를 국민은 보내지 않았을 것이다. 유신 치하에서 얼마나 많은 인권이 침해되고 억압을 받았는지 그 고통은 유신이 선포되고 난 후 고스란히 국민이 감당할 몫이었다.

세계 제1의 석유 매장량을 가진 베네수엘라의 독재자 차베스가 장기집권을 노리고 국민 지지를 얻기 위해 국가예산을 펑펑 나눠주는 포퓰리즘으로 치달을 때 환호한 것은 서민층 절대다수 국민들이었다. 외국투자기업들은 떠나가고 기간산업은 무너져 갈 때 열광했던 환호성이 굶주림의 고통으로 닥쳐오는 것을 국민들은 까맣게 모르고 있었다. 인플레는 하늘높이 치솟고 돈의 가치가 휴지처럼 되자 살길이 막막하여 콜롬비아 등 주변국으로 탈출했던 수백만 국민들은 이웃나라가 코로나19로 일자리마저 없어지자 고국으로 돌아왔으나 고국의 굶주림이 코로나 감염보다 더 무섭기에 또다시 고국을 탈출하고 있다. 이처럼 국민은 이성적 사리판단보다 맹목적인 집단 최면에 쉽게 빠지곤 한다. 그리고 나중에 그 대가를 받는다.

지난 선거도 마찬가지이다. 소득주도 성장에 탈원전에 경제는 몰락하여 일자리는 없어지는데 언론과 사법권 장악으로 비판과 견제의 목소리는 사라지고 독단의 내로남불 정치를 하는데도 국민은 이러한 민주당에 몰표를 몰아주었다. 이번 선거의 특색은 호남 몰표와 30~40세대의 반 보수 성향 때문이다. 1980년 전후에 태어난 30~40세대는 우리 사회의 주축이 되었으며 IMF를 겪었고 치솟는 아파트값에 기득권 가진 자에 대한 분노의 세대이기도 하다. 특히 20~30의 젊은 MZ세대는 인터넷에 익숙하여 정보에 밝으며 집단으로 가치를 공유하는 세대이다. 우리 같은 기성세대가 시장경제, 자유민주주의가 우리 사회에 기본이 되어야 한다고 해도 현 정권의 친북성향이 결과적으로 사회주의로 갈 수 있음을 경고해도 그것은 노회한 과거 세대들의 한물간 목소리로 들릴 뿐이다. 개인 성향이 뚜렷하여 조국 사태나 울산 시장선거 개입에 분노를 느끼기보다 내 편 네 편으로 갈라져 복지수당, 청년수당에 열광한다. 저축하여 내일을 준비하기보다 오늘 즐기면서 사는 세대인데 한미동맹이 훼손되어 안보가 위태해져도 걱정하지 않는다. 그동안 하도 안보를 미끼로 정권유지에 이용해왔던 보수정권에 면역이 생긴 탓이기도 하다.

광우병에서부터 세월호 집회와 박근혜 탄핵에 이르기까지 촛불을 들었을 때도 그것에 대한 개인적 사색은 없었다. SNS로 집단감염된 그들은 그것이 거짓이 진실처럼 포장되고 특정목적으로 특정세력이 부추기는 것에 대한 성찰은 없었다. 인물이나 정책적 판단이 아니라 내 편 네 편이 우선이요 다음은 분노의 표출이다. 냉정한 개인 이성의 투표행위가 아니라 집단으로 의사가 표출된다. 누구 말하지 않아도 호남은 호남대로 영남은 영남대로 몰표를 준다. 지역집단 최면과 이념갈등에 떨어졌는데도 낙선자는 반성하고 저의 부족함을 성찰한다고 한다. 시민의 뜻을 겸허히 수용한다고 한다, 그리고 감사하다고 한다. 다음을 기다리는 위선일 뿐이다. 진영에 대한 무조건적인 몰표는 가혹한 희생이 될 거라고 그래서 역사에서 입증되는 엄연한 사실이 되어 국민이 개 돼지라는 소리를 듣게 된다고 해도 말이다.

7. 이념과 실리

우리 어른들은 아기들 앞에서 "엄마가 좋아? 아빠가 좋아?" 묻는다. 아기 입장에서 말하기도 곤란하고 정답이 없는 이 질문은 우리 사회 이념대결에서도 쓰이고 있다. 진보냐 보수냐 하는 물음을 선거 때마다 또는 정치 현안마다 국민들한테 묻고 편가르기를 강요한다. 작년 4·15총선에서 보수야당이 참패한 것은 세상이 변해 보수와 진보의 경계선이 없어지고 지금까지 진보의 트레이드마크가 되어버린 복지가 이 시대의 흐름을 주도하는 트렌드가 되어버렸는데도 한미동맹을 기반으로 한 안보를 주축으로 하고 자유와 시장경제를 가치로 하는 보수이념을 몇 십 년동안 우려먹다가 다시 꺼내들었으니 사회 주류 세력인 30~40세대에 먹힐 리 없었던 것이다. 우리나라가 일제 식민지에서 벗어나 혼란과 과도기를 거친 다음 독재시대의 상징인 성장기에 산업화를 이룩했으나 국민이 가난에서 벗어나면서 눈을 뜨게 된 민주화 열풍은 돌이킬 수 없는 시대적 변형이며 이어 도래한 IT정보화 시대에는 개방사회를 앞당기고 평등이 구가되는 안정기로 지금까지 박정희가 구축했던 안보, 성장의 트렌드는 박근혜의 탄핵과 함께 종언을 함께 고했다고 보아야 한다.

시대가 변했는데도 지난 통합당은 탄핵정권총리를 당의 간판으로 선거를 치렀고 나라곳간을 허물어서라도 민생을 책임지겠다는 무모한 민주당에 비해 재정 건전성이나 미래세대 부담 사고에 사로잡혀 통 큰 베팅을 못한 것도 패인의 요인이라 할 것이다. 시대가 국가가 국민의 삶을 책임지는 요람에서 무덤까지의 복지구현시대에 보수는 성장을 기조로 하고 진보는 복지를 기조한다는 이념틀에 사로잡혀 통합당은 보수라는 간판을 가지고 진보와 대결을 벌이고자 했던 보수는 한마디로 생각 없이 보수라는 깃발을 잘못 선택한 것이다. 그래서 진보논객 진중권 전 동양대교수는 이러한 야권을 향해 "뇌가 없다"라고 일갈하였다고 한다. 정부여당은 언론과 사법을 장악하고 내로남불하면서 소득주도 성장으로 경제를 파탄내고 있는데도 국민적 몰표를 받은 것은 보수와 진보라는 이념대결에서 진보를 선택했기 때문이다.

이제는 여와 야가 보수냐 진보냐 하는 이념틀에서 벗어나야 한다. 현재의 국민의힘은 보수이고 민주당은 진보라는 프레임은 언론이 만들어낸 허수아비 올가미에 불가하다. 복지라는 행복권을 국민에게 어떻게 실천하고 가져다 주느냐는 흑묘냐 백묘냐 하는 것만이 여야를 가르는 기준이 될 뿐이다. 세상에 준다는데 마다할 사람은 없다. 국민 또한 마찬가지로 국가가 주는 시혜를 좋아한다. 그러나 국민이 원한다고 정권이 이를 이용하고 국민과 정권이 이를 너무 밝히다 보면 불을 좋아하는 불나방처럼 복지라는 포퓰리즘 불속에 빠져들 수가 있다.

복지가 만연되면 성장이 퇴조하고 국가재정은 빚에 파묻혀 나라가 파탄 나는 것은 정해진 수순이다. 국민들은 복지의 대가로 자유가 제한되고 통제받는 사회가 되더라도 그것을 거부하지 않는다. 흡사 애완용 개나 고양이처럼 인간에게 길들여지고 먹을 것과 자는 것이 편안하게 보장되는데 무엇 때문에 스스로 먹이를 찾아 험난하게 들판을 해매는 야생동물의 길을 선택하겠는가? 인간의 애완용으로 사는 것이 어찌 보면 개로서는 행복하기 때문이다. 그러나 인간은 개가 아니다. 신에게 의지한다고 의식주가 해결되는 것이 아니다. 인간은 경쟁하고 쟁취해야만 생존할 수 있는 동물이다. 국가부채 1000조가 넘어섰는데도 퍼주기 포퓰리즘 정책이 만연하고 국민은 복지에 매달리면 사회 역동성은 떨어지고 성장은 퇴조한다. 미꾸라지 양식에 천적인 메기를 넣어주면 오히려 생산량이 증가되는 이치처럼 스스로 자강하는 것이 사는 길임을 인식해야 한다.

3장
생존의 대결

1. 세대 간 대결

우리 사회를 주도하는 세대는 연령상으로 40~50대가 주축을 이루고 있다. 이들 세대는 1970년대 이후 출생자로 80년대 고도성장기에 같이 성장했던 시대나 이들이 부양가족을 짊어지는 부모세대가 되자 부의 양극화는 심해지고 탈이념이 주입된 세대로 자유주의와 시장경제를 모태로 하는 보수가치가 크게 어필되지 못하는 세대이다. 우리 사회의 주축이 된 40~50세대와 자라나는 청년세대는 보수와 진보로 나뉘어 싸우는 이념대립을 근본적으로 거부한다. 보수가 자유의 독점물도 아니며 그렇다고 평등이 진보의 전유물이 아닌 것을 너무 잘 안다. 지난 4·15총선에서 보수의 참패는 이러한 젊은 세대의 가치관을 읽지 못하고 보수진보라는 이념 틀에 사로잡혀 기성세대의 경직된 사고로 선거에 임했기 때문이다.

나 같은 1948년 출생 노인세대는 나의 가치관과 경험으로 보면 현재의 젊은 세대와 너무 큰 세대 차가 있다. 그들을 이해 못할 때가 너무 많다. 나는 옳다고 생각하는데 그렇지 않은 그들이 야속한 것이 한두 번이 아니다. 그러나 그들의 시각에서 판단하면 나의 생각이 노회한 생각일 수가 있다. 멀리 따져볼 것도 없다. 내 자식을 보면 답이 바로 나온다. 내 처와 나는 가난의 시대에서 태어났다. 그래서 근검과 절약이 몸에 배어 있다. 필요 없는 낭비를 하지 않는다. 종잣돈을 모으고 그것을 굴려가면서 더 큰 자산을 이루려고 했다. 단칸방 월세에서 신혼살림을 시작해서 방 두 개짜리를 거쳐 전세로 간 다음 임대아파트로 옮겼다가 분양아파트로 가는 것이 우리네의 정상적인 코스였다. 그것은 삶의 원칙이었고 과정이었다.

그러나 내 자식과 젊은 세대는 그러지 아니한다. 우리는 단돈 십만 원도 안 되는 돈 아끼려고 주말에도 원룸청소까지 마다하지 않는 저축세대라면 내 자식세대는 할 것 다 하고 누릴 것 다 누리는 소비세대이다. 부모에게 병원비며 학원비며 손 벌리면서도 주말이면 놀러 다니고 가끔씩은 가족끼리 한우고기 파티도 하는 잘도 노는 세대이다. 단칸방 월세에서부터 시작하기보다 새 아파트에서 기본적으로 방 2개에 거실 하나 이상으로 신혼생활을 원한다. 그러니 우리 세대가 이루어낸 물질 풍요 시대에 살고 있는 지금의 젊은 세대는 부모세대의 개미 가치관이 맞지 않는다.

세상이 변했다는 것이다. 부모에게 왜 그렇게 궁상맞게 사느냐고 핀잔을 준다. 베짱이처럼 놀고먹어도 겨울철에 배를 곯지 않는다는 것을 그들은 너무 잘 알기 때문이다. 정부가 돈을 찍어내든 외채를 들여오든 국가재정이 어떻게 되더라도 국민들의 배를 곯리지 않게 기초연금이든, 노인연금이든, 청년수당이던 꽉꽉 지원해주는 복지국가인데 다음 미래세대의 짐이 된다는 것까지는 생각할 필요가 없다는 것이다. 어쩌면 다음세대를 생각하지 않는 이기적인 세대인지도 모른다.

박근혜 전 대통령이 물고를 튼 20만 원 노인기초연금 공약이 국민에게 먹히자 지난 코로나19가 덮친 4·15총선에서 기본재난소득을 전 국민에게 야당은 50만 원, 여당은 100만 원 주겠다고 했고 이번 대선에서도 각종 수당이 봇물 터지듯 공약이 쏟아진다. 돈키호테 별명의 허경영이 만든 국가혁명배당금당 33정책에 결혼하면 1억 주고 아기 나면 5천만 원을 준다는 비현실적인 공약을 남발해도 웃음거리가 안 되는 사회가 된 것이다. 세상이 바뀌었으니 절약하여 한 푼 두 푼 모아 종잣돈 만들어 성공했던 우리 세대는 정말로 노회한 세대가 된 것이다. 지난 4·15총선에서 문재인 정부의 소득주도성장이 결과적으로 자영업자와 중소기업을 어렵게 만들었고 부동산이 폭등하여 청년들의 내 집 마련의 꿈이 멀어져 갔는데도 민주당이 압승한 비결은 이러한 퍼주기 포퓰리즘의 효과 때문이다.

밥상머리 교육이 사라진 마당에 황혼에 진 노인세대가 젊은 세대에게 줄 수 있는 생존의 지혜나 철학은 이미 없어져 버렸다. MZ세대나 중년세대는 우리 노인들의 경험을 듣기보다 인터넷에서 정보를 얻고 유튜브를 보고 SNS로 소통하는 세대이다.

어른이 사라진 우리 사회, 어른이 그동안 쌓아올린 삶의 족적이 그들에게는 쓸모가 없게 되었다. 이러니 효도는 고사하고 어른대접도 받지 못한다. 요즈음 것들 참 싸가지가 없다는 말이 어른들의 일상용어가 되어가고 내 새끼고 니 새끼고 다 그러니 누구를 원망할 수도 없다고 한다. 오늘의 풍요를 일구었던 노인세대는 석양에 지는데 노인세대가 가졌던 도전과 근검과 자강의 원칙을 젊은 세대에 제대로 전하지 못하여 아쉬울 뿐이다.

2. 시대가 변했어요

크게 이루지는 못했지만 노력하고 열심히 진력한 결과 25년 전에 창업한 회사는 필자의 가족과 또한 가족 같은 직원들이 살아갈 수 있는 마르지 않고 샘솟는 우물이 되었으며 노후를 대비한 주택과 작은 상가를 되돌아보면 내 인생이 결코 헛되이 살지 않았구나 하는 생각을 할 수 있었다. 그러나 그러한 회상은 가끔 앞만 보고 달려온 내가 결국 부질없고 허망한 삶만 살아온 것이 아니었나 생각이 드는 것은 요즈음 자식들과 철학과 인식이 부재하고 소통이 단절되는 것을 자주 느끼기 때문이다.

자식은 자신의 분신이다. 자식으로 인해 유한한 내가 무한의 삶으로 이어져 갈 수 있기에 삶 자체는 자식을 위한 삶이라고 해도 무리는 아니었다. 부모는 자신을 희생하여 자식을 육아하고 가르쳐 그들이 성인이 되어 자신의 것을 이어가는 것으로 알았다. 모든 생물은 생식을 통해 그 종족의 고유 형질을 자손에게 물려주고 자손이 그 조상을 닮는 것이 적어도 몇 천 년 내려온 인류역사의 세대가 그리하였다. 자손이 양친의 형질을 닮게 되는 현상을 유전이라고 하는데 DNA, RNA 유전물질만 물려주는 것이 아니라 집안의 가풍과 예의범절도 함께 전수되었다.

자식들은 미성숙한 인간들로서 부모의 경험과 지식이 사는 데 유용하기에 믿고 따르고 부모가 가진 축적된 지혜는 그들이 어른이 된 다음다음 세대로 계속 이어져 갔다. 어른들은 아이들이 아직 체득하지 못한 무수한 경험과 지식을 전수하였고 그래서 아이들은 기성세대를 존경하고 따랐다. 그러나 이제 그와 같은 정보의 습득은 어른이 아니라 컴퓨터에서 작은 손바닥의 스마트폰에서 얼마든지 찾아낼 수가 있다. 굳이 어른들에게 가르침을 받지 않더라도 얼마든지 전 세계의 무궁무진한 정보를 취득하여 자신의 것으로 이용할 수가 있었다.

스승님의 그림자는 밟지도 말라고 했던 존경의 대상은 없어지고 대신 검색능력이 아이의 재능을 좌우하게 되는 세상이 되었다. 어른을 존경하고 효도해야 하는 삼강오륜의 유교적 가치는 없어졌고 삶의 지혜와 경제권을 쥐고 있었던 아버지의 위치는 가정에서도 서서히 무너지고 있다. 어머니까지도 경제활동하게 된 세상에서 엄마도 아빠와 대등하게 된 현대사회에서는 여권신장은 물론 어머니의 집안권력은 확대되었고 정부의 복지정책은 아버지에 매달리지 않아도 아이들은 장학금과 아르바이트, 복지수당 등으로 얼마든지 자립의 길도 열리게 되었다. 이제 쌀 없으면 라면 먹지 하는 말은 웃음거리도 안 된다. 먹을 것이 없을 때 경제권을 쥔 아빠에게 권력이 있었지만 사방에 먹을 것이 널려 있다면 아빠의 영향력은 떨어지게 마련이다.

나와 같이 해방 후 어려웠을 때 탄생한 기성세대는 누가 말하지 않아도 안 먹고 안 쓰고 하여 부를 축적했던 우리 세대는 근검절약이 몸에 배어 있지만 자식세대가 바라볼 때는 참으로 고리타분한 세대이다. "청년들이여! 야망을 가져라!"라는 소리는 지난 노인세대에게 가슴을 뛰게 하는 에너지였다면 지금의 MZ세대는 귀신 씨나락 까먹는 소리로 들릴 것이다. 펑펑 쓰고 즐기며 살지 왜 궁상을 떠느냐고 핀잔을 자식들에게 수도 없이 듣는다. 누가 쓸 줄 몰라 안 쓰는 것이 아니다. 지금의 노인세대는 근검절약이 몸에 배어 있다. 그렇게 절약한 돈은 고스란히 자식들에게 흘러간다. 손자들의 우유값에서부터 학원비, 병원비까지 주고 있으며 아들내외 생일에 밥 사주고 10만 원씩 축하금을 주고 자식결혼기념일까지 챙겨주는 것이 우리집 관례가 되어 있다. 보일러 가스값을 아끼려고 추운 겨울도 난방을 선별하여 가동하고 전기장판은 잠 잘 때만 사용하는 우리에 비해 아들집에 가보면 항시 펑펑 보일러 돌아가고 일 년에 한 번이나 꼴을 보는 한우고기를 수시로 사다 먹고 멋지게 산다. 그렇게 베짱이처럼 살면 안 된다고 하면 어김없는 핀잔이 돌아온다.

지금은 시대가 달라졌다고 한다. 주변의 젊은 세대가 모두가 즐기고 산다는 것이다. 원룸에 살면서 자동차는 외제차로 폼내고 걸핏하면 웬만한 끼니는 인스턴트 주문으로 해결한다. 하기야 밥값보다 커피값을 더 지불하는 시대이다 보니 세대 간의 단절은 당연한 것 아닌가? 이러한 단절된 세대의 자식들에게 평생 일군 재산을 물려줘야 해? 사실 마음이 안 내킨다. 인생에 대한 목표와 가치와 철학이 공유되지 않는데 사유가 단절된 자식에게 물려주어봤자 고맙다는 소리도 못 들을 테고? 그렇다고 쓰고나 죽자고 나까지 펑펑 낭비하면서 살 수는 없지 않은가? 삶이 얼마 남지 않았는데 그렇다고 누구같이 전재산 사회환원이 그렇게 말처럼 쉬울까?

그렇다 보니 이에 우리 노인세대들에게는 암묵적 공유가 형성되어 있다. 자식에게 재산 미리 주지 말자! 미리 주면 자식 잃고 돈 잃는다. 미리 주고 나서 자식에게 외면 받고 사는 노인들의 피눈물 나는 후일담은 노인정이나 등산길의 요깃거리가 된 지 아마 오래다. 죽고 나서 재산이 어떻게 되든 그건 우리가 알 바 아니고 죽는 소리를 해도 죽을 때까지 갖고 있어야 자식들에게 조금이라도 대접을 받는다. 현금 찾아서 갖고 있다 찾아오는 손자에게 매번 쥐어줘야 손주도 자주 찾아온다. 세상이 변한 것이다.

3. 법률이 지배하는 사회

법은 사람이 사회생활을 해나가는데 정한 규약이다. 작은 것은 소소한 생활에 적용하는 것부터 크게는 나라의 기틀을 정하는 헌법에 이르기까지 제도와 일상생활의 규범까지 모두 담고 있는 것이 바로 법이다. "악법도 법이다"라는 말처럼 모두가 법은 무조건 지켜야 한다는 것과 법률적 불법은 지키지 않아도 된다는 것도 있다. 특히 국가권력을 장악한 독재자가 국민의 인권과 자유권을 제약하는 초헌법을 만들어 국민을 노예로 만들고 전쟁의 총알받이로 만든 것도 있다. 나치는 1933년 3월 총선에 다수당이 되자 분열된 야당을 틈타 모든 국가권력을 총통에게 이양하는 '수권법'을 통과시킨 후 독재자 히틀러의 전쟁 광기가 시작되었고 국민들을 전쟁터의 죽음으로 내몰렸다. 3선개헌에 성공한 박정희도 유신헌법을 통과시키고 국민의 기본권을 제약하고 야당을 탄압하고 유신독재의 길로 들어섰다. 이러한 독재는 총칼이 아니라 모두 합법적인 절차와 과정을 거친 법률적이나 사실은 불법적인 것이다. 결국 법이라는 것은 국민 다수의 중지를 모은다 하더라도 법의 합목적성이 특정인이나 특정집단의 이익을 위한 것이라면 그 법은 정당한 법이 될 수 없는 것이다.

법률로 강제하는 것은 타율적인 것이며 도덕으로 질서를 유지하는 것은 자율적이다. 타율적인 것은 비용이 수반되나 자율적인 것은 비용이 들지 않는다. 따라서 가능한 국민들이 자율적으로 질서를 지키게 하여 사회가 유지되도록 하는 것이 저비용 고효율의 국가체제인데 이게 국회가 입법권을 남발함으로써 고비용 국가로 가고 있는 것이다. 인간사 사사한 것까지 법의 잣대를 들이대고 통치하는 행위를 위해 국가는 그만큼 공무원을 양산해야 하며 국민은 늘어난 공무원의 유지비용을 더 부담해야 한다. 미국의 인구는 3억3천만 명이고 우리는 5천2백만 명인데 한국이 하위법을 포함하면 미국에 비해 약 10배 정도의 법률이 많다고 한다. 이는 유엔가입 193개 국가 중한국은 최대의 법 보유국가로 법률의 모체가 되는 헌법을 위시해 형사법과민사법, 행정법과 상법 등등 온갖 법률을 양산했기 때문이며 시대에 맞지않는 사문화된 법을 정리하지 않고 놔두었기 때문이다.

조선시대에는 성리학이라는 지도이념이 있었고 이에 삼강오륜이라는 규범이 법률처럼 불문법이 되어 국민이 실천하고 따랐다. 그러나 현대사회에서 유교의 사회지도 이념이 무너지면서 이 시대에 맞는 새로운 사회의 지도이념이 필요한데 우리는 그것이 없다. 영국과 이스라엘, 네덜란드 등에는 헌법이 없다고 한다. 헌법보다 더 순기능을 가진 하나님 말씀이 있기 때문이다. 우리와 같은 다종교 국가에서는 거부감 없이 모두가 순응할 수 있는 1968년에 선포된 국민교육헌장과 같은 것이 필요하지 않나? "나의 발전이 나라의 발전의 근본임을 깨달아 자유와 권리에 따른 책임과 의무를 다하며" 교육헌장 같은 형태의 대한민국 국민헌장이 절실하다.

그런데 우리나라는 정치인들이 추종하는 세력과 함께 만들어 내는 법을통해 국민을 거미줄처럼 더욱 옭아매고 있다. 우리는 타율적이고 강제적인법률의 지배가 아니라 자율적이고 상식적인 규범의 나라에 살고 싶다. 법에의해 통치되는 나라가 되니 변호사만 양산되고 그들이 지배층에 쉽게 진입하고 있는 세상이 되었다. 이는 일단 가수가 되어야 연예인의 문호가 넓어지고 교수가 되어야만 전문가로서 정치권에 정책을 제안하듯 변호사가 많아지고 그 변호사가 대우받는 사회는 바람직한 사회가 아니다. 고소고발이 남발되고 법으로만 해결하는 사회는 승자는 변호사요 패자는 결국 피고와 원고가 따로 없다. 법이라는 것이 시장과 현장에 있는 국민의 입장이 아니라 책상머리에서 자칭 전문가들에 의해 제안된 규칙은 또 하나의 법률로 탄생되고 그 법률은 규제가 되어 국가 경쟁력은 떨어지고 국민은 잠재적 범죄자로 전략되고 있는 것이다.

4. 우선 이겨야 된다는 사람들

경쟁사회에서 '뜬다'와 '튀다'는 타의와 자의에 의해서 차별화되는 것이라 볼 수 있다. 학업성적이 좋아서 연기를 잘해서 시험이나 선거에 의해서 뜨는 경우는 대개가 피나는 노력이 수반되기 마련인 반면 톡톡 튀는 경우는 돌출행동으로 타인의 시선을 끌어볼 요량이 많은 경우이다. 청소년기의 학창시절에 빗나간 복장, 험난한 두발로 튀는 모양을 내거나 폭력서클에 가담하여 으스대는 것 등이다. 이러한 튀는 행동은 성인이 되어 사그라들지만 벗어나지 못하면 조직폭력배와 같은 사회에 낙인 찍히는 존재가 되기도 한다.

이러한 튀는 행동은 청소년에게만 있는 것이 아니다. 정치인, 시민운동가, 종교인 등 사회적 지도층 인사들까지 정부의 하는 일에 반대투쟁을 일삼아 튀고자 하는 경우도 많다. 국가의 미래를 국민 다수의 안녕은 생각지 아니하고 정파적 이익이나 개인적 세확장에 이용하려는 야욕 때문에 튀는 행동을 하기도 한다. 땅덩어리 좁고 자원 없고 인구 많은 나라에서 세계를 향한 개방만이 살 길인데 죽자 사자 하고 예전의 한미 FTA를 반대하고 나서는 소영웅주의자들의 실체는 사실은 정상적 플레이로 돋보일 수 없으니 억지라도 기를 쓰는 것이다. 계속 외쳐대다 보면 우매한 민중들을 세몰이 할 수 있으니 말이다. 문제는 그러한 튀는 일탈이 반복되고 계속되고 있으며 현안 이슈에 행동을 넘어 이제는 특정인과 집단에 대한 공격으로 야비한 거짓말과 그럴듯한 사실의 왜곡으로 여론을 이끌어 내고 있다.

IT시대에 겪어야 할 산통이지만 이러한 여론조작은 정권이 바뀌어도 계속 일어나고 있다. 이명박 대통령 시절 국정원 직원이 골방에서 댓글을 달고 있다가 발각되어 법의 심판을 받았는데 그러한 유혹을 이기지 못해 이번에는 민주당 측에서 킹크랩이란 프로그램을 이용하여 자동으로 댓글을 달아 여론을 조작하는 범죄에 도움을 받았고 이는 대선의 정통성 시비까지 낳았다. 결국 김경수 경남지사까지 유죄판결을 받고 지사직에서 물러났다. 소셜네트워크서비스(SNS)를 통해 생성된 왜곡된 여론과 괴담이 빠르게 퍼져 공정한 선거제도의 기반을 흔들고 정부를 불신하고 사회를 어지럽게 만든다.

여론조작과 괴담은 정부나 사회적 불만세력이 정치적 의도로 만들기도 하지만 정작 SNS를 사용하는 소셜네트워크족들은 누가 어떤 목적으로 만들었는지 그것의 사실 유무에 대해서는 관심이 없다. 괴상한 담론 속에 현실을 삐딱하게 바라보는 불만적 시각은 새롭고 흥미를 유발하면 그만이다. 한마디로 스트레스 해소용이요, 정부 및 기득권층에 대한 씹는 안주거리이고 불만세력의 소통의 장인 것이다. 그들은 오프라인 사회에서 학연, 혈연, 지연 등이 공정사회를 가로막는 기득관계라고 항변하면서도 자신들의 괴담을 퍼뜨리는 채팅과 사적인 소통이 사실은 엄청난 사회적 여론형성과 집단소통을 함으로써 정보사회의 암적 존재가 된다는 사실을 망각하고 있다.

여야가 한판 승부를 겨루는 대통령 선거가 다가오니 거짓과 비방도 같이 난무하고 있다. 이는 주로 좌파쪽에서 많은데 좌파의 철학과 목적이 정당하다면 수단방법을 가리지 않아도 된다는 의식 때문일 것이다. 이러한 의식 때문에 음모와 가짜뉴스를 의도적으로 퍼뜨렸다. 김대업의 이회창 아들의 병역비리 폭로가 결국 후보를 낙선시켰고 서울시장 보궐선거에서 오세훈 후보의 생태탕과 페라가모 구두가 한바탕 휘몰아치더니 이번 대선에서는 윤석열 전 검찰총장의 부인 김건희 씨를 유흥업소 여성 줄리와 연결짓고 서울시의 한 중고서점 주인이 자신의 점포 벽에다 줄리의 꿈, 영부인의 꿈 하고 노골적으로 치졸한 벽화를 그려내어 한바탕 소동을 벌였다. 깎아내리는 비열한 방법이 일부 먹혀들고 진영 간의 싸움이 되는 것을 보면 아직은 SNS의 유용함보다는 어떠한 거짓방법이라도 선거에서 우선 이기기 위해서는 댓글공작이나 가짜뉴스를 퍼뜨리는 것을 주저하지 않고 있다.

5. 진영을 위해서라면

웅동학원무변론 패소, 입시부정, 표창장 위조, 권력형 펀드투자 등 수많은 조국 장관의 의혹들이 까발려지자 진보진영에서 광화문에 멍석 깔고 국민에게 석고대죄라도 해야 할 판인데 오히려 조국 일병 구하기에 나섰다. 태백산맥의 저자 조정래, 공지영 작가, 시인 안도현, 이외수 등 내노라하는 시인과 문인들이 그를 옹호하고 감싸고돌았고 진보진영 세력들은 태극기

부대의 광화문에 맞서 서초동 거리에서 촛불을 들고 조국을 응원하였다.

국론이 분열되자 대표적인 진보진영 인사였던 동양대 진중권 교수가 "지금 돌아가는 상황을 굉장히 우려하고 있다. 다들 진영으로 나뉘어 미쳐버린 것 아닌가?" 하고 그들을 비판하였다. 진보가 이제 기득권이 되어버렸다고 젊은 세대에게 미안하다고도 했다. 진보적 목표를 같이했던 동지들만 비판한 것이 아니라 본인이 몸담았던 정의당에 데쓰노트(낙마리스트)에 조 장관을 올리지 않은 것에 존경했던 분들을 존경할 수 없고 의지했던 정당도 믿을 수 없게 되었다고 한탄하였다. 이게 바로 하늘이 내려준 양심의 소리이다.

참여연대의 경제금융센터 김경율 소장은 조국 장관에 대해 침묵하고 있는 참여연대에 대하여 "권력형 범죄 가능성을 뒷받침할 증거를 확보하고서도 발표하지도 않고 그에 대한 개인적인 발표도 허용하지 않는다"라고 참여연대를 비판하고 참여연대 소장 사임과 회원탈퇴 의사를 밝혔다고 한다. 이것이 바로 하늘이 준 예의염치에 부끄러움을 아는 양심이 있기에 확연히 드러나는 조국 장관의 문제에 침묵하고 묵살하는 참여연대와 진보진영에 대한 양심 있는 인사들의 소리인 것이다. 조국 장관 사태로 국민이 분열되어 서초동과 광화문으로 나뉘어 100여 만이 모여 시위를 하는데도 대통령은 이를 분열이라고 생각지 않는다고 했다가 대통령과 민주당의 지지도가 떨어지고 여론이 나빠지자 결국 조국 장관의 사표를 받아 하는 말씀이 국민 갈등을 일으켜 송구하다고 한다. 사과를 하려면 직접 대국민사과를 해야지 수석보좌관회의를 빌어 간접 사과하는 것도 문제이지만 뜬금없이 왜 언론 개혁까지 들먹이는가? 언론이 조국 장관의 위선과 치부를 드러냈으니 마음이 편치 않았다는 이야기로 들린다.

정권은 대통령의 독점물이 아니라 정책을 가지고 임기동안 국정을 다스리는 세력에 불과할 뿐이다. 정권을 쟁취한 세력이 자기들끼리 농공행상처럼 나누어 가질 수 있지만 그렇다고 과거처럼 승자독식하기보다 진영에 참여하지 않은 재야의 숨은 인재도 찾아 장관이나 수석에 임명하는 것도 진정한 균형있는 인사라 할 것이다. 문재인 대통령은 그동안 민정수석으로 정권 초기 호흡을 맞추었던 조국 씨에 대한 언론과 야권의 제기된 의혹만으로 장관에 임명하지 않으면 나쁜 선례가 된다고 고집을 부려 조국을 법무장관에 강행하였는데 이를 바꾸어 말하면 구체적으로 제기되는 의혹이 있는데도 이를 무시하고 장관에 임명한 나쁜 선례가 된다는 것을 왜 아시지 못하는 것인지 안타까울 따름이다.

6. 수단방법을 가리지 않는 사람들

조국 후보자의 딸이 고려대 수시전형에 제출했던 의학논문이 취소되고 동양대학교의 총장 표창장 위조가 확실시되어 엄마인 정경심 교수가 기소까지 되었는데 문재인 대통령은 국민의 반대여론에도 불구하고 상처투성이의 후보자를 법무장관에 임명하면서 뜬금없는 대학입시 제도 개선을 지시했다. 대한민국의 교육은 한마디로 대학입시로 귀결된다. 원래는 수능성적 순으로 대학교를 선택할 수 있었으나 한 번의 시험으로 당락이 결정되는 문제를 보완한 것이 학교 때 성적인 내신을 반영하는 것이었다.

그래도 입시경쟁이 치열하자 특권층들이 성적이 떨어지는 자식들을 위해 생각해낸 것이 2008년부터 도입된 입학사정관 제도이다. 수능점수가 낮아 정문으로 못 들어가도 뒷문으로 들어갈 수 있는 수시전형이다. 하기야 미국에는 기부금 입학제도까지 있으니 탓할 것은 안 되지만 미국은 이를 공정하고 투명하게 한다는 데 있으니 정직하지 못한 우리하고는 차원이 다르다. 남의 눈도 있고 하니 명분을 세워야 하겠기에 물리학, 생물학 등 특정과목에 뛰어난 재능을 가졌거나 리더십이나 봉사정신이 있는 다양성의 재능을 가진 학생들을 선발하여 글로벌시대에 맞는 인재를 선발하겠다는 것인데 그중 하나가 조국 후보자 딸이 고려대에 들어갈 수 있는 세계선도인재전형이라는 입학사정관 제도였다. 뒷문이 생겼으나 그 뒷문에 들어가려면 조건에 맞는 재능이 요구되었고 그것을 입증하는 것은 다양한 스펙이 있어야 했다. 시장이 생겼으니 수요가 있는 법. 돈과 권력을 가진 특권층 부모들은 가지가지 스펙을 만들기 위해 고비용 사교육이 늘어나자 박근혜 정부는 외부에서 쌓은 스펙을 인정했던 입학사정관 제도를 학생종합부 전형으로 바꾸었다.

　조국 전 장관은 이러한 특권층을 위한 제도를 주도면밀하게 이용하였다. 딸을 중학교 때 일반인은 엄두도 못 낼 미국 유학을 보냈고 돌아오자 국외자 전형으로 외고에 입학시켰으며 고교 2학년에 단국대학교 2주간 인턴에 참여시켜 이름도 어려운 전문의학 논문에 제1저자로 등록하고 이를 고려대학교에 제출하고 수시전형으로 입학하였다. 해당 교수가 서로 도와야 하는 엘리트 집단의 동료도 아니고 생면부지의 남모르는 사이라면 가능했겠는가? 고려대 졸업 후 서울대학교환경대학원에 입학, 제대로 수강 신청도 안했는데 1, 2학기 800만 원의 장학금을 받고 같은 해 6월 부산대 의전원에 의학교육입문검사(MEET) 없이 입학하여 평균학점 1점에 불과 유급을 당해도 조 후보자측은 양산부산대병원에 그림을 기증해서 그런지 몰라도 당시 병원장이던 교수로부터 6번 연속장학금 1,200만 원을 받았고 그 병원장은 그 후 부산의료원장으로 승진하였다고 보도되었다.

학교에서 학원으로 입시경쟁에 내몰린 동급학생과 달리 특권층만 아는 지름길 전형으로 명문대에 진학한 것은 위법도 아니고 특혜도 아니란다. 맞기는 맞는 말이지만 재력과 인맥으로 엮어진 특권으로 그들만이 밀어주고 당겨주고 끼리끼리 이익 카르텔을 형성하여 쉬운 길 찾아 자식대대로 부를 누리며 살겠다고 하니 이것이 공정사회인가? 하고 젊은이들이 분노하는 것이다. 가붕개들도 노력하면 용이 될 수 있어야 하지 누구나 용이 될 필요가 없고 붕어나 개구리로 살면 된다고 한 후보자의 말이 청년들의 가슴을 후벼판다. 진보는 도덕이 생명인데 조 후보를 감싸고도는 정권과 좌파 지식인들 양심이 조국 사태를 통해 적나라하게 보여졌다. 가짜진보가 탐욕보수보다 더 나쁜 것은 진영을 위해서라면 양심을 저버리기 때문이다.

7. 상대를 박멸해야 끝나는 진영싸움

잔디정원을 갖고 있는 사람은 다 아는 상식이다. 지속적으로 잡초를 제거하지 않고 방치하면 언젠가는 잡초에 의해 잔디밭이 쑥대밭이 되고 만다는 사실을. 이러한 평범한 진실은 자유주의와 사회주의를 추구하는 진영싸움에서도 그대로 재현된다. 자유민주주의와 시장경제를 추구하는 대한민국이 건국 이후 최대 위기에 몰렸다. 좌파들이 말하는 백년전쟁의 역사에서 보수가 괴멸되고 사회주의를 추구하는 좌파세력에게 국가의 주도권을 뺏겼기 때문이다. 정권만 좌파에게 넘어간 것이 아니다. 중국, 러시아, 북한으로 더욱 결속된 사회주의의 대륙세력과 미국, 일본, 한국으로 하는 자유주의 해양세력의 대결에서 사회주의 세력은 더욱 결속해 가는데 한미일 자유주의세력은 붕괴되고 있기 때문이다.

시발은 한일 간 다툼에서 나온 것 같지만 시원은 한미 간에 계속 벌어진 불신이고 그 불신은 잔디밭에서 제거되지 않고 계속 뿌리를 뻗어나간 잡초와 같이 자유대한민국에서 계속 활동을 이어온 사회주의 세력이 2014년 세월호 참사를 기회로 전국으로 세를 불려나갔고 이어 터진 최순실 사건에 호기를 만나 이를 국정농단으로 몰아 촛불정국으로 박근혜를 끌어내리고 좌파정권을 만들어내면서 시작된 것이다. 그동안 좌파가 집권한 김대중, 노무현 때는 한미일 관계는 이러지 않았다. 김대중 정부에서 한일관계는 밀월관계였고 노무현 정부 때도 미국에 할 말은 했지만 동맹은 굳건하게 유지하였다.

그러던 것이 386주사파들이 정권의 핵심으로 들어간 문재인 정부부터는 노골적인 친중, 친북으로 기울어지자 미국과의 관계가 틀어지기 시작하였다. 북한이 핵실험을 하고 미국을 위협하는 미사일을 쏘아대자 유엔의 북한 재제로 북한을 옥죄는데 한국은 금강산 관광과 개성공단 가동을 줄기차게 요구하면서 미국과 엇박자를 내고 있었다. 동맹이란 같은 길을 가는 것이고 보조를 맞추어야 하는데 주한미군철수를 이슈화하고 사드배치도 앞으로 중국의 승인을 받겠다고 친중 굴종외교로 전락하였다. 한미일 삼각축에서 이탈하려는 문재인 정부는 전임 정부의 위안부 협상인 화해치유재단을 파기하고 1965년 한일청구권협상을 뒤흔들 수 있는 징용자청구권소송으로 일본과의 싸움을 시작하였다. 티격태격하더니만 결국은 서로 백색국가 지정을 철회하고 한일 군사보호협정인 지소미아도 일방적으로 파기하고 미국도 이해했다고 거짓말했다가 동맹국인 미국과 최악의 관계로 전락하고 말았다.

이제 동맹보다 국익을 우선한다는 문재인 정부는 한미일 삼각동맹에서 이탈하여 중러북의 사회주의 세력에 편입하려는 것처럼 보인다. 미군철수가 논의되고 미국의 극동경계선이 신 애치슨라인으로 한국이 빠질 때 핵과 남한을 초토화할 수 있는 미사일을 가진 북한에 현실적으로 굴종할 수밖에 없는 환경이 조성될 것이다. 1989년 베를린 장벽이 무너지고 서독에 의해 동독이 통일될 때 우리는 북한이 붕괴되는 줄 알고 내심 통일을 기대하였다. 그들에게 시장경제 자본주의 바람을 넣어주면 북한이 스스로 무너질 줄 알았다. 그러나 그것은 착각이었다. 그들은 수십만 명이 굶어죽는 고난의 행군을 거치면서도 핵을 준비하였고 미국과의 제네바합의를 뒤집고 핵을 완성하고 미국으로부터 핵보유 국가를 인정받으려 하고 있다.

이제 북한을 전쟁으로 핵을 없애는 길이 있으나 이것은 불가하다. 북한만의 문제가 아니라 중국과 러시아가 낀 사회주의 세력과 전쟁의 확산이 불을 보듯 뻔하고 그것은 세계대전으로 인류종말로 이어지기 때문이다. 우리가 북한을 접수하는 것이 아니라 반대로 북한이 우리를 접수할 절호의 호기를 마련해주었다. 이미 도덕성을 상실한 조국 후보자에 대한 국민들의 분노의 비판에도 진보측 지식인들이 방어에 나선 것을 보면 진영싸움에는 진실도 양심도 다 거추장스러운 것이다. 나라가 보혁으로 나뉘어 분열되는 대한민국은 일당독재로 일사분란한 그들에게 우리는 쉬운 먹잇감이다.

예상은 최악의 경우도 가상해서 생각해야 한다. 북한이 주도하는 연방제가 통일의 의제로 떠오르면 소위 친북, 친중 전문가들의 토론이 이루어지고 당분간은 1국가 2체제로 가다가 점진적으로 통일을 하자는 선동구호가 광화문에 시위대의 함성으로 나올 것이다. 1국가 2체제가 그럴듯하지만 진보진영은 예맨을 보고 홍콩을 보면 그것이 얼마나 망상에 가까운 허구라는 사실을 애써 외면하려 들 것이다. 나라가 허물어지는 것은 간단하게 허물어진다. 일본이 조선말 군대를 해산하고 외교를 뺏으니 이완용을 회유하여 나라 빼앗는 것처럼 식은 죽 먹기다.

이제 남북화해 무드에 남북이 힘을 합치면 일본을 이길 수 있다고 대통령이 바람을 넣기 시작한다. 이미 동맹인 미국과도 한판 할 수 있다고 각오를 세운다. 주한미대사를 불러 지소미아 파기에 대한 비판을 삼가라고 일침을 놓고 국내 미군기지를 바로 상환받겠다고 통보했다고 한다. 심보가 틀어지면 서로 넘지 말아야 할 선을 넘게 되고 그 결과 더 큰 재앙으로 다가오는데 지금 한국과 미국이 서로 그렇다. 아직 미군철수를 요구하기는 이르고 만만한 일본과 안보, 경제에서 최고조로 갈등을 이어가다 일본을 이기기 위해 북한과 경제안보협력을 공포할 것이다. 김정은과 대통령이 통 큰 합의로 남북군사협의회를 만들어 군의 통제권을 주고 그 협의회 구성원을 말 잘 듣는 충복들로 채우려 들 것이다. 둘이 마음만 먹으면 통일은 쉽다. 그러기 위해서 남한에서 할 일이 있다. 국회를 패스트 트랙으로 선거법 개정하여 지난 선거에서 2/3를 진보정당이 장악했고 사법부는 공수처를 설립하여 판검사들 장악하고 국민여론은 여론조작으로 진보언론이 주도하게 하면 된다.

원래의 대한민국의 계획은 북한에 자유바람을 넣고 유엔 경제제재로 혼란이 오거나 김정은 정권에 내분이 일어나면 참수부대를 평양에 보내 정권의 끝을 보게 할 작정이었다. 그래서 미군은 유사시에 북한으로 월경 시 절대로 압록강 너머로 진출하지 않고 사태수습 후 철수하겠다고 중국 측에 설명하였다. 그랬는데 이제 정반대로 우리가 북한에 당하는 길로 가고 있다. 급변사태가 오는 위태한 북한이 아니라 중국, 러시아를 등에 업고 개발한 핵탄두를 미사일로 위협하는 북한에 굴종할 수밖에 없는 것은 미국과 일본의 동맹축이 무너지고 있기 때문이다.

　미국은 실망한다는데 한국은 동맹이 한층 업그레이드된다고 하고 트럼프의 과도한 방위비 청구는 결국 주한미군철수 논쟁으로 이어졌던 것이다. 그렇게 해서 어느 날 연방제라는 이름 아래 북한군이 서울에 진주하면 대한민국이 누려온 자유민주주의라는 잔디밭이 사회주의라는 잡초에 의해 종언을 고하게 되는 것이다. 사회주의가 되면 어떻게 될 것인가? 평생을 일군 재산이나 기업이 그대로 내가 가지게 될 것인가? 직업 선택의 자유, 이동의 자유, 비판의 자유가 보장되는 자유세계가 존속될 것인가? 생각만 해도 끔찍한 세상이 올 것 같다. 이대로 간다면?

4장
갈등과 협력

1. 정규직과 비정규직

비정규직도 4대 보험과 퇴직금이 있으면서도 정규직화를 요구하는 이유가 따로 있었다. 정규직화가 단순한 보수의 차이뿐 아니라 신분상에 얼마나 큰 차이인지를 깨달은 것은 몇 년 전 포천의 경기도 평화연수원을 방문했을 때의 일이다. 지하수를 사용하는 연수원에 염소 투입기 상담을 위해 연수원 내 집단급식소 영양사의 요청으로 방문했을 때였다. 식당에 있던 영양사가 설비담당 기사를 찾아가서 자료를 주고 설명을 해주라 하여 가르쳐 준 독립된 별채 사무실 문을 열고 들어가 설비 기사님 계시냐고 물었다. 그랬더니 한 남자가 "당신 관공서 영업 안 해 보았어? 기사님이 뭐?" 하고 호되게 호통을 친다. 왜? 주무관님이라고 부르지 않았냐고 옆에 있던 분이 거들면서 핀잔을 준다. 알고 보니 운전기사, 설비기사, 영양사 등 그동안 비정규직 신분으로 있었던 직원들이 정규직으로 전환되고 주무관으로 명칭이 변경된 것이었다.

정규직으로 전환되면 당연히 법에 정한 정년까지 기한의 정함이 없이 근무할 수가 있고 각종 복지혜택은 물론 급여까지 오르게 되었으니 연수원 설비기사처럼 목에 힘도 들어갔으리라! 그것도 모르고 습관적으로 입에 밴 탓에 기사님하고 불렀다가 호되게 당했던 그때 일이 다시 생각나는 것은 연일 보도되는 비정규직의 정규직화 파문 때문이다.

공무원이 되려면 각고의 노력으로 바늘구멍 같은 경쟁률을 뚫고 공채시험에 합격해야 한다. 따라서 그들은 신분이 보장되고 급여도 충분하게 준다 해도 그것이 잘못된 일이라 할 수 없다. 그러나 몇 개월에 딸 수 있는 기능사 자격증이나 단순 업무를 수행하는 직원까지 공무원에 준하는 복지혜택과 신분을 보장한다면 하면 누가 노량진에서 컵밥을 먹으면서 밤잠 자지 않고 공부를 할까? 문화재청 산하 왕릉, 고궁의 매표원이나 공공기관의 식당 이모와 이발사까지 정규직이 되다 보니 이제 청소를 전담하는 환경미화원 아줌마들까지 정규직 전환을 요구하며 시위를 벌이고 있는 세상이다.

문재인 대통령의 비정규직의 정규직화 공약으로 온갖 편법과 꼼수가 난무하고 있다. 서울교통공사에서 시작된 고용세습은 매우 지능적이다. 지하철을 운용하는 서울교통공사의 전체 직원의 11.2%인 1,912명이 친인척이며, 이중 108명은 무기계약직으로 입사했으나 이후 전체 정규직으로 전환되었다. 입사 경쟁률이 평균 60대1이 넘고 필기시험과 인성검사를 거치지 아니하고 무기계약직(비정규직)으로 입사한 다음 정규직 전환 절차를 밟아 정규직 사원이 되는 편법을 이용한 것으로 보도된 것이다. 이는 문재인 대통령의 비정규직의 정규직화 공약에 따라 공정성이 훼손된 것으로 국민 세금이 들어가는 공공기관에 공공기관의 힘 있는 임직원과 노조의 친인척 고용세습, 산하 협력업체들의 공공기관으로 정규직화 등 편법과 꼼수와 특혜가 판을 치는 먹자판 잔치가 된 것이다.

신의 직장으로 불리우는 공공기관은 연봉이 6,000만 원 이상 넘는 자리이다. 취업난이 극심한 한국사회에서 이러한 불공정이 기회는 공평하고 과정은 공정하고 결과는 정의롭다는 현 정권의 자화상이 된 것이다. 그러다 보니 힘 있는 민노총이 한국전력 협력사 정규직 2,570명까지 한전 자회사에 전환을 압박하고 있다고 한다. 민노총은 조직확장과 노사 교섭 시 투쟁력을 높이기 위해 기획 입사도 마다 않고 선거 때만 되면 이념 코드가 맞는 후보를 지원하고 당선 뒤에는 한자리를 차지하는 적폐도 보도되었다. 자유한국당 유민봉 의원실 자료에 따르면 파업 등으로 해고된 민노총 노조원 30명은 박 시장 재보궐 선거 당선 후 복직되었으며 1999년 지하철 총파업 당시 이를 주도한 석치순 전 서울지하철노조위원장도 업무방해와 폭력행위가 인정되어 대법원 유죄판결을 받았으나 박원순 서울시장에 의해 2012년 도시철도공사 기술이사로 임명되었으니 이를 악어와 악어새로 보아야 할 것인가?

한국 대학생들의 가장 일하고 싶은 공기업 1순위에 오른 인천국제공항공사가 대통령이 2017년 5월 12일 인천공항을 방문하여 비정규직의 제로를 선포한 이후 기존 정규직과 새로운 정규직 그리고 비정규직 사이에 새로운 갈등이 시작되고 있다는 보도들이 연이어 나온다.

원래 공사의 본사인원 1,400명보다 많은 인천국제공항공사 협력업체 소속으로 보안검색요원 1,900명을 청원경찰로 전환하여 직접 고용하기로 결정한 것이 정규직 전환을 위해 필기시험을 준비 중인 비정규직이나 공기업을 바라보고 공부 중인 취업 준비생들에게는 기회를 박탈당하는 새로운 불

평등이 시작되었기 때문이다. 이러한 불공정에 대한 분노는 계층 간의 사다리를 걷어차는 계층의 고착화를 가져오고 이러한 계층을 넘어서는 것은 똘똘 뭉쳐 떼쓰는 방법 이외에는 없다는 것을 알게되고 이 땅의 청년들이 좌절하고 있는 것이다.

노노갈등을 불러일으킨 일명 인국공사태는 조용히 공부하고 노력하는 자들보다 머리띠 두르고 구호 외치는 자들이 양질의 일자리를 가져간다는 잘못된 현실을 보여주는 것이며 이는 우리나라의 공기업들의 2017년부터 2020년 1분기까지 3년여 간 전체 공공기관이 총 9만1303명을 정규직으로 전환함에 따라 따라서 매년 늘어만 나던 신규채용은 2018년 3만3716명에서 2019년 3만3447명으로 오히려 줄어들었다.

공기업 정규직전환에 따라 인건비 부담은 늘어나고 이는 신규채용이 상대적으로 영향을 받는 것이다. 2018년 대기업 평균연봉은 6,487만 원, 중소기업은 3,771만 원, 연봉1억 이상 받는 근로자는 49만 명. 정규직을 쓰는 대신 필요에 따라 단기임시, 계약직 형태로 고용하는 방식의 경제인 긱 이코노미(gig economy)가 한국에도 늘고 있다.

이른바 원할 때만 일하는 플랫폼 노동인 '긱 이코노미' 종사자인 택배배달원, 음식배달원 등 특수노동직 고용자가 200만 명이 넘어서고 있다. 한국노동연구원이 지난 3월 내놓은 보고서에 의하면 전체 취업자 2,709만 명의 8.2%인 221만 명에 이른다고 한다.

지난번에는 공공기관이 비정규직의 정규직화를 위해 설립한 자회사의 대표이사 상당수가 정치권 출신 낙하산 인사로 채워진 것으로 나타났다고 보도된바 있었다. 지난 바른미래당 유의동 의원이 받은 국정감사자료에 의하면 공직유관기관(준정부기관, 공기업, 재단, 연구원) 382곳을 전수조사한 결과 비정규직의 정규직 전환정책으로 자회사를 만든 기관은 총 44곳으로 이 기관들이 만든 자회사 51곳 중 9곳은 임원 10명이 낙하산 정치인 출신으로 나타났다고 한다.

2. 노조와 소비자

기아자동차노조는 회사를 상대로 기아차 근로자 2만7451명의 700% 정기 상여금과 각종 식대 등을 포함하여 퇴직금을 정해야 한다며 소송을 제기한 일이 있었다. 청구금액은 원금 6,588억 원과 이자 포함 1조 원이 넘었다. 소송의 핵심은 노조의 요구가 민법에서 정한 신의성실의 원칙에 부합하는지 여부였다. 이는 회사가 막대한 임금을 지불함으로써 경영상 중대한 위기가 올 것을 우려한 법리적 합의이기도 했다.

따라서 2013년 대법원 전원합의체에서는 통상임금의 범위에 상여금을 인정하면서도 기업의 지나친 부담을 주는 것을 경계하여 임금청구는 신의칙에 따라 받아들이지 않을 수 있다는 판단을 내린 바 있었다. 여기에서 민법에서 정한 신의칙이란 상대방의 정당한 이익을 고려하고 상대방의 신뢰를 저버리지 않도록 해야 한다는 원칙을 말하는바 상여금을 성과에 따라 또는 명절에 줄 수도 있고 못 줄 수도 있는 부정기적 금품을 통상임금에 포함 퇴직금을 더 달라는 노조의 요구는 근로자 입사 시에 서로 정한 계약관계를 넘어선 것으로 사실상 신의칙 위반이라 보는 것이 상식적이다.

그러나 좌파정권에 충실한 김명섭 대법원장의 대법원은 청구금액과 이자 포함 1조 원을 회사가 지불하더라도 경영상 어려움이 초래되거나 기업의 존립이 위태로워진다고 단정하기 어렵다고 노조의 손을 들어 주었다. 사업을 해보지 않은 판사님들은 유기적으로 얽힌 세상 이치를 모르는 모양인데 판사님들의 그러한 판결로 그 피해가 애꿎은 일반 서민들에게 돌아온다는 것을 모를 것 같아 나의 예를 하나 들어 예시해보겠다.

중소기업이나 자영업자들의 필수가 1톤짜리 봉고차량이다. 우리 회사도 봉고는 공사현장으로 다녀야 하는 없어서는 안 될 사람의 발 같은 존재이다. 큰맘 먹고 월부로 차 한대를 추가로 구입하였는데 구입한 지 얼마 되지 않아 엔진에서 불쾌한 금속성 소리가 들렸다. 차 나온 지 얼마 안 되고 해서 팔복동에 있는 기아서비스센터를 찾아갔는데 예약이 아니면 받아주지 않는다 하여 그냥 허탕치고 돌아오고 말았다. 이튿날 예약을 하려 전화를 하니 예약이 밀려서 한 달 뒤인 7월 이후나 가능하다고 한다. 회사에 화물차는 업무와 직결되는 문제인데 예약이 밀려 정비가 안 된다니 어이가 없다. 차량을 구입했던 대리점 사장에게 항의했더니 서비스센터에는 노조가 꽉 잡고 있어 정비 속도도 느리고 시간 외 근무도 없고 하여 그러니 익산의 다른 정비공장으로 가야 한다고 소개해준다. 지역에 가까운 곳 놔두고 40㎞ 멀리 떨어진 익산의 제일자동차공업사를 찾아가 원인을 설명 받았는데 냉각장치에 들어가는 타이밍벨트의 중력을 잡아주는 오토텐션이 제 역할을 못해 교체해야 하는데 독일산 정품 부속이 없으니 예약날짜 다시 잡아야 한다고 한다. 칼자루를 쥔 쪽이 저쪽이니 방법이 없다. 한 달이 다 되어 부속이 왔다는 예약날짜에 회사에서 정비공장으로 사람이 화물차를 갖다 주고 운전자를 다시 컴백 할 차량도 같이 나설 수밖에 없다. 오후 늦게나 고쳐진다니 그 시간까지 기다릴 수 없어 회사에 복귀하고 오후에 차를 가지러 다시 정비공장에 두 사람이 가야만 했다.

새 차를 구입해서 일도 못하고 세워 두어야 했으니 손실이 이만저만이 아니다. 수리 차량이 밀리면 인원을 충원하든가 서비스센터를 늘려야 하고 그게 아니면 야간작업을 해서라도 입고 차량을 빨리빨리 수리 해줘야 마땅하다. 그게 고객에 대한 서비스이다. 그리고 협력업체를 지원하고 연구 개발하여 부품의 국산화율을 높여 소비자에게 바로바로 조달되어야 한다.

기아자동차노조는 이전부터 각종 잡음으로 뉴스에 오르내린 전력들이 있다. 신규 취업자에 억대의 뒷돈을 챙기거나 파업을 하면서 회사를 압박하여 정년 퇴직자나 25년 장기 근로자의 배우자 및 자녀에 대하여서는 우선적으로 채용한다는 소위 현대판 음서제인 단체협약을 체결하여 특혜를 받고 있었던 것이 노조이기 때문이다. 그러한 노조가 현장을 꽉 잡고 있으니 작업자야 느긋하게 일할 수 있고 땡 하면 일 마무리는 내일로 미루고 퇴근할 수 있으며 그것은 시대가 달라져서 그렇다 하니 이해하기로 하자. 그러나 말도 안 되는 신의칙을 내세워 회사에서 1조 원의 돈을 퇴직금으로 강탈(?) 해간다면 회사는 시설을 늘리거나 인원을 충원하기가 어렵게 되고 결국 피해는 나같은 소비자에게 돌아오기 마련이다.

내연기관의 시대가 가고 치열한 자동차 경쟁에 대비하여 1조 원의 돈을 흔적 없이 뿌리기보다 그 돈으로 벤츠를 뛰어넘는 세계 1류 전기 자동차를 만들어 내는데 투자를 한다면 취업에 목말라 있는 대한민국 청년들에게 얼마나 좋은 일일까? 그 돈 1조 원이면 연봉 5천만 원 일자리를 10년 간 2,000명에게 만들어 줄 수 있는 돈인데 그동안 단물만 빨아먹은 퇴직자에 주는 것이 제대로 된 정답인가? 기업이 미래를 위해 투자 할 돈을 푼돈으로 날려버리게 만든 이 나라의 좌편향 판사님들! 달만 차면 봉급이 안 밀리고 나오고 정년까지 걱정하지 않아도 되겠고 퇴임 후에는 전관예우가 없어졌다 볼 수 없으니 돈 걱정, 노후 걱정은 없을 것이나 기업은 내일을 위해 투자하고 준비 못하면 바로 도태되는 것을 모르시나요? 취업 못해 절망에 빠진 이 나라의 청년들은 안 보이던가요?

3. 사법권과 국민

이승만을 친일로 보는 좌파들의 시각은 예전부터 있어 왔으나 특히 문재인 정권에 들어와서는 민주당 인사뿐만 아니라 광복회장까지 나서는 것을 보고 전방위적 친일공세로 보인다.

사람의 일생엔 공과 허물이 같이 있거늘 그렇게 무 자르듯 이승만을 친일로 매도하는 것은 이념의 갈라치기 속셈 이외에도 이승만이 식민지 치하의 일제 경찰에 있던 사람들을 대거 등용하여 치안을 맡기고 일제 청산을 위한 반민특위를 경찰에 의해 강제 해산시킨 원한 때문일 것이다.

미국에서 독립운동을 했으며 국내에 들어와 대통령이 된 다음 발발한 한국전쟁 말기에 미국의 반대를 무릅쓰고 반공포로를 석방하고 그 이전에 전쟁이 한참이던 1952년 평화선을 선포하여 일본의 패망으로 무주공산이 된 독도를 한국의 관할로 귀속시키고 1954년에는 실효적 조치인 등대를 설치하는 등 일본에 대하여 철저한 반일주의자였음에도 친일 프레임이 씌워졌으니 이는 그냥 업보인 것이다.

이승만이 35년간 지도에서 사라졌던 나라의 재건을 위해 집권초기 일제 강점기 관료들을 기용했으니 이는 인적자원이 없는 신생국가에서 불가피한 것이었으나 이는 국민 정서상 해소하기 힘든 장애물이 된 것이다. 그래서 일제의 순사들이 대한민국의 경찰의 모태가 되어 국민으로서 받아들이기 어려운 것이었으나 그렇다고 공산권으로 변해버린 북한과 대치하고 좌우대치가 심각한 상황에서 불가피한 것으로 이제 대승적 차원에서 이해할 필요가 있다고 본다.

이처럼 오늘날 대한민국의 기틀을 만든 이승만을 이인영 통일부장관 후보자가 "국부가 아니다" 국부는 김구 선생이 됐어야 한다는 인식을 갖고 있다고 국회 인사청문회에서 말했다. 그러나 김구 선생 또한 우리나라의 국부는 이승만이다 라고 한 적이 있듯이 이승만은 대한민국의 초대 대통령이기 때문에 국부로 존중해주는 것이 맞다고 본다.

일제의 유산을 받은 대한민국 경찰은 이승만 정권시절 부마항쟁 때 가혹하게 데모학생들을 탄압하여 김주열 열사의 최루탄이 눈에 박힌 시신이 마산 앞바다에 떠올라 전국민을 분노케 한 후 4·19 경무대앞 진출 학생들에게 무자비하게 총을 발사한 정권을 위해 존재하는 경찰의 오명을 가지게 되었다. 5·16 쿠데타 이후 군사정권 시절 경찰은 그들에게 충성을 하고자 남영동대공분실에서 민주화를 부르짖는 박종철 대학생을 물고문하여 사망케 하고도 탁 치니 억 하고 죽었다는 희대의 명언까지 만들어 내기도 하였다. 민주화가 된 이후에도 그 버릇은 없어지지 않고 드루킹 댓글 공작사건에 김경수 경남지사 등 정권 핵심인사들이 연루된 사실을 포착하고도 핵심 물증인 휴대전화를 확보하지 않고 제대로 수사하지 않고 미적대더니만 이제는 이용구 전 법부차관의 택시기사 폭행사건의 결정적 물증인 영상녹화를 안 본 것으로 하겠다고 하고 축소, 은폐한 사실까지도 드러났다.

지난 춘천파출소장 딸 살인사건, 익산약촌오거리 택시기사 살인사건, 삼례나라슈퍼 살인사건과 또 세상을 놀라게 한 화성연쇄살인사건의 진범 이춘재를 조사하고도 엉뚱한 사람들을 범인으로 몰아 억울한 옥살이를 하게 만든 것이 다름 아닌 우리의 경찰이었다. 경찰은 그러고도 이제 검찰의 수사권을 가져와 수사종결권을 갖겠다고 한다.

누가 피해자가 될 것인가? 힘없고 죄 없는 국민들 그중에서도 소상공인, 자영업자, 장애자 등 힘없는 가붕개들이 될 것이다. 경찰 이외에 수사할 수 있는 기관으로는 검찰과 국정원이 있다. 검찰이 수사권과 기소권을 함께 가짐으로써 권력도 두려워하는 공룡의 사법기관으로 커졌고 그동안 무소불위의 권력을 휘둘렀기 때문에 지금 검찰개혁이라는 이름 아래 정치권력으로부터 견제와 공격을 당하고 있는 것이다. 그렇다고 해서 검찰한테서 수사권을 완전히 뺏어 오면 일반 서민들의 사건은 대부분 경찰 자체에서 수사종결권을 갖게 된다고 한다.

이는 국민에게 경찰에서 수사가 종결됨으로써 지능적인 범죄가 밝혀지지 못하고 억울한 폐해가 발생할 우려가 많다고 생각한다. 경찰의 수사도 사건이 일어나면 수사결과에 따라 승진과 감봉의 조치가 따르기에 매사 사람이 하는 일이라 과잉조사나 축소 등의 무리가 따르기 쉽고 사각지대가 생길 수 있기 때문이다. 따라서 경찰이 수사종결권을 갖게 되면 위에서 열거한 것처럼 무고한 가붕개들이 더 많이 생길 수도 있다. 축소는 되었지만 지금까지의 검찰 특히 검찰특수부는 정보를 수집하고 표적수사, 먼지털이식 수사로 인하여 기업인들에게는 공포의 대상으로 군림했다.

검찰이 6대 범죄에 대하여 수사는 계속하되 다른 일반범죄에서 손을 떼면 경찰의 수사종결권에 대하여 검찰의 감사권을 두어 기소와 재판에 반영하게 하면 경찰은 더욱 더 수사를 종결함에 있어 좀 더 세심한 주의를 기울여 억울한 인권침해가 없도록 스스로 노력할 것이다. 경찰, 검찰 이외에 또 하나의 국가 수사기관으로는 국가정보원이 있다. 그 옛날 남산으로 불리웠던 공포의 중앙정보부가 지금은 일반사람들이 거의 느끼지 못할 약체의 국가정보원이 되어있다. 국가정보원은 공산주의를 국가통치이념으로 하는 북한과 대립하고 있는 우리의 현실에서 국정원의 존속은 절대 필요하고 국정원이 기본적으로 간첩 잡는 기관으로 계속 유지되어야 한다. 또한 간첩뿐만 아니라 국가안보와 경제에 관련 있는 제반 정보를 전세계에서 수집하고 범죄가 확실하면 수사권도 계속 갖도록 해주는 것이 사리에 맞다.

예전에 각 기관에 조정관을 파견하여 정보를 수집한답시고 정치관여를 한 것 그것은 과기 정권에서 한 짓이다. 과거정권이 밉다고 국가의 중추정보기관의 수사권을 빼앗아 국정원을 무력화시키는 것은 나라를 송두리째 적국에 갖다 바치자는 것으로 나로서는 이해가 되지 않는다. 그동안 추진해 왔던 국가정보원의 대공수사권 이전을 박지원 국정원장이 취임하고 나서부터 속도를 내는 모양이다. 정보와 수사를 분리하여 정보는 국정원이 가지되 수사는 경찰로 넘긴다는 것은 참으로 어리석은 일이다. 지금은 적이 국경 없이 활동하고 있는 시대이다. 세계가 지구촌이 되어 테러범도 활동무대가 세계 도처에 있다. 국정원에서 외국에서 수집한 불순분자의 정보를 경찰에 넘겨 경찰이 세계를 무대로 수사를 한다? 이런 코미디가 없다.

국가기밀을 탐지하려는 간첩을 찾아내기만 하고 수사는 하지 말라고 하니 아무래도 속셈은 따로 있는 듯하다. 정보와 수사는 동전의 앞뒷면처럼 같이 가는 것이지 분리할 수 없는 것이거늘 대공수사를 무슨 교통사고 조사하는 것으로 아는가 보다. 월남이 무너진 것도 군대와 무기가 없어진 것이 아니라 정보기관이 무력화되어 공산첩자들이 요소에 포진하여 월남군의 동태가 고스란히 넘어갔기 때문이다.

또 하나의 사법권은 최종판단을 내리는 법원이다. 사람의 생사여탈권을 쥐고 있어 국민들에게는 경찰이나 검찰보다 더 절대적으로 영향을 끼치는 사법기관이다. 공정과 정의를 상징하는 저울은 법원의 가치이다. 그런데 국민들의 사법부 불신이 극에 치닫고 있다. 권력 있고 돈이 많은 사람들에 대한 관대한 판결. 진영논리에 따라 정권의 입맛에 따라 차별하는 편향된 판결 등은 법원 내 이념서클에 의해 좌지우지 된다고 언론에서 자주 보도되고 있다. 이러한 법원 내 이념서클은 사람으로 치면 인체 내 암세포나 마찬가지라고 볼 수 있다.

암세포는 인체 내에서 무슨 중금속 덩어리로 되어 있는 것이 아니라 일반 정상세포과 똑같은 단백질로 되어 있으며 리보솜, 미토콘드리아, 세포질 등 하나도 다를 바 없이 구성되어 있다. 정상인도 암세포가 몸 안에 있음에도 병이 없는 것은 암세포가 인체의 면역체계 속에서 활성화 되지 못하고 억제되고 있기 때문이다. 정상세포는 새로이 탄생해도 더 이상 생성하지 않고 혈액을 통해 산소와 영양분을 공급받으며 생명유지 역할을 하다가 소멸된다. 인체라고 하는 면역체계 시스템 속에서 통제받고 있기에 가능한 것이다. 이에 반해 암세포는 인체의 통제된 생명유지 메커니즘에서 이탈하여 스스로 성장을 이어가기 때문에 종양으로 발전하고 결국에는 귀중한 생명까지 뺏어가는 것이다. 이러한 통제되는 시스템에서 이탈하여 자기 영역을 확장시키는 것은 암세포만 있는 게 아니라 법과 양심의 판결이 아니라 진영논리로 뭉쳐진 이념서클의 방향성에 따라 판결하고 정상적인 법원의 지위체계를 따르지 않고 자기들끼리 좌지우지 한다면 그것도 법원의 암세포라 볼 수가 있다.

박정희 정권의 유신시대에 군대라는 국가 기관조직에 별도 사조직으로 운영된 하나회가 비유하자면 암세포라 할 수 있었다. 요직을 독점하여 물려주고 패거리를 만들어 그들만의 권력을 만들어간 사조직이기에 현대사의 비극인 12·12와 5·18을 발생하게 만든 것이었다. 어찌 하나회뿐이겠는가? 민주주의 근간인 삼권분립으로 균형과 견제로 국민의 권익을 보장받기 위한 대한민국의 국가조직이 법원인데 문재인 정부 들어 법원이 특정 사조직을 좌지우지하여 사법권 독립에 오점을 만들고 있다고 한다.

우리법연구회, 국제인권법연구회 등 재판업무의 주요보직은 물론 법관대표회의까지 장악하고 있다고 언론에 보도된다. 3,400명의 전체법관에서 10%가 넘는 460명이 특정 이념집단에 소속된 법관이라 한다. 헌법과 법률에 의해 양심으로 판결해야 할 법관들이 국민이 납득 못할 판결을 밥 먹듯이 하고 특히 정권에 관계된 판결이라면 솜방망이요, 무작정 지연시키는 수법으로 사법권위를 땅에 실추시킨다. 웅동학원 채용비리에 대해 돈을 전달한 사람보다 돈을 받은 사람을 더 낮게 판결하고 울산시장 선거공작 사건에 검찰 기소 후 1년 3개월 동안 공판을 한 차례도 열지 않은 김미리 판사가 우리법연구회 출신이라고 한다. 그래서 법원판사는 이념이든 친목이든 서클활동을 해서는 안 되는 것이고 그것 때문에 판결에 영향을 끼치는 거라면 사법부의 암세포라는 비난을 들어도 변명할 수가 없는 것이다.

사회정의 최후 보루인 사법부에 사조직이 있는 것은 인체 내에 암세포가 있는 것과 같고 그 피해는 국민이 고스란히 질 수밖에 없다.

4. 근로자와 사용자

2021년 7월 1일부터 5인 이상 사업장은 주 52시간의 법적용을 받게 되어있고 이를 위반 시는 2년 이하의 징역 또는 2,000만 원의 벌금에 처하게 된다. 근로시간은 원래 노동강도가 있는 부두하역노동자를 위해 일제가 도입한 이래 주로 제조업에서 적용되던 근로시간제이다.

4차 산업혁명이라는 IT시대가 도래하여 플랫폼산업이 성장하고 이를 뒷받침할 벤처스타트업의 청년들의 근로에도 52시간제를 도입하고 위반 시는 처벌한다니 도포자락 휘날리며 자전거 타는 격이다. 일을 하는데 근로의 성과란 스타트업과 제조업과는 확연히 다르다. 스타트업은 창의적인 발상으로 성과물을 내는 근로이고 제조업은 재료를 투입하여 양적 생산을 이뤄내는 근로이다. 성격이 판이한 두 업종에 대하여 똑같이 근로시간을 재어 판단하나는 것은 넌센스다. 서서 조립하는 공장근로와 앉아서 안내만 하는 근로를 뭉뚱그려 시간제 최저임금 이상을 주라 하는 것은 좌파적 평등관에서 나온다. 창의적인 발상은 책상에 앉아서 떠오르는 것이 아니라 다양한 경험을 접하면서 몰입할 때 나온다.

정부의 획일적인 발상은 벤처업계의 근로시간 강제는 득보다 실이 많아 전체적으로 주변국가에 경쟁력을 떨어트릴 것이다. 근로시간은 근로자가 근로하는 시간을 말한다. 그러나 우리 사회는 근로자만 있는 사회가 아니다. 다양한 사업체와 직종이 분화되어 낮과 밤 지역이 없어진 일터가 펼쳐져 있다. 근로도 메인으로 하는 근로가 있고 보조, 견습공처럼 비숙련공으로 참여하는 근로도 있다. 재료가 투입 되는 대로 쉬지 않고 일해야 하는 공장형 근로가 있는 반면 경비나 간병, 청소 등 장소나 시간이 바뀌어 작업하는 근로가 있다.

한 회사 임원의 하소연이다. 그 회사의 출근은 8시 30분이며 퇴근시간은 오후 5시 30분이다. 정부에서 정한 근로시간을 맞추다 보니 그 시간에 퇴근을 한다. 소위 칼퇴근이다. 예전에는 잔무가 있으면 늦게까지 남아 일하는 직원들이 있었으나 지금은 땡하면 밀물처럼 빠져나가고 회사는 바로 정적에 빠진다. 퇴근시간 이후 남아 있는 사람은 사장이나 책임자뿐이다. 직원들이 다 빠져나간 퇴근 후 자재 실은 화물차가 회사에 들어왔다고 한다. 거래처에서 보낸 자재인데 공무원들의 퇴근시간 6시 이전이라 6시에는 회사에 사람이 있겠지 하고 부랴부랴 온 것이다. 그 회사는 9시에 근무시간이 아니라 30분 빠르게 한 것은 외부 현장일이 많기 때문이다. 건설현장이 되었든 현장일이란 일찍 시작하는 것이고 일찍 시작했으니 일찍 끝내는 것이다. 직원들은 땡 하면 밀물처럼 빠져나가 사람이 없으니 혼자 남은 사장이 화물기사하고 낑낑대고 자재를 내릴 수밖에 없었다고 한다. 한 회사는 내일 비가 온다고 하여 공장 내 방수작업을 하다 퇴근시간이 되자 직원들이 마무리를 하지 않고 퇴근을 하여 다음날 낭패를 보았다. 회사가 잔무를 위해 직원들이 자발적으로 일해주기 바란다면 큰일 나는 세상이 되었다.

어떤 정치인이 주장했던 저녁이 있는 삶 때문이다. 그런 정부시책에 맞추다보니 직원들을 오전 8시 30분 출근하여 오후 5시 30분 퇴근시켜야 한다. 그것뿐만 아니다. 한 스테인리스 물탱크 업체에서 들어온 하소연이다. 제주도에 물탱크 납품을 했는데 전문 검사건이라 업무조정 차 검사기관에서 오후 6시 전화가 왔다고 한다.

직원들은 다 퇴근하고 사람이 없어 처리를 할 수가 없었다. 바로 연휴나

휴일을 건너 일을 처리는 하겠지만 그만큼 준공날짜가 늦어지고 준공이 늦어지면 입금이 늦어져 모든 것이 차질이 생기게 된다고 한다. 제주도에 5톤짜리 물탱크 계약이 들어와 직원들이 출장을 갈 때 자재를 자동차에 싣고 가야 하기에 육지에서 오전 출발하여 완도항에서 배 시간 기다리다 제주 도착이 꼬박 하루가 걸린다. 그렇지 않으려면 새벽에 출발해야 하는데 예전에는 직원들이 그리 해주었지만 지금은 어림도 없다. 노동법과 사회적 분위기 때문이란다. 하루 작업하고 그 이튿날 현장에서 오전에 작업이 종료되었는데 돌아오는 배편이 오후 7시 30분이니 그때까지는 근로하지 않고 쉬어야 한다. 그 시간 동안 일하지 않아도 급여는 일한 것으로 정산하여 지급하여야 하는데 이는 어쩔 수 없다. 또 다른 한 회사의 넋두리다.

예전 백령도에 직원들이 작업하러 갔었는데 하필 북한이 연평도를 포격하는 바람에 배편이 끊겨 사흘 동안 오도 가도 못하고 감금(?)된 일이 있었다. 뱃길이 열릴 때까지 쉴 수밖에 없어도 근로하지 않았다고 급여를 삭감하지 않고 지급한 것에 서운하게 생각하는 회사는 없다. 근로의 형태란 이렇게 현장을 찾아다니면서 시간제약 없이 일을 해야만 하는 회사도 부지기수로 있다는 것이다. 이러한 현실을 감안하지 않고 모두가 52시간을 강제하면 안 된다는 것이다.

근로란 생산만 있는 것이 아니다. 연구, 관리, 영업, 다양한 직무가 존재한다. 이제 재택근무제, 재량근무제도 있다. 회사의 근태관리가 이루어지지 않고 근로하는 근로형태도 점차로 넓어지고 있다. 무조건 책상에 앉아 있어야 근로가 되는 것이 아니다. 근로의 목적은 성과물이다. 성과물을 얻기 위해서 시간의 탄력적 운용이 필요하고 장소도 회사로 국한할 필요가 없다. 시간과 장소의 통념을 깨고 다양한 근로형태를 만들어 주면 된다. 한국의 노동법은 1953년 당시 항만부두노동자처럼 고강도 육체노동을 보호하기 위하여 만들어진 법이 지금 같은 IT, 창의적 두뇌가 필요한 다양한 근로형태에 일일 8시간 노동이 필요한지는 정말 생각해볼 일이다. 하던 일도 명석 깔아주면 못한다고 창의적 발상은 책상에서 PC 들여다 보고 있다고 나오질 않는다. 성과물에 연동된 급여체계는 자택근무나 육아에 매달린 여성근로에 유용할 것이다.

언제인가 한의원에 5시에 갔더니 부황, 쑥뜸치료를 생략하고 고주파와 침 치료만 해주겠다고 한다. 간호사들이 6시 퇴근 전에 청소하고 가야 하기에 5시만 되면 제대로 진료 혜택을 해 줄 수가 없단다. 어느 한의원에서는 간호사들을 일 마무리를 위해 조금 늦게 있다 가라 했는데 바로 노동청 근로감독관에서 전화가 왔다고 질겁을 했단다. 간호사 중 누가 제보했기 때문이다. 그래서 내가 아는 효자동 비뇨기과의원에서는 6시 진료시간까지 환자들이 오기에 진료를 하지만 진료 후 청소와 잡무처리는 간호사가 아닌 의사 장모님이 와서 해주고 있었다.

직원들의 저녁이 있는 삶을 위해서 사용자는 저녁 없는 삶을 살고 있다. 그뿐만 아니다. 전주 시내 서부 신시가지 고기집 식당의 사장님은 2명의 신규직원에게 주거 복지로 월세 원룸을 각각 전세로 얻어주고 일을 시작했으나 몇 달 후 일방적으로 둘 다 한꺼번에 나오질 않아 영업타격은 물론 임대기간동안 보증금이 묶이는 피해를 보았고 인근의 잘나가는 K불고기식당은 직원 하나를 해고했다가 민노총의 릴레이 1인 시위가 집요하게 계속되는 바람에 눈물을 머금고 폐업을 할 수밖에 없었다.

지금은 근로자의 시대이다. 예전에 풀이 자라면 공장 주변의 예초작업을 직원들이 알아서 해주였다. 지금은 어림도 없다. 직원에게 예초나 잡일을 시킬 수 없는 사회적 분위기 때문이다. 요즘 직원들은 낫질도 제대로 못하거니와 일을 시켰다가 직원이 근로계약서의 근로범위를 따지면 할 말이 없기 때문이다. 충남태안발전소의 김용균 씨 사망사고나 2016년 서울 구의역 스크린도어 수리기사의 사망사고 이후 사소한 점검이나 간단한 센서 닦는 일이라도 2인 1조가 아니면 큰일 나는 사회가 되었다.

옛날에는 근로자도 사람이다, 사람이 살자 하였는데 지금은 사용자도 사람이다, 사용자가 살아야 근로자도 산다는 말이 여기저기 나온다. 가지치기를 잘하면 사과의 크기가 굵어지나 몸통을 자르면 사과를 수확할 수가 없다. 적어도 사용자는 몸통이기 때문이다.

5. 중소기업과 근로자

정부는 시간당 최저임금을 2년에 걸쳐 약 30%씩 올려 중소기업, 소상공인, 자영업자를 어렵게 만든 것은 돌이킬 수 없는 지난 일이지만 시간제 근로 이외에도 모든 업종, 다양한 업무 등을 고려하지 않고 일괄적으로 적용하는데 더 큰 문제가 있다.

중소기업 근로자는 1,311만 명으로(OECD집계) 예전의 제조업 공장형 근로보다 다양한 형태의 근로가 늘어나는 추세이다. 모든 근로자는 안정적인 직장을 원한다. 4대보험이 있고 퇴직금이 있어도 비정규직을 기피하는 것은 신분이 불안하기 때문이다. 그러나 사용자는 근로자에세 기한의 정함이 없는 즉 정규직으로 채용하면 비용증가보도 더 걱정해야 하는 것은 정규직으로 신분이 보장되었기 때문에 일을 더 잘해주어야 하는데 오히려 태업이나 파업을 더 하게 되고 회사는 마땅한 대항력이 없기 때문이다. 즉 노동법에 근로자 파업 시 대체근로를 허용하지 않는 조항 때문인데 OECD 회원국 중 한국이 유일하다고 한다. 그래서 근로기간이 정해진 비정규직을 선호하는 것은 단순히 비용 때문이 아닌 것이다. 보조업무나 단순하고 노동강도가 없는 근로까지 거의 모든 근로에 대하여 시간제 최저임금을 계산하여 지급하라고 하지만 연봉이나 월급제로 채용된 직원에게 지난 추석 명절같은 9월은 한 달 19일 근로일수라고 19일 근로에 대하여서만 시간제 급여정산하여 지급할 수가 없기 때문이다.

필자가 중소기업을 경영했을 때 토요일이고 일요일도 없이 회사에 나와서 일했다. 중노동은 아니라도 책상에서 온갖 서류와 씨름하고 특허명세서를 작성해야 하기 때문이다. 2018년 추석연휴가 있는 9월은 근로일수가 대체휴일이 있어 17일 밖에 되지 않고 2021년 9월에는 19일이다. 근로자에게는 신나는 달이지만 사용자에게는 그만큼 일할 날짜기 줄어 손실이 있는 달이다. 이런 경우 특별한 직원은 특별한 이유를 들어 이틀간 연차를 쓰겠다고 신청했으니 장장 9일간의 연휴를 즐기는 것이고 회사는 출장팀을 구성하지 못하거나 연구과제가 그만큼 지연되어 손실이 발생하는 것이다. 연차는 쓸 수 있는 권리이나 이렇듯 회사 일정에 차질을 주는 직원들은 대부분 젊은 세대들이다. 그만큼 회사와 공동체보다 이기적 개인주의 때문인데 이는 시대적 상황 때문이다. 이제 평생직장은 없고 서로 계산만 하는 시대이니 이는 인간도 시대환경에 지배받는 말하자면 재료에 불과하기 때문이다.

생산이나 현장설치는 혼자서 되는 것이 아니라 소정의 인원이 협업하여

야만 되는 것인데 몇 안 되는 중소기업에서 한 사람이라도 빠지면 차질이 생기는데 두 사람씩이나 빠지면 공장이 올스톱되고 가동 못하는 일이 생기는 것이다. 그렇다고 일용직이나 아무 사람 쓸 수가 없는 것이 오랫동안 같이 해온 기술의 팀워크가 있어야 하기 때문이다. 예시한 사례는 필자가 경험한 실례이고 이보다 더 많고 이해되지 않는 사례도 많이 있을 것이다. 결국 생산이나 현장 일을 할 수 없으므로 그만큼 부가이익을 창출할 수 없으나 인건비는 줄어들지 않고 생산은 못하니 회사는 손실만 볼 수밖에 없다. 인간이 철도레일 위에서 살 수 없듯이 기계처럼 노동을 할 수는 없는 일이다.

근로자도 휴일만 골라 아프지를 않는다. 그동안 타 직장에서 얻은 근골격계 질환이나 질병이 도지거나 평일에 재발하면 병원에 가야 한다. 어제는 말단 직원이 빠지고 오늘은 공장장이 조퇴를 한다. 2020년 10월도 추석 연휴와 한글 연휴를 빼면 근로일수가 역시 19일인데 연차 쓰고 또 아프다고 조퇴하고 하면 도대체 어떻게 회사를 경영한다는 말인가? 한 직원은 현장에서 계단에서 내려오다 넘어져 허리를 다쳤다고 일주일째 회사를 나오지 않고 있다. 엑스레이에 척추가 정상이고 뼈가 이상이 없는데 타박상이니 하루정도 쉬면 될 것 같은데 나흘째 물리치료를 받고 있다고 한다. 작업하다 다쳤으니 일한다고 급여를 공제할 수도 없고 직원은 그것을 알고 있기에 엎어진 김에 쉬어간다고 계속 제끼는 것이 아닌가 생각이 든다. 산재처리 안한 것만이라도 다행이라고 생각해야지! 오늘은 급여날이다. 매출은 없고 입금이 없으니 대출통장에서 지급해야 하겠다. 공장직원이 4명이나 되는데 이리 빠지고 저리 빠지니 공장은 일주일 째 적막감만 돌고 있다. 내일은 직원 2명이 대한산업보건협회가 하는 특수검진이 있어 오전 생산도 물 건너갔다. 정부가 정한 규정이니 따라야 하지만 왜 이러한 타의적 근로손실은 정부가 보상하지 아니한가? 그러한 근로손실분에도 회사는 근로로 인정하고 급여를 지급해왔기 때문이다. 정부는 일전에 중소기업들과의 충분한 협의 없이 대체휴일을 시행하였다.

그 이전에는 2022년 최저임금을 5.1% 인상하여 시간당 9,160원이 되게 하였다. 이러한 최저임금은 업종불문, 근로형식에 관계없이 일괄적으로 적용함으로써 자유로운 상호계약에 의한 근로관계를 경직되게 하는 것이다. 관공서를 상대로 사업하는 업체가 대체휴일엔 할 일이 없으니 쉴 수밖에 없고 직원에게 쉬었다고 급여를 삭감할 수가 없는 것이다.

시간제란 미국이나 서유럽같이 분업화되고 다량생산체제에 맞는 급여체제이다. 미국의 육계 가공공장의 노동은 휴식시간 빼고는 한눈팔 사이 없이 하는 살인적인 노동강도이다. 이런 근로에 대하여서는 시간제 계산이 당연히 맞다. 기한이 정해진 근로나 일용직, 아르바이트 또한 지속적이지 않는 근로에는 시간에 대한 최저임금이 적용되어야 한다.

그러나 L&D 연구개발이나 영업이나 관리 또는 경비에 이르기까지 기한의 정함이 없이 연봉을 책정하여 근무하는 근로자에게 시간당 최저임금 계산은 불합리하다고 본다. 회의하고 쉬고 교육받고 출장가고 하는 느슨하고 유연한 노동이 요구되는 근로에게까지 일괄하여 시급을 기초로 하여 월급을 계산하고 이를 연봉으로 확대하여 연차휴가와 대체휴일까지 의무적으로 쉬게 하는 것이 아닌 중소기업에 적합한 급여제도가 요구된다.

6. 고래와 새우싸움

고래싸움에 새우 등 터진다는 말은 있어도 고래와 새우가 싸운다는 소리는 처음 들어본다. 그러나 도시의 유통시장에서 실제로 벌어지는 일이 있다. 대기업 대형마트와 구멍가게의 싸움이다. 덩치로 보면 싸움이 될 리 만무지만 새우들이 힘을 합하여 지자체에 영향력을 발휘하니 실제 싸움이 벌어지고 고래들이 대부분 두드려 맞고 있다.

대형마트가 들어오면 전통시장이 죽고 골목가게가 황폐화 된다고 데모를 하고 민원을 넣으니 표밭인 새우들의 주장을 안 받아들일 수가 없었다. 강제휴무가 대표적이고 지역상생발전이란 명분으로 고용과 그 지역 농산물을 의무적으로 팔아야 하는 것 등이다. 경제발전을 이룩하기 전 생활에 필요한 잡화는 대부분 동네 상점에서 구매하였다. 그러던 것이 체인형태의 슈퍼마켓으로 바뀌었고 이것이 다시 대형마트로 바뀌더니 이제는 온라인시장이 백화점이나 대형할인점보다 소비자가 의존하는 시장이 되어버렸다. 한 발 더 나아가 쇼핑과 휴식과 레저가 있는 대형복합쇼핑몰이 등장하기에 이른다. 경기도 하남시의 스타필드처럼 한곳에서 모든 것을 먹고 사고 즐기는 것이 시대의 트렌드가 되었다.

2015년 광주 신세계는 특급호텔, 백화점 등이 아우르는 초대형 유통복합시설 건립을 추진하였지만 동네상권 보호를 내세운 시민단체나 정치권의 반대로 광주에 뿌리를 못 내리고 대전으로 투자를 결정 3,000명의 일자리가 고스란히 대전으로 넘어간 것이다. 무엇이 공공을 위한 것인지 냉철한 판단이 없이 집단의 이익 때문에 큰 것을 그르치는 것도 너무 많다. 모든 것은 변하고 바뀌는 것이다. 그런데도 한치 앞을 내다보지 못하고 그동안 전통시장을 보호한다는 명분으로 대기업이 운영하는 대형마트를 옥죄었다.

대형마트의 규제는 전형적인 서민층을 위한다는 포퓰리즘에서 나온 것이다. 전통시장과 영세 자영업자를 위한다는 명분을 내세웠지만 실은 그들이 갖고 있는 표 때문이다. 대형마트 규제를 위해 탄생한 10년 전의 유통산업발전법 개정안은 개정안 취지를 살리지 못하고 대형마트, 대형슈퍼 경쟁력만 짓눌렀다. 한 달에 두 번 강제로 쉬게 하고 영업시간을 규제하더니만 시장의 온라인 추세에 점차 시들어지더니만 코로나가 직격탄을 날렸다. 일례로 시의원과 주변 상인들의 반대를 설득하여 가까스로 문을 연 대구의 롯데마트 칠성점은 3년 만에 문을 닫지 않을 수 없게 되었다고 한다.

이제 실업자가 될 200명의 직원들을 책임지라는 압력이 있으니 출점할 때는 출점을 못하게 하고 폐점하려고 하면 폐점을 못하게 하고 대형마트는 코로나19로 곤란을 겪고 있는 중소자영업자들에 지원하는 재난지원금도 혜택이 안 되어 중소입점업체들이 판로가 막혀 손해를 보고 있다.

전통시장 상인들은 주말에도 문을 열 수 있는데 반하여 대형마트는 상생이란 족쇄로 강제휴업을 할 수밖에 없고 온라인 시장 추세에 이제는 쇠락의 사양길로 들어섰다. 대형마트의 폐쇄가 눈덩이처럼 늘어나고 있다. 이러한 집단의 이익 때문에 당연히 추진되어야 할 사업이 표류하거나 좌초가 되고 지연이 된다면 과연 누구의 손해인가?

7. 자영업자와 정부

거리두기, 영업제한, 집합금지 등 코로나 방역 때문에 내려지는 조치들은 570만 소상공인 자영업자들을 막다른 길로 내몰아 더 이상 갈 데가 없게 되었다. 특히 식당, 노래방, 유흥주점 등 상권은 완전 초토화된 지경이었다. 코로나 기간 동안 66조 원의 빚을 떠안게 되고 매장 45만3,000곳이 폐업을 하고 자영업자가 고용하고 있던 200만의 일자리가 사라진 것으로 보고 있다. 정부의 4단계 코로나 방영조치로 더 이상 희망이 보이지 않자 유흥주점, 노래방, 식당, 맥주집, 치킨집 사자님들이 계속해서 극단적 선택을 하고 세상을 등졌다. 서울의 4단계 방역이 지방까지 속속 발령되니 전국의 상권도 여름휴가철 특수경기는 물 건너가고 찬바람이 불어 닥쳤다. 여기저기 임대푯말은 상가를 더욱 을씨년스럽게 만들고 있다.

필자가 살고 있는 전주시의 자영업자의 영업실적은 한마디로 제로에 가깝다. 이중에서도 제일 타격을 받은 것이 노래방이 아닐까 싶다. 노래방은 으쌰하자는 분위기 때문에 간다. 특히 직장인들이 직원들의 단합을 위해서 그동안 많이 이용해왔던 곳이다. 그러나 시대가 바뀌었다. 대부분의 직장상사가 남자인데 여직원과 노래방에서 어깨에 손을 없는 조금의 실수라도 했다면 그것으로 매장될 수 있는 시대이니 아예 노래방 발길을 끊고 김영란법으로 공무원과 접대가 필요한 식당출입을 꺼려 하고 회사의 회식까지 부쩍 줄어드니 노래방에 갈 분위기가 아닌 것이다.

회사들이 어차피 평생직장의 개념이 사라지고 개인권리가 소중히 되는 시대이니 건배하고 노래하면서 단합을 유도하는 시대는 이미 지난 것이다. 노래방에 손님이 줄어들면 노래방 주인은 생존을 위해서 노력을 기울일 수밖에 없다. 손님의 요구대로 술을 아니 내놓을 수 없고 때에 따라 여성도우미도 불러줘야 한다. 이런 것은 불법에 속한다. 불법을 하지 않으면 손님이 오질 않는다. 그래서 몰래 한다고 하지만 부처님 손바닥 안이다. 노래방과 경쟁관계에 있는 유흥업소협회 사람들이 주로 적발하여 고발되면 처음에는 일주일 영업정지가 나오고 나중에 계속 적발되면 한 달 영업정지까지 먹는 경우도 있다. 그래서 노래방이나 유흥업소를 운영하려면 적어도 경찰이나 구청의 끈끈한 인맥이 없이 달려들다가는 큰 코 다친다는 말이 그래서 나온다.

코로나에 가장 큰 타격을 입는 식당은 그동안 최저임금 인상과 근로시간 단축 등으로 수익성이 악화되어 힘들게 버텨 왔는데 코로나 19에 코로나 이전의 매출액의 1/5 수준으로 떨어진 곳이 부지기수이다. 식당의 절반이 폐업을 고민하고 있고 자영업자들이 살겠다고 차량 1인 시위를 하는 것도 정부는 막아 세웠다.

차량 속에 있어 감염위험이 없는데도 말이다. 민노총의 지난 7·3일 8,000명의 서울 도심의 불법시위는 어물쩡하게 방관하고 힘없는 가붕개들인 소상공인 자영업자들의 자동차 시위는 번번이 봉쇄당했다. 이것이 공평을 내세우는 대한민국의 잣대인 것이다.

힘없는 가붕개들인 자영업자가 벼랑에 몰리더니 지난 추석 전후로 극단적 선택을 하는 자영업자가 수십 명이 될 듯하다. 의학의 발달로 평균수명은 늘어나는데 회사 퇴직 후 떠밀리듯 창업하는 자영업자의 그 끝은 몇 년 못가 폐업하고 빈곤층으로 전락하는 우리네 가붕개의 현실이다.

8. 단체장과 배후 실력자

경기도에는 생거진천 사거용인이 있다면 전북에는 생거부안 사거임실이 있다. 산세도 좋고 순박한 사람들이 모여 사는 시골인 전북 임실군은 죽어서도 편히 지낼 수 있는 곳이라 붙여진 이름이다. 이처럼 좋은 이름을 가진 임실군이 한때 군수의 무덤으로 불리운 적이 있다. 민선 이래 1기에서 5기까지 다섯 사람이나 내리 족족 선거법 및 비리 사건으로 쇠고랑을 차고 중도 하차하였기에 붙여진 이름이다.

전북도의회 의장까지 지낸 김진억 씨는 지방상수도 관급자재 물탱크 납품 대가로 약 10%에 해당하는 7,000만 원을 받고 구속되어 중도하차 했고 전북도청에 근무할 때는 법철규라는 별명을 들을 정도로 원칙과 청렴으로 공직생활을 마친 이철규 씨도 민선군수에 되고 나서 군 인사에 개입하여 돈을 받은 것 때문에 구속기소 되고 옷을 벗었다.

지역신문에는 사건이 날 때마다 배후에 임실 오적 있다고 입소문이 펴졌는데 일반인까지 알게 된 것은 후보를 선거에 당선되도록 힘을 써주고 당선된 뒤에는 각종 특혜와 이권에 개입한 것이 밝혀져 구속된 권오성 씨와 그 측근들이 각 신문에 보도되면서부터이다. 시골은 친인척 및 학연이 얽혀져 도토리 키 재기 선거에서 누가 인맥을 동원하여 표를 가져 오느냐에 달려 있지 정당 정책이나 선거공약으로 표를 가져오지 못한다. "우리가 남이가" 명대사는 검찰총장까지 했던 김기춘 씨가 부산 초원복집에서 한 말이지만 산골짝은 도시보다 더한 인맥으로 표가 움직인다.

보도에 의하면 강완묵 씨는 2007년 임실군수 보궐선거에서 권오성 씨로부터 1억 2천만 원을 받고 후보를 밀어주는 대가로 비서실장 보장과 인사권과 사업 건의 40%를 요구하여 이를 동의하고 써주었다는 노예각서가 군수가 된 후에 말썽이 나자 이는 사실이라고 시인했다고 하니 지자체가 토착비리세력의 먹자판 속이라 아니 할 수가 없고 군수의 뒤에는 배후 실력자가 따로 버티고 있었던 것이다. 강 군수가 군수상실형에 해당하는 판결이 상급심과 하급심에서 왔다갔다 하는 사이 비서실장이 관급자재 업체 계약 건에 개입하여 수수료를 챙긴다는 지방신문의 보도까지 나왔다. 군수의 모가지가 오늘 내일로 위태위태한데 한몫 챙겨 노후보장하려는 것은 아닐 것이고 발등에 떨어진 불을 어떻게 하든 막아보려는 변호사 비용 때문일 것이라는 것이 상식이다.

예전에 1995년 노태우 전두환 비자금수사와 2009년 박연차 게이트 연루 혐의로 노무현 전 대통령을 수사했던 홍만표 변호사가 과다한 수임료를 받아 구속되고 문단에 이름을 올린 판사 출신 최유정 변호사도 두 의뢰인으로부터 수임료 100억을 받아 구속되었다고 보도되었다. 이처럼 상상을 초월하는 수임료를 받는 변호사가 어찌 홍, 최 변호사뿐일까? 국민들이 진정 궁금해 하는 것은 임실군처럼 작은 지자체에서 걷어 들인 돈이 구명로비를 위해 변호사에게 건네지고 그 돈이 변호사에서 또 어디론가 흘러가리라는 것을 상상하고 있다는 것일 게다. 임실군처럼 군수를 좌지우지 하는 배후실세는 민간이지만 국회나 중앙정부에는 직책을 임명받고 공식적으로 활동하는 배후실세가 있다. 이러한 배후실세들이 부처를 장악하고 당이나 청와대의 권력자들의 민원을 해결하는 것으로 알려졌다.

추미애 법무장관 아들 서모 씨의 군보직 청탁과 휴가연장 압력에 연루되었던 국방정책보좌관 A씨처럼 행정부의 각 장관에게는 정책보좌관 제도가 있어 장관을 보좌한다고 한다. 그러나 말이 정책보좌이지 집권세력인 정당이 행정부를 장악하고 정당의 각종 민원을 해결하는 창구역할을 하고 있을 것이다. 이는 최근 5년간 국방정책보좌관 12명 가운데 8명이 청와대나 집권당 출신이라 하니 의심을 안 할 수가 없다. 이는 정권을 잡기 위해 싸우는 정당의 최전선에서 궂은일 다해가면서 일해 온 정당 사무처 직원들의 노력의 대가이며 출세의 길이기도 하다. 이러한 힘 있는 배후실세로 꼽히는 장관실의 정책보좌관 제도는 노무현 정부 때 신설되어 공개 채용으로 하지 않고 단지 추천만으로도 장관이 임명할 수 있게 만들어 놓았기 때문이다.

장관을 청와대가 임명하고 장관의 정책보좌관을 정당이나 청와대 인사들로 심어놓은 것은 정책을 보좌하기보다 장관에 청탁하고 감시 감독하는 것이 아닌가 하는 의심이 드는 것은 요즘 장관들이 제 목소리를 내지 못하고 청와대 앵무새 역할만 하기 때문이다.

국민은 부동산 가격이 폭등하여 아우성이고 임대차3법으로 서울 아파트 전세가 씨를 말리는데 국토부장관은 청와대 낙관론에 연신 청와대 말이 맞다고 꿍짝을 맞추고 있는 것이 이를 잘 말해준다.

5장
재벌의 생존

1. 삼성 이재용 부회장

지난 1·18일 열린 고법국정농단 파기환송심에서 당초 예상을 뒤집고 삼성총수 이재용 삼성전자 부회장에게 2년 6개월의 실형을 선고하고 법정구속 되었었다. 파기환송심은 유무죄를 판단하는 것이 아니라 이 부회장의 뇌물공여 및 횡령금액의 차이만 가려 판결만 해주면 될 일이었다. 실형 2년 6개월이면 양형기준에 의하여 집행유예도 가능한데 굳이 법정 구속한 것은 소신이 아니라 눈치를 본 것이다.

국민의 눈치가 아니라 벌떼같이 달려드는 시민단체와 여론 때문이다. 재판장인 정준영 부장판사는 2019년 항소심 판결 전에 기업에 준법 감시체제가 있으면 이러한 사건이 발생하지 않을 것이다 해서 삼성준법감시위원회를 주문하고 집행유예를 판결해놓고 이제 와서 실효성이 없다고 말을 뒤집었다. 선대로부터 이어진 무노조를 폐기하고 대국민 사과를 했으며 자녀들한테는 회사를 물려주지 않는다고 선언하는 등 할 수 있는 것은 다하고 법원이 요구한 준법 감시위원회를 만들어 권고사항을 준수하고 하라는 대로 최선을 다했는데도 "피고인의 노력은 긍정적이지만 앞으로 발생 가능한 새로운 위험(부패)에 대한 예방 및 감시활동을 하는 데까지는 이르지 않았다" 하고 실형을 선고하고 구속시켜버렸다. 말장난도 이런 말장난은 없다. 판사의 말을 해석하면 미래에 미리 틀을 만들어 가야 한다는 이야기 아닌가? 상황에 따라 변화하는 것이 순리인 것을 모르는 법원의 무지이다. 들리는 말로 이 부회장은 백신확보를 위해 출국하려 했다는데 국민을 위한 노력도 물거품이 되어버렸다.

이제 모든 기업인들은 교도소 담장을 걷고 있다는 자괴감이 드는 것은 중대 재해법으로 경영자의 책임에서 벗어난 사망사고에도 좌편향 판사를 만나거나 여론에 휘말리면 감옥에 갈 수밖에 없는 처지로 전락하고 말았다. 자원도 없는 한국이 세계적 불경기와 코로나 팬데믹에도 그나마 버틸 수 있고 쌓여가는 것은 나라 부채지만 국민들에게 재난지원금까지 계속해서 줄 수 있는 것은 군사정권에서 농업과 경공업의 산업구조를 중화학공업으로 전환하고 삼성이 반도체 사업을 시작하여 이것이 4차산업혁명에 진입할 수 있는 기반을 마련하여 세계 10위권 내 경제대국이 되었기 때문이다.

이제 ICT 시대에 세계의 상품이 플랫폼시장으로 전환되고 생활에 빅데이터, AI, 5G통신 등을 이용하게 된 것은 우리가 반도체 강국으로 자리매김했기 때문이다. 하나의 사과가 열리기에는 햇빛, 수분에 비료 농약과 노동력 등 많은 요소가 있어야만 하지만 결정적인 것은 사과나무를 심지 않았으면 결코 그 사과를 맛 볼 수 없었다는 사실이다. 아무것도 없는 이 나라 황무지에 반도체의 씨앗을 심은 것은 나이 70이 넘어선 삼성의 이병철 선대회장이고 좌파진영과 정서적으로 이질감을 갖고 있는 삼성재벌이 없었더라면 이루지 못할 미래의 국가기간산업이었다. 일본 내의 방해와 비협조에도 사업보국의 일념으로 이 나라에 반도체 기술을 가져다 심은 것은 미래를 내다보고 애국정신이 없었다면 꿈도 못 꿀 일이었다. 우리는 그 분의 덕분에 지금 그래도 다른 나라에 비해 비교적 탱자탱자하며 먹고살고 있는 것이다.

망국병인 진영논리로 좌파는 재벌을 그냥두지 않고 살진 돼지로 잡아먹을 궁리만 한다. 좌파가 잡은 이 나라 정권은 노조, 시민단체의 지원에 힘입어 집단적 동맹체를 형성하여 국내 최대재벌을 공격하기 시작하였다. 전세계에 최고의 상속세율로 부의 대물림을 어렵게 하니 재벌인 삼성도 편법을 모색해야 했다. 따라서 제일제당과 삼성물산의 합병을 추진했고, 현재 재판 중인 삼성바이오로직스 분식회계도 그 연장선에 있다. 이 모든 것은 대물림을 원천차단하려는 사회주의 성향의 과도한 상속세 때문에 벌어진 일이다.

이건희 회장의 유고에 따른 이재용 부회장의 삼성그룹 경영권 승계 때문에 이 부회장이 물려받은 주식가치만 18조 원인데 그 중 65%에 해당하는 약 12조 원을 상속세로 내야 한다. 상속세 때문에 소장한 미술품까지 팔아야 한다고 하니 당사자에게는 기가 막힐 일이다.

부자는 3대를 가기 어렵다는 말이 있는데 우리나라에 딱 맞는 말이다. 부모가 자식에게 경영권을 물려주려는 것은 정의의 잣대로 보기 이전에 인간 본능에 따르는 자연적인 것이다. 그러나 사회주의 국가나 좌파 성향의 집단은 이를 인정치 않고 최고의 상속세로 부의 승계를 원천적으로 차단하려는 것이다. 평소에는 노조를 부추겨 "재벌 곳간 열어 지금 당장 시급 만 원" 등 시위로 압박하면 검찰은 합병가치를 자의적인 잣대로 범죄로 몰아 기소까지 한다. 제일모직과 삼성물산의 합병 시 삼성바이오로지스 주식가치가 현재의 수익이 없더라도 미래가치를 보고 투자를 하고 그것이 주가에 반영되는 자본시장의 상식도 그들에게는 딴 나라 이야기일 뿐이다.

준법서약을 하고 자식에게 경영권을 물려주지 않겠다고 국민에게 호소했는데 좌파정권에 예속된 재판부는 구속까지 시켜버렸다. 선대회장의 사업보국의 정신과 부친 이건희 회장의 혁신경영을 이어 받아 세계 일류기업을 이끌어가야 할 이재용 부회장이 이 말도 되지 않는 이념싸움에 감옥에 갇혀 쌓이는 스트레스 때문에 맹장이 터졌는데도 특혜를 우려하여 병원이 조치하지 않고 방치한 결과 급기야 복막염으로 번지고 병원에 가서 대장 일부를 절제하는 수술까지 받았단다.

국내 최대재벌의 총수가 교도소 내 일반잡범보다 못한 대접을 받고 생명이 오락가락 했으니 불상사가 났다면 이는 나라의 손해이기도 하다. 가난한 집에 며느리가 들어와 근검과 노력으로 집안을 부자로 만들었는데 이제 살만하니 며느리 박대하고 내쫓는 시어머니의 이야기가 내 머릿속에 회자된다. 이 부회장이 무슨 죄가 있어 감옥에 갔는지? 좌파정권이 이념 잣대로 만든 진영대결이 결국 사태를 이렇게 만든 것이다. 삼성이 그동안 해왔던 삼성장학제도까지 폐지하기로 하였단다. 생각이 있는 사람이라면 곱씹어볼일이다. 기업이란 잘한다고 부추겨야 더 잘하려고 돈을 더 내 놓고 하는 것이지 강요에 의해 낸 돈을 뇌물이라 하여 옭아매고 쪼이고 학대하면 기업도 살 궁리를 해야 한다. 그래서 교토삼굴이 있다. 영리한 토끼는 살기 위해 도망칠 굴을 더 마련해놓아야 하는 것이다.

사회주의 국가의 실패는 기업을 국유화하고 자율성을 침해하기 때문에 귀결되는 당연한 결과이다. 시장경제 민주주의 체제 하에서 사회주의 이념이 골수에 박힌 정치인과 좌파성향 시민단체가 책임을 져야 한다.

일본은 예전부터 상속세를 완화하고 자식에게 대물림을 하는 것에 거부감이 없는 사회를 만들었기에 일본에는 100년 가업기업이 500개인데 우리나라는 10개도 안 된다. 이러고도 우리가 죽창가를 부르고 토착왜구를 외치면 일본을 이길 수 있다고 보는가? 감옥에 있던 삼성 이재용 부회장이 지난 8·15특사로 풀려나 한 달도 안 돼 국내에 180조 투자와 일자리 4만 명을 약속하는 투자고용계획을 발표하였다. 석방시켜 줘 이에 보은으로 발표한 것 같은 억지 춘향 느낌이 드는 것은 그러한 천문학적 투자와 고용을 하려면 오랫동안 검토하고 조율이 되어야 하는 정책이기 때문이다.

국정의 근처에 가보지 않은 경제인을 국정농단으로 잡아넣고 국내의 고용지수는 떨어지니 이제 석방시켜 줄 테니 보답하라는 것이 어찌 보면 조선의 선조가 신료들의 정쟁에 휘둘려 이순신을 잡아넣은 후 원균의 수군이 왜군에 전패하자 이순신에게 다시 싸워달라는 것과 맥락이 같지 아니한가? 생각이 든다. 이 부회장이 죄가 있다면 재벌아들로 대한민국에서 태어난 것이 죄일 뿐이다.

2. 롯데 신동빈 회장

정치 권력을 가진 사람들이 촛불시위로 정권을 잡은 문재인 정부의 국정농단재판에서 롯데그룹 신동빈 회장이 징역 2년 6개월을 선고받고 법정구속되었다. 대한스키연맹회장인 그는 평창동계올림픽을 맞아 선고 다음날 국제스키연맹(FIS) 만찬을 준비하고 있었는데 날벼락을 맞은 것이다. 서울 중앙지법에서 열린 선고에서 재판부(재판장 김세윤)는 대통령이 요구한 K스포츠재단에 준 70억 원을 뇌물로 본 것인데 이는 청탁이라는 증거는 없지만 서울잠실 월드타워 면세점을 재심사에서 구제받은 것을 빌미로 묵시적 청탁이 있었다고 본 것이다.

돈 버는 황금거위로 비유되는 면세점을 5년마다 면허제로 바꾸어 아무 탈도 없이 장사하고 있는 롯데잠실면세점 문을 닫게 하여 직원들과 협력업체를 패닉에 빠지게 하였던 정부가 여론이 나빠지자 추가로 심사하여 구제받은 것이 잠실월드면세점이다. 이는 최순실의 국정농단과 관계없이 기업으로서는 생사가 달린 문제이다. 당연히 재심사에서 구제하여 달라고 정부에 읍소하고 심사기준에 맞도록 철저히 준비해왔기에 다시 면세점 면허를 받은 것이다. 그런데 판사는 사람 마음을 꿰뚫어 보는 독심술을 연마했는지 몰라도 박근혜 대통령 강압에 다른 재벌기업과 똑같이 낸 재단기금을 면세점 면허를 취득하려는 묵시적 청탁이 있었다고 이현령비현령 판결을 내린 것이다.

이재용 삼성 부회장도 1심에서 마음속에서 청탁이 있었을 것이라는 괴상한 논리로 세계 초일류기업 총수를 감옥에 보냈는데 이번에도 롯데 신 회장에게 마음속 청탁이 있었다고 올림픽에 중요한 역할을 해야 할 기업 총수를 또 감옥에 보낸 것이다. 말도 안 되는 그 판사의 논리대로라면 묵시적 청탁을 받고 기준미달인 롯데를 면세점 면허를 발급하여 준 박근혜 전 대통령을 추가 기소하고 담당 관세청장 이하 실무자들도 조사하여 엄벌하여야 할 텐데 이는 꿀 먹은 벙어리인 양 소식이 없다. 롯데는 멀쩡한 성주골프장을 정부 강압에 징발당하고 중국으로부터 가혹한 탄압을 당하여 결국은 수조

원의 손실을 보고 롯데마트를 철수할 수밖에 없는 재수가 엄청나게 나쁜 비운의 기업인데 이번 사법부의 판결은 동냥은 하지 못하면서 밥그릇까지 깨는 얄미운 팥쥐 엄마와 무엇이 다르랴?

신동주 형과 경영권 분쟁을 겪으면서 국정농단의 파고에 어쩔 수 없이 휘말리면서 롯데를 일본의 기업이 아닌 한국의 기업으로 거듭나고자 일본 롯데의 한국 롯데 지배 해소작업에 발 벗고 나선 신동빈 회장이 억울한 권력횡포에 이기는 것은 롯데를 더욱 성장시켜 한일의 롯데가 아니라 세계의 롯데로 만드는 길이다.

3. 대한항공 고 조양호 회장

나와 같은 노인세대가 대한항공하면 생각나는 것이 태극마크를 달고 세계유수의 항공사들과 경쟁하는 비행기의 위용보다도 한국전쟁 후 미군장교의 차량을 고쳐주고 그 인연으로 운송회사를 창업하고 월남에도 진출하여 돈을 벌어 한진그룹을 일구어낸 조중훈 선대회장의 불사조와 같은 도전정신이 더욱 생각난다.

육상, 해상, 항공 등 육해공의 운송분야에 승승장구하여 재벌의 반열에 오른 한진그룹이 시련에 봉착한 것은 그의 아들 조양호 회장이 2018 평창 동계올림픽 조직위원장을 맡으면서 박근혜 대통령의 비선실세 최순실이 추천한 스위스 시설물 건설업체 누슬리의 공사를 맡기지 않았기 때문이다 예전부터 아무리 재벌이라 하더라도 권력 앞에서는 바람 앞에 등불 신세이다. 국내 십대 재벌의 반열에 들었던 국제상사도 전두환 정권의 말을 듣지 않다가 그룹이 산산조각이 난 것이 한 예이다.

한진그룹의 일원인 한진해운은 해외 선박물동량의 90%를 담당하는 국가의 기간산업이나 마찬가지인데 조양호 회장이 권력 실세에 미운털이 박히자 자금지원을 중단하여 법정관리로 내몰렸고 결국은 이로 인해 한진해운은 공중분해되고 조 회장은 이러한 이유로 이승을 하직한 것으로 보여진다. 사망하기 이전에 조양호 대한항공 회장은 열린 주주총회에서 사내이사 선임이 부결됨으로써 대한항공의 경영권을 잃게 되는 사상초유의 사태가 발생하여 본인이 키우고 자식같은 회사에서 쫓겨나게 되었는데 이는 아무리 재벌이라도 정권에 거슬릴 때는 회사는 물론 자신의 건강을 해치고 목숨까지 위험하게 된다는 사실을 극명하게 보여주는 것이다. 이러한 결과는 대한항공 지분 11.56%를 가진 국민연금이 반대의결권을 행사함으로써 가능했는데 이것은 권력의 입김이 작용한 것으로 볼 수밖에 없으며 굴러온 돌이 박힌 돌을 빼내는 단순한 주인만 바꾸는 교체 정도가 아니라 배당이 목적이던 주식투자가 배당을 넘어 주주권 행사라는 이름으로 기업을 창업하고 성장시킨 경영자에 대해 수틀리면 바꿀 수 있다는 나쁜 선례를 만들게 된 것이다. 이는 앞으로 기업경영이 위축될 수 있는 부작용이 분명하게 나타날 것이다.

더욱이 이번 대한항공 사태는 국민의 노후재산을 가지고 정권의 입맛에 맞지 않는 기업들을 회사에서 쫓아낼 수 있다는 경고를 주는 것으로 민간의 자율경영을 침해하는 사회주의 국가에서나 있는 일이기 때문이다. 이러한 사태의 배경에는 노동자의 좌파와 사용자의 우파의 대결에서 정권을 장악하고 있는 문재인 정권이 좌파쪽으로 기울어진 영향 때문이기도 하다.

이를 반증하듯 땅콩회항의 피해자로 민주노총 전국공공운수노조 대한항공직원연대 지부장 박창진 씨와 민변, 참여연대 등 회원들이 대거 참여하여 조양호 이사선임이 부결된 데 대해 환호하는 데서 이번 사건은 결국 한 경영자의 퇴출이 아니라 좌파의 우파에 대한 공격이라 할 수 있다.

물론 조현아의 땅콩회항이나 조현민의 물컵 투척도 매우 잘못한 일이기는 하나 그렇다고 창업주인 조중훈 선대기업을 물려받아 국적 항공사인 대한항공을 글로벌기업으로 일군 경영능력도 감안하지 않고 좌파의 집중적인 공격 앞에 맥없이 쓰러진다면 앞으로 누가 기업을 확장 발전시킬 것인가? 누구라도 매출이 오르면 설비투자를 하여 이 땅의 청년들에게 보다 많은 일자리를 만들어 내기보다 주식가치를 올리고 주주에 환심 사는 화끈한 이익 배당을 해주거나 경영권 방어를 위하여 지분매입에만 치중해야 할 것이다.

그리고 이익만 쫓아다니는 해외 헤지펀드에 목소리도 못 내고 정권이 하자는 일에는 납작 엎드려 예예 하는 것이야말로 경영권을 보전하는 길이다. 동계올림픽 조직위원장으로 권력실세의 부탁으로 국고에 손실이 되든 말든 실세의 뜻에 따르는 것이 자신과 회사를 보호하는 것임을 고 조양호 회장은 그때는 알지 못했을 것이다. 그러나 나라를 생각하고 옳다는 신념에 소신껏 권력의 청탁에 아니요 라고 거부한 고 조회장의 위대함이 그래서 있는 것이다.

4. 해지펀드에 휘둘리는 한국

미국의 해지펀드 엘리엇이 지난 2015년 삼성의 지배구조를 물고 늘어져 경영권을 압박한 일이 있었다. 이는 삼성물산과 제일모직의 합병을 가로막아 명분상으로 주주권익을 내세우나 실은 엄청난 차액을 남기고 먹튀하려는 투기전략이 숨어 있다고 봐야 할 것이다.

삼성은 표 대결에서 엘리엇에 밀리지 않기 위해 개인주주를 일일이 찾아다니면서 위임장을 받아야 했고 10% 지분을 가진 국민연금의 도움으로 엘리엇의 공세를 막아낼 수 있었다. 그러나 정권이 바뀌자 국민연금의 도움을 경영권 승계과정의 묵시적 청탁이라는 죄목으로 삼성 이재용 부회장을 잡아넣어 1년의 옥고를 치르게 하였다. 투기자본인 엘리엇이 이번에는 현대를 노리고 현대차의 지분을 공개하였다.

아직은 1.4%의 미미한 지분이지만 외국인 지분을 우호지분으로 포섭하여 공격할 수도 있다. 기업이 돈을 많이 벌어 자사주를 소각하여 주주가치를 높이고 주식배당을 많이 해주면 좋을 듯 보이지만 그것보다 더 중요한 것은 연구개발에 투자하여 신제품을 만들어 내고 시설투자를 하여 고용을 증진하고 미래 먹거리를 위해 과감한 인수합병을 추진해야 하는 것이다. 그런 점에서 지난번 삼성이 반도체로 얻은 막대한 수익 50조에 이르는 자사주를 소각하고 주식을 50분의 1로 쪼개고 주주에게 현금배당을 사상최대로 한 것은 엘리엇같은 투기자본에 좋은 일이지만 국내에서 직장을 바라는 청년들이나 투자를 바라는 협력업체에게는 빛 좋은 개살구일 따름이다. 국가적으로 바람직하지 않은 것이다.

적폐청산을 한다고 삼성합병에 국민연금이 개입했다고 문영표 전 복지부장관을 사법처리하니 엘리엇은 이를 증거로 국가가 개입하여 7,100억 손해 보았다고 투자자-국가 간 소송(ISD)을 걸어왔다. 시장에는 국경이 없고 돈의 이동도 국가가 없다. 글로벌 경쟁사회에서 정부가 기업을 도와 외국의 헤지펀드에 대항력이 있도록 도와줘야 하는데 그렇지 않아 하는 말이다. 옛말에 도둑질도 손발이 맞아야 한다는데 정부와 국내기업이 이렇게 엇박자가 나니 외국 투기자본에 빌미를 줄 뿐이다.

5. 승자 없는 특허분쟁

민물조개와 황새 둘이 서로 싸우다 지치는 것을 보고 지나가는 농부가 두 마리를 한번에 잡았다는 비유가 있는 어부지리는 이익을 보는 자는 싸움의 당사자가 아니라 엉뚱한 제3자에 있다는 뜻으로 우리 사회에서 재판 두 번 하면 재산 다 말아먹는다는 이야기가 현실감있게 다가오는 것은 분쟁에는 변호사 선임이 필수적이고 그 비용이 만만치 않다는 데 있다.

재판에서 져도 문제지만 이겨도 성공보수라는 추가부담이 돌아온다. 그래서 현대사회의 특허소송은 승자가 없이 만신창이 승리로 끝나는 일이 많다. 세기의 특허분쟁인 삼성과 애플의 싸움이 7년의 기나긴 싸움 끝에 서로 합의하고 특허전쟁의 종지부를 찍었다고 한다. 그래서 뉴욕타임스는 "양사는 아무것도 쟁취하지 못한 소송이었다. 유일한 승자는 로펌이다" 하고 비꼬았다. 로펌은 소송을 대리하면서 수억 달러의 수익을 챙긴 것으로 알려졌다. 삼성이 스마트폰의 제품인 갤럭시의 외양 둥근모서리가 애플의 디자인을 침해했다고 시작된 특허전쟁이 격자형태의 앱 배열, 통신 등 핵심기술과 디자인 등 가리지 않고 한국, 미국, 영국 등 9개국에서 전개된 전방위 특허전쟁이었다. 특별한 것이 아닌 휴대폰의 둥근 모서리가 디자인 특허가 될수 있는 것은 지적재산권은 생활주변의 사소한 것도 먼저 출원하면 권리를인정받으면 후발업체에 배타적 권리를 행사할 수 있기 때문이다.

기업하는 사람에게는 특허분쟁은 일상생활처럼 온다. 모두가 나만의 창작이라고 하여 제품을 만들었는데 누구나 보는 인터넷에 있는 사진을 카피하여 카달로그에 실었는데 특허침해를 하였다고 쟁송에 휘말리는 사례가많다. 필자에게도 일화가 있다. 상당히 오래전 중소기업청에서 시행하는 홈페이지 제작 지원사업에 신청하여 선정되어 홈페이지를 만든 일이 있다. 물론 홈페이지를 만든 업체는 중소기업청과 업무협약을 맺는 별도의 제작업체가 디자인, 색상, 목차 등 그들이 선정하고 작업한 결과이다. 몇 년이 흐른 후 어떤 법무법인의 경고성 내용증명이 우리 회사로 날아왔다. 회사 홈페이지에 있는 배경으로 들어간 구름 형상이 등록된 자기들의 지식재산권을 침해했으므로 형사처벌 받지 않으려면 합의하라는 통첩이었다. 홈페이지가 우리 회사 것은 맞지만 구름 형상을 선정하고 제작한 것은 우리가 한것이 아니라 해도 소용이 없었다. 결국 경찰서에 가서 조사받고 난 후에도계속하여 위협적인 내용증명이 계속되었다.

지식재산권은 신고만 하고 경과 기간을 지나면 권리를 인정받고 있어 사진, 디자인, 형태까지 먼저 신고하고 출판이나 영상물 제작 시장에 방치한다음 이를 이용한 업체들을 찾아내어 돈벌이에 나서는 것이다. 그 구름 형상은 언제가 한의원에 침 맞으려 침대에 누워 있으니 천장벽지도 똑같은 구름 형상이었다. 창작품이 아니어도 특정 형상을 미리 지적재산권으로 받아 놓고 미리 공공재로 퍼트려 놓은 다음 변호사를 끼고 먹잇감을 찾아나서는 것이다. 별것 아닌데도 쟁송에 휘말리면 다른 일도 못하고 피곤하게 스트레스받는 것이 특허분쟁이다. 분명하게 특허출원 전에 상대의 기술을 살피고 더 낮은 진보성을 인정받아 특허등록을 받았다 하더라도 상대가 권리심판이나 특허무효소송을 걸어오면 기나긴 돈 싸움이 시작되는 것이다.

오래전부터 연구기술 유출과 직원 빼내가기 등으로 싸움을 벌였던 우리나라의 LG와 SK의 배터리 전쟁이 미국에서 소송으로 서로 일전을 불사했으나 SK가 LG에 2조 원을 주는 것으로 서로 합의를 했지만 SK와 LG가 미국에 서로 투자를 하도록 만들었으니 진짜 승자는 미국의 바이든 대통령이다.

5. 재벌의 상속세

상속세는 개인의 사망으로 가진 재산이 가족이나 친족에게 이전될 때 부과되는 세금이다. 재벌은 회사의 가치를 주식으로 평가하고 그 주식을 상속받는 사람이 상속세를 내고 주식에 대한 소유권을 갖는다. 상속세를 부과하는 것은 부의 균등한 분배실현을 목적으로 한다고 하나 사실은 정부의 알짜배기 세원을 그냥 놔둘 수가 없어 부과하는 것으로 소득세를 내고 축적된 재산을 아들에게 물려준다고 하여 다시 세금을 매기는 것은 이중과세라는 논란도 있지만 캐나다와 같이 종합소득세에 포함하여 부과하는 나라가 있는가 하면 별도로 상속세를 만들어 부과하고 세율이 나라마다 큰 차이가 있다. 상속세 부담이 커지다 보니 콩나물 팔아 모은 전재산 몇 백억 원을 대학교에 기부한 훈훈한 미담도 자주 생겨나는 것도 따지고 보면 과도한 상속세가 일정 작용한 것으로도 볼 수가 있을 것이다.

없거나 자식에게 물려주고도 부모 대접도 못 받을 바에야 자선단체, 종교단체, 교육기관 등에 기부하고 이름 석 자 남기려는 사람도 늘어나고 있는데 기부금은 상속세 면제를 받기 때문에 자연스럽게 상속보다 기부하는 쪽으로 가는 것이다. 사회에서 모은 재산은 사회로 돌려주는 것은 재(財)의 순환으로 자연의 섭리와 같은 것이다. 그러나 자식은 효도와 관계없이 나를 통하여 나의 혈육이 이어지는 것이기에 내 자식에게 일정 부분 대물림은 필요하다고 본다.

요즘같이 천륜을 버리고 부모 자식 간에 칼부림이 나는 세상이다 보니 상속세를 더 강화해야 한다는 여론도 있다. 영국 제조업 자존심으로 통하는 다이슨이 본사를 싱가포르로 옮기려 했던 이유는 상속세가 주된 이유라고 알려진 바 있는데 영국은 상속세가 40%인 반면 싱가포르는 양도소득세와 상속세가 없기 때문이다. 이처럼 상속세는 기업오너에게는 투자와 본사 이전까지 생각할 수밖에 없는 심각한 생존의 문제이다.

지난 4·28일 삼성 유족들이 발표한 이건희 삼성전자의 유산은 26조인데 약 절반인 12조를 상속세로 납부한다고 한다. 우리나라의 상속세는 징벌적 상속법으로 최고세율이 50%로 최대지분 상속에는 할증 20%가 더해 최고 60%까지 올라간다. 상속세가 높기로 유명한 미국과 영국보다 10% 높고 독일 30%보다 훨씬 높다. 이웃 일본은 가업상속에 대해서는 상속세를 유예나 면제해주고 있는데 우리는 그나마도 없다. 기업이 자식에게 가업을 물려주지 못한다면 개인의 손해가 아니라 국가의 손실로 돌아온다. 100년 가업을 이어가는 기업이 손꼽을 정도의 우리나라의 기업수명은 우리 국민이 만들어낸 것이다. 남 잘되는 것 배 아파하는 국민정서에 정치권이 짬짬이를 하는 것이다. 이처럼 우리가 부의 세습을 차단하면 세수는 증대할지라도 기업이 재투자하고 일자리를 더 창출하여 경제 파이가 커지는 큰 이익을 발로 걷어차는 것이다. 얼빠진 친구들의 환호가 들리는 듯하다.

이재용 부회장을 감옥에 처넣으니 3조 원이 넘는 국보급 미술품 등이 국가에 들어오고 12조가 넘는 상속세도 걷히니 대한민국 파이팅이라고 외치는 소리가 들리는 듯하다. 삼성그룹이 국내 GDP의 1/4을 받쳐주고 법인세의 약 1/5를 납부하는 기업인데 삼성이 납부할 상속세는 어차피 복지 푼돈으로 흩어질 돈인데 상속세를 대폭 감면해주면 더 많이 투자하여 이 땅의 청년들에게 일자리를 창출하고 세금을 더 많이 납부할 것인데 이보다 더 좋은 방법이 어디 있는가?

시가가 10조 원에 이른다는 한국 고미술품과 국내외 미술 걸작품 2만3천 점을 통째로 나라에 바쳤다. 그동안 재벌탐욕, 비리삼성하고 공격하던 사람들! 이제 무슨 말이라도 해야 할 것 아닌가? 눈앞의 이익에 황금알을 낳는 거위의 배를 갈라 보니 똥밖에 없다는 이솝우화 교훈을 모르는 사람들이 너무 많다.

눈에 보이지 않는 코로나 19도 마스크 쓰고 방역수칙 지키면 확진자가

줄어들지만 규제를 풀면 늘어나는 것을 보아왔다. 개인의 건강관리도 어렸

을 때부터 체질에 맞는 맞춤형 관리를 하면 늙어서도 건강을 유지할 수가 있

고 의료비용이 절약된다. 의료는 개인의 서비스가 아닌 국민이 누려야 할 기

본권리로서 국민의 건강은 국가의 국력이 된다. 질병은 미리 예방하는 것을

우선하는 가정전문의제도를 이제 뿌리내려야 한다. 현행 의료보험제도는 병

이 발생한 다음 치료비를 지원하는 고비용 저효율 정책으로 건강보험의 재

정압박을 가져온다. 국민의 건강을 처음부터 책임지고 전담하는 국민건강관

리청의 신설을 바라본다

3부

국민의
위기와
대안

1장
재난 및 재해

1. 수해 재난은 주기적으로

2020 경자년에 대한민국 어디랄 것도 없이 전국적으로 수해가 몰아닥쳤다. 강원도 철원에는 500mm가 넘는 폭우에 수많은 마을이 잠겼고 임진강 군남댐은 위험수위에 도달하였다. 2016년 10월에는 가을 태풍 "차바"가 부산, 울산을 할퀴고 지나갈 때 영화 해운대의 악몽처럼 해운대의 마린시티에 바닷물이 쓰나미처럼 밀려들어 집채보다 큰 파도들이 방파제를 가볍게 넘어 부산 번영의 상징인 해안 도로변 마린시티의 고층주상복합아파트 유리창이 깨지고 도로와 주차장이 물바다가 되었다.

작년에도 장마철 시작부터 폭우로 쏟아지니 부산시 동구 초량 지하차도에 차량이 물에 잠겨 3명이 사망까지도 했다. 섬진강 제방이 유실되어 남원, 곡성, 구례에 이어 하동 화개장터까지 수마가 휩쓸어 갔다. 전국에 많은 산사태와 사상자가 발생하였다. 2011년에 서울 서초구 우면산 산사태 등으로 70명이 넘는 사망자가 발생하였는데 약 10년 만에 발생한 경자년에도 이에 못지않게 재산피해가 발생하였다.

시베리아에 30°가 넘는 이상기온에 산불이 일어나고 남극 및 알프스의 빙하가 녹아내린다는 기상이변은 사람이 만들어낸 온난화라는 데 이견이 없으니 대한민국이라고 비켜가지 않는다.

문제는 재난재해사고가 왜 거의 9~10년을 주기로 큰 재앙이나 수해가 일어나는가에 있다. 한국은 지정학상 동방 목(木)에 속하며 목에서도 약한 을목(乙木)에 해당한다. 경자년의 경금(庚金)이 을목(乙木)을 치고 지지(支地)의 신자진(申子辰)이 수국(水局)을 이루어 물난리가 난다고 역술인들은 풀이한다. 세계의 중앙을 어디로 보느냐에 따라 해석이 다르지만 지구의 지표상 중앙을 동양학적으로 곤륜산을 가리키는데 즉 지금의 히말라야산맥과 중국 신강 자치구의 곤륜산맥 사이 평원을 세계의 중앙 지붕으로 본다. 따라서 중심지에서 중국이나 한국을 방향성으로 볼 때 동쪽이 되어 음양오행으로 목(木)에 해당 금(金)의 운(運)이 해당하는 해에 재난재해 및 큰 사고가 많이 난다는 것이다. 즉 금극목(金克木) 하니 쇠가 나무를 치게 되어 혼쭐이 나는 것이다. 중국도 경자년(庚子年)에 큰 사고가 많이 났고 한국도 경인년(庚寅年) 등 금(金)의 운(運)에 사고가 많이 났다.

중국은 1840년 경자년에 아편전쟁으로 서양에 무릎을 꿇고 홍콩을 양도했으며 그 뒤 60년 후에 경자년에는 의화단사건으로 서양과 전쟁을 치르고 반식민지 상태로 빠졌으며 이어 60년 뒤인 1960년 경자년에는 그 유명한 모택동의 참새가 농사를 망친다는 참새 박멸로 인해 결국 흉작이 들어 3,000만 명이 굶어 죽은 대약진운동이 일어난 해이다. 이제 2020 경자년 샨샤댐 붕괴까지 나올 정도로 폭우가 쏟아진 장강 일대에 이재민만 남한 인구와 같은 5,000만이 넘어섰다고 한다. 한국도 조선시대 총독부 자료에 의하면 1915년 을묘(乙卯)년 대홍수에 이어 1925년 한강물이 광화문까지 들이닥쳤다는 을축(乙丑)년 대홍수는 사흘간 650mm 폭우가 쏟아져 가옥 7만 채가 피해를 입었고 1935년 을해(乙亥)년에도 역시 큰 홍수가 일어난 것으로 기록되어 있다. 을과 경의 천간합은 금(乙과 庚의 天干合은 金) 비유하면 한국이라는 나무에 금운(金運)이나 토운(土運)이 오게 되면 꼭 생체기가 생긴다.

1910년 한일합방, 1919년 기미년 삼일만세사건, 1929년 광주학생항일운동, 1940년 일제의 전시체제로 국민탄압(조선, 동아 폐간, 전시체제 등) 1950년 6·25사변, 1960년 4·19 의거, 1970년 최대의 사고로 최다의 인병피해(와우apt붕괴, 모산건널목참사, 한진고속 추풍령사고, 남영호(326명 사망 침몰사고) 등을 기록했고 1980년엔 5·18 광주사태로 나라가 휘청거렸다. 이처럼 큰 사건이나 재해는 의도적이지 않게 주기적으로 찾아온다는 것이다. 그렇다고 해서 십 년 만에 오는 경금운(庚金運)이 도래하면 꼭 큰 사건이 나는 것이 아니라 약하게 올 때도 있고 생체기 없이 그냥 넘어갈 때도 있지만 확률상 주기적으로 오는 것은 틀림이 없다고 봐야 한다.

이는 사람에게도 바이오리듬이라고 하여 신체 리듬, 감성 리듬, 지성 리듬의 활력도가 일정한 주기로 달라지고 있는데 신체 리듬은 23일을 주기로 근육세포가 지배를 받아 건강상태에 영향을 주고 감성 리듬은 28일 주기로 교감신경계가 지배를 받아 정서와 감정에 영향을 주고 지성 리듬은 33일 주기로 뇌세포 활동을 지배하여 사고력과 판단력에 영향을 미친다. 신체, 감성, 지성의 리듬은 각각의 주기별로 상향과 하향곡선을 그리면서 인간을 컨트롤한다. 따라서 이러한 바이오리듬을 서양에서는 산업, 의학, 비행, 운수, 스포츠 등 여러 분야에서 재해예방 및 능률향상을 위해 이용하고 있다.

예를 들어 항공사들이 조종사의 바이오 리듬인 신체, 감성, 지성이 한꺼번에 최저치로 떨어지면 비행기 승무를 제한하고 스포츠 선수들이 각각의 리듬이 동일하게 최고치에 합쳐지면 경기에 나가 우수한 성적을 내는 것이다.

필자도 50년 전 서울서 시내버스 운전을 할 때 역술인들이 사람의 일진을 점치는 방법 중의 하나를 응용해보았는데 이는 그 사람의 사주와 대운에 그날이 갖는 해, 월, 일의 숫자를 조합하여 주역(周易)의 64괘를 추출해내는 방법인데 접촉사고라도 나는 날은 꼭 그날의 일진이 주역의 진위뢰(震爲雷)괘나 산수몽(山水夢)괘 같은 4대 난괘가 있는 날에 생기는 것을 보고 우주자연 섭리 속에 인간이 존재한다는 것을 알았다. 말해줘야 모르고 당해봐야 하는 기운의 조화이다.

달나라를 가는 현대사회에 미신이라고 묵살하기보다 이순신 장군도 전쟁에서 육효점을 친 것처럼 맞선이나 면접같은 중요한 일에는 현대인들도 바이오 리듬을 이용하는 것도 도움이 된다. 바이오 리듬이 상향곡선에 있을 때 만나보는 것이 좋은 결과를 가져다 줄 확률이 높기 때문이다. 바이오 리듬이나 주역의 64괘나 소우주인 인간이 대우주의 섭리에 따라 사람마다 각각 진행되는 생명의 파동이다. 그래서 바이오 리듬이 낮을 때 안 좋아할 필요가 없고 바이오 리듬이 높을 때 좋아할 필요도 없다. 순리에 따라 이용을 잘하는 사람이 성공하고 실패를 줄인다.

이처럼 주기를 잘 활용한다면 국가대사에 도움이 된다. 전자에 설명하였듯이 확률에 의해서 작년 경자년에는 먼 과거의 예를 살펴봐도 장마철도 길고 큰 비가 와서 물난리가 날 가능성의 해로 예상할 수 있다. 그렇다면 댐수위를 미리 낮추어 대비했더라면 작년 섬진강댐에 갑작스레 방류하여 제방이 터지게 만들어 남원, 곡성, 구례에 물난리를 만들지 않았을 것이다. 지구

온난화로 기상이변은 있는 것이지만 주기에 따라 가뭄과 홍수가 오는 것이기에 통계주기를 잘 살펴 이를 재난에 대비하는 것이 좋다.

2. 폭우와 장마

문재인 대통령은 작년 7, 8월의 엄청난 폭우로 전국토가 수해 피해를 입자 "4대강 보가 홍수조절 능력에 얼마나 기여하는지 실증분석할 기회라며 4대강 보의 영향에 대해 깊이 있는 조사와 평가를 해달라"고 했다. 보는 물을 가두는 것으로 기본적으로 가뭄대비용인데 홍수에 영향을 검증하라고 한다. 말씀 자체가 본질을 벗어난 것이다. 우리나라는 유럽과 달리 6, 7, 8월 강우기에 비가 집중적으로 내린다. 계절에 강우 편차가 극심하여 그래서 건기에서 농사용물은 부족하지만 먹는 물까지 없어 고통을 받고 있다. 한반도 대운하의 원죄를 갖고 있는 4대강 사업은 물저장 그릇을 크게 하여 가뭄 시에 이용하는데 있다.

언제인가 보령댐이 말라 보령시민들이 당장 먹을 물이 급해지자 당시 안희정 충남지사는 꼭 받아야 할 예비타당성조사를 면제받고 공주보에서 보령댐까지 도수로 공사를 시행하여 급박한 물부족 사태를 해결하였다. 4대강 사업이 없었더라면 생각만 해도 끔직한 상황이 올 수 있던 것을 해결할 수 있었던 것도 4대강 때문이었다.

이 시대의 트렌드인 환경이 힘을 얻자 물관리의 기관인 한국수자원공사가 국토부에서 환경부 산하기관으로 관할이 바뀌었다. MB정부 때 4대강 사업을 추진했던 국토부에 환경단체와 시민단체가 정권 요소요소에 포진했으니 수자원공사가 현 정권에 이쁠 리 없는 국토부에서 환경부로 뺏겼다고 봐야 할 것이다. 문제는 그동안 국토부는 말 그대로 물그릇을 강조하는 수량관리부처이고 환경부는 녹조 등을 해결해야 하는 수질관리 부처이기 때문에 이를 수량수질을 함께 관리하다고 하여 환경부로 옮긴 것이다. 당연히 국토부는 지금까지 댐관리에서 폭우를 대비하여 저수위를 낮게 운용했고 따라서 섬진강의 경우 2017년엔 장마 직전 저수율을 33%에 유지하였는데 2018년 환경부로 이관된 후로 수질 때문에 저수율을 훨씬 높여 운용했고 장마가 한창인 7월말 85.7%로 유지하여 홍수기 제한수위인 196.5m 보다 11m낮은 185.3m까지 다다랐는데도 방류량을 초당 3~30톤 수준으로 하다가 계속 비가 쏟아지고 급기야 8. 6일에는 193m까지 치솟자 폭우가 내린 7일과 8일에 댐이 넘칠 우려에 부랴부랴 홍수조질을 위해 방류량은 초당 1,868톤으로 쏟아내 버린 것이다.

도대체 정신이 제대로 박힌 사람들이라면 주먹구구식 수위관리를 했다는 이야기인데 이로 인해 섬진강 유역의 남원시 금지면 제방이 터지고 곡성, 구례까지 막대한 재산피해를 안겼다. 주택이 침수되고 그동안 땀 흘렸던 농작물이 몽땅 쓰레기기 되고 자식 같은 소들이 흙탕물에 수백 마리가 떠내려가고 폐사한 이번 수재에 대통령께서 하신다는 말씀이 4대강의 홍수 조절 능력을 분석하라니? 수해 피해가 난 용담댐의 무주, 영동, 옥천, 금산과 섬진강댐 피해가 발생한 곳은 4대강 사업이 없었던 곳으로 다르지 않는 바 하천유역 관리 경험이 그동안 없었던 초짜 환경부가 댐관리 기관 수자원공사와 합작으로 만들어낸 완벽한 인재인 것이다.

문재인 대통령이 적폐로 본 4대강의 보를 개방하고 허물자고 지시한 후 3년이 지난 다음 오히려 수질이 더 나빠졌다고 한다. 환경부가 4. 13일 발표한 것에 의하면 금강, 영산강, 낙동강 등에서 11개 물막이 보(洑)를 개방하여 수질을 측정한 결과 녹조류는 감소했으나 일반적인 생물화학적산소요구량(BOD)과 인(P) 함량은 오히려 나빠진 것으로 나타났다고 밝혔다. 이는 보를 개방하게 되면 충분히 예상했던 것으로 물을 보에 가두어두지 않아 빠르게 함으로써 녹조류는 감소하게 되나 보가 없으면 담수량이 적어지고 따라서 수질이 나빠지는 것은 상식에 속하는 것인데 이념적 사고로 하상계수(최대유량과 최소유량 차이)가 큰 4대강에 보가 절대적으로 필요한 것임에도 이를 죄악시한 대가인 것이다.

50여일이 넘는 장마비로 댐이 방류수를 한꺼번에 쏟아내니 제방이 터지고 마을이 침수되었다. 내 고향 남원시의 금지면에 섬진강둑이 터지니 삶의 터전인 마을은 물론 인근 구례 5일장터와 하동의 화개장터까지 물에 잠기고 농민이나 상인이나 깊은 시름에 망연자실할 수밖에. 고향이 남원이라 십시일반 힘을 보태야 하겠기에 남원시에 수재의연금을 전달하려고 중소기업은행에서 일천만 원 자기앞수표를 끊어가지고 약속시간에 남원 시장실에 찾아갔더니 시에서 준비한 수재의연금기탁 기탁증서까지 들고 사진까지 찍었으나 막상 시에서는 돈을 직접 받지 못하게 되어 있고 사회복지공동기금회를 통해서 받도록 되어 있단다. 지정기탁제가 되어 있어 남원시에 돈이 갈 수는 있어도 사회복지공동모금회라는 기관의 설립 취지상 그 돈은 저소득층을 대상으로 하여 돈을 주는 것이지 수해이재민이나 특정마을이나 단체에게 지불하려면 심의를 통과해야 수재의연금을 기탁 받을 수 있다고 한다.

국가에서 운영하는 재해구호협회는 수재의연금을 받으나 지정기탁을 허용하지 않아 특정시군을 지정하여 돈을 보낼 수도 없었다. 물난리로 모든 것이 떠내려가고 몸만 있는 게 수해 이재민들인데 대단위 비닐하우스를 하고 소를 수백 마리 키운다고 하면 저소득층이 아니라서 지원을 받을 수가 없단다. 피해현장을 누구보다 잘 알고 누가 돈과 구호품이 절실한지는 해당 지자체가 잘 아는데 기탁금을 직접 받지 못하고 사회공동복지모금회를 통하여 저소득층만 남원시 담당자가 수재의연금 수령증만 수령할 수 있다고 한다. 회사는 수령증이 공제처리가 되지 아니하니 기부금 영수증이 되어야 세제 혜택을 받을 수 있다. 수령증은 뭐고 영수증은 무엇인가? 남원시 담당자가 일주일이 지나 돈을 어디로 입금했는지 물어왔다. 급히 사회복지공동모금회에 전화를 걸어 남원시에 지정기탁으로 입금했는데 돈이 안 들어왔다고 하는데 어떻게 된 것인지? 물어보니 출처를 알 수 없는 돈이 그 날짜에 입금되어 있어 그대로 보관하고 있었는데 조금 전에 남원시와 통화 후 남원시 기탁으로 확인되어 보낼 예정이란다.

남원시에서 입금계좌번호만 주고 이를 사회복지공동모금회와 사후 업무처리를 안 한 것 때문에 벌어진 해프닝이었다. 명색이 국가기관과 지자체의 일 처리가 개인회사보다 못하다. 남원시에 인접한 곡성군에도 수마가 할퀴어 그냥 말 수 없어 지인을 통해 수재의연금 기탁 의사를 표명했더니 돈은 받을 수 없고 대신 수재민들에게 현재 제일 필요한 선풍기로 기부해달라고 한다. 옷이나 가재도구 할 것 없이 모두가 물에 잠겼는데 이를 말리려면 선풍기가 필요한데 집집마다 선풍기가 물에 잠겨 다 못쓰게 되어버렸고 그래서 장마 후 폭염에 수해민들이 제일 필요한 물품이란다. 신일선풍기 대리점에 100대를 주문하여 8. 20일 곡성군청으로 직배하기로 하여 군수님과 물품 전달식을 갖기로 했는데 밤중에 복지과장님이 연락이 왔다. 코로나 때문에 물품만 받고 전달식은 차후에 했으면 좋겠다는 것이었다. 수해에 코로나에 참으로 힘든 2020년이었다.

3. 쏟아지는 폭우 때문에

2020년 여름 40일째 진행되는 장마 막바지에 양동이에 담아 퍼부어대는 폭우로 앞이 안 보였다. 비상등을 키고 호남고속도로 논산IC를 지나오는데 옆 차선의 대형트럭이 지나가면서 엄청나게 튀는 물에 한 치 앞이 안 보여 반사적으로 속도를 줄였더니 뒤 차량이 쿵 들이받는다. 그 즉시 노변으로 차를 빼놓고 하느님께 감사드렸다. 원래 고속도로 사고는 연쇄 충돌이거나 빗길에 차가 돌아버리는데 그게 아닌 게 천만다행이었다. 사고 이유를 따지자면 누구의 잘못인가? 큰 폭우에도 물 빠짐이 즉시 되도록 고속도로를 만들지 못한 도로공사인가? 아니면 물바다 같은 물고임도 무시하고 거칠 것 없이 옆에서 추월해 가버린 대형트럭 때문인가? 그게 아니면 그 튀는 물 때문에 시야가 앞을 가려 반사적으로 속도를 줄인 필자인지? 아니면 빗길에 속도를 줄이지 못해 앞차를 받아버린 뒤따라오던 차량인지? 따지고 보면 사고의 인과관계는 모두가 얽혀 있는 것이지 누구 혼자만의 잘못이 아닌 것 같다. 그러나 법과 규범이라는 잣대는 앞차를 받은 가해 차량만이 모든 것을 책임지게 된다.

우리 사회의 모든 문제도 이와 같이 서로 유기적으로 연계가 되어 있기에 문제를 풀려면 이러한 유기적인 판단이 필요하고 그것이 정답이다. 이번 수해에는 전국적으로 많은 피해를 가져왔지만 내 고향이 특히 심했다. 남원시의 금지면 제방이 터지면서 남원시와 곡성군과 또 인근 구례읍이 침수되면서 조영남이 부른 경상도와 전라도가 만나는 화개장터 또한 침수되었다. 이것이 천재인지 아니면 인재가 원인인지 구설이 분분하다. 임실군에 있는 섬진강 댐이 폭우로 위험수위에 이르자 갑자기 3배나 되는 많은 물을 방류하여 제방이 붕괴되었다고 피해 지자체들이 수자원공사에 책임을 묻고 항의를 하였다. 수자원공사야 매뉴얼에 따라 수위관리를 했다고 발을 빼면 그렇다면 제방을 200년에 한 번 닥치는 폭우에도 견디도록 만들지 못한 해당 남원시의 책임인가? 아니면 본류에 지류가 연결되는 부분이 90°가 되어 피아골의 물이 섬진강에 빠져나가지 못해 침수된 화개장터처럼 하천 기본을 잘못되게 만든 해당 지자체인가 이처럼 세상은 유기적으로 연결되어 있기에 책임소재도 유기적으로 판단하여 다시는 이러한 재난이 재발되지 않도록 했으면 좋겠다.

4. 4대강 사업

이명박 전 대통령의 치적을 들자면 서울시의 청계천 복원사업과 중앙버스전용차로제를 도입하여 수도 서울의 심장부를 흐르는 청계천을 시궁창의 오명에서 시민들이 쉴 수 있는 휴식공간으로 만들어줌으로써 서울을 국제도시로 위상을 높여준 것이며 서울시민들이 이용하는 대중교통인 버스를 교통체증에 시민들의 불만이 높아갈 때 승용차보다 더 빠르게 목적지에 갈 수 있도록 버스를 위한 중앙전용차로제를 시행하여 공공성을 확보한 서민 정책 때문이었다. 그러나 대한민국 국민들의 대부분이 이명박 정부가 22조 원의 사업비를 들여 한강, 낙동강, 금강, 영산강의 담수량을 확보하기 위한 보를 설치한 사업은 칭찬보다 반대파로부터 두고두고 공격의 빌미를 제공 하고 욕은 잔뜩 얻어먹은 사업이다.

지구온난화에 따른 기후변화 등으로 인하여 한국 등과 같이 폭우와 가 뭄이 자주 발생하는 기상조건하에서 하천수를 다량의 용수를 확보하기 위 하여서는 댐이 필요하나 한국에서는 동강댐 추진이 좌절된 이후 주민반대 와 환경문제 때문에 다목적댐은 더 이상 추진할 수 없었다. 현대건설 사장 출신인 이명박 대통령은 처음에는 한반도대운하를 선거전에 공약으로 내 걸었다가 실효성 문제와 반대여론이 우세하자 당선 후 4대강 사업으로 전 환한 것이다.

4대강 사업은 말 그대로 흐르는 하천에 보를 가로질러 건설하는 것으로 댐보다는 작으나 물그릇을 크게 하여 가뭄에 대비하고 하천유휴지를 개발 하여 시민들의 휴식공간도 만들고 막대한 모래가 생산되는 수익을 얻자는 일석삼조의 사업이었다. 이러한 대규모 토목사업은 사업의 타당성을 면밀 히 검토하고 주민들의 동의와 환경문제를 전문가들에게 연구용역을 주어 충분한 분석과정을 거쳐 시행해야만 했다. 그러나 대통령 임기 내에 하려는 조급함은 당연히 하게 되어 있는 예비타당성을 생략하고 속전속결로 밀어 붙인 결과 환경단체와 반대세력으로부터 퇴임 후에도 공격의 소재가 되어 버렸다. 우리나라는 여름철에 강수량이 집중되는 바람에 강우기에는 하전 에 많은 유량이 흐르지만 평사시와 갈수기 때는 하천 바닥이 들어날 정도로 물이 흐르지 않는다. 이처럼 갈수기와 강우기에 유량편차가 있는 경우 본류보다 지류나 지천에 물그릇을 만드는 게 원래 합리적이다. 이는 본류에 흐르는 물도 지류지천에서 흘러나온 물이 합쳐진 것으로 비가 내리는 유역면적은 지류지천이 훨씬 넓음으로 홍수방지와 가뭄대비 저류조를 만든다면 4대강의 본류보다 4대강으로 모아지는 지류지천에 물을 담수하는 정책과 기술을 개발하는 것이 맞는 것이었다.

이는 4대강 사업처럼 본류에 보를 쌓는 경우 이득도 있지만 흐르는 수압을 보로 막아 견뎌야 하기에 구조적으로 안전한 보를 건설하려면 천문학적 공사비가 소요되고 하천(수로)을 이용하는 운송수단을 기대할 수 없고 넓은 하천부지를 마련해야만 홍수예방에 기능을 갖는다는 것이다.

상기와 같은 본류에 건설하는 보 대신 지류지천에 저류조를 구비하여 4대강 사업의 이상으로 물그릇을 크게 하고 가뭄 시에 유용하게 용수를 활용하는 방안을 필자가 제시하여 본다. 이는 본류에 보를 설치하여 큰 물그릇을 갖는 것보다 지류지천에 작은 저류조를 많이 만들어 4대강 보보다 더 많은 물그릇을 확보할 수 있기 때문이다. 상기 저류조는 물을 가로막는 보의 형태가 아니라 지류지 천변에 인접된 유입수로를 통해 지류지천과 같은 방향으로 병행하여 건설함으로써 해결할 수 있다. 제시한 지류지천의 저류조는 지류지천의 제방이나 둑방과 붙어 있는 하천변 도로를 재축조하여 이용할 수 있으며 강우기에 많은 물이 하천에 흐를 때 지류지천 저류조에 저장하고 갈수기에는 하천에 물을 흘려보내 본류에 항상 일정한 물을 흐르게 하는 하천유지용수 기술이다. 충남의 보령댐은 2015년 극심한 가뭄으로 저수율이 10%까지 떨어지자 금강물을 도수로를 받아 위기를 모면하였는데 지류지천의 하천유지용수 저류조는 가뭄과 홍수를 예방하는 유용한 필수시설로 4대강의 후속사업으로 검토되어야 한다.

4대강 사업 이후에 지류지천 사업에서 수중보사업이 전국적으로 일부 지자체에서 시행되었으나 뇌물사건으로 비화, 업자와 공무원까지 자살하는 소동이 있은 뒤로는 사업이 거의 자취를 감추었는데 이는 수중보 자체가 하천을 가로지르는 보로 홍수방지와 가뭄대책에 제한적인 효과 때문이기도 한 것이다.

유럽은 평균적으로 사계절 적은 비가 연중 내리기에 강물에 일정한 유량을 유지하여 하천을 이용한 관광, 물류운송 등의 산업이 발달했지만 우리나라 같이 강우기와 갈수기의 편차가 심한 경우에는 이를 기대할 수가 없고 따라서 지류지천에 많은 저류조를 건설하여 갈수기에도 4대강의 하천에 많은 물이 흐르도록 하는 수밖에 없다.

필자가 제안한 하천유지용수, 저류조는 물을 담기 위해 별도의 하천변의 토지를 대거 수용하는 것이 아니라 제방이나 도로 등의 구조물을 리모델링하여 얼마든지 달성할 수가 있다. 본 사업의 목적을 달성하기 위하여서는 물을 인공적인 구조물에 장기간 저장할 때 발생하는 녹조, 악취, 토사처리 등의 문제를 해결하는 기술이 접목되어야 한다. 즉 홍수나 강우기에 비용이 적게 들고 간단히 물을 붙잡아 둘 수 있는 방법은 하천변에 인접하여 저류조를 설치하면 된다. 그러나 이러한 오픈형 저류조는 넓은 부지가 있어야하고 갈수기 때는 습지나 저지대로 바뀌어 잡풀과 해충이 많아지고 토지가 낭비되고 유용성이 없게 된다. 이러한 이유로 우리나라에 필요한 홍수방지와 갈수기에 물이 흐르도록 하는 하천유지용수를 저장하는 방법으로 콘크리트 구조물에 의한 하천유지용수 저류조를 제안하고 싶다.

제안되는 저류조는 기존의 둑방이나 하천변에 있는 도로에 강우기 물을 저장할 수 있는 구조물을 건설하되 저류조의 관리를 위해 2지나 분할저류조로 하여 저장하면 유입되는 하천수를 일방향 흐름을 유도할 수 있도록 내부는 장폭비가 나오는 수로형 저류조로 하면 하천수의 장기 저장에도 유용할 수가 있다. 지류지천에 설치되는 저류조는 하천변의 제방이나 인접도로 아래 설치된 저류조 구조물의 유입수로를 통하여 저류조에 유입되게 하되 유입구에서 1차시설로 홍수 시 나뭇가지나 쓰레기를 건져내기 위한 회전 스쿠류를 유입로 교량이나 부표구조물에 설치하고 저류조의 바닥은 경사면으로 하여 홍수 시 유입되는 다량의 토사입자는 침전시켜 제거할 수 있도록 한다. 그러나 짧으면 몇 달, 길면 1년 가까이 물을 저장하는 구조물 저류조는 선도유지가 필수이다. 장기간 저장했다가 하천으로 방류된 물이 냄새가 나거나 고기가 살 수 없는 물이 된다면 실패한 저류조라 할 것이다.

이를 극복할 수 있는 기술로는 저류조의 순환식 저장방법이 있다. 일방향 흐름을 유도하여 저류조의 내부가 수로형 담수구조가 바람직하고 유출구쪽에서 펌핑수단으로 저류조 위쪽으로 끌어올린 후 수질오염을 제거하는 수생식물에 의한 정화구역으로 통과하게 한 후 유입구를 통해 다시 저류조에 저장하는 순환식 저장방법을 저류조에 적용하는 것이다. 이러한 생물학적 처리를 하면 하천수의 오염도를 낮추고 비용을 줄이는 효율적인 방법으로 동절기에는 수생식물정화구역을 온실로 만들어 겨울철에도 순환식 저장방법으로 하천수의 수질을 향상시켜 갈수기에 안정적인 하천의 유지용수를 확보하고 이러한 지류지천의 맑은 물이 4대강 및 주요하천에 흐르게 하면 필요한 농업 및 상수자원을 확보할 수 있다.

이러한 제안은 전 국토에 미세혈관처럼 퍼져 있는 지류지천의 둔치나 제방을 겸하여 설치됨으로써 넓은 토지가 필요한 오픈성 저류조에 비하여 별도의 부지가 없어도 시행할 수 있는 이점이 있다. 저류조가 콘크리트 구조물임에도 수생식물이 자라게 함으로써 자연환경을 유지하는 환경친화적 시설물이 될 수 있다. 강, 하천에 흐르는 물의 범람을 막고 이를 이용하려는 치수에 관련된 인간의 노력은 인류 문명과 맥을 같이하고 있고 따라서 그 기술도 현대에 이르기까지 댐, 보, 저류조, 운하 등 방법으로 진화해왔으며 근자에 이르러 강, 하천 변에 설치되는 저류조가 홍수를 예방하고 하천유지 용수를 확보하여 갈수기를 대비할 수 있는 방법으로 주목받기 시작하였다. 이는 댐이나 보는 물의 흐름에 가로막는 구조물인데 반하여 저류조는 물 흐름과 인접되어 대칭되는 구조를 가짐으로 유속압의 충격이 덜하며 공사의 용이성과 투자비가 절감될 수 있다.

우리나라의 한해 강우량 평균 1.274mm 중 2/3가 6, 7, 8월과 태풍에 의한 것으로 이에 주요하천인 한강, 낙동강, 금강 및 영산강의 최대유량과 최소유량을 나타내는 하상계수가 1:393, 1:372, 1:300 및 1:682로 극단적인 차이를 보여주고 있다. 또한 하천은 폭이 넓고 수심이 얕은 것이 특징으로 되어 있고 대부분 약간의 높이를 갖는 둔치를 끼고 있으며 제방이 축조되어 있어 마을이나 농경지 등이 보호되고 있다. 따라서 우리나라의 하천유량 특성은 강수량이 외국과 같이 대체로 연중 균등한 분포를 나타내기보다 하절기에 편중되어 있어 폭우 등에 의해 하천유량이 일시적으로 폭증하였다가 가뭄 시에는 흐르는 유량이 없어 강바닥을 드러내곤 하는 양극화 상태를 보여주고 있다. 이러한 현상은 주요 강보다 지천에서 심하여 매년 연례행사처럼 진행되어 수자원 이용에 큰 장애가 되고 있다.

현재 저류조의 대부분이 하천 변에 큰 호소를 설치하고 제방의 일부를 개방하여 홍수 시 물을 일시 저장하여 범람을 방지하고 하천의 물이 빠지면 뒤이어 빠져나갈 수 있도록 하는 구조이거나 수문을 설치하여 호수기능을 하도록 하였으나 호수에는 수생식물이나 잡초가 자라 물의 저장기능보다 사실상 습지역할만 할 수 있게 되어있다.

필자의 제안은 막대한 투자를 하고도 효용성 논란과 수질문제까지 겹쳐 문재인 정부에 의해 존폐기로에 놓인 4대강 보에 대하여 보의 철거나 개방보다 지류지천 사업을 시행하여 4대강 보가 제 역할을 할 수 있도록 하는데 있다. 그렇지 않아도 4대강에서 가장 물그릇이 적은 금강에 있는 보를 대부분 개방하여 물 부족이라는 문제를 안고 있다.

멀쩡한 세종보를 개방하니 세종호수공원과 세종시를 흐르는 지천인 방축천과 제천에 공급되는 물이 부족하니 세종보 상류 5㎞ 지점에 자갈보를 설치하고 담수했으나 보가 2018년과 2019년에 잇따라 유실되어 보수하면 유실되고 또 보수하면 유실되고 참으로 허망한 예산낭비만 하고 있다. 왜 멀쩡한 세종보나 공주보를 개방하여 물이 없어 난리이고 물이 없으니 100억짜리 취수시설을 설계한다고 한다. 민간회사 같으면 바로 사표감들이다. 4대강에 대하여 이념적으로 접근한 정부의 업보이다. 지류치천에서 본류에 들어오는 유입량이 적고 보에 물을 계속 가두어 두니 녹조와 같은 수질문제가 생기는 것이다. 지류지천에 유기물 함량이 많은 물들이 4대강 보에 갇혀 장기간 저류되면 녹조가 발생하는 것은 당연한 것이나 지류지천에서 항상 많은 물들이 본류에 들어오면 자연적으로 해결될 일이다.

지류지천의 하천수가 하천유지용수 저류조에서 수생식물에 의해 유기물을 제거하고 본류에 흐르게 되면 염려했던 보의 수질문제를 상당부분 해결할 수도 있다. 하천의 물을 임시 저장하는 하천유지용수 저류는 수개월 또는 1년까지 장기간 저장할 수 있도록 설계된 인공 구조물이기에 장기 저장에 필요한 수리적, 생물적 기술이 적용되어야 한다. 일 방향의 물 흐름을 갖게 하고 수생식물에 의한 수질정화기능을 펌핑 수단에 의해 가짐으로 저장된 물을 순환시켜 비점오염원이나 비료, 농약 등 과다사용으로 농축된 하천수에 오염물질을 제거하면 4대강이 도시민들의 상수원으로서 환영을 받을 것이고 수질이 좋아지니 상수도 생산비용도 줄어드는 일석이조 효과가 있다.

물을 저류조에 담수하는 기술로는 1차 저류조에 비하여 저장수위가 높도록 하는 2차 저류조가 구비되고 따라서 1차에서 2차 저류조로 월류되는 펌핑 수단이 구비되고 다음은 2차 저류조에서 저류조 상부로 물을 올리는 2차 펌핑 수단. 2차 저류조 상부로 펌핑된 하천수는 하천방향으로 하향된 계단식 자갈대를 거침으로 여울을 만들어주고 다음 아래 단계에서는 구획되어있는 수생식물 담수대를 거치게 하는 방법도 있다.

또한 지류지천 하천에서 저류조로 물을 유입수로를 통해 담수하지만 하천유지용수 저류조 구조물 벽체에 개구된 유입구나 또는 하천변 바닥 모래 아래 투수관을 다수 깔고 이를 집수하여 펌핑 수단으로 저류조에 저장하는 방법도 있다. 하천유지용수저류조는 하천수의 저장기능 이외에도 수생식물이 자라는 수질정화 구역이나 조깅코스나 체육시설로 조성하거나 차량이 다니는 도로로 하는 것도 활용도를 넓힐 수가 있다.

하천을 가로지르는 보를 설치하여 물그릇을 크게 하는 방법보다 4대강의 넓은 유역에 핏줄처럼 퍼져 있는 지류지천에 인공 구조물에 의한 하천유지용수 저류조를 많이 축조하여 강우기에 홍수를 예방하고 갈수기에는 수질을 정화하여 방류함으로써 4대강에 흐르는 물이 수질오명의 누명에서 벗어나서 그동안 천덕꾸러기로 지탄받은 4대강보가 제 역할을 해주기를 바란다. 옛 중국에서는 물을 잘 다스려야 천하를 얻는다고 했다.

2장
국민건강에 대하여

　건강은 생존에 제일 요건이다. 생로병사라는 말이 있듯이 병은 사람이 살아가는 과정에 속한 삶의 일부분이다. 이러한 병을 진단하는것과 치료하는 의료인으로 의사와 약사가 있으며 2000년 7월 그간의 의약품의 오남용을 막기 위해 의약분업이 시행되고 3번의 의사와 약사의 밥그릇 싸움 끝에 오늘날 의약분업은 정착되었다. 그러나 진료가 질병에 따라 세분화되고 각각의 전문의가 각자 처방을 함으로써 결론적으로 국민들은 또다시 약의 과잉시대에 살고 있다. 인체의 각 기관은 서로 유기적으로 연결되어 있어 이를 근원적으로 파악하는 예방의학이 정착되지 못해 병의 원인을 방치하고 대증방식의 진료 때문에 국민은 의료보험 증가되고 땜질방식 진료만 성행하고 있다.

　나는 나의 처가 겪었던 그리고 지금도 후유증에서 벗어나지 못하고 있는 것이 처음부터 원인을 바로 알고 기본적인 것부터 충실했더라면 하는 아쉬움이 남기 때문이다. 만병의 근원이 어혈인데 이를 소홀히 했다가 2014년 뇌경색이 찾아왔고 입원 후 재활과정을 거쳤지만 후유증이 계속되어 왼발의 힘은 떨어져 자세가 편향되니 허리 척추에 균형이 어긋나게 되고 디스크가 흘러내려 없어질 때까지 병원은 몰랐다. MRI를 찍었으나 단순한 협착증이라 하여 진통제만 계속 막고 다니면서 귀한 시간 다 허비하고 상황은 악화되어 결국은 심을 6개나 박은 허리 대수술을 해야만 했다. 걷다가 넘어지길 다반사로 팔목도 부러졌고 무릎 조개뼈도 세 조각이 나 또 입원 수술하는 고통을 겪었던 이 모든 원인이 처음부터 뇌경색을 예방했더라면 오지 않았을 것이라는 생각에 천추의 한이 되었다.

쿠바는 GDP가 낮은 나라인데도 혈관계의 치료약인 폴리코사놀을 전국민에게 무상으로 나눠주고 가정주치의제도를 두어 소득이 낮은 국민에게 세계 최고의 장수국가로 만들었다. 나의 주장은 이 나라에 예방의학을 정착시켜 국민들의 질병 발생률을 낮추자는 데 있다. 의료지식이 없는 나의 이러한 주장은 태산명동의 서일필이 되겠지만 정책 입안자들이 기득권인 의료계 집단의 목소리보다 죽어가는 가붕개의 소리를 들어주었으면 해서이다.

1. 사람 병신 만들고 돈 버는 종합병원

처음 당해보는 일에는 당황하기 마련이다. 주변에 뇌졸중 또는 뇌경색으로 쓰러져 절룩거리면서 걷는 사람들을 보았어도 그것이 우리 집에서 일어나리라고 꿈에도 생각 못했다. 평소 고혈압에 술을 좋아하는 아내가 손자 출산한 병원을 찾았다가 식당에서 다리가 저리다고 무엇인가 불편하다고 할 때도 그것이 무엇인지 몰랐다. 집에 와서 마사지를 해도 별무이고 계단에서 헛딛게 되자 그때서야 아차 하는 불안감이 쇄도하여 부랴부랴 전북대병원 응급실을 찾았다. 그런데 환자가 계속 밀려드는 시장터 같은 병원 응급실에서는 내 아내처럼 119에 실려 오지 않고 자기 발로 들어온 환자는 바로 조치를 취하지 않아 순서를 기다리게 하다 보니 한 시간이 훨씬 지난 후 CT찍고 그리고 난 후 또 있다가 MRI 촬영을 하고나서야 뇌경색으로 위험하다고 그제야 병명이 확인되었다고 혈전 용해주사를 놓고 그때부터 응급환자로 조치하기 시작하였다.

소위 뇌졸중 골든타임은 말뿐이고 자기들 할 일 다 하고 조치하니 멀쩡하게 걸어 들어온 아내가 결국 사지가 마비되는 환자가 되어 버렸다. 왜 응급실에서 의사나 간호사에게 항의와 폭행이 일어나는지 알 만했다. 응급실에서 하루를 보낸 후 병실을 옮기고 난 후 일주일 지나자 병원 측에서는 퇴원을 종용하기 시작했다. 이유는 뇌경색이란 화재가 난 것이라 불을 끈 후 다시 복원이 안 되고 꾸준한 재활치료를 하여야 한다고 한다. 그렇다면 불이 나기 전 초동소화가 필요한 것이 상식이면 환자가 입실하면 환자상태만 보고서도 증세를 판단보고 최소한의 응급조치를 먼저 해야지, 이것저것 검사를 다하고 뇌경색으로 병명을 확인하고 난 후에 그제서야 조치를 한다면 그들이 말하는 불이 다 타고 난 후 물 뿌리는 것과 무엇이 다르랴.

한시가 급한 화재라면서 CT찍고 MRI찍고 한 사이 불에 전소가 되었으니 어이가 없다. 응급실에 멀쩡하게 혼자 걸어들어 간 내 아내가 응급실에서 아까운 시간 다 보내다가 손발이 마비가 오고 병실에 갈 때는 침대에 실려 나가는 광경이 명백하게 증거하고 있다. 한마디로 골든타임을 놓치고 있는 생생한 사실을 응급실에서 똑똑히 보여주고 있는 것이다. 다시 말해 골든타임을 놓치면 재활치료기간이 그만큼 늘어나고 따라서 환자의 생명을 소중하게 생각하는 진료가 환자가 아닌 그들 병원들만의 수익을 위한 구조적인 것으로 사람 병신 만들어 재활이라는 이름 아래 계속해서 안정적인 돈벌이 하는 병원임이 아니던가? 그래서 안 해도 될 사소한 검사까지 다하는 이유가 겉으로는 확실한 진단을 위해서라지만 기실은 병원 수익을 내기 위한 방법이 아니라고 못할 것이다. 결국 환자는 장기간 재활치료비와 약값은 놔두고라도 퇴원 후 아내가 밤마다 다리에 쥐가 나서 잠을 못 이루어 죄 없는 남편이 매일 밤 다리를 주물러줘야 했고 부실한 걸음이다 보니 일상생활에서 걸핏하면 넘어져 팔의 뼈가 부러지기 일쑤이고 장기간 깁스를 해야 하는 고통의 원인이 모두 다 병원의 초동대처가 늦어졌기 때문이다.

이러한 환자의 고통은 그들이 의도적이든 그렇지 않던 간에 이는 병원수익에 맞춰져 있는 원인에 있는 것이니 분노가 일지 않을 수 없다. 전북대 병원은 전북에서 가장 규모가 큰 대학병원이다 보니 환자들이 밀려들고 응급조치만 한 후 사설병원으로 가라고 종용하는 일도 다반사였다. 그러다 보니 병실에서 들어본 환자들의 가슴 아픈 사연이 한둘이 아니다.

뇌경색으로 시신경이 손상, 눈앞이 어른거린다 하여 입원을 했는데 조치가 되었다고 퇴원을 종용 집에 와 있다가 이제는 사물을 분간 못할 정도로 더 나빠져 병원에 다시 입원하여 통탄하는 환자도 있고 제대로 한번 수술하면 나을 것을 대증요법으로 치료받고 퇴원했다 다시 악화되어 재입원하여 1차 수술이 제대로 안 되어 2차 수술 받고 돈 낭비, 시간낭비한 환자도 있다. 뇌경색이나 뇌졸중으로 떨어진 환자는 집중적인 재활치료가 중요한데 이 또한 가관이다. 뇌경색으로 굳어진 근육을 살리려면 꾸준히 운동으로 향상성을 높여나가야 하는데 토, 일요일이라고 연거푸 쉬고 국공휴일이 겹친 연휴가 닥치면 며칠 동안이라도 재활치료가 중단되는 어처구니없는 일이 소위 종합병원에서 벌어지고 있었다. 환자보다 병원을 위한 또는 병원노조를 위한 진료시스템이다. 그러고도 병원 외벽에는 심사평가원 2014 뇌졸중 적정성 평가 최우수병원이라는 플래카드가 나부끼고 있었다. 위선의 극치이다.

2. 계속되는 후유사고

KBS의 19년 10월에 방송된 내용 : 전북대병원에 뇌출혈증상이 있어 방문했던 환사가 이상 없다고 돌려보내 집에 왔으나 출혈증상이 심해져 다시 병원을 찾았으나 5시간을 방치한 후 조치를 취했다. 그러나 결국 사망하여 유족이 병원을 상대로 소송을 제기 겨우 1억 남짓 보상을 받았다는 뉴스가 남의 일이 아니다. 그렇다고 전북대학병원만 나무랄 일이 아니다. 응급실에 밀려오는 환자들로 도깨비시장이 따로 없다. 인력이 부족하니 우리 집사람처럼 걸어서 들어와 순서를 기다리다보면 하대명년 기다리게 되고 그러다보면 골든타임을 놓쳐 치명상을 입는다. 그래서 조금만 뇌졸중이 의심스러우면 자가승용차가 있어도 119를 불러서 타고 와야 한다. 실제 대부분의 병원업무규정에 119를 타고 오면 순서를 기다리지 않고 바로 진료를 받을 수 있게 되어 있다. 그래야만 살 수가 있고 병신이 안 된다.

뇌경색이나 뇌출혈 모두 병을 앓고 나면 극심한 후유장애를 겪는다. 심하면 제대로 걷지 못하고 갸우뚱하고 걷는 사람들이 많다. 거리에서 이러한 사람들을 자주 보게 되는데 대부분 뇌졸중 환자들이다. 힘이 없거나 한쪽으로 힘이 쏠려 걷다보면 자세도 불안전해지고 척추 등이 편향되어 디스크에 무리가 가는 수가 있다. 재활로 힘을 길러 정상생활을 할 수 있다고 하지만 참으로 듣기 좋은 소리들이다. 먹고살기 바쁜 세상이다 보니 무리를 하게 되고 무리를 하면 뒤틀어진 자세가 고착되어 한쪽으로 힘을 받게 되고 급기야 탈이 나게 된다.

내 아내도 결국 그렇게 되어 가고 있었다. 천성적으로 운동하고 거리가 멀다보니 뇌경색 후 재활치료를 받았으나 완전치유가 못되고 왼쪽 다리가 오른쪽 다리에 비해 힘이 없이 걷다보니 자주 넘어지곤 하였다. 또한 왼쪽 다리는 자주 쥐가 나서 남편인 내가 자다가도 시도 때도 없이 일어나 주물러 주어야 했다. 우스갯이야기로 부부는 20대는 껴안고 자고 30대는 누워서 자고 40대는 돌아 누워 자고 50대는 따로 떨어져서 잔다는데 나는 60대가 넘었는데도 아내 곁에서 붙어 자야만 하는 팔자가 되었다.

아내의 힘없는 왼쪽다리 때문에 균형이 깨진 걸음걸이로 인해 척추가 무리가 가는 줄을 본인도 남편인 나도 몰랐다. 노화현상으로 으레 척추가 그러려니 했고 허리가 아프면 침을 맞거나 통증의원을 가서 진통제 주사를 맞았다. 첫 번째 MRI검사에 척추협착증이라 하여 주사만 맞고 다녔다. 주사를 맞으면 얼마동안은 효과가 있었으나 나중에는 점차 효과가 떨어지고 통증이 계속되어 다른 병원에서 MRI를 다시 찍으니 디스크가 터져 수술해야 한다고 한다. 바른 보행자세를 가졌다면 생기지 않았을 병인데 이 모든 것의 근본은 뇌경색 때문에 온 것이고 병원에서 뇌경색을 초기에 조치해야 하는데 병원 응급실에 도착해서도 골든타임 훌쩍 넘기고 장애가 되어버린 것은 대학병원의 신속한 초동대처가 없었기 때문인데 이런 일이 어찌 내 집사람뿐이겠는가? 퇴원 후 근본적인 바른 척추자세로 돌아가지 못하고 나타나는 증상만 없애주는 통증치료만 의존하다가 결국에는 심을 6개나 심는 척추 대수술을 받아야만 했다. 척추 대수술을 받고난 후 완전히 완치가 된 줄 알았는데 시련은 계속 이어지고 있었다.

양방은 병 부위를 치료하고 한방은 유기적 관계를 살핀다고 한다. 척추수술도 척추를 바르게 교정하지 않고 편향되어진 척추 디스크를 교체하는 수술을 하였으니 자세가 불균형 되고 따라서 계속되는 후유사고가 발생한다. 그동안 넘어지다 팔목과 팔꿈치뼈가 금이 가 치료한 것만 해도 두 번이나 되는데 추석을 이틀 앞두고 또 앞으로 꼬꾸라져 이번에는 무릎 관절이 세 조각으로 깨져버리고 전주시내 J병원에 입원하게 되었다. 연휴 전날 입원했는데 추석 5일 연휴라 의사들이 휴가 가서 수술을 못한다고 한다.

뼈가 부서진 채로. 고착되기 전 바로 수술을 하는 것이 사고 후 회복의 제일 원칙일 텐데 연휴라 하여 6일간을 침대에 누워만 있게 하니 그 고통은 말할 수가 없다. 화장실에 가는 것이 어려워 침대에서 변기 주고 소변을 누라지만 신경도 예민하여 시원하게 못보고 대변은 과민현상으로 6일 동안 보지 못하고 결국 관장을 해야만 했다. 그것뿐만 아니다. 연휴기간에는 세탁물 업체가 쉬기 때문에 환자복을 갈아줄 수 없으니 더럽히지 말고 계속 입고 있어야 한다는 간호사 지시도 떨어졌다. 거동이 불편하여 누워만 있는 환자의 땀냄새가 나기에 몸도 닦아주고 옷도 갈아 입혀 주여야 하는데도 할 수가 없다. 옆의 할머니는 침대에 물을 엎질렀는데 시트를 갈지 않고 기저귀 몇 장 깔아준다.

연휴기간이라 환자가 개보다 못한 취급을 받고 있는 의료현장의 현실이다. 이러한 연휴기간의 공백은 재활치료도 예외가 없다. 재활은 중단되지 않고 꾸준히 지속적으로 해야 효과를 보는 것인데 연휴기간동안에는 의료인의 도움을 받는 재활치료를 아예 할 수 없는 것도 정부가 눈감고 있는 의료현실의 사각지대이다. 경찰이 밤에도 치안을 책임져 주니 국민이 편하게 잠을 자는 것이고 하수구가 흘러감으로써 거리가 깨끗해지는 것이 세상의 이치이다. 의사도 사람이니 쉬어야 하고 연휴도 즐겨야 하지만 사람을 치료하는 분야에서 수술이 미뤄지고 재활이 중단되고 세탁물도 교체가 안 된다면 의료 시스템에 환자가 먼저라는 말보다 의사가 먼저다라는 구호가 맞을 것이다. 우리 사회엔 궂은일 하는 사람도 많이 있어야 건강한 사회가 된다.

3. 요양병원과 노인

요양은 편하게 쉬면서 보살핌을 받는 것으로 한국에는 노인들을 위해 등록된 요양병원이 2020년 기준 1천590 곳에 이르고 시설 규모가 작고 의료인을 두지 않아도 되는 요양원 숫자까지 합치면 가히 요양 천국이라 할 만하다. 인구의 고령화로 보살핌을 받아야 하는 노인의 숫자가 늘어나는 것은 사회적 현실이나 노인들에게 적절한 일자리를 제공하지 않고 집단 수용소 방법을 택한 것은 당사자뿐만 아니라 국가에도 손실이라 아니할 수가 없다.

물론 노동력이 아예 없는 고령이나 기저질환을 앓고 있거나 중증환자의 보살핌은 당연한 것이지만 평생을 자식을 위해 살아왔던 세대가 노인이 되었다고 사회에서 격리되어 요양병원에서 집단으로 마지막 삶을 고독하게 보내야 한다는 것은 참으로 비극이 아닐 수 없다. 지금은 수명 100세 시대라 말하고 있다. 미국에서 피자배달에 노인을 채용하거나 80살에 새로운 도전을 한다는 광고를 낸 류기원 전 경희대 한방병원장 같은 분도 있는데 70살도 못되어 요양병원으로 떠밀려 창살 없는 감옥살이를 하는 것이 한국사회라면 보통 잘못된 것이 아니다.

현 사회가 개인주의로 흐르면서 평생을 자식들에게 모든 것을 바쳤던 부모가 결국 부양받지 못하고 요양병원에서 삶의 마지막 여생을 보낸다는 것은 참으로 비참한 일이다. 전 세계를 요동치게 만든 코로나 바이러스가 한국에서 발병하자 집단으로 퍼져나간 것이 요양병원들이다. 신천지교회 다음으로 집단으로 확진자가 터져나온 곳이 요양병원이고 더 심한 곳은 요양원이다. 침대 간 간격도 좁고 환기시설도 미비하니 남양주시에 있는 어떤 요양원에서는 입소자 전원이 확진판정을 받은 곳도 있다.

이는 환자관리를 밀집 수용한 원인도 있지만 병실의 비위생적인 요소와 요양병원 목적이 봉사보다 돈벌이 수단으로 전락되었기 때문이다. 한국의 많은 요양병원이 노인들의 편안한 쉼터라기보다 돈벌이 시설로 전락한 것은 정부가 노인을 가족에서 분리시키는 사회를 만들고 집단수용해서 관리하는 요양병원에 정부예산을 쏟아 붓는 정책에서 오늘의 비극이 만들어진 것이다. 얼마나 비위생적인지는 어떤 곳은 수돗물이 들어오는데도 수돗물값을 아끼려고 불결한 지하수를 사용하고 소독도 하지 않고 생활용수로 사용하기도 한다.

빌딩이 밀집된 대도시 건물에 요양병원을 차리고 지하수를 급식용수로 이용하는 곳이 상당수에 이른다. 소독도 하지 않고 물탱크에서 냄새까지 나는 비위생적인 용수로 반찬을 만들고 식수로 공급하는 경영자의 배짱은 노인들을 사람으로 보지 않고 저승 차표 받은 대기자들로 생각하기 때문이다.

어차피 죽어야 할 사람들이니 요양원에는 장례병원까지 겸하는 곳도 부지기수로 생겨난다.

행정력이란 수박겉핥기가 일수이고 이를 속여먹는 것은 누워 떡먹기이다. 식품위생법에 50인 이상 식당을 운영하는 집단급식소에는 반듯이 염소 투입기를 설치하여 소독이 의무화 되어 있는데 설치비도 아깝고 소독하기도 귀찮아서 방치하다가 단속이 나오면 밸브조정으로 수돗물을 섞는 꼼수도 있다. 이번 코로나19에 하루에도 수십 명씩 쏟아져 나오는 수많은 요양병원은 노인들이라 면역력이 약한 때문이라고 책임전가하고 있다. 요양병원은 과거로 말하면 고려장이라 해도 틀린 말이 아니게 되었다.

이것은 내가 장인과 장모님을 요양병원에서 모시면서 보내야 했던 생생한 기억 때문이다. 그 옛날 부모가 노인이 되면 지게에다 져서 산에다 버리는 일도 있었지만 현재는 자동차에 모시고 병원에 갖다 버리는(?) 곳이 요양병원이다. 요양병원이 성업을 이루게 된 것은 양쪽으로 돈을 받기 때문이다. 1인당 수십만 원에서 백여 만이 넘는 돈을 받으면서 국가에서 따로 한 사람당 백만 원 이상 요양급여를 보전받는데 입원환자들은 편하게 보살핌을 받는 것이 아니라 집단으로 수용하여 외출도 제약받는 곳으로 한마디로 창살 없는 감옥이 되어버린 것이 작금의 현실이다. 장인어른이 치매증상이 나타나 부득이 김제시 요양병원에 입원시켰는데 한 2년 계시다가 치유가 안 되고 저세상으로 가셨으니 요양병원은 병을 치유한다기보다 임종하는 그날까지 가두어 둔다는 개념이 맞을 것이다.

장모님을 요양원에 모셨다가 당사자가 받는 대접과 푸대접은 자식들이 얼마나 찾아와서 요양원에 눈도장을 찍었느냐에 따라 달라지는데 이러한 현상은 요양원도 역시 사람이 운영하기에 그런 것이다. 직업도 없고 운동도 안 하고 하루를 침대에서 보내니 소화가 될 리 없다. 변비가 생기고 변비약을 먹으면 설사가 나온다. 장모님도 다른 노인네와 같이 소화력이 부족하고 이빨이 부실하여 틀니를 끼고 있었는데 틀니라는 것이 매일 소독액을 사다가 씻어주고 끼워야 제기능을 할 수 있는데 가까이 있을 때는 딸이 자주 가서 해주었는데 서울로 옮긴 뒤에 장모님을 찾아뵈니 피골이 상접하게 말라 있었다. 예전에는 잘 먹고 잘 싸고 하여 살도 도톰하셨는데 서울에 있는 요양병원으로 가시더니 바짝 마르신 것이 노인이 변을 잘 보지 못해 변비약을 먹다보니 변을 실금실금 자주 누기에 병원측에서 치우기 귀찮아 밥을 일부러 적게 먹이려고 틀니를 빼놓으니 틀니 청소 해 줄 필요가 없어 일거양득이라는 귓속말도 들려왔다.

어찌 그것뿐이랴? 9월 초에 방영된 KBS 시사기획 〈창〉 보도에 의하면 강제로 잠을 자게 하기 위하여 수면제를 먹이고 여름 내내 침대에 방치하니 등짝에 욕창이 생기는 잔인한 현실이 비록 욕심 많은 병원만의 탓일까? 장모님을 요양원에 몇 년 모셔보니 가족들이 자주 선물 들고 찾아보면 환자가 대접을 받지만 가족이 병원 믿고 방치하고 나 몰라라 하면 천덕꾸러기 신세가 되는 것을 목도하니 이 또한 요양병원도 사람 사는 곳이기 때문이다.

장모님이 돌아가셨다. 큰 처남은 그동안 못 다한 효도를 해드린다고 저승 가시는 길에 꽃신 신기어 꽃밭 속에 꽃길만 걸으시라고 화려한 꽃장식관으로 마련하였다. 하루도 못되어 한 줌의 재로 변할 화려함도 이승에 있는 자손들의 평소 지은 죄 때문에 하는 성의라고 하겠지만 요양병원에만 맡기면 다 잘될 것으로 믿고 있다가 건강회복 안 되고 돌아가시니 그제야 못 다한 효도 하려는 것은 비단 우리 처남만은 아닐 것이다.

4. 우리가 행복한 나라인가?

한국의 자살률은 세계 1위이다. 10만 명당 24.7명으로 OECD평균 11.5명에 두 배에 이른다. 자살률이 많다는 것은 살기 어렵다는 말이다. 자살률 중 큰 비중을 차지하는 것은 생활고를 겪고 있는 노인과 모녀 가족들이다. 2014년 우리 사회를 슬프게 만들었던 송파 세 모녀 자살사건. "주인아주머니, 죄송합니다. 마지막 집세와 공과금입니다." 유서를 남기고 자살한 월세 살던 서초 세 모녀 자살사건 등 생존경쟁에서 뒤처진 사람들이 자살을 선택하고 있다. 특히 노인들의 빈곤률은 43.4%로 OECD 평균 14.8%의 약 3배에 이르러 심각한 사회문제가 되었다. 젊었을 때 피땀 흘려 벌어 놓은 적은 재산이라도 자식들을 위해 아낌없이 주어야 했던 기성세대들이 늙어서 돈 잃고 자식 잃고 빈곤한 처지로 전락한 사례가 주변에 너무 흔하다. 오히려 죽을 때까지 재산을 움켜지고 있어야 자식들에게 대접받고 손자가 용돈 타러 찾아오니 그것이 지금은 현명한 생각인데 노후를 생각 못하고 열심히 일만하고 가장의 책무만 다하려 했던 것은 유교의 삼강오륜을 몸에 익혔고 내 것과 자식 것은 동일체라는 의식 때문이었다.

서구는 내 것은 내 것이고 자식은 자식 것이라 하여 대학도 본인이 벌거나 장학금으로 다니는 것이 보편화되어 있다. 대학이 부모의 우골탑이란 말은 우리의 자화상일 뿐이다. 오래전에 종영되었던 MBC 최장수 프로그램 〈전원일기〉에서 4대가 오순도순 모여 사는 가족제도가 아니라 뿔뿔이 흩어져 사는 1~2인의 가구가 대세를 이루고 있다. 2020년 통계청 자료에 의하면 우리나라의 1인 가구 비율이 31.7%로 계속 증가하고 있다고 하니 이런 핵가족 시대에 노인들은 결국 요양병원의 병실이 거주공간이 될 수밖에 없었다. 노인들이 집단으로 요양병원으로 거주하다 보니 코로나와 같은 감염병이 퍼졌을 때 제일 먼저 죽음이 드리운 것이 요양병원의 노인들이었다. 코로나가 국내에 작년 2월 처음 퍼졌을 때 집단감염이 된 것은 경북 청도에 있던 한 요양병원이었다. 요양병원이나 요양원은 일반병원에 비하여 의료시설이나 인력면에서 차이가 나는데 이는 일반병원은 환자의 질병을 치료하는데 목적이 있지만 요양병원은 치료보다 보살핌을 목적으로 하기 때문이다. 대부분 기저질환을 가지고 있는 노인들로 면역력이 약해 자체 방어력이 없기 때문이다.

연말에 터지기 시작한 코로나 팬데믹의 시작은 요양병원이 그 이름을 올렸다. 하루 1,000명씩 확진자 상당수가 요양병원에서 나왔으며 사망자도 수십 명씩이나 되었다. 부천에 있는 효플러스 요양병원은 코호트격리조치 후 집단직으로 감염자가 발생, 확진자 중 코로나 전담병상 배정을 기다리다 27명이나 숨졌으며 병원 이송 후 숨진 사망자를 포함하면 40명이나 된다. 한마디로 아비규환으로 감염질환을 막기 위한 코호트격리가 오히려 집단확진과 집단사망으로 이어지고 있다. 늙은 것도 서러운데 창살 없는 감옥으로 변해버린 요양병원에 자식들에게 쫓겨 들어와 이제 국가에 의해 코호트격리까지 당하니 죽음의 그늘이 따로 없다.

노인들을 사회의 불필요한 존재로 경제활동에서 퇴출시키고 현대판 고려장에 집단으로 가두어 버리는 것은 한국전쟁의 폐허 위에 허리띠 졸라매고 근면과 절약으로 밤낮없이 일한 결과 오늘날 대한민국의 성장발판을 마련한 노인세대가 받아야 할 대접이 아닌 것이다. 요양병원에 있는 다수의 노인들은 병원의 거부할 수 없는 약물을 처방받고 그것이 수면을 유도하여 병원에서는 환자관리가 수월해지나 어차피 죽으면 잠(?)만 자게 되어 있는 노인들에게 미리부터 잠만 자게 한다니 말이 안된다.

생의 끝자락에서 마지막 힘겹게 버티고 있는 노인들에 대한 병원의 실상에 나는 분노하지 않을 수 없다. 누워만 있기 때문에 욕창이 발생하고 소화력이나 장운동도 결국 소화제나 변비약 등 약물에 의지할 수밖에 없는 게 현실이다. 환자가 다치면 병원에서 책임져야 한다는 것 때문에 방마다 창살을 구비하고 환자가 자의대로 출입도 못하는 감옥과 다름없는 병실에서 하루 종일 천장과 티비만 보면서 바보가 되어가는 현재의 노인요양 과연 이대로 둘 것인가? 일부 보도에 의하면 요양병원의 항정신제 처방이 늘어나고 있다고 한다. 간병 인력의 태부족으로 잠만 자게 하는 정신병약이 남용되고 있는 것이 아닌지? 노인으로 들어선 나의 미래에 대한 공포 때문에 말하지 않을 수 없다.

정부의 요양병원 의료급여 보조가 천문학적으로 늘어가는 것은 그만큼 노인이 부모를 부양하지 않으려는 젊은 세대에 밀려 가정에서 쫓겨나는 부모들이 많다는 것이다. 그동안 국가와 사회에서 쌓아올린 소중한 경험을 건강이 허락하는 한도 내에서 활용하지 못하고 죽음의 길목으로 내몰리는 노인의 절규가 들리는 듯하다.

요람에서 무덤까지의 말이 국가가 해야 할 일이듯이 국가가 국민의 건강을 젊었을 때부터 체계적인 맞춤관리를 하여 질병을 예방하고 면역과 체력의 항상성을 유지했다면 이처럼 노인들의 요양병원 쏠림을 막고 노인들의 경제활동을 연장시켰을 텐데 하는 아쉬움이 있다. 약의 오남용을 막겠다며 도입한 의약분업이 과연 약의 절제를 가져왔는지 살펴보면 안다. 신체 부위 각각의 질병마다 각각 처방되는 약으로 국민들은 약의 홍수 속에 살고 있다. 약에는 해당 질병에 효과도 있지만 반듯이 부작용도 있다. 병의원과 제약회사만 살판나게 하고 국민들은 약의 부작용에 의해 알게 모르게 서서히 쇠잔해지는 현행 의료체계를 개선해야 요양병원의 노인 수를 줄일 수 있다. 노인도 사람이다.

5. 미세먼지 유감

2019년 3월 들어서면서 미세먼지가 최악의 상황으로 진행되고 있다. 세종시의 대기질 농도 148㎍/㎥은 아주 나쁨 수준인 76㎍/㎥의 두 배나 되고 서울도 155㎍/㎥를 기록했다고 한다. 충북의 한 지역은 한때 239㎍/㎥를 기록했다고 한다. 미세먼지는 자동차 배기가스와 발전소 매연 등이 주요요인이고 건설현장의 분진이나 타이어 마모 같은 미세입자도 공기 중에 섞여져 우리의 일상생활 전반에서 나오는 것이지만 결정적으로 우리에게 나쁜 미세먼지를 끼치는 것은 중국에서 날아오는 매연 때문이다. 이러한 매연이 봄철 편서풍에 실려 날아오는 황사와 함께 우리에게 숨 쉴 수도 없는 세계 최악의 영향을 끼치기 때문이다. 중국의 황사가 편서풍을 타고 우리나라에 날아오는 것은 예전부터 그랬다지만 중국의 공업화가 결정적으로 우리에게 피해를 주고 있는 것이다.

우리는 그들에게 그들 서북부 지역의 사막화를 방지하기 위하여 녹화벨트사업을 오래전부터 지원하고 있는데 그들은 우리의 미세먼지가 자기들 탓이 아니라고 한다. 뻔뻔하기 그지없는 오리발 내밀기다. 사실이 그러함에도 정부는 중국당국에 찍소리 못하고 국내에서만 미세먼지 비상저감대책이 발표되고 애꿎은 생계형 경유화물차 기사들만 운행을 못하게 하거나 과태료를 부과하고 있다. 미세먼지가 바다 건너오는데 죄 없는 공영주차창 폐쇄나 차량 2부제를 강제하려 든다. 나쁜 미세먼지의 원인이 중국에 있음은 세상이 다 아는데 방송에서 중국 영향이라 하지 않고 에둘러 국외 영향이라고 하기도 한다. 우리는 싱가포르와 같이 이웃 인도네시아 매연이 자국에 영향을 끼칠 때 해당기업을 제재할 수 있는 법령도 없고 마련할 꿈도 못 꾸고 있다.

예전부터 그랬지만 중국에 대한 두려움과 사대주의 DNA가 흐르기 때문이지만 문제는 문재인 정부의 반미 친중성향 때문에 미국에만 할 말 하고 중국에는 참고 견디는 것이다. 중국도 이걸 안다. 그러니 한국의 미세먼지가 중국 때문이라는 한국언론의 보도에 대해 중국 외교부 대변인이 과학적 근거를 대라 하고 시치미를 떼고 주무부처인 중국의 생태환경부부장(장관)도 중국 책임을 부인하는 판이다. 이런 중국의 오리발에 정부는 항의 한 번 못하고 겨우 대통령의 미세먼지 공동연구나 강우시험 제안을 하겠다고 한다. 이것은 정상국가라고 할 수 없다.

먹고 마시는 것이 나쁘다고 하면 회피할 수는 있지만 숨은 들여마시지 않으면 안 된다. 마스크가 해결이 안되는 것은 불문가지다. 그동안 탈원전 맹신에 방폐장을 반대하고 새만금, 사드, 제주군항 등 환경문제에 대해 입에 거품 물고 달려드는 환경단체는 온 국민이 숨을 못쉬고 고통 받고 있는 미세먼지에 대해서는 원인 제공자 중국에 대해서 꿀먹은 벙어리이다. 대책이라고 문재인 대통령은 어린이집, 유치원에 대용량의 공기정화기를 빠르게 설치할 수 있는 재정지원을 할 수 있는 방안을 강구하라고 했다. 중국은 석탄화력발전소를 작년에 78개 새로 가동하여 2,927개나 되었다고 한다.

한국을 지들의 속국으로 보니 제대로 된 집진시설도 없이 마구 뿜어대기만 할 것이다. 한국은 미세먼지의 주범 미세먼지 원인을 저감시켜야 하는 중국과 담판을 하기보다 우선 미세먼지만 피하려 드는 단기성 궁리만 하고 있으니 한심한 노릇이다. 나들이 손님이 없다보니 전통시장에 찬바람이 불고 상인들은 전전긍긍하고 있다. 손님들 때문에 마스크도 하지 못하고 독한 매연을 그대로 마시면서 장사하고 있는데 이 정권은 중국정부와 담판하지 않고 국민세금으로 생색내기 방안만 강구하려 드는 것이다. 중금속이 들어 있는 미세먼지가 폐 속에 들어가서 혈관을 통해 몸 구석구석 돌아다니다 보면 치명적인 해를 끼치거나 질병을 악화시킨다.

국민건강과 직결된 미세먼지는 국내 화력발전소가 한몫하고 있다. 세종시나 충북에 고농도 수치가 측정되는 것은 서해안의 석탄화력발전소의 영향도 크다. 석탄화력발전소의 대안으로 발전한 것이 천연가스 LNG다. 그러나 이 역시 미세먼지를 발생시키는 것은 농도의 차이만 있을 뿐이지 똑같은 미세먼지 주범이다. 이를 한번에 해결할 수 있는 것은 원자력 발전뿐이다. 그런데도 이 정부는 탈원전의 고집을 꺾지 않고 끝까지 가려고 한다. 국민의 생명보다 자신들의 지지기반인 시민단체의 태양광 사업이 더 중요하기 때문에 그럴 것이라는 의심이 든다.

2018년 3월은 다른 해보다 유달리 미세먼지로 고통이 많았던 때이다. 그당시 넷째 주말 대한민국의 대기는 뿌연했다. 한때 연무라고 하여 별것 아닌 것으로 지내왔는데 이제는 미세먼지라는 명칭으로 바뀌고 난 뒤 국민은 농도가 높아지면 숨쉬기조차 불안하고 야외활동을 자제하고 있다. 세계보건기구(WHO)가 2014년 초 미세먼지 오염도를 조사한 결과 우리나라는 스리랑카, 베트남, 타이, 필리핀 등과 함께 중하위권에 속해 있고 유럽, 북미는 우리보다 좋은 편에 속했다고 한다. 이날 서울의 미세먼지 농도 매우 나쁨 수준인 $101\mu g/m^3$을 초과하였고 우리 전북도 한주 내내 $50\mu g/m^3$을 상회하였다. 미세먼지는 주로 중국 발 대기오염물질이 서풍이 불면서 유입되고 있는데 중국은 앞으로 동부 연안에 소각장 수백 개를 더 만들어 쓰레기 소각량이 2015년 1억8000만m^3에서 2020년에는 두 배로 급증할 것으로 예상하였었다.

이처럼 국민건강을 위협하는 중국에 대하여 제대로 항의 한 번 하지도 못하고 대책도 없는 게 대한민국 정부다. 중국의 서북부 사막에서 불어오는 황사를 막기 위해 산림녹화에 지원을 아끼지 않았던 대한민국이 값싼 전기를 생산하는 석탄발전의 매연만 가져오는 것이 아니라 그 값싼 전기로 생산한 태양광 패널을 가져와 효율이 낮은 전기를 문전옥답에다 산에다 또는 호소에다 덮고 있다.

벼농사나 산림의 공익적 가치는 공기를 정화하는데 돈을 매길 수 없는 천문학적 이익이 있는데 이처럼 공기질만 나쁘게 하는 태양광 정책만 펼치고 있는 것이다. 국내의 사망률 중 폐암이 사망률 1위인데 폐암 등 호흡기 질환의 절대적 인과관계로 되어 있는 미세먼지 원인 제공자인 중국에 대해 말 한 마디 못하는 것은 국민건강을 방치하는 직무유기의 범죄다. 무엇이 미세먼지가 되는가? 석탄발전이나 제조업에서 나오는 연기가 주원인으로 뽑히지만 우리가 모르고 있는 것에 자동차의 영향도 포함된다. 그것은 자동차의 내연기관의 매연인 질소산화물이 큰 문제지만 타이어와 브레이크 패드의 마모된 미세분진도 공기질에 큰 영향을 준다. 굴러다니는 2,500만 대의 자동차의 타이어와 브레이크 패드가 얇게 모르게 닳아질 때 닳아진 만큼 미세분진으로 전환되어 공기에 섞여 있다가 숨을 쉴 때마다 호흡기를 통해 우리 몸에 들어와 안착하기 때문이다. 특히 발암물질인 석면을 소재로 하는 브레이크 패드 사용을 이제는 못하게 해야 한다.

특히 미세먼지로 시민건강에 위협이 되고 있는 것은 생활쓰레기 소각장에서 나오는 공해물질이다. 필자가 사는 전주시에 8월말 소각용 쓰레기가 수거되지 않아 상가, 아파트 전주 시내 전체가 쓰레기가 넘쳐나 시민들이 고통을 받고 있는데 소각장에 소각용 쓰레기의 분리수거를 감독하는 주민지원협의체가 분리되지 않는 잡쓰레기들이 섞여 들어온다고 제동을 걸었기 때문이다. 걸핏하면 쓰레기 대란을 일으키는 이유가 결국 분리수거에 대한 문제이다.

필자는 2006년 전라북도 직무평가 도민평가단 복지환경 위원으로 선임되어 소각장에 대한 실태에 대해 소상히 알게 된 일이 있다. 소각장에는 굴뚝 최종 배출구에 집진시설이 있는데 기공의 비표면적이 $800㎥/g$ 정도의 탄화과정을 거친 입상활성탄을 사용하고 그것도 툴툴 털어서 재사용하는 것을 보고 충격을 받았다. 내 상식으로는 물의 오염물질을 흡착제거하는 것도 아니고 미세한 공기 중의 미세입자들을 잡아내려면 적어도 비표면적이 $1200㎥/g$ 이상의 기공을 가진 셀루로스 섬유활성탄을 사용해야 하는데 내 눈에는 예산을 핑계로 형식적인 집진시설을 운영한 것으로 보였다. 아마 전국도 그럴 것이다.

대한민국 시민들은 공중도덕 의식이 낮은 편이다. 그래서 시당국에서 아무리 강조해도 분리수거를 하지 않는다. 이것저것 플라스틱이든 금속이든 음식물 찌꺼기이든 두루 포함하여 종량제 쓰레기봉투에 넣어 버린다. 그것이 소각장에서 제대로 분리가 될 수는 없다. 이것저것 혼합된 쓰레기가 높은 고열의 소각과정에서 다이옥신같은 발암물질이 발생하고 그것은 높은 굴뚝에서 멀리 멀리 시내까지 날아와 우리가 다시 호흡을 하게 된다. 분리수거 하지 않고 내가 버린 쓰레기가 발암물질이 되어 나에게 돌아오는 엄연한 사실을 많은 사람들이 모르고 지내고 있다.

수처리용 입상활성탄을 사용하고 시민은 쓰레기 분리수거는 하지 않고 버리고 있으니 그 대가는 부메랑이 되어 고스란히 자신들의 폐를 망가뜨리고 있는 것이다. 그러면서 담배만 폐암원인으로 잡아들이고 있다. 귀찮아서 분리배출 하지 않고 PVC, 폐비닐 등 온갖 잡쓰레기를 섞어 내다버리면 소각장에서 걸러지지 않고 태워진다는 사실을 기억해야 한다. 물은 나쁘면 생수를 구입하든 좋은 물 찾아서 마시면 되지만 대기 중의 공기는 선택권이 없다. 그냥 숨 쉬면서 다이옥신 들어와도 폐암에 걸리지 않고 죽지 않길 바랄 뿐이다. 그래서 미세먼지는 다른 어떤 환경정책보다 중요하다.

6. 물은 생명이다

2020년 습하고 무더운 장마철 인천에서 시작된 수돗물 깔다구 파동은 전국으로 번져나갔다. 저지난번 붉은 수돗물 파동에 시민들의 뭇매를 맞은 상수도 공무원들은 또다시 비판을 피할 수 없게 되었다. 이번 깔다구 파동은 완전히 인재이다. 물의 정수과정을 들여다보면 일차적으로 탁도 등을 제거하는 모래여과가 있고 다음 단계에 맛과 냄새를 없애주고 물속의 유기물을 흡착하여 제거하는 활성탄 공정이 있다. 여기에서 문제가 발생한 것이다. 유기물은 말 그대로 동식물이 분해된 물질이기 때문에 미생물과 벌레 해충들의 먹잇감으로 활성탄에 흡착된 유기물을 계속하여 역세척으로 씻겨

버려야 다음 유기물을 제거할 수 있다. 그래서 평균 2일에 한 번씩 역세척을 해야 하는데 환경부 조사에 의하면 일부 정수장에서는 20일 동안 역세하지 않고 방치하여 운용해왔다는 것이다.

미생물이나 벌레들은 먹잇감이 많으면 기하급수적으로 번식하여 간다. 정수장 모기장이 조금 뜯겨서 벌레들이 들어온 것은 작은 관리상 문제이지만 그것보다 정수과정의 역세척이나 여재의 교환주기를 무시하고 나태하게 정수장을 운용한 것은 정수의 기본개념조차 없는 공무원들의 완전한 직무유기라 할 수 있다. 시민들의 수돗물 불신이 하루아침에 이루어진 것이 아니다. 아무리 깨끗하고 안전한 수돗물이라고 홍보를 해도 수돗물을 직접 마시는 시민은 7%에 불과하다고 한다.

수돗물은 어느 한 곳에서만 잘하고 잘못하고의 문제가 아닌 협연 오케스트라와 같다. 원수가 녹조가 발생했거나 수질이 나쁜 것을 배제한 것으로 취수해야 하며 엄격한 정수처리 과정과 매뉴얼에 의한 시설운용으로 맑은 물을 생산하더라도 거미줄처럼 뻗어난 급수관로가 위생적이어야 한다. 누수가 발생하여 급수관으로 이물질이 유입되거나 스케일과 붉은 녹으로 배관 내부가 뒤덮여 있다면 맑은 물을 공급할 수가 없다.

오래된 주철관을 교체해야 하는데 예산이 없어 계속 연차사업으로 미뤄지다 수도배관이 터지면 한바탕 물난리가 나는 것을 종종 본다. 퍼주기 임금 살포할 돈은 있어도 건강에 직결되는 수도배관 예산이 부족하여 붉은 수돗물 사태가 나는 것은 일의 경중이 잘못된 것이다. 다음은 각 가정에 공급되기 전에 저장소인 배수지나 물탱크가 위생적이고 저장성이 좋아야 한다. 위생적인 맑은 물과 접촉되는 재질이 물에 영향을 끼치지 아니해야 하는 것을 말하고 저장성이란 먼저 유입된 물이 먼저 출수하는 압출 흐름으로 이루어져 물의 정체구역이 물탱크 내부에 없어야 하다는 말이다.

물이 고이면 썩는다는 속담이 있듯이 물탱크 내에도 보이지는 않지만 물이 계속 고여만 있는 곳이 있다. 물이란 물속에서 물길로 흐른다는 것은 유체역학에서 입증된 이론이고 실제도 그렇다. 물이 오래 고여 있으면 잔류염소가 없어지고 따라서 미생물의 번식이 증가할 수 있다. 그래서 물탱크가 물에 접촉되는 재질 못지않게 물탱크의 구조형태도 중요한 요소가 된다. 높은 분양가의 고급아파트 모델 하우스에 가보면 주부들을 현혹할 정도로 거실 주방 등이 값비싼 자재로 마감되고 첨단 IT시스템으로 되어 있으나 아파트 지하에 있는 물탱크는 주부들이 보지도 않고 관심도 가지지 않는다 하여 비위생적인 재질로 만든 물탱크로 만들어 놓은 곳이 상당수에 이르고 심지어는 발암성 물질로 분류된 유리섬유로 만든 물탱크도 있다.

시 당국은 막대한 예산으로 첨단의 고도 정수처리를 하여 위생적인 수돗물을 생산하는데도 시민들은 이를 믿지 못하고 생수를 사 먹거나 정수기를 들여놓고 이용하니 이 역시 누구를 탓할 수 없는 일급 코메디이다.

7. 코로나 바이러스

인류는 지금까지 보이는 적과 싸워 왔다. 땅을 빼앗고 약탈을 하기 위하여 이웃을 침략했고 이를 막아내고자 동족 간에 또는 이 민족 간에 벌어지는 인간끼리의 싸움이었다. 중세기에 흑사병이 전 유럽을 휩쓸어 유럽 인구의 1/3이 죽어나갈 때 지금까지 신을 믿고 의지했던 가치와 철학이 뿌리부터 송두리째 흔들리기 시작했다.

인간이 진실을 볼 수 있는 눈을 뜨게 되면서 신본주의는 무너지고 과학과 인본주의 시대가 열리기 시작한 것도 따지고 보면 전염병 때문이었다. 100년 전 스페인독감으로 5억 명이 감염되고 5천만 명이 죽었을 때도 그것이 인류의 멸망을 가져올 수 있는 보이지 않는 적이라는 사실을 그때는 간과하지 못했다. 전염병이 처음에는 하늘이 내리는 천벌로 생각했으나 이게 세균에 의한 병이라는 것을 알고 불태우고 소독하면 퇴치될 수 있는 것으로 사람의 눈이 뜨이게 된 것이다.

감기나 독감이 바이러스에 의한 감염으로 공기를 통하여 비말감염이 되는 것을 안 것은 근세의 일이다. 인간은 병원균인 바이러스가 진화와 변이(變異)를 계속하여 인류가 감당할 수 없는 보이지 않는 적으로 변신하여 인류 생존을 위협할 줄은 꿈에도 몰랐던 것이다. 21세기 들어서서 사스와 메르스를 거쳐 강력한 전염력으로 진화한 코로나19 때문에 전 세계가 빗장을 걸어 잠그고 방역을 위한 처절한 사투를 벌이고 있다.

인간은 세포가 진화해서 생성 되어지는 다세포 결정물이고 세균은 그 세포를 분해하고 단세포로 원위치시키는 상호보완적으로 공존하는 생물체로 어찌 보면 세포와 세균은 서로 상반된 합일체라 할 수 있다. 그러나 바이러스는 생물체(동물, 식물)와 무생물체 사이에 존재하며 세포막과 핵이 없는 비세포체로 세균, 박테리아, 곰팡이, 효모 등과 다른 무생물체이나 DNA, RNA를 가지고 있어 자기복제가 가능하고 생물체의 숙주세포에서는 번식이 이루어져 생물체로도 볼 수 있는 특징이 있다. 변이를 잘하고 전파력이 강한 특징으로 인간이라면 자주 걸리는 감기나 매년 찾아오는 독감이 바이러스이며 식물에게도 있고 동물에게도 있으며 박테리아에도 기생하는 세균성 바이러스도 있다. 이러한 바이러스는 환경이 오염되거나 자연의 섭리에 역행하면 돌연변이가 되어 새로운 바이러스 명칭을 가지고 인간에게 달려든다. 비유하면 음양합덕이라고 남자와 여자가 교합하는 것이 정상인데 동성 간에 교합하여 에이즈가 발생하는 것처럼 코로나는 인간의 생활공간과 단절된 습한 동굴에 서식하는 박쥐가 무슨 연유이던간에 인간과 관계가 맺어졌기 때문에 발생한 호흡기 질병이다.

흡사 중세기 유럽의 침략자들이 중남미를 쳐들어 갔을 때 원주민들이 총칼에 몰살당한 것이 아니라 중세기 페스트 콜레라 등으로 수천만의 인명피해를 본 유럽인들이 대서양 건너 잉카제국이나 마야문명을 꽃피운 원주민들을 전염병으로 멸망시킨 것은 원주민들이 유럽인이 가져온 신종바이러스에 내성이 없었기 때문이다. 잉카제국의 원주민들이 신종바이러스에 무차별하게 초토화되는 것은 흡사 우리나라 저수지에 들어온 외래종 황소개구리나 배스가 토종물고기의 씨를 말려 생태계를 파괴하는 것과 유사하다. 오랫동안 인간과 같이 접촉한 미생물에 대한 내성이 생기고 그들과 친화적으로 공존했던 문명 생태계에서 살아온 인간들이 인간과 전혀 교류가 없는 바이러스에 감염되면 인간은 속수무책 당할 수밖에 없는 것이다.

2003년의 사스나 그 이후의 메르스 그리고 지금의 코로나를 가져온 원흉인 박쥐는 중국 남부나 미얀마 등 열대지방의 동굴에서 서식하는 포유류 동물이다. 동굴 같은 음습한 곳에는 세균이 창궐할 수 있는 조건으로 여기에 사는 박쥐는 바이러스의 온상으로 알려져 있다. 미국 콜로라도주립대 연구진 발표 자료에 의하면 박쥐 몸속에 약 137종의 바이러스가 살고 있으며 이중 인간에게 감염될 수 있는 인수 공통 바이러스가 무려 61종에 이른다고 한다. 박쥐는 다른 포유류보다 체온이 2~3도 높다. 조류가 평균 1~2도가 더 높은 39~41도의 높은 체온유지 덕분에 바이러스에 죽지 않고 공존하지만 집단으로 밀집서식하기에 생성 변이되는 바이러스도 금방 모두 감염박쥐가 되어 바이러스 발원체가 되고 있는 것이다. 이는 박쥐는 몸속의 높은 체온에 의해 바이러스에 감염되지 않는 면역력을 갖고 있으며 따라서 박쥐에는 바이러스가 다량으로 농축되어 있을 것으로 판단되며 그래서 박쥐는 바이러스의 저수지로 불리운다 이것이 중간매개체를 통해 인간에게 퍼져나갔으리라고 본다.

1979년 아프리카에서 처음 발견된 에볼라. 2002년 30여 나라에서 8,000명이 발병한 사스(SARS)(중증급성호흡기증후군) 한국에서 2015년 36명이나 사망한 메르스(MERS중동호흡기증후군) 바이러스가 모두 박쥐에서 나와서 발원하여 낙타, 뱀, 고양이 같은 중간숙주를 거치거나 또는 직접 인간을 감염시킨 것이다. 코로나 바이러스는 여자보다 남자 사망률 높고 열에 약하며 온도가 올라가면 소멸된다는 특징이 있다고 한다. 이는 온도가 낮은 음습한 곳에서 발생한 바이러스이기에 햇볕을 쪼이거나 온도가 올라가면 사멸할 수밖에 없는 것이고 음양법칙으로 보아 여자는 음이지만 그 발현은 양이기에 체온이 높은 여성이 면역력을 가졌기 때문이다. 따라서 남성은 양이지만 그 발현은 음으로 늙으면 체온이 낮아져 바이러스에 취약하므로 몸을 차게 하면 더 위험할 수가 있다.

중국 우한에서 발생한 코로나19가 세계로 퍼져나가더니 전파된 그 지역에서 코로나 바이러스와 다른 영국 변이, 남아공 변이, 브라질 변이 등 명칭을 얻게 되고 치명률과 전파력이 매우 큰 인도의 델타 변이가 되어 우리를 위협하고 있다. 이는 바이러스가 생명체의 숙주세포에서 자기복제를 할 때 그 지역이 가지는 기(氣)가 바이러스 변이에 관여하는 것으로 나는 보고 있다. 2020년 02월 중국 우한에서 발생하여 세계로 퍼진 코로나19는 영국에 가서 영국 변이가 되고 이것이 인도에 가면 델타 변이가 되는 것은 그 지역의 기(氣)로 인하여 바이러스가 변이하는 것이다. 그것은 땅, 더 자세히는 지형(지질)이 가지는 기(氣)가 있는데 이것이 바이러스 변이를 가능하게 하는 지상의 에너지이다. 지구에는 지형(지질)에 따라 다양한 기가 있으며 그 기가 지구의 자전과 공전으로 움직이므로 기운(氣運)으로 존재한다. 기도 파동이다. 파동은 유전형질을 변형시키기도 하는데 실험에 의하면 박테리아에 자외선을 쪼여주면 돌연변이를 많이 얻을 수 있다. 코로나가 지역에 따라 변이를 하는 것은 그 지역의 기(氣)가 가지는 파동 때문이다. 코로나를 예방하려면 백신을 맞아야 하지만 일상생활에서 방지하는 방법도 있다.

바이러스가 공기 또는 접촉으로 인하여 코나 목구멍의 상피세포에 안착하면 2차 세계대전 때 폴란드로 일사천리 진격하는 독일군처럼 순식간에 퍼져나가는 것이 아니라 서서히 세포를 숙주삼아 복제하면서 번져나간다. 잠복기가 보통 3~7일 내로 이때는 발현증상이 없다. 따라서 외출하여 사람 접촉이 많았다면 자기 전 소금물로 입안을 행구고 취침하는 것이 코로나 예방에 큰 도움이 된다. 천하의 바이러스도 소금에는 맥을 못 추기 때문이다.

코로나 바이러스는 소금이나 빛으로도 쉽게 사멸이 되는데도 백신으로 코로나 예방을 기본으로 하되 소금이나 빛으로 하는 방법을 병행하는 것이 바람직하다. 다만 희석된 소금농도가 과하면 상피세포에 문제가 될 수 있으니 적당량이 바람직하며 빛도 자외선보다 적외선이 바람직하다.

미국 노스캐롤아니주 의료기 업체인 에미트바이오는 발광다이오드(LED) 빛으로 목구멍을 조사하면 기도조직의 델타 코로나 바이러스가

99.99% 제거되었다고 발표하였다. 이불을 햇볕에 널면 일광소독이 되는 것처럼 빛과 소금은 세균, 바이러스를 사멸한다. 마태복음 5장 13절에 "너희는 세상의 소금이니 소금을 그 맛을 잃으면 무엇으로 짜게 하리요^(중략) 너희는 세상의 빛이라 산위에 있는 동네가 숨겨지지 못할 것이요" 한 것은 어쩌면 코로나 바이러스를 말한 것이 아닌가 하는 생각이 든다. 바이러스도 자연의 일부이고 자연은 다양성을 존중하고 다양성이 확보가 되면 서로간의 공존이 가능한 것이다. 그 다양성이란 지역적으로 동물과 식물과 미생물이 같이 공존하면서 서로 친화해짐으로써 모두가 건강한 생태계를 유지하는 것을 말한다. 인간의 욕심이 정확히는 중국인들이 인간과 단절된 세계에 사는 박쥐를 잡아다 시장에서 식용으로 판 것이나 아니면 핵보다 더 무서운 세균전을 준비하기 위해 바이러스를 연구하다 퍼져나갔는지 몰라도 중국이 세계를 향해 판도라의 상자를 열어버린 것은 틀림이 없다.

중세기 페스트로 유럽인의 1/3이 사망한 한 다음 유럽인들은 인간도 동물과 다르게 선택받은 하나님의 아들이 아니라 미생물과 같이 공존해야만 살 수 있다는 사실을 알게 되었고 그래서 신을 버리고 과학의 인본주의에 눈을 뜨게 된 것은 매우 역설적이다.

이번 코로나 팬데믹으로 수억 명이 감염되고 수천만 명이 죽는 희생을 치루고 난 다음 언젠가는 대부분의 사람들이 백신과 완치자로 인하여 모두가 코로나 바이러스 항체가 생겨 집단면역이 발생하더라도 인간의 욕심은 또 다시 자연과 공존하는 섭리를 건들 것이고 그로 인해 자연은 또 분화하고 변이하여 인간을 다시 공격할 것이다. 자연의 기초가 바로 미생물이고 바이러스이기 때문이다. 인간은 사회공동체 이전에 자연공동체의 일부이며 자연 속에는 인간과 동식물과 미생물이 다 포함된다.

8. 사는 자 죽는 자

이제 우리 처지를 돌아보자. 정부가 300명 선을 유지하던 코로나 바이러스 확진자수가 7월 들어 1,000명 선을 돌파하여 계속하여 4자리수를 유지하자 7. 12일 0시를 기준으로 4단계 긴급 방역조치를 강화하여 오후 6시 이후에는 2명까지만 집합을 허용하는 사실상의 통금을 발령하였다. 그렇지 않아도 최악의 상황으로 내몰리고 있던 자영업자들은 망연자실하고 말았다. K방역을 자랑하면서 터널이 보인다고 하더니만 이제는 깜깜한 토굴 속에 갇힌 상태가 되었다.

55세에서 59세까지 352만 명의 백신접종을 하기 위해 예약을 받더니만 반나절 만에 예약을 중단한 것은 확보된 백신이 185만 명분으로 확인되어 부랴부랴 예약사이트를 닫은 것이란다. 정부가 구멍가게보다 더 주먹구구식이다. 바이러스를 퇴치하려면 백신 접종밖에 다른 방법이 없다.

세계가 어디나 할 것 없이 코로나 열병에 걸려 부지기수로 사람이 죽어나가 국경을 봉쇄하고 사람 만남을 차단하는 유사 이래 최악의 상황인데 백신 확보를 자신하고 있다가 제대로 당한 것이다. 백신이 구호물품도 아니고 시장원리가 작동되는 상품일진대 강대국의 바짓가랑이를 붙들든지 웃돈을 더 주더라도 백신을 빨리 확보하여 국민의 집단방역을 완성해야만 했다. 코로나에 자영업자, 소상공인의 죽는 소리가 나오니 한쪽으로 지역상품권이나 소비쿠폰을 남발하여 돌아다니라고 하고 한쪽으로 사람이 돌아다니지 못하게 하는 집합금지 명령을 내리고 있다.

서로 상반된 정책에 국민을 헷갈리게 한다. 코로나로 제일 심한 타격을 받은 곳이 식당, 주점, 노래방, 헬스장 같은 자영업자들이다. 이전에 유흥업소는 강제적으로 문을 닫게 한 적도 있고 1년 이상 5인 이상 모임금지 등 지금은 코로나 예방으로 취한 조치 때문에 손님들이 아예 찾질 않아 모두가 개점휴업 상태이다. 식당과 유흥업소가 있는 도심 상가지역은 사람이 오지 않아 적막감이 감돌 지경이다. 그런데도 시에서는 부동산 폭등을 이유로 들어 재산세까지 올리면서 준조세인 도로교통유발부담금까지도 올리겠다고 아르바이트생을 동원해 조사를 한다. 문을 열면 뭐하나? 아예 손님이 없는데, 그래도 폐업을 안 했으니 자동차를 타고 왔을 거라고 보고 건물주에게 도로교통유발부담금을 물리는데 건물주도 임차인들이 장사가 안 되니 임대료를 장기간 미납하여 서로 어려운데 말이다. 시에서는 지하철을 타고 오든 걸어서 오든 그건 알 바 아니라는 것이다. 과세기간인 작년 8월에서 올 7월까지 9시 이후 영업도 금지했고 집합금지명령도 내렸으니 감면은 해줘야 하는 것이 상식이지 시설면적이 3,000㎡ 이상은 교통유발부담금을 인상까지 한다고 한다. 힘든 것은 장사하는 임차인뿐만 아니다.

2년째 손님이 반토막 이상 떨어졌으니 임대료 체납도 부지기수라 건물주도 똑같이 고통을 받고 있다. 그들에게 쥐어짜듯 임대료 감면을 요구하기 전에 시당국이 먼저 준조세를 감면하는 아량을 보여주는 것이 코로나에 지친 시민에게 대한 도리가 아닌가?

이제 정부는 경기침체로 인한 자영업의 줄폐업이 대량 실업, 실직사태를 초래하고 자살률 급증으로 이어지는 코로나 사태를 강 건너 불구경 할 것인가? 코로나 19는 기존의 자영업 5년 생존기간을 6개월 단축시켰으며 폐업 쓰나미는 주요상권에서 주택 골목 상권까지 번져나갔다.

코로나19가 장기화되면서 폐업은 식품, 문화, 생활 전업종으로 퍼져 나갔다. 폐업의 확산은 저임금 노동자들의 일자리가 축소되고 그로 인해 밑바닥 경쟁은 더욱 심화되어 가고 있다. 코로나 사태 이후 술집, 식당의 40%가 1년도 못 버티고 폐업의 길로 내몰렸다. 코로나 19가 3억 명 이상을 감염시키고 1천만 명 이상의 목숨을 앗아갈 것으로 보이지만 바이러스가 세포라는 숙주가 없으면 자신도 살 수가 없는 것이기에 어느 정도 집단면역이 생기면 일정 이상은 더 창궐하지 못할 것이다.

매년 찾아오는 독감 때문에 맞는 독감 예방주사처럼 이제는 코로나 예방주사도 매년 맞아야 하는 시대가 올 것이다. 우리나라의 매년 독감으로 인한 사망자 수는 대략 연간 2,200-2,400명으로 월평균 200명에 비하여 그리 높지 않다고 한다. 세포와 세균은 서로 상생도 하고 박멸도 하는 상호 보완적이고 대립적인 관계이나 바이러스는 생물체와 무생물체의 중간단계로 하등 도움이 안 되기에 인체가 가지고 있는 면역력을 증강시키는 일이 사람이 우선 갖춰야 할 일이다. 정상체온을 유지하고 만성피로에서 벗어나고 스트레스를 극복하고 잘못된 식습관과 운동부족을 개선하는 것이 바이러스에 대처하는 길이다. 또한 오래 사는 길은 매사 긍정적으로 마음을 비우고 사는 것이다. 낙천적인 사람은 뇌졸중, 심장마비 위험이 낮은데 미국 세인트루크병원 앨런 로잔스키 교수 연구진은 낙천적인 성격과 질병발생률의 연관성을 조사하기 위하여 23만 명을 평균 14년 동안 추적 조사하였더니 그 결과 낙천적인 사람은 뇌졸중과 심장마비에 걸릴 확률이 그렇지 않은 사람보다 35% 낮았고 암, 치매, 당뇨병 등 다른 질환으로 인해 사망할 확률도 14% 낮았다고 한다. 마음을 비운 만큼 더 오래 살 수가 있다.

9. 의료체계 이대로 둘 것인가?

　요즈음 한방병원에는 교통사고로 재활치료를 받으려는 사람들이 많다. 직장인 같으면 급여삭감 없이 편히 병휴가를 보낼 수 있으니 실제 직장에서 일할 수 있음에도 병원에서 제끼는 친구들도 상당수에 이른다고 한다. 통계에 의하면 자동차 교통사고에 한방치료가 적용되다보니 진료비 보험청구가 3년 새 두 배로 뛰었다고 한다. 손해보험자료에 의하면 어떤 친구는 2016년 10월 경미한 후미추돌피해자가 목과 허리가 삐었다며 19년 6월까지 총 150회 한의원에서 진료 후 진료비 총 943만원을 청구했는데 침술과 부황술 이외에도 한방약제, 첩약, 추나 등 한방에서 할 수 있는 모든 진료를 다 받은 것으로 나타났다고 보도되었다. 넘어진 김에 쉬어간다고 아예 봉을 빼려는 심산인데 이는 전체 보험가입자의 손실도 가져온다.

　사람들이 제일 두려워하는 암 발생이 사전검사로 많이 밝혀지고 있지만 대부분의 암환자는 수술을 시행한 후 항암, 방사선 치료 등 공격적인 치료를 함께 받음으로써 암세포는 물론 정상세포도 공격을 받아 훼손된다고 한다. 치료기간이 길어지면 오심, 구토, 식욕부진 등 부작용이 심화되는데 이럴 때 개인별로 유전자 검사를 한 후 개인별 맞춤면역세포치료 프로그램을 시행하면 효과가 좋다는데 이보다 더 좋은 것은 암이 걸리지 않는 면역체계의 항상성을 갖추는 일이다. 암세포는 정상세포와 같이 인체 내에 존재하다가 화학반응이나 면역체계가 손상이 되면 암세포로 변이되어 인체의 통제된 메커니즘을 벗어나 무한 증식하여 생명을 앗아갈 수 있는 질병으로 음식이나 스트레스가 원인이기에 소식하고 마음을 비우는 자세가 무엇보다 좋다. 세계에서 3초 만에 한 명 꼴로 발생하는 질환으로 자식이 부모를 죽이고 부모가 자식을 죽이는 이 병의 정체는 바로 치매이다.

국제 알츠하이머병협회(ADI)보고서에 따르면 치매환자는 현재 5,000만 명에서 2050년에는 1억5,200만 명으로 3배 이상 증가할 것으로 예상된다고 한다. 2018년 국내기준 65세 이상 치매환자는 약 75만 명이며 2039년에는 200만 명을 넘어설 것으로 보여진다. 이렇듯 무서운 치매를 피하거나 줄이는 방법은 없을까? 치매위험인자 중 일부는 생활습관으로 줄일 수 있는데 대표위험인자는 혈압과 콜레스테롤이다.

고혈압은 혈관치매뿐 아니라 알츠하이머치매 위험인자다. 연구에 따르면 수축기 혈압이 130mmHg 이상이면 이보다 낮은 사람에 비해 치매 발병 확률이 45% 더 높다고 한다. 콜레스테롤은 LDL이 높고 HDL이 낮으면 치매 원인 중의 하나인 불량 단백질(베타 아밀로이드)이 증가한다고 한다.

국민의 약 오남용을 방지한다고 의약분업을 시행하였지만 국민들은 여전히 약의 과용시대에 살고 있다. 노인이 되면 여기저기 아픈 곳이 생기다 보니 병원마다 처방을 받아 복용하다 보면 하루 20알씩 먹는 경우가 허다하다. 물론 건강심사평가원에서 같은 약의 중복처방을 막고 있다지만 질병 부위가 조금씩 다르면 이는 무용지물로 아픈 증상에 따라 따로 따로 처방받게 되는 것이 현실이다. 가장 흔한 것이 위장약이다.

최근 발암위험으로 잔탁을 위시한 269개 위장약이 판매중지되었다. 위장약은 만병통치약처럼 쓰인다. 치주염도 관절염도 피부염도 치료할 때나 항생제를 처방할 때 위 부담을 덜어준다고 위장약이 같이 처방되다 보니 중복처방으로 과도하게 섭취할 경우 장염, 폐렴의 위험이 높아지고 간에도 부담을 주게 된다. 한국사람들에게 흔한 식도염 위장약은 약의 경고문에 2주

이상 계속 투약하면 안 된다고 써 있는데 역류성식도염 등에 쓰이는 PPI(위산억제제의 일종)는 미국에서 65세 이상이면 8주 이상 사용하지 말라고 권장하는데 현실에서는 매우 어렵고 이를 계속 복용 시 골다공증과 골절위험도 높아진다고 한다. 담배도 안 피우고 폐에 이상이 없는 고혈압 환자들이 몇 달째 상시 복용하고 있다 보면 마른기침이 계속 나오는 이유가 장기 복용하고 있는 혈압약의 발사르탄 성분 때문이라는 것은 알고 보면 약이 만능이 아니라 반듯이 부작용이 수반된다는 것을 알아야 한다.

약의 과잉시대에 현행 의료체계는 건강을 위해서 약을 최소화하는 예방의학이 이 시대에 매우 절실하다. 이는 통계에서도 나오는바 이전 발간된 2017년 기준 의약품소비량 및 판매액통계에 따르면 소화기관 및 신진대사 항목소비량은 585.5DDD(의약품 일일사용량. 매일 성인 1,000명 중 558명이 복용한다는 뜻)으로 OECD평균으로 알려진 230DDD보다 2배나 높다고 한다. 대한민국 국민은 약의 과용시대에 살고 있는 것이다.

3장
대안을 제시하다

1. 가정전문의 제도

뇌졸중은 뇌로 가는 혈관이 막히거나 터져서 나오는 병이다. 어렸을 때 선홍색 같은 피가 나이가 들어가면 탁해져 혈관이 좁아지는데 콜레스테롤을 운반하는 저지방 단백질 LDL이 높아 생긴다. 만병의 근원이 어혈이라는 옛 어른들의 말씀이 있듯이 피를 어렸을 때부터 국가에서 관리하는 방법이 개인도 이득이지만 국익에도 큰 도움이 된다. 이는 뇌졸중으로 인한 개인이 기여할 잉여가치 감소 피해가 연간 수십조에 이를 것이라는 생각 때문만은 아니다. 한 개인이 누려야 할 행복을 망가뜨리고 치매와 같은 재앙수준의 질병으로 발전되는 것과 관계가 있기 때문이다. 한국은 쿠바처럼 국가가 관리하는 가정전문의 제도가 없다.

세계 최고의 장수국가인 쿠바는 국민에게 가정전문의 제도를 정착시켜 예방의학 효과를 톡톡히 누리도록 하고 있다. 사망률이 높은 심혈관 질환을 예방하기 위하여 국가에서 폴리코사놀을 무료 공급하여 뇌질환, 심장질환의 발생률을 낮추고 있다. 한국은 노인이 되면 그동안 모아놓은 재산을 자식에 증여하거나 상속세로 국가에 귀속되고 나면 요양병원으로 직행하는 것이 순서이다.

요양병원이 무엇인가? 옛날로 말하자면 고려장 아니던가? 자식들이 부모를 요양병원에다 죽을 때까지 맡겨놓고 나 몰라라 하는 것이 태반이고 병원 역시 환자가 죽을 때까지 창살 없는 감옥에 가두어 놓고 있는 것이 현실이다. 관리라는 이름 아래 입출입이 통제된 공간에서 운동 부족과 고독함과 우울증으로 지내면서 하루 종일 TV와 잠으로 보낼 수밖에 없으니 멀쩡한 사람도 바보 멍청이가 되고 병이 날 수밖에 없는 것이 요양병원의 실태이다. 병을 치유하여 나가기보다 병이 점점 위중되어 죽어갈 수밖에 없으니 요양병원에 더불어 있는 것이 장례식장이다. 그래서 한국인은 사망자 중 76%가 병원에서 죽는다고 한다. 의사가 왕진하여 진료하는 재택의료가 정착하기 시작한 일본은 살던 집에서 가족들의 눈길을 받으면서 임종을 원하는 사람이 60%가 되고 실제 환자 3,500명을 방문 진료하는 도쿄 신바시의 유소카이 의료재단의 경우 2017년 사망자 중 43%가 집에서 삶을 마감했다고 한다.

2000년대 들어 정부의 노인 요양비용 지급으로 요양병원 입원환자가 급격히 늘어 통계청 통계 2014년 약 53만 명이던 입원환자가 2016년 약 62만 명으로 급격히 증가되고 그 증가 속도는 계속되고 있다.

2026년이면 우리나라 인구의 1/4이 고령자, 장애인으로 예상되는바 결국 결혼기피와 출산율 저조로 노동인력은 줄어드는데 부양해야 할 요양인력은 많아져 가분수가 된다는 것이다. 일본에서는 이러한 고령화에 따른 요양인력의 증가에 따른 의료비 부담을 줄이기 위하여 의사가 집으로 찾아가는 방문 진료의 제도가 정착되어 환자도 비용부담에서 벗어나고 정부도 의료비 절감효과가 있어 일석삼조의 효과를 누리고 있다.

2015년 일본의 방문진료 건수는 1,000만 건으로 집에서 진료, 간호를 받으면 비용이 1/3로 줄어들기 때문이다. 현행 왕진만 나갈 때 교통비만 주는 정책으로 활성화가 어렵다. 가정의학전문의제도를 활성화시켜 그들이 심혈관, 피부, 면역질환, 염증질환 등 만성적인 질환에서 벗어나도록 의료체계를 바꾸어야 한다. 특히 환자개인의 의료정보데이터를 의료보험공단 산하에 별도의 의료정보원 기관을 두어 병원에 갈 때마다 피 뽑고 검사하는 이중검사의 낭비도 줄이고 검사의 판독에 따른 정확도를 높여주어야 한다. 또한 면역체계의 항상성을 예방의학의 핵심으로 하여 질병이 걸리고 난 후 의료진료를 받는 것이 아니라 내 몸에서부터 면역력을 향상시켜 질병이 뿌리를 내리지 못하게 하는 것이 비용과 효용가치에서 월등히 유용하기 때문이다. 면역력을 유지하고 개인별 의료데이터를 관리하여 저비용 고효율의 의료시장이 도입되어야 한다.

일본은 이미 환자 의료정보의 데이터를 한 곳에 모아 필요한 의료기관이 이용하는 의료정보 시스템을 구축하여 환자의 의료비 부담경감과 불필요한 검사의 남발을 막고 있다.

2. 국민건강은 국가가 책임져야

2020년 02월 중국 우한에서 알 수 없는 폐렴환자들이 창궐하여 사람이 죽어가는 뉴스를 장식하자 이러한 미증유(未曾有)의 바이러스 코로나19시대에 사람간의 접촉이 제한되고 나라간의 국경은 폐쇄되고 사회활동을 할 수 없는 충격이 전세계를 강타하자 일부 화상회의에서나 했던 비대면의 시대가 폭발적으로 열리기 시작하였다. 아마 역사가들은 중세유럽에서 흑사병으로 인구 1/3이 절멸하자 신본주의가 무너지고 인본주의 시대가 열렸듯이 이번 코로나 사태를 이전과 이후로 나뉘어 사회현상을 기술할 것이고 아마 그렇게 될 것이다.

4차 산업혁명시대에 성장산업으로 주목받았던 원격의료 진료제도가 의사협회 등 기득권의 반대에 한 발짝 나가지 못했는데 이제 비대면 원격의료 진료는 의료행위의 중심으로 자리 잡을 것이다. 코로나 사태는 언젠가는 종식되어야 하겠지만 이번기회로 국가가 국민의 건강을 책임지는 혁명적인 의료체계를 세울 필요가 있으며 그 중심에는 국민 각자 개인의 건강을 국가가 관리하고 보살피는 것이다. 즉 의료는 개인서비스가 아니고 인간이 누려야 할 기본권리이기 때문이다.

코로나 사태를 겪으면서 비대면 사회가 열렸고 이에 따라 의료 현장에도 원격의료 진료가 도래할 것이기 때문에 따라서 개인에 대한 개인주치의제도 실현이 가능하다. 이는 예방의학은 민간영역에 맡기기보다 국가에서 맡아서 하는 것이 바람직하기 때문이다. 현재의 시도는 물론 읍면소재지까지 있는 보건소를 확대 개편하는 것도 좋지만 새로운 국민의료청을 만들어 시군단위까지 조직을 넓혀 개인의 체질, 질병, 촬영 및 검사기록 등을 한곳에서 모아 백데이터하여 저장하고 문자 메시지 또는 카톡에 의한 의료정보 상호전달과 비대면 화상진료를 주기적으로 실시함으로써 질병의 발생을 원천적으로 줄이는 예방의학을 국민의 삶 속에 뿌리내리는 것이 좋겠다. 현재 몇몇 지자체에서 추진 중인 공공의료대학을 예방의학 전문자격증을 갖는 의사로 양성하여 이를 공무원으로 채용해서 예를 들어 척추질환이나 혈관질환의 원인발생을 근본적으로 낮춰주는 개인주치의 역할을 하게 하는 것이다. 사람에 따라 식습관이나 생활습관부터 올바르게 유도하고 영상이나 진료기록을 통합 관리함으로써 질병이 어떻게 발생하였고 앞으로 어떤 질병이 도래하여 위중하게 될 것인가를 미리 파악하여 예방하는 것이다.

사람은 몸이 아프게 되면 귀가 얇어져 남이 좋다는 것에 혹해 이 병원 저 병원 의료쇼핑하기 일쑤이고 특히 문턱이 낮고 비용도 천태만상인 민간요법 및 대체의학에 헤매이다 보면 치료시기를 놓치고 증상이 악화되는 경우도 있기 때문이다. 물론 대체의학 또는 민간요법에서도 효과나 효능이 없는 것은 아니지만 어떤 것이 정확한 방법인지 알 길이 없고 A라는 사람이 치유되었다고 B라는 사람이 치유되지 않는 것은 인체의 각각 가지는 체질 때문이다. 식물에도 물을 좋아하고 좋아하지 않는 식물이 있고 기온에 따라 호냉성과 호온성식물이 구분되듯 부모유전과 출생일시에 따른 체질이 각각 다를 수 있기 때문이다.

이제 중장년이 되면 혈액개선제 폴리코사놀을 국가에서 무료 공급하여 뇌졸중이나 심근경색 같은 치명적인 병에 쓰러지지 않게 하는 것이 절대 필요하다. 비대면 진료는 한사람의 의사가 수많은 지역민을 감당할 수 있게 하는 것으로 국가에서 병이 발생하여 지원하는 건강보험재정이나 요양병원에 갈수록 눈덩이처럼 많아지는 재정부담에 비하여 훨씬 이익이 된다. 병은 하루아침에 오는 것이 아니라 오랜 기간 비정상을 유지해왔기 때문에 결과가 도출된 것이다. 자세를 바로 잡아 있으면 척추측만증이 없고 측만증 같은 불균형이 없으면 디스크가 탈출도 안 되어 수술하지 않아도 되는 일이다.

혈관에 고지혈증이 있는데도 음주와 트랜스지방 식품을 즐겨 먹는다면 뇌줄중이 오는 것이 당연한 것. 병원에 가서 병신이 되고 재활치료를 받는다 해도 제대로 정상인이 못되는 우리의 현실이 더 이상 지속되어서는 안되기 때문이다. 주변에서 보았던 하나의 예를 들어본다.

김성진 씨는 전주 팔복동 자동차정비공장에서 일하면서 평소 장애인돕기와 김치자원봉사를 40년 동안이나 해 오던 성실한 우리의 이웃으로 잘못을 들자면 삼겹살과 소주를 즐겨한 죄밖에 없는데 느닷없이 뇌졸중으로 쓰러져 1년 이상 말 못하는 식물인간으로 누워있다. 착하디 착한 이러한 사람에게 개인미다 맞춤형 진료가 국가의료기관에서 이루어진다면 쓰러지지 않고 지금도 봉사활동을 계속 할 수 있었는데 이처럼 개인주치의가 도입되는 예방의학을 실현하면 개인도 이익이고 국가도 이익이 된다. 이유는 국민이 누워서 받는 보험급여지원이 줄어들고 그 사람이 경제활동하면서 내는 부가이익이 훨씬 국가에 크게 기여하기 때문이다.

3. 의료개혁

지난해 코로나19로 확진자가 2만 명이 넘어섰고 2.5단계 거리두기로 없는 자영업자의 살기가 더욱 팍팍해지는 9월 초 정부와 의사협회의 싸움에 국민은 망연자실할 뿐이다.

정부가 공공의료인력의 부족과 시골 벽지의 의료서비스를 위해 공공의대 신설과 의대 정원확대 등을 추진하다가 의사협회와 충돌, 힘겨루기를 하면서 벌어진 일이다. 의사들이 파업으로 대응하자 정부는 코로나가 안정될 때까지 사업추진을 중단하는 것으로 일단 미루었지만 불씨는 살아있다. 공공의대는 정부가 지방과 취약계층의 의료서비스를 위해 10년 간 의사 수를 4,000명 늘리려는 핵심사업이다. 사방천지가 병원이고 의사가 남아도는데 왜 의사가 부족하다고 하는가?

우리나라는 인구 1,000명당 의사가 2.4명으로 OECD평균 3.5명에 비해 적다고 하나 병상 수는 OECD 평균 4.7개 비하여 12.3개를 가지고 있어 의료시설은 세계에서 최고 수준을 자랑한다. 의료보험이 확립되고 의사와 병상 수가 충분히 확보되어 있는데도 문제가 있는 것은 도농 간의 불균형과 진료의 불균형 때문이다. 또한 의사의 불균형도 응급실의 급한 생명을 구하는 외과 의사는 턱 없이 부족하고 분만을 담당하는 산부인과 의사는 지역 간 격차가 너무 심하다. 이에 반해 돈벌이가 쉬운 성형외과, 피부과, 치과 등은 의사가 넘쳐나고 교통사고와 뇌질환의 증가로 정형외과, 신경외과, 신경과 등에도 의사가 많다. 특히 한국인은 의료보험 덕분에 감기 같은 가벼운 질환에도 병원을 쉽게 찾는다.

한국인의 의료서비스 현황에 따르면 1인당 연평균 외래방문 일수가 16.9회로 OECD 평균 6.8회에 비하여 2배가 넘는다.(자료 OECD 2017-2019) 한마디로 병원진료가 일상화된 것으로 이는 경제활동의 심각한 제약이 된다. 3개월 전 예약하고 30분 기다렸다가 3분 진료보고 방문병원마다 새로 검사를 받아야 하는 현행 의료시스템은 개선하여야 한다. 개인의 의료검사 데이타는 정부에 의해 통합관리되어야 하고 비대면의 가정주치의 제도를 도입하여 정확한 진단과 최적의 병원을 안내받을 수 있도록 하는 것이 필요하다. 입소문에 검증되지 않는 민간요법에 귀중한 시간 허비하고 상태가 악화된 사례가 너무 많다. 이는 병원을 찾은 환자에게 근본적인 치유방법을 제시하지 않고 병원 수입 때문에 대증요법으로 일관한 사례가 많기 때문이다. 위에서 언급했지만 필자의 아내도 MRI에서 척추측만증이라하여 진통제주사처방만 받고 지냈는데 나중에 보니 디스크 탈출로 밝혀져 심을 6개나 박는 대수술을 해야만 했다. 그동안 진통제 주사만 맞고 다닌 시간이 상태를 악화시킨 줄은 꿈에도 몰랐다.

4. 공공의료대학

하루 1,000명이 넘는 확진자가 쏟아지고 연일 폭염이 계속되는 7월에 외신으로만 듣던 코로나 백신을 맞은 국내청년이 심근염으로 사망했다는 기사가 나왔다. 노인들이야 기저질환이 많고 면역력이 약해져서 그렇다고 해도 오히려 젊은 사람들에게서 나타나는 혈전증같은 백신 부작용을 어떻게 설명할 것인가? 1/100만분의 확률이라고 무시하는 것보다 왜 같은 사람끼리 어떤 사람은 죽고 어떤 사람은 부작용만 나고 또 어떤 사람은 아무 일도 없듯이 그냥 지나가는가?

이제 국민의 건강은 국가의 자산이라는 인식의 전환이 필요하고 국가는 개인의 건강을 위해서 지금까지 개인이 발생한 병원비에 대한 의료급여를 부담하는 기존의 정책에서 국민건강을 개인에 맡기기보다 건강을 관리해주고 질병에 걸리지 않도록 예방의학을 정착시켜야 하며 이에 대한 대책으로 공공의료대학을 설립하는 취지를 바꾸어 나름의 대안을 제시하고자 한다. 즉 공공의료대학을 또 하나의 의사를 양산하는 대학이 아니라 개인의 건강을 관리하여 주는 공무원을 양성하는 것으로 방향을 전환하는 것이 바람직하다. 경찰대학을 나오면 국민의 치안을 담당하는 경찰공무원이 되듯 공공의료대학을 나오면 의료공무원이 되어 신설되는 국민건강관리청과 산하의 보건소에 근무하게 하도록 하게 한다.

국민들의 타고난 체질적인 데이터를 비치하고 국민들이 일반 병원에서 찍거나 검사한 개인의료정보는 국민건강관리청에 등재되어 국가의 지속적인 통합관리를 받게 하는 것이다. 비대면 의료 시스템을 갖추고 의료공무원은 국민의 예방주치의가 되어 SNS를 통해 관할하는 국민 각자와 소통하고 정보를 제공받으며 1년에 한 번씩 대면진료를 시행하여 세심한 개인주치의 역할도 할 수 있도록 한다.

국민은 질병에 대한 올바른 정보들 제공받아 의료인을 찾아 헤매는 의료 방황을 줄일 수 있고 축적된 개인의 의료정보를 분석하여 현재의 상태와 미래 발생할 질병요인을 찾아낼 수가 있도록 한다. 불필요한 검사나 수술을 최소화하여 예방적인 의료행위로서 항상성 있는 건강을 유지하는데 목적이 있다. 의료 공무원은 인체의 기본의학은 물론 한의학, 대체의학까지 공부하여 국민이 저렴하고 양질의 의료행위를 선별하여 적합한 의료혜택이 가능하도록 해주도록 한다. 또한 의료공공대학은 신체의 유기적인 연관관계를 공부하여 신체의 놓치기 쉬운 사각지대의 질병이나 합병증을 예방하는 데도 유용할 수가 있도록 해야 한다.

예를 들어 개인의 성장과정의 의료정보에 의하여 현시점에 발생한 피부병이 단순한 접촉성 피부염인지 잘못 먹어 생긴 알레르기 피부염인지 아니면 습진이나 무좀처럼 세균에 감염된 피부염인지 아니면 혈액의 자가면역질환으로 발생한 것인지 또는 바이러스 감염성 피부질환인지를 정확하게 진단을 해주어 환자가 이 병원 저 병원 헤매이지 않도록 적합한 병원을 소개받을 수 있는 시스템을 갖추자는 것이다. 고지혈에 고혈압에 혈관질병에 우려가 있다면 의료공무원의 집중적인 관리를 받아 뇌졸중을 예방할 수 있도록 해야 하고 혈관질병을 예방하기 위하여 국민에게 폴리코사놀을 무상공급하여야 하며 이러한 예산은 뇌졸중 환자를 줄여 절약되는 보험급여예산으로 충당할 수가 있을 것이다. 환자의 혈관질병이 위험수위에 근접했는데 계속해서 삼겹살과 소주로 지낸다면 환자에게 강제명령을 내려 치유할 수 있는 권한도 고려해 볼 만도 하다. 물론 개인의 신상 의료정보를 국가에서 관리한다면 기분도 나쁘고 이익단체나 특권을 가진 사람들에 의해 악용될 소지가 생길 수가 있다. 그러나 필자의 생각은 다르다.

선인장은 물을 자주 주면 뿌리가 썩어버리고 같은 열대지방의 그라비올라는 물을 자주 주지 않으면 말라 비틀어버린다. 사람도 태어난 주기에 따라 또는 성장환경에 따라 체질이 다르고 병에 대한 내성도 또한 다르다. 현재와 같은 질병 부위를 세분화하여 대증요법으로 하기보다 인체를 서로 연결되는 유기적인 관계로 파학하고 여기에는 태어날 때 체질이 고려될 수가 있는 것이다. 공공의료대학은 돈벌이 의사를 배출하는 곳이 아니라 국민의 건강을 책임지는 개인주치의 역할을 할 수 있는 책임과 권한을 부여하는 건강 파수꾼의 공무원이 되어야 한다. 민주당의 공공의대 설립 추진안에 따르면 국립공공보건의료대학(공공의대)의 이사회에는 시민단체 관계자들 외부 인사가 참여하는 길을 열어주었다고 한다. 전문분야에까지 시민단체의 먹자판 놀이판이 되지 말고 100세 국민건강을 여는 국민의 봉사자 양성기관이 되었으면 한다.

5. 자유로움 그 위대함

2018.2.25일 폐막한 평창 동계올림픽에 종합 1위는 인구 532만의 북유럽 노르웨이에 돌아갔다. 적은 예산 때문에 국가주도의 엘리트 선수를 육성하지도 않는데 뛰어난 성적을 낸 것은 스포츠를 놀이의 일환으로 정착한 생활체육을 국민들이 즐기고 있기 때문이다. 실제로 전국에 스포츠클럽이 1만여 곳이 넘고 이 클럽에는 어린이의 93%가 가입하여 정기적으로 운동을 한다고 한다. 말이 운동이지 즐겁게 놀이하듯 어릴 때부터 하는 것이다.

유소년 스포츠에서는 등수가 없이 마음껏 뛰고 놀아 운동재능이 있는 선수들을 폭넓게 발굴할 수가 있다. 따라서 국가대표급 선수가 되었다 하더라도 대부분 직업을 갖고 운동은 부업으로 한다고 한다. 국가에서도 메달을 땄다고 하여 팔자를 고쳐주는 것도 아니고 메달 상금도 없다고 한다. 우리같이 금메달 따면 돈방석과 국민영웅이 되는 일이 없어도 최고의 기량을 나타내는 것은 성적에 얽매이지 않고 자유로움을 발산할 수 있는 토양이 있기 때문이다. 무엇을 목표로 정하고 달성하려 하면 강박관념에 사로잡히고 이는 신체대사에서 신경계에 반응하게 되고 호르몬 분비에도 영향을 준다. 아무것도 방해받지 않는 자유로움으로 하고 싶어 즐겁게 하는 운동이야말로 노르웨이가 이룩한 자유로움의 성적표인 것이다.

이제 우리도 국가주도방식의 엘리트 체육보다 국민 전체에 생활체육이 뿌리내리도록 해야 한다. 독재국가에서는 스포츠를 국력으로 연결짓기를 좋아한다. 특히 올림픽에서는 수단방법 가리지 않고 메달에만 매달리다 보니 러시아와 같은 조직적인 도핑사건도 생기고 따라서 평창동계올림픽에 참가 못하는 국제적인 망신도 당하는 것이다. 그래도 많은 국가들이 집단합숙과 강제적으로 경기력을 향상시키려 든다. 우리나라도 예외가 아니다. 군사정권부터 선수선발에서 훈련까지 정부가 개입하여 메달을 위한 선수를 만든다. 메달만 따면 병역특례에다 돈방석에도 앉는다.

인성교육은 무시되고 어렸을 때부터 태능선수촌에서 코치와 같이 합숙훈련을 시키다보니 빙상의 심석희 선수같은 성폭행 사건도 발생하게 된다. 어릴 때부터 무한경쟁에 휘말려 과외수업과 입시교육에 멍든 대한민국의 어린이들은 스포츠 놀이문화가 있을 리가 없고 그래서 재능 있는 선수를 발굴할 수 있는 층이 얇다. 아시아 최초 남자 스켈레톤에서 금메달을 딴 윤성빈의 어릴 때 재능을 학교선생이 일찍 알아 본 것은 우리에게 다행이다.

그러니 재능 있는 유소년을 폭 넓게 발굴하려면 생활체육이 국민 저변에서부터 참여되어야 하고 어릴 때부터 몸을 튼튼하게 유지하여 어른이 되어서도 성인병 등을 예방하는 저비용 고효율 건강보험을 만들어야 한다. 우리는 생활체육이 아니더라도 이른 아침 도시와 시골 가리지 않고 공원 곳곳에서 벌어지는 중국인의 집단 기체조도 우리나라에는 없다. 새벽에 운동하면 오히려 건강에 나쁘다는 되지 않는 소리에 오후에 헬스클럽 이외는 갈 데가 없다. 그래서 운동도 안 하고 사는 생활습관에 각종 질병에 걸려 걸핏하면 병원에만 의지하는 우리 국민은 비싼 건강보험료 내고 있는 것이며 말년에는 요양병원 신세로 가는 코스가 대한민국 국민에게는 정해져 있다. 말이 요양병원이지 놀이도 없고 출입도 제한되는 현대판 고려장으로 다음 코스는 집이 아니라 장례식장으로 정해져 있다.

이번 평창올림픽에서 탁월한 기량을 보여준 노르웨이 선수들은 운동을 놀이처럼 즐겨온 자유로운 스포츠와 성적과 상금이 필요 없는 순수한 열정이 왜 우리나라에는 뿌리내리지 못할까? 우리의 건강을 유지시키기 위해 어릴 때부터 자유로운 생활체육이 정착되고 엘리트 스포츠가 아닌 대중 스포츠가 되었으며 하는 바람이다.

6. 장례문화

생로병사라 하였듯이 죽음도 삶의 한 과정이요 생명 그 자체라고 할 수 있다. 길가에 돌멩이는 죽지 않고 살아 있기에 영원히 죽어 있는 것이며 사람은 죽음으로써 그 자손을 통하여 영원히 생명을 유지해나가는 것이다. 많은 종교적 성인들이 죽음을 말할 때 죽음이란 생명의 끝장이 아니라 천당, 내세, 평화, 열반 등 영원한 존재임을 연결지어 주었다. 물론 믿음이나 깨달음의 단서를 달긴 했어도 사람은 계속적인 존재임을 역설하신 것이다. 예수님의 사람이 하나님의 형상대로 만들어졌다는 말씀은 인간은 소우주라는 말과도 통한다. 옛 어른들은 넋과 혼이 합하여 영혼을 만들고 넋은 지상의 기(氣)가 모인 것이고 혼은 하늘의 리(理)가 모인 것이라 했다. 육신도 죽으면 분해가 되듯이 영혼도 죽으면 분해가 되어 하늘과 땅으로 흩어지게 되는 것이다.

30년 전 방송통신대학교 농학과에 다니면서 농촌지도소에 있던 급우에게 이야기를 듣고 이를 사업화하면 어떨까 하고 생각했다. 시골에 종자용으로 처마 밑에 주렁주렁 달아 맨 옥수수가 제때 쓰이지 못하고 오래 걸려 있다 보면 새빨간 곰팡이가 생기는데 이것을 생막걸리에 섞어 충분히 발효시킨 후 왕겨 더미 속에 병들어 죽은 돼지를 넣고 흠뻑 적셔주고 거푸집으로 따뜻하게 해주면 왕겨더미 내부에서 열이 나고 미생물이 기하급수적으로 증식하여 일정 시일이 지나면 죽은 돼지는 뼈만 남고 고기는 흔적도 없이 사라진다는 말을 듣고 이러한 미생물에 의한 유기물 분해방법을 사람들이 죽으면 치러야 하는 장례방법에 적용했으면 어떨까 골똘히 생각해본 적이 있었다. 사람이 죽으면 어떻게 하든 처리를 해야 한다. 땅에 묻거나 화장을 하거나 둘 중에 하나다. 네팔이나 이란의 조로아스터교에서는 사람의 시신을 독수리의 밥으로 주는 조장(鳥葬)이 있다지만 우리네 정서상 꿈도 못꿀 일이고 매장과 화장 밖에 없는데 이것도 또한 골치다.

대다수 국민들은 매장할 만한 땅도 없거니와 공동묘지 또한 비용이 만만치 않아 대부분 화장을 하게 되지만 화장장이 모자라고 단체장이 화장장 하나 짓는 것도 여간 보통 일이 아니다. 주민들의 혐오시설로 반대하는 것 말고도 시체를 연소하기에 탄소 발생량도 늘어나고 사람이 숨 쉬는 공기도 오염시키기 때문이다. 코로나 바이러스 때문에 하루 수백 명씩이나 사망하는 이탈리아에서 바이러스 피해가 가장 심한 북부도시 베르가모에서는 화장장에 밀려드는 시신을 감당 못하고 이웃도시로 시신을 군용트럭에 실어 가는 사진이 많은 사람의 마음을 아프게 한다.

왜 화장밖에 없는가? 때 맞추어 SNS에 올라온 기사가 눈에 띈다. 미국의 장례 관련회사 리콤포즈(Recompose)는 인간 퇴비화가 과학적으로 가장 친화적인 장례 방식이라고 밝혔다는 기사다. 이 회사는 내년부터 워싱턴주에서 인간퇴비화서비스를 제공할 것이라고 전했는데 이는 시신을 화장하는 대신 자연적으로 유기분해하면 탄소 1.4톤이 방출되는 것을 막을 수 있다고 주장한다. 시신 퇴비화 절차는 시신을 나무 조각, 알팔타, 짚 등과 함께 특정미생물을 넣어 밀폐된 용기에 넣고 서서히 회전시키면 30일 후 유족들은 잔해물(퇴비)을 인계받아 수목장을 하거나 작물에 거름으로 사용할 수가 있단다.

시신 퇴비화를 연구한 카펜터 보그스 교수는 퇴비화 과정에 온도가 55°도까지 육박하여 대부분의 질병 유기체가 파괴된다고 한다. 유기물의 분해능력이 뛰어난 미생물을 찾아내고 폭발적인 배양기술과 매개체를 개발하면 또 하나의 유망한 장례사업이 될 것이다. 이 방법이 위생적으로 불안하게 생각되는 사람들을 위해 시신이 미생물 분해의 최종산물로 나온 퇴비와 물은 고온 프라즈마를 쏘아주면 위생도 완전살균으로 안전성이 확보되고 사람이 물에서 태어나서 다시 물로 되돌아가니 그리스 철학자 탈레스의 생명의 기원이 물이라 하는 것과 맞고 내 몸이 자연에서 얻은 것이니 자연으로 되돌려주는 것이기에 순리에도 맞는다. 비단 이러한 미생물처리방법은 유기물뿐만 아니라 문명사회의 골칫거리인 플라스틱을 분해하는데도 이용될 수 있는 것으로 나타났다.

일회용과 편리의 대명사인 플라스틱 피트병이 자연상태에서 분해되려면 500년 이상 걸리지만 이를 최단시간에 분해도 할 수 있는 기술이 나왔다고 한다. 프랑스 툴루즈대 연구진과 화학기업 카르비오스는 "효소를 이용해 플라스틱 피트병을 10시간 안에 90%이상 분해했다"고 8일 국제학술지 〈네이처〉에 발표하였다고 한다. 전세계에 수억 톤씩 생산되고 썩지 않는 플라스틱도 이제 과학자들에 의해 미생물이나 곤충 등에서 플라스틱 분해효소를 발굴하여 인류에 공헌할 날도 멀지 않았다.

이제 미생물효소로 시신을 태우지도 않고 소리 없이 자연으로 되돌려주는 방법이 도래할 것이며 이는 너무나도 당연한 물질의 순환원리이며 자연에서 태어나 다시 자연으로 가는 것이다. 좁은 땅덩어리 묻을 곳도 없고 화장도 그러하니 이 세상을 떠나는 방법은 육신도 물질순환원리에 맞게 해주면 좋다. 이제 시신의 미생물분해기술이 우리 곁에 서서히 다가오고 있다. 산과 들에 덕지덕지 널려 있는 묘지는 미관상에도 문제지만 벌초하느라 매년 2번씩 찾아가야 하는 후손들의 수고로움은 감당할 수 있다 하더라도 해마다 묘소에 갔다가 말벌, 진드기, 뱀 등 해충류에 죽고 다치는 사람들이 부지기수이니 이제부터 조상님의 알현도 디지털 하는 것으로 가야 하겠다.

휴대폰에서 터치 몇 번으로 무한대에 속해 있는 하나의 인터넷 웹을 불러내오듯이 상쾌점으로 돌아가신 조상님을 불러내는 무당처럼 우리 일반인들도 영적 세계에 있는 조상님들을 가상세계로 초대하여 대화하는 날이 언젠가는 분명 다가올 텐데 지금도 원시시대 고인돌의 변형된 묘지 매장방법을 고수하고 있다면 이는 참으로 시대에 뒤떨어진 것이다. 이는 우리 노인 세대는 조상님 묘소에 벌초하고 성묘를 했지만 우리 손자세대 이후에는 기대할 수가 없어서이다. 또한 유교사상으로 우리나라에 오랫동안 내려온 조상을 잘 모셔야 후손이 발복한다는 피인차안설(彼人此安設) 때문에 권력자와 있는 자들은 조그만 땅덩이에 좌청룡 우백호 하면서 조상의 명당 찾기가 지금도 횡행하고 있으니 조상님 잘 모시고 개운발복 하였는지는 몰라도 없는 가붕개들은 죽어서 곧바로 한줌의 재로 변해야만 하는 것도 너무나 불공평하기 때문이다.

이러한 차별은 새로운 미생물에 의한 장례법으로 언젠가 없어졌으면 좋겠다. 없는 것도 서러운데 죽어서까지 차별받지 않아야 하지만 지구 온난화로 몸살을 앓고 있는 지구환경을 살리는 길이 탄소중립이고 그래서 언제인가 탄소배출을 줄이려면 시신 화장도 종료해야 하기 때문이다.

4

부동산

1. 땅이 생명인 나라

아주아주 먼 옛날 우리의 원시 조상들은 수렵사회에서 땅에 대한 소유 개념이 없었다. 굳이 내 것이라 하여 가질 필요가 없었고 땅이란 말을 달려 들판에 나가 사냥감을 가져만 오기만 하면 되는 발밑에 있는 흙덩이에 불과한 것이었다. 이것이 네 것 내 것으로 소유가 구분되고 땅을 차지하기 위해 쟁탈의 역사가 시작된 것은 정착해서 식량을 수확하는 농경사회로 이행되고 거기에서 농작물을 생산했기 때문이다. 각각의 부족이 연합체가 되어 국가가 형성이 되다보니 땅을 뺏기 위한 치열한 전쟁이 더 치열하게 유사 이래 지금까지 계속되어 왔다.

우리의 왕조시대에도 땅은 거의 국가의 소유였으니 임금께서 "저기 떠박골에서 은골까지 너에게 주노라"하고 공을 세운 신하에게 주면 그것이 그 신하와 후손의 땅이 되었으며 산자락의 황무지를 일구어 오랫동안 경작을 하면 그것도 개인의 소유로 인정해주던 제도도 있었다. 조선이 패망하고 일본인들이 물밀 듯이 들어오자 그들이 제일 먼저 탐을 낸 것도 조선의 기름진 전답이었다. 동양척식주식회사를 만들어 우리 농민들의 토지를 헐값에 사들이고 또는 말도 안 되는 이유를 들어 뺏어가더니 미국에 패하고 해방이 되자 땅은 가져갈 수가 없는 부동산이기에 이 땅에 내버려두고 빈 몸으로 그들은 떠났다. 많은 적산가옥들이 우리에게 돌아왔고 남겨진 전답은 가진 자의 대지주에 대부분 편입되었고 없는 자들은 소작농으로 이어가다 농지개혁으로 전답을 배정받았다.

박경리의 소설 토지처럼 토지는 이 땅의 신분사회의 구분을 짓는 척도의 기준이었다. 해방 후의 이 나라가 남북으로 갈라지고 동족끼리 전쟁을 한바탕 치른 다음 우리의 농경사회가 본격적인 산업사회로 이행된 것은 5·16 쿠데타를 일으켜 정권을 잡은 박정희 정권의 제1차 경제개발에서부터 시작되었다. 권력과 사람과 물자가 모여 있는 서울에는 전국의 각 지역에서 일자리를 위해 또는 자식들의 교육을 위해 모두가 서울이라는 원심력에 의해 지방의 사람들을 빨아들이기 시작하였다.

"앵두나무 우물가에 동네 처녀 바람났네. 물동이 호미자루 나도 몰래 내던지고 말만 듣던 서울로 도망을 가서 삼돌이도 복돌이도 담보짐을 쌓다네" 서울로 서울로 사람이 밀려들자 청계천에는 이미 판잣집으로 가득 덮였고 4대문 안에는 지방에서 온 상경민들을 받아줄 여분의 틈이 없는 만원사례 서울이었다. 날품팔이를 하던 공장에 취직을 하던 움막집이라도 필요했으나 디딜 땅이 없었다. 전국 각지에서 올라온 하층민들에게 임자 없는 시내 외각의 국유지나 조선왕족들의 산들이 퍼뜩 눈에 들어왔다. 생존에 내몰리면 법이고 규율이고는 다음 문제이다.

누구에게 지시 받은 바도 없지만 모든 사람들이 때로 뭉쳐 이심전심 입소문에 투사들이 되어 있었다. 곡괭이와 삽과 낫과 톱에다 새끼줄을 챙겨가지고 서울 도심근교 국유지 산에 올라가 소나무를 마구잡이로 벌목하고 경사진 땅을 평평히 만든 다음 100평이고 200평이고 새끼줄로 울타리를 만든 다음 "내 땅이요" 하고 선포하면 서로 간에 차지한 땅을 서로 인정하여 주었다.

푸르름을 자랑했던 산들은 느닷없이 민둥산이 되고 여기저기 깔때기로 덮여진 움막집들이 들어서기 시작하였다. 하월곡동이 그랬고 사당동, 봉천동이 그랬고 상계동 또한 그랬다. 하월곡동의 불록집에서 처음 서울 둥지를 틀었던 나도 사당동의 국유림 원정대열에 합류하여 함께한 다른 사람들과 "여기가 내 땅이요"라고 해서 만들어서 그 땅을 약간의 돈을 받고 넘기기도 해봤다.

남의 땅을 내 땅을 만들기 위해서는 치열한 생존본능이 있어야 한다. 울창한 국유림을 쑥대밭을 만들었으니 구청이 가만히 있을 리 만무하다. 토벌대를 데리고 와서 다 때려 부수고 불을 질러버리면 우루루 도망갔다가 또 와서 다시 움막집을 만들고 또 토벌대가 오면 도망갔다가 다시 와서 또 짓는다. 남의 땅을 내 것으로 만들기 위해서는 전등불 없는 밤에도 움막을 지켜야 하며 구청에 잡혀가는 것도 서로 순서를 정해서 잡혀가기도 했다.

이러한 과정을 거치면 돈을 각출하여 공무원에 로비를 하고 정치 쪽에도 구원을 요청한다. 생사를 건 주민들이 떼거지로 저항하니 구청도 몇 번 하다가는 지쳐 손을 놓게 되고 그때부터 가족들도 불러들이고 서까래 움막집을 불록시멘트로 외벽을 만들고 지붕은 루핑이나 스레트를 얹어 집처럼 만들고 방바닥은 연탄을 때는 온돌방으로 꾸몄다. 당시의 시멘트 구들이 너무 부실하여 겨울만 되면 여기저기 연탄가스 중독사고가 빈번하였고 죽는 사람도 생겨났다. 동네가 형성되면 다음에는 구청에 뻔뻔하게도 공중수도와 공중화장실 등을 요구하여 성사시켰다. 무허가촌이 기정사실화 되면 이젠 양성화를 요구하여 관철하는 것이 주민들의 최종목표이다. 그 과정은 너무 길고 혹독하지만 생존의 본능들은 그것을 이겨내고 기어이 달성하였다. 지금은 하늘을 찌를 듯 고가의 아파트가 들어섰고 휘황찬란한 상업지로 변해버린 하월곡동, 봉천동, 사당동 등등 많은 사대문 밖 서울의 주택지가 60년 말~70년 초에는 지방에서 올라와 서울에서 잠 잘 곳을 마련해야만 했던 가붕개 하층민들의 생존의지가 활활 불타올랐던 곳이다.

2. 서민은 힘이 없다

전주시 덕진구 금암동 514-3. 내가 1980년 초 머리털 나고 처음으로 어렵사리 마련했던 내 집 주소의 지번이다. 그동안 현재의 기린로에 있었던 전라선철도가 외각으로 이전함에 따라 철도가 있던 자리에 도로가 생김에 따라 철도주변의 땅들의 가치가 엇갈렸다. 경지정리 전에 남의 논두렁을 통해 소와 사람이 다니면서 농사를 지었듯이 일제 강점기부터 있었던 철길에 인접된 주택들이 그동안 똑같이 길이 없어도 불편함 없이 철길을 넘어 서로의 땅을 밟고 다녔다. 도로가 개설됨에 따라 도로와 연접된 토지는 금싸라기 땅으로 변신했고 길이 없는 토지는 서푼 값어치 없는 맹지로 전락하였다. 내가 처음으로 구매했던 내 집도 도로개설로 인해 남의 땅으로 드나들어야 했던 맹지가 된 것이다. 그동안 지적도상 길이 없는 맹지라고 해서 출입을 못하는 것도 아니고 엄연히 건물 등기부등본까지 있는 주택이었고 사는데 하등의 불편함이 없는 집이었다. 우리집 앞집에는 그 동네의 터줏대감인 유화섭 씨 내외분이 2층집에 살고 계셨는데 철도부지가 도로로 바뀐 후 우리집을 들어가려면 그분의 땅을 밟고 가야만 했다. 내가 이사온 지 10년 후 내 집으로 들어가는 길에 청천벽력의 변화가 왔다.

앞집 어른이 자식의 사업투자에 연대보증을 섰다가 자식이 부도가 나자 살던 집이 경매에 붙여진 것이다. 경매로 넘어가기 전 아들이 나에게 찾아와 집 매입의사를 타진했지만 당시 3억이란 돈이 없었기에 거절했고 결국 경매에 붙여져 퇴직 여교사이던 김모 씨가 낙찰 받아 앞집의 새 주인이 되었다. 그러나 낙찰자도 자기돈 거의 없이 은행돈으로 입찰한 것이라 다시 되팔려고 했는지 얼마 후 그 집을 다시 매입했다는 제3자가 나타나 하나밖에 없는 우리 집의 진입로를 사람 하나 드나들거릴 정도 남겨두고 정원석으로 옹벽을 만들어 막아버렸다. 황당한 일이었다.

아무리 자기 땅이라도 사람이 살고 있는 집의 출입을 막을 수 없다고 익히 들었던지라 경찰에 하소연하고 구청에 가서 호소하였지만 주민간의 사적인 분쟁에 개입하지 않는다고 하였고 더 이상 들으려고도 하지 않았다. 이전에는 자동차가 내 집 대문까지 들어와 살림살이가 오고가고 하였는데 이제는 사람만 간신히 오갈 수 있게 되어버렸다. 사람 사는 집에 가구 하나 들어갈 수 없다면 이게 아니다 싶었지만 그것은 없는 사람의 절규이지 공무원들은 자신의 일이 아니라고 콧방귀도 안 뀌었다. 분통이 터졌지만 백이 없고 돈이 없는 가붕개인 나로서는 참으로 기댈 데가 없었다. 당시 앞집의 감정가는 3억1천만 원으로 경매낙찰가는 2억1천1백만 원인데 낙찰자는 우리은행에서 낙찰가의 90%인 1억8천8백만 원에 대출받아 납부하였으니 사람마다 능력의 급수가 따로 있었다. 당시 앞집의 경매목록에는 제시외건물이 있었는데 제시외건물이란 말 그대로 경매목록에 포함하지 않는 무허가 건물로 주로 헛간이나 창고 등이 해당된다.

상기 제시외건물은 예전 돼지 키우던 10평도 안 되는 막사였는데 스레트 올리고 방을 들여 가정부의 거처로 이용했던 등기 없는 무허가 건물이었다. 채권기관 삼성화재는 해당 무허가 건물이 경매에 알박이가 되어 향후 재산권 행사에 문제가 될 수 있음을 알고 채무자로부터 무허가 건물 포기각서를 제출받아 이를 법원에 제출하고 무허가 건물 포함하여 경매를 진행하여 줄 것을 요청하였는데도 법원은 무슨 이유인지 경매목록에서 해당 무허가 건물을 제외시켜 경매를 진행함으로써 이후 많은 사람들이 제시외건물을 둘러싼 치열한 생존의 쌈박질을 하게 만들었다.

법원이 국민의 경매를 대행하는 기관으로서 권리의 가르마를 잘 타주어 완전한 물건을 만들어서 일반인도 전문가가 아니라도 낙찰되면 안심하게 소유권을 갖게 해주는 것이 아니라 행정편의로 권리를 복잡하게 해놓고 너희들이 알아서 잘 하라는 식의 현 경매제도를 비판하고자 하는 것이다.

3. 제시외건물

제시외건물이란 경매되는 부동산 물건 중에 제외되는 것으로 경매에 낙찰받아도 소유권을 주장할 수 없어 분쟁의 소지가 되고 알박이로 악용이 되기도 한다. 앞집이 경매에 낙찰되었으나 무허가 건물이 경매목록에 빠진 것을 안 낙찰자의 한 지인이 전 소유자에게 양성화를 미끼로 인감증명서를 2통 받아 구청에 취득신고하고 재산세 6천 원을 납부하고 자기에게 무허가를 팔 것을 요청하였으나 금액 차이로 결렬되었다는 사실이 알려지자 낙찰자는 무허가 때문에 향후 권리행사에 큰 문제가 될 것을 우려하고 크게 잘못되었다고 생각, 낙찰 후 제3자에게 계약금은 대출금을 인수조건으로 2억 3천3백만 원에 매매계약을 체결하였으나 이후 이를 해결해주겠다는 또 다른 협조자의 말을 듣고 낙찰자가 마음을 바꿔 매매계약무효통지서를 보내자 제3자는 전소유자에게 500만 원을 주고 낙찰자에게 절대 무허가를 팔지 말라고 하면서 여러 사람이 무허가 알박이에 개입하게 되었다.

이후 낙찰자가 경찰을 대동하고 제3자를 강제로 퇴거시키고 임의로 건물을 수리했다고 형사고발하고 제3자는 소유권 이전 소송을 제기하자 낙찰자는 다른 원매자를 물색하기위해 나에게 접근하였다. 1주일 내로 가압류, 가등기 해지를 약속하고 매도를 제의하니 몇 달 전 상기의 제3자에게 514-3번지 주택의 출입구가 봉쇄당한 나로서 동아줄이라도 잡는 심정으로 3억1천4백만 원에 매매계약을 체결할 수밖에 없게 된 사실이다. 그러나 낙찰자는 가압류, 가등기 해지를 하지 않고 결국 우리은행에 의해 다시 경매로 붙여지게 되었고 이에 나는 낙찰자에게 항의하자 그들은 나에게 "누구든지 낙찰 받으면 무허가 때문에 죽는다. 따라서 몇 번 유찰되어 가격이 떨어졌을 때 응찰하여 낙찰 받으면 나에게 건넨 계약금 5,760만 원은 손해 보지 않는다고." 하고 나를 안심시켰는데 알고 보니 무허가를 알박이로 만들고 다른 사람들의 경매를 못하게 하기 위하여 낙찰자 지인이 받아두었던 인감증명서를 훔쳐 부동산매매용으로 위변조하고 허위매매계약서와 함께 무허가를 내연남 이름 앞으로 덕진구청에 취득신고를 한 것이다.

우리은행은 무허가 건물은 종물로 같이 일괄매각을 주장하고 제외할 경우에는 매수가격 하락을 들어 일괄매각을 요청하였으나 낙찰자와 내연남이 된 협조자는 법원에 취득세신고서, 지방세영수증을 첨부, 상기 무허가 건물을 경매목록에서 제외시켜 줄 것을 요청하고 향후 경매 시 배당금을 노리고 5명의 허위 임차계약서까지 만들어 전입신고를 마쳐 경매에 대비한 것이 후에 밝혀진 사실이다. 제시외건물 알박이와 가짜 임차인의 전입신고는 낙찰가를 떨어뜨리고 세입자의 전입신고 시 경매금액에서 배당금을 받을 수 있는 제도를 악용한 것이다. 이미 그들의 사기행각을 뒤늦게 눈치 챈 나로서는 앞집이 1차 유찰 후 2차 경매에 울며 겨자 먹기로 2억8천만 원의 높은 입찰가로 앞집을 낙찰 받았으나 문제의 제시외건물 무허가는 내 것이 아니었다.

당시 앞집을 매매계약 체결하고 계약금까지 지불했던 나로서 계약했던 집이 경매가 붙여지자 망연자실할 수는 없고 따라서 가처분권을 신청하고 법원 권리순위에 일단 이름을 올려놓자 낙찰자 A는 "입찰이 몇 번 유찰되고 최종완료되려면 연말까지 가야 되니 그동안 마당에서 토종돼지고기나 구워 주변 학원손님들에게 장사나 하게 해달라고 요청하여 향후 설비투자나 시설에 전혀 책임은 없다고 명기하고 입찰중인 부동산이니 돈 바르지 말라고 당부하면서 동의한 것이 사기족쇄임을 그 당시 꿈에도 몰랐었다. 2차에 집을 낙찰 받고 계약금과 중도금 5,760만원은 향후 돈 벌리면 갚고 이사비용 1천만 원 줄 테니 집을 비워주라 했으나 즉시 거절당한 것은 그들이 등기도 없는 제시외건물이라는 알박이의 소유권을 가졌기 때문이다. 법원이란 상식보다 법리라는 형식으로 판단하고 결정을 내리므로 이해가지 않고 황당하고 억울한 일이 생겨나는데 나와 그들의 분쟁도 마찬가지였다. 그들을 상대로 계약금반환 청구소송과 가건물철거 및 토지인도소송을 제기하였는데 가건물이란 바로 무허가 제시외건물이었다. 또한 앞집 매매계약시 그들과 계약조건인 가압류, 가등기 해지조건이 허위로 확인되자 그들을 2004년 연말 형사고발하여 기나긴 생존의 싸움이 시작되었다.

이듬해 4월 북부경찰서는 그들의 피의사실이 인정되어 검찰에 기소의견으로 송치되었고 그들은 식당문을 닫고 잠적하여 검찰에서 피의자소재불명으로 기소중지 되었으나 2달 후 검찰에 출석하여 조사받고 기소중지 해제되고 다시 사건번호를 부여받았다. 나는 그들이 덕진구청에 제출한 무허가 매매계약서가 전 소유자의 동의 없는 허위로 밝혀지고 첨부한 인감증명서도 변조한 것으로 확인되자 사문서위조로 그들을 다시 형사고발한 후 전 소유자에게 무허가를 무상 증여받고 인감증명서를 첨부하여 덕진구청에 취득신고를 하였으나 내 건은 소송 건이라고 하여 반려되었다.

가붕개는 또 한 번 힘이 빠질 수밖에 없었다. 그들은 내가 신청한 법원의 인도명령집행에 대비하여 식당의 영업자 신고명을 다른 사람 명의로 바꾸고 그해 여름 예정된 인도명령집행을 불가능하게 하여 나는 또다시 당사자를 고발했으나 그는 법원에 승계부여신청을 하여 낙찰자 A의 내연남 앞으로 된 결정문을 받아내었다. 이들은 이에 그치지 않고 나에 대해 직전 식당

명의자에게 유치권이 있다고 하여 내 처를 상대로 본안소송을 제기하였는데 2차 낙찰자가 내 처였기 때문이다. 그들은 앞집이 경매에 붙여지자 무허가를 경매목록에서 빼내어 알박이로 만들어놓고 수차례 유찰시킨 후 저가에 낙찰받게 해주겠다고 나를 속여 그동안 마당에서 고기라도 구워 장사하게 해달라고 하여 그것을 선의로 해석하고 도장 찍어준 나의 동의서 한 장(시설할 경우 책임이 없다고 명기도 했지만)이 유치권이라는 부메랑이 되어 돌아온 것이었다.

이들의 프로같은 능력에 나같은 가붕개 아마추어는 힘을 쓰지도 못했고 법도 내 편이 되지 못했다. 장마가 지나고 뜨거운 2005년 7월말 상기 식당에 대한 법원집행관의 인도명령집행 중에 그들이 유치권이 있다 하여 제기한 본안소송의 공탁금을 걸고 강제집행정지결정문을 받아 강제집행 중인 인도명령을 중도에서 정지시켜 또 한 번 좌절하게 되고 상식보다 법의 위력을 다시 한 번 실감하게 되었다.

2004년 11월에 제기한 계약금반환청구소송에서 승소판결로 그들에 대한 재산명시신청을 하고 그들이 소유했던 덕진구 산정동의 한 모텔 입찰에 허위유치권으로 흠결물건을 만들어 5회까지 유찰되게 한 후 낙찰자에서 유치권해지조건으로 1억을 수수한 것이 불법에 해당되고 앞집의 인도 명령을 못하게 유치권 있다고 본안 소송한 것은 위계 소송사기 또는 공무집행방해에 해당한다고 보아 또다시 고소하였는데 그렇게 하지 않으면 내가 배워온 상식과 부여받은 양심이 인간이 만든 형식이라는 법 앞에 힘 한번 못 쓰는 현실이 너무 억울해서 죽지 않으려는 생존의 몸부림이었다.

그들의 사기미수 및 공문서 변조 및 동행사는 1년 징역에 집행유예 3년, 내연남은 벌금 500만 원이 선고되었으나 사기 및 업무방해는 증거 불충분으로 불기소 처분되자 고검에 항고하여 구약식기소를 받아내었고 그들이 나의 고소를 무고했다고 고소한 것에 대하여 나도 똑같이 무고로 고소하기에 이르자 그들은 결국 협상카드를 내밀었다. 한마디로 식당건물토지 일체와 무허가 건물과 영업자 지위승계 포함하여 양도하고 상호 고발고소 취하하는 조건으로 3,500만 원 요구하였는데 소송에서 승소한 계약금 5,760만 원은 10년 안에 갚는다는 것이었다.

지루한 싸움이 끝난 후 5,760만원의 채권확보를 위해 채권추심회사 고려신용정보에 비용을 들여 그들의 재산을 파악하여 채권을 확보하려 했으나 본인소유 부동산과 유체동산(자동차 등)은 하나도 없다고 통보해왔다. 그들에게 당해 눈에 피눈물 난 사람들이 한둘이 아닌데 자기들 앞으로 재산이 하나도 없단다. 고급차 타고 호텔커피숍을 들락거리는데도 그들 명의로는 아무것도 없었다. 제시외건물, 유치권, 가장임차인, 가압류, 가등기 등 경매물권을 침해하는 권리들을 속임수가 있는지 명확하게 정비해서 경매를 진행해야 한다. 난다 긴다 하는 전문가도 당하는 경매 요지경에 가붕개같은 일반인은 오죽하겠는가? 채권자가 채무자의 무허가 포기각서를 받아 경매목록에 포함시켜 달라고 법원에 요청했는데 이를 제외시켜 무허가를 둘러싼 아귀다툼을 만들게 한 책임은 사기꾼이 아닌 행정편의의 법원이 아니던가?

전주지방법원에 가서 왜 무허가 건물을 경매목록에서 제외하였는지 항의하자 이유도 없었다. 그냥 그렇게 했다는 것이다. 곧 쓰러질 움막이나 달아맨 헛간이라도 구청에 허위 매매계약서 만들어 무허가 건물로 신고하고 취득세 내고 나면 그것으로 법원에 무허가 건물을 경매목록에서 제외해달라고 신고하여 알박이가 되는 세상, 없는 허위계약서 만들고 시설을 꾸민양 만들어 유치권 신고한 후 수차례 유찰시켜 헐값으로 만든 다음 뒷돈 챙기고 돈 빌려준 채권기관에는 피해주는 것. 이러한 유사한 사례가 어찌 이 것뿐이랴.

4. 토지공개념

　남한의 국토면적은 9만㎢에 인구는 5천만이 넘고 산지가 60%이니 한마디로 살 땅이 부족한 나리이다. 대부분 부의 축적은 부동산을 통해 이루어졌고 이러한 부동산에 대한 좌파의 시각은 토지 공개념을 공론화하기 시작하였다. 박원순 전 서울시장은 재임 중에 서울시가 2020년부터 부동산 국민공유제를 실시하겠다고 밝혔다. 부동산으로 얻은 이익을 서울시가 거둬들여 기금을 조성하고 그 돈으로 토지나 건물을 사들여 싸게 공급하겠다는 것이다. 즉 박원순의 신년사에서 부동산의 불로소득을 철저하게 환수해 국민전체가 혜택을 누릴 수 있는 국민공유제를 도입하겠다고 하고 이인영 당시 민주당 원내대표는 아시아 투데이와 회견에서 총선 후의 구상을 밝혔는데 토지공개념이 헌법에 저촉되지 않는다고 하였다. 공공의 이익을 위해서 토지의 사용과 권한을 제한하는 토지공개념은 사회주의로 가는 첫걸음에 내딛고 있었다.

　그러다가 더불어민주당 핵심세력들이 4·15총선에서 압승을 거두자 여세를 몰아 기업의 이익공유제와 토지의 공개념을 들먹이고 있다. 사회주의로 가느냐 하는 예민한 문제이기에 추진한다가 아니라 토론을 해야 할 때가 되었다고 군불을 때고 있는 것이다. 문재인 정부 시민사회수석을 지낸 이용선 당선자는 빈부격차는 임금격차가 아니라 자산격차에서 비롯된다고 하여 토지공개념으로 이를 바로 잡을 필요가 있다고 했다. 토지공개념은 한마디로 개인이 돈을 벌어 땅을 사고 세금은 내더라도 관리와 징발은 국가가 할 수 있도록 하겠다는 것이다. 이전에 문재인 대통령도 2018년 3월 국회에 제출한 개헌안에서도 토지공개념을 명확히 새로 규정한 바가 있다. 이처럼 사회주의로 가는 핵심인 토지공개념이 수면 위로 올라오는 것은 아무래도 불안하다. 한때 노무현 정부 때부터 거론되었다가 2018년 밀어붙이다 불발에 그친 대기업과 중소기업의 협력이익공유제가 토지공개념과 함께 이익공유제가 되어 자유시장경제와 한판 승부를 벌일 것 같다.

반시장적 사유재산 침입이라는 독소가 있음에도 사회주의로 가는 길이 점차 열리고 있다. 문재인 정부의 소득세 최고세율을 45%까지 올리고 종합부동산세율도 3주택자는 현행 0.6%~3.2% 구간을 1.2%~6%로 딱 배로 올렸다. 자고로 세금을 억지로 거둬 들이는 가렴주구한 왕조치고 망하지 않은 나라가 없었다. 고부군수 조병갑의 폭정에 동학혁명이 폭발한 이유도 가렴주구하게 세금을 거둬 들였기 때문인데 이 정부도 백성이 등 돌린 옛날처럼 세금을 왕창 거둬 들이고 있다. 하다못해 교통위반 과태료까지 급상승하게 거둬 들이고 있다. 견디다 못한 시민들이 임대차3법 소급반대, 종합부동산세 폐지하라고 촛불을 들기 시작하였다.

집 가진 것이 무슨 죄이기에 징벌적 세금을 매긴다는 말인가? 정부 말만 믿고 따르다가는 낭패를 본다는 불신이 국민들의 뼛속까지 스며들기 시작하였다. 임대사업자 등록하면 갖은 혜택을 준다고 해놓고 이제 와서는 완전 투기꾼으로 몰아 소급해서 혜택을 박탈하고 세금폭탄으로 초토화시키는 정부 말을 누가 믿겠는가? 그러니 정부정책이 쏟아질 때마다 아파트 가격이 춤추는 것이다. 천도론이 불지른 세종시 집값, 두 달 새 2억 뛰어 84㎡가 10억, 2020년 서울에 58만 가구 30%가 껑충 늘어났다. 이러한 부동산 판국에 LH 직원들의 광명 시흥 제3기 신도시의 개발정보를 미리 입수하여 13명이나 투기한 사실이 시민단체의 조사결과로 발표되고 여론이 최악으로 나빠지자 정부는 700명의 정부합동조사단을 구성하여 진상조사를 한 결과 추가로 7명을 더 밝혀내어 20명이라 하니 국민감정의 불에 기름을 얹은 격이 되었다. 조사권한도 없는 몇 명 안 되는 시민단체 사람들이 찾아낸 성과에 비해 막강한 조사권한으로 발본색원하였다는 조사결과가 태산명동에 쥐 한 마리 격이 된 것이다.

사안이 얼마나 심각했으면 20명에 들어 있지도 않은 LH간부와 직원이 목숨을 끊었는데 말이다. 집 마련하는데 영끌까지도 포기한 20, 30대 청년들이 좌절하는데 내부정보를 이용해 자기들끼리 토지투기를 하고 보상을 받으려고 땅쪼개기를 하고 왕버들을 심고 위장가옥을 짓는 그들의 탐욕에 끝이 없어 보인다. 검찰은 배제시키고 피의당사자가 될 국토부가 조사의 주축이 되어 밝히겠다고 하니 도둑놈이 되레 큰 소리 치는 격이 아닌가? 정부의 토지정책이 이렇듯 난맥상으로 국민의 불만이 높아가니 망령의 토지공개념이 또다시 들먹이고 있는 것이다.

5. 아아 부동산

 사람이 살아가는데 기본적인 것으로 의식주를 든다. 여기에서 입고 먹는 것과 달리 집은 큰돈이 있어야 장만할 수 있고 모든 사람들의 재산형성의 목표가 되어 있다. 우리나라의 수도 서울은 정치, 경제, 교육의 중심지로 과밀화는 집값의 폭등을 가져왔고 서울의 아파트가격 상승을 주도하는 곳은 역시 강남이다. 좋은 일자리에 좋은 학군에 좋은 의료시설이 밀집되어 있는 강남은 누구나 선호하는 주거지역이다. 1968년 제3한강교가 개통되었을 때만 해도 강남은 똥거름을 주던 배추밭이었다. 재개발하면 먼저 떠오르는 대치동 은마아파트는 당시 한보의 정태수 회장이 야심차게 건설한 대단지로 31평의 당시 분양가격이 1,847만5천원이었는데 지금은 20억을 호가하고 있으니 서울의 아파트 가격이 얼마나 올랐는지 상상하기도 어렵다. 이 아파트 가격을 안정시키려고 그동안 부동산 대책을 수없이 쏟아냈으나 먹히지 않고 여론만 악화되자 청와대는 다주택자를 때려잡기 시작하였다.

 보유세를 왕창 올리고 대출을 억제해도 전세값만 폭등하자 죄 없는 다주택을 가지고 있는 청와대 수석들이 제물이 되었다. 첫 타겟은 노영민 비서실장으로 서울반포와 청주에 2주택을 가지고 있었는데 청주아파트를 팔려고 내놓았다가 서울의 똘똘한 한 채가 비난에 휩싸여 결국 서울 반포아파트를 팔아야 했는데 11억 3천만 원에 팔기로 해 14년 만에 8억5천만 원의 차익을 보았으나 1주택 장기보유자 신분으로 양도세는 1,900만 원만 내는 것으로 알려졌다. 셈본을 못해도 대략 1년에 약 5천만 원의 돈 보따리를 안겨주는 이러한 재테크가 세상에 어디 있을까? 청와대의 다주택 공직자는 속히 집을 팔라 한 것은 아파트 가격 폭등 때문이다. 그까짓 것 고위공직자가 몇 명이나 된다고 실효성이 없는 것이 뻔하지만 정부가 솔선수범하여 국민에게 부동산 정책의 의지를 믿어달라는 뜻일 게다.

노영민 비서실장은 억울한 점이 있을 것이다. 청주집을 팔고 강남의 똘똘한 한 채를 놔두었다가 뭇매를 맞았기 때문이다. 사실 누구라도 강남에 집 한 채 갖고 있는 것이 소망일 테데 고위공직자라 해서 억지로 집을 팔게 하는 것도 월권행위이다. 강남에 아파트 수요가 몰리는 근원을 생각하고 근본대책을 세워야 하지 이처럼 숫자만 가지고 다주택자로 몰아세우면 당시 강경화 외무장관처럼 집은 셋 채이지만 한 채는 노모가, 한 채는 딸과 가족들이, 오피스텔 한 채는 청사와 가까운 곳에 출퇴근이 편하게 한 채 마련 할 수 있는 것 정도는 30년 공직자로서 최소한 권리인데 말이다.

문재인 정부의 21번 두더지잡기 부동산 정책에 내놓아도 아파트 가격이 잡히기는커녕 계속 오르자 22번째 7·10대책을 또 내놓고 후속대책도 계속 내놓았다. 집값 안정을 위해 6·17 부동산 대책을 내놓았는데 이를 비웃듯이 일주일에 수천만 원씩 오르고 있으니 또 다시 한 달도 못 되어 두더지 잡기 놀이를 하고 있는 것이다. 규제지역을 만들고 허가지역을 도입해도 잡힐 기미가 없자 매입할 때 취등록세나 살고 있을 때 보유세인 종합부동산세, 팔 때 내는 양도소득세를 왕창 올려가지고 세금규제로 부동산 가격을 잡겠다고 한다. 왜 부동산 가격이 오르는지 원인도 파악 못하고 오르는 현상만 보고 대책을 내놓기 때문이다. 강남부동산 폭등에 이어 세종시 행정수도 이전 발표 후 세종시 아파트 값이 1억5천만 원이 상승하여 서울 부동산 값은 못 잡고 세종 부동산은 폭등하게 만들었다. 이는 2004년 헌재가 행정수도 이전을 위헌판결 했음에도 그로부터 16년인 2020년에 행정수도 이전을 다시 말하기 시작했다.

그동안 규제지역 추가지정, 대출규제강화, 종부세, 양도세 강화할 수 있는 부동산 억제 카드는 다 쏟아 부어도 가격은 계속 오르는 것을 좌파정권이 유기적인 이면을 못 보는 피상적인 대응책만 내놓기 때문이다. 수요는 많은데 공급이 적으면 공급을 많이 하던가 그 공급이 토지의 한계 때문에 여의치 않으면 수요를 분산시키는 정책을 써야 한다. 통화량은 풀렸는데 은행의 저금리에 수익성이 없으니 돈이 갈 데가 없어 안전자산인 부동산으로 몰리는 것은 당연한 이치이다. 한국은행이 2020년 7월 발표한 2019년 국민 대차대조표에 따르면 2019년 말 국내 주거용 부동산의 가치는 총 5,056조8천억 원이며 토지, 건물 일반 부동산까지 합치면 전체 나라 자산 1경 6,621조 5천억 원으로 나라 자산의 85%이며 이중 아파트로 대표되는 주거용 부동산 가치는 7.4%나 인상되었다고 한다.

갈 곳을 잃은 1,100조의 유동지금은 수익성을 찾지 못하면 부동산 투기판에 몰리게 되어있다. 강남에 번진 부동산 광풍은 인근 수도권 주변도시로 번져 나가더니만 이제는 세종시까지 수도이전으로 기름을 부운 격이다. 주택임대차기간을 4년으로 늘리고 인상률은 5%로 제한하는 새 임대차보호법이 집 없는 임차인을 살리는 것이 아니라 임차인의 전세를 없애는 길로 내몰고 있다.

과거 부모의 집에서 분가하여 월세를 살다가 작은 전세로 옮기고 이어 큰 전세로 옮긴 다음 내 집 마련의 정상코스가 무너져버리고 있다. 주택도 사유재산인데 전세로 하든 월세로 하든 시장원리에 따라야 하는데 4년 동안 묶어놓으면 집주인은 달리 있는 사람 내보내고 본인과 직계가족이 산다고 꾀를 내든지 4년 후 새로운 임차인에게 왕창 올리든지 하는 수밖에 없다. 세입자가 집주인이 직접 사는지 확인도 어렵고 무슨 원수 척졌다고 그렇게 할 세입자는 많지 않을 것이다.

집주인은 월세로 전환하거나 전세를 대폭 인상할 텐데 그나마 강남 근처에 살다가 이제는 통근거리 2시간의 변방으로 밀려날 것이다. 경제정의실천연합은 지난 6월 문재인 정부 들어 서울의 APT가격이 52% 올랐다고 했는데 정부는 14% 올랐다고 하면서 근거를 대라는 시민단체 요구에 답을 못하고 있다고 하는데 이처럼 아파트 가격이 오르므로 서울에 아파트를 갖고 계신 분들은 자산이 저절로 불어나는 것으로 보도된다. 김대중 대통령의 삼남 김홍걸 더불어민주당 의원은 사업을 하여 돈을 벌었거나 정상적인 직장 생활을 한 적도 없다. 그래서 2014~2018년까지 5년간 소득세가 겨우 135만 원에 지나지 않았다. 그런데 국회의원 총선신고 시 58억 원이었다가 지난 8월 공개 때는 10억이 불었는데 이는 2016년 고덕동 분양권을 누락했고 실제 재산은 100억대라 한다.

소득이 없는데 어떻게 돈을 모았는지? 공인이 된 이상 밝혀야 한다는 여론이 있다. 사업소득이나 근로소득이 없이 재산을 형성했다면 불법으로 형성한 것 이외는 설명이 안 된다. 불법은 뒷돈을 받거나 불법증여를 말한다. 김 의원은 당의 지침에 따라 서울에 가지고 있는 강남아파트 2채에서 1채를 처분하겠다고 해놓고 사실은 아들에게 증여한 것으로 알려졌다. 알짜배기 대현동 상가도 절반만 소유했다고 했지만 사실은 지분 전부를 소유했고 해당 APT의 전세자금을 한꺼번에 60%에 해당하는 4억이나 올려놓고 일반 국민들에게는 전월세 인상폭을 5% 이상 올리지 말라는 법안을 공동발의하기도 하였다. 내로남불을 몸소 실천한 것이다.

이렇게 서울의 아파트를 들쑤시자 이해찬 민주당 당시 대표가 수도 서울을 천박한 도시로 깔아 뭉개고 세종시 천도를 주장하자 세종시의 아파트는 금세 30%까지 올랐다. 최근 3년 동안 서울 아파트 가격이 시민단체에서는 50%, 감정원에서는 공동주택 실거래가가 40% 넘게 급등한 것으로 밝혔으나 정부는 당시 김현미 국토부장관의 입을 빌어 문재인 정부 들어 서울 집값이 11%만 올랐다고 한다. 세입자의 임차기간을 4년을 보장하고 전,월세 인상률도 5%로 제한하는 임대차3법이 시행되고 나서 3달 만에 서울 아파트 평균 전세값이 3,755만 원이 상승하여 지난 2년 동안의 3,762만원에 가까이 올랐다. 임대차3법으로 아파트가격이 폭등하자 지난 달 과천의 지식정보타운 내 "푸르지오 어울림 라비엔오" 458가구 모집에 19만 명이 몰려 400대1이 넘는 경쟁률을 보였으며 안정권 청약통장은 별 따기라는 69점이 되어야 하고 당첨되었다 하면 시세차익이 10억으로 로또 당첨과 다를 바 없다.

분양가 상한제로 서울의 아파트 공급물량이 적어지자 신규 아파트에는 이처럼 수백 대 1의 경쟁을 보이고 있다. 비정상의 아파트는 서울 아파트 평균가가 2017년에 6억이던 것이 2021년에 11억이 되었다. 이러한 서울시의 아파트값 상승은 수도권 과밀화 때문이며 따라서 미시적인 대책보다 근본적인 대책을 세워야 아파트 가격을 안정시킬 수 있다.

6. 세금

　문재인 정부 이후 종합부동산세를 내는 1주택자의 수가 2배 수준으로 늘어난 것으로 나타났는데 이는 주택가격이 폭등한 것에 원인이 있다. 국세청이 국회에 제출한 국감자료에 의하면 종부세를 내는 1주택자가 2016년에는 6만 8,621명이었었는데 2018년에는 거의 2배 수준인 12만 7,369명으로 늘어났다고 한다.

　문제는 1주택자의 종부세 기준이 9억(부부합산 12억)인데 계속하여 부동산이 가격이 치솟자 11억으로 상향조정하였지만 정부가 주택에 대한 종부세 세율을 높이면서 향후 5년간 개인이 내야 할 종부세가 최대 15조에 이르는 것으로 2020년 7월 국회예산 정책처가 예측하였다. 조세저항은 처음에는 불만으로 출발하지만 정부를 뒤집을 수 있는 태풍으로 발전할 수 있다. 고부군수 조병갑의 만석보 수세에서 동학란이 발생했고 멀리는 로마의 멸망도 유럽의 시민혁명도 미국의 독립전쟁도 모두가 가혹한 세금징수에서 출발하였다.

　이 나라가 사람 살아가는 최소한의 집에 대해 증세 폭탄을 터트려 보유세와 종부세를 대폭 올려 놓았다. 아예 2019년 6조, 3,000억 원이던 주택보유세 총액이 내년에는 8조 4천억 원으로 껑충 뛰었다가 2025년에는 13조 5천억 원으로 곱절 이상 폭등하게 된다고 보도되었다. 문재인 정부 들어 서울의 강남 아파트값이 오르면서 마용성(마포, 용산, 성동)과 인근 수도권을 거쳐 전국으로 번져 나가자 25번의 부동산 정책으로 막으려 했으나 실패하자 그동안 고수해왔던 공급억제 정책에서 180도 전환하여 주택 83만 호를 공급할 수 있는 광명, 시흥 등 3기 신도시개발을 선포하고 국토부 장관까지 경질하였다. 그러나 LH직원들의 사전 땅투기로 국민의 여론이 급격히 악화되자 임명한 지 얼마 되지 않는 변창흠 장관까지 경질하겠다고 나섰다.

부동산 정책에 실패하여 가격을 폭등하니 이를 기화로 공시지가를 올리겠다고 공표하니 이는 허수를 높여 세금을 왕창 뜯어내겠다는 것이 아닌가? 6억 미만은 보유세를 감액한다지만 이는 눈 가리고 아웅이다. 이미 서울의 아파트 가격은 강남은 물론 강북변방까지 웬만한 주택이면 9억이 넘어섰으니 평생 일해 간신히 마련하여 은퇴한 노인세대들이 소득은 없는데 갑자기 세금을 몇 배씩 불어나면 어쩌란 말인가? 전국의 주요 도시는 부동산 조정지역으로 공표하고 양도소득세 기본세율 5억 초과 시 42%로 하였으니 팔지도 못하고 사지도 못하게 틀어막고 있다.

다주택자들에게 보유세는 중과해도 팔 수 있도록 숨통을 터주어야지 2주택자는 8%, 3주택자들에게 12%의 취득세를 중과하면 주택 하나 더 마련하여 8억 주택을 사면 6,400만원 취득세를 내는 것인데 누가 다가구 주택을 사겠는가? 그러니 매수가 뚝 떨어져 살 사람이 아예 없으니 집 두 채 가지고 있는 사람은 보유세 중과와 취득세 인상으로 살려는 사람이 줄어드니 팔리지도 않고 다주택자는 앉아서 그냥 숨통이 조여오는 형국이다.

세금으로 두드려 잡는 것은 나라가 망하는 길임을 역사는 제시하고 있건만 정권은 국민들을 더욱 짜내는데 혈안이 되고 있다. 옛말에 집은 좁아도 같이 살 수 있지만 사람 속이 좁으면 같이 못 산다고 했고 나라가 가난해도 살아갈 수 있지만 세금으로 쪼아대면 못 살고 도망가게 되는 것이다.

7. 다가구 주택

정부는 작년 7월에 국회를 통과한 임대차3법(전월세 상한제, 전월세 신고제, 계약갱신청구권제)가 시행되어 전세대란과 부동산 폭등을 일으킨 것은 소위 좌파진영의 전문가들이 나무만 보고 숲을 못 본 정책의 결과이다. 당초 임대차3법은 임차인을 보호한다는 명분으로 의무임대기간을 늘리고 임대료 상승을 억제하면 임차인들게 혜택이 돌아간다는 단순논리로 시장에 나와야 할 매물은 급감하고 전세값은 수천 이상 폭등하니 결국은 임차인의 부담으로 돌아갔다.

지난 6월부터 6,000만 원이 넘는 임대보증금과 월 30만 원이 넘는 전월세 계약을 한 경우에는 집주인과 세입자는 지방자치단체에 계약내용을 의무적으로 신고하도록 전월세 신고제를 시행하자 여러 가지 부작용이 일어나고 있다. 월세 30만 원을 받던 계약을 월세 20만 원 관리비 10만 원으로 바꾸는 임대인들이 빠르게 늘고 있다. 원룸에 대한 월세는 단지 월세만 있는 것이 아니라 관리비까지 포함된 포괄적 월세이기 때문에 정부는 이를 일도양단식으로 하니 부작용이 생기는 것이다. 월세 임차인은 전기와 가스비만 부담하지 인터넷, 수도세, 복도청소비, CCTV 같은 관리비는 포함되지 않았기 때문이다.

정부가 임차인을 보호하기 위해 만든 전월세 신고제라 하지만 사실은 세금을 쫙 걷어 들이는 것으로 국민은 보고 있다. 집주인은 가만히 앉아서 돈만 받아먹는 나쁜 사람으로 보고 임차인은 돈 없어 셋방 사는 불쌍한 사람으로 보는 정부의 갈라치기 인식이 더 나쁜 부작용을 발생하게 하는 것이다. 집주인은 돈만 챙기는 것으로 보는 시각은 보이는 것만 보는 좌파적 시각에서 나온다. 그 이면에 집주인이 집을 가지므로 갖게 되는 고통과 노력은 보이지 않기 때문이다.

주택에는 단독주택, 아파트 또는 다세대주택이 있지만 전국에는 바닥면적 600㎡ 이하의 다가구 주택도 1–2인들이 많이 찾아 서민들의 주거안정에 크게 기여하고 있다. 대개가 100평 내외 면적으로 1층은 주차장 용도의 필로티 구조로 되어 있고 2, 3층은 원룸, 투룸, 쓰리룸이 4층은 주인세대가 들어 있어 그동안 일생을 열심히 살아온 퇴직자들의 일정 수입이 보장되는 노후대책으로 각광을 받다보니 전국적으로 토건업자들이 돈벌이를 위해 많이도 건축하였고 그러다보니 부실한 건물도 많이 생기게 되었다.

언제인가 천안에 지어졌던 다가구 주택이 이탈리아의 피사의 사탑처럼 기울어져 새 건물을 철거하게 되고 건축주는 큰 손실을 입었는데 이러한 부실주택 등은 실수요자가 아닌 대부분 장사꾼들이 건축한 것들이 많았다. 이는 아파트 가격은 폭등하고 직장을 위해 집을 떠나야 했고 부모와 떨어져 독립된 생활을 바라는 청년세대의 수요와 맞물려 전국적으로 건축 광풍이 왔던 것이었다.

이제 은퇴자들의 일정 수입이 보장되던 다가구 주택도 찬 서리를 맞게 되었다. 다가구 주택의 월세수입도 정부에서는 이를 불로소득으로 보고 2018년부터 임대차 신고를 유도하더니 작년에 더불어민주당의 강력한 임대차3법 국회통과로 이제는 수입내용이 고스란히 들어나 좋은 시절 다 가버리고 보유세와 양도세까지 왕창 올랐으니 계속 갖고 있지도 못하고 그렇다고 취득세까지 올라 팔리지도 않으니 이래저래 죽을 지경이 된 것이다. 다가구 주택은 신축하거나 매매할 때에도 아파트 한 채 살 돈이면 은행융자에 세입자보증금을 공제하면 10여 가구 이상의 다가구 주택을 신축하거나 매입할 수 있었던 것은 매월 들어오는 월세 수입 있었기 때문인데 정부에서 이마저 놔두지 않고 가져가겠다니 집 가진 사람들도 생존의 코너에 몰린 것이다. 이러한 정부정책의 근저에는 현재 부동산 정책을 주도하고 있는 좌파 성향 학자들의 철학이 반영된 것으로 월세를 고스란히 수입으로 보는 좌편향 시각으로 보이는 것 이면의 것을 보지 못하는 안목 부재 때문이다.

정부는 세입자를 보호한다고 임대기간을 2년에서 4년으로 늘려 전세대란을 촉발시켰지만 다가구 주택에는 임대기간이 오히려 1년짜리가 많다. 수요보다 주택공급이 많기 때문이다. 1년 기간의 임대계약을 했다고 부동산중개료를 절반만 주지 못한다. 1/2로 줄어들지 않고 1년 살다가 갔다고 청소도 안 해줄 수가 없고 더러우면 도배도 다시 해주어야 한다. 차단기를 올렸는데 전기가 안 들어온다는 임차인 말에 전기업자를 불렀으나 전기고장은 없고 연동된 보일러가 고장 났다고 하고 고친 것 없이 그냥 돌아가도 출장비 5만 원을 주어야 하고 보일러 A/S기사를 다시 불러 유료서비스를 받아야만 하는 것이 집주인이다. 월세를 계속 못 내고 보증금을 다 까먹고 퇴거한 임차인 방에 들어가 보니 방안이 온통 훼손되어 있었는데. 애완견이 주인 없을 때 분리장애불안을 일으켜 벽지고 몰딩이고 온통 물고 흠집을 내서 다시 내부수리를 해야만 하는 손실도 발생한다. 화장실 배수구가 막혀 물이 역류되고 빠지지 않아 머리카락이 쌓인 것은 임차인 잘못이지만 배관업자의 수리비용은 집주인이 부담해야만 하는데 대부분 이체하거나 현금처리로 하지 세금계산서를 따로 받지 못한다.

관행을 떠나서 많은 가붕개들인 영세사장님들이 소득을 노출하기를 싫어하기 때문이다. 따라서 원룸관리에는 증빙이 없이 지출해야만 하는 돈들이 다반사인데 입금되는 돈은 다 수입으로 보고 세금을 추징하는 것에 이런 사정 저런 사정 알고서 하는지 정부에 대해 목소리 내는 것이다. 국민들에게는 5% 전월세 상한제를 공표하고 뒤로는 몰래 더 많이 올려 받은 몰염치의 정권실세들의 부동산 재테크와는 근본적으로 다르기 때문이다. 다가구 주택 임차인들은 냉장고, 세탁기, TV, 침대까지 마련해주어야 하고 일차적 관리의 책임이 있기에 수리비용이 발생하고 수시로 교체비용도 있다. 가구별 물 사용량과 메인 계량기 수량과 맞지 않아 세입자들은 대부분 수도세를 별도로 내지 않고 쓴다.

일생을 열심히 일했으나 노동력 떨어지고 지식에게 기대지 못하는 노년에 원룸 한 채 마련하여 노후를 편안히 지내려 했던 어른세대들, 눈도 침침하여 글도 잘 안보이고 인터넷 활용도 떨어지는데 일일이 전월세 신고하고 입금된 돈 전액을 소상히 신고하라고 한다.

한반도라는 조그만 땅에서의 토지는 자산을 늘려주고 부의 중심 가치로 자리잡은 지 오래다. 그래서 땅을 갖지 못한 사람들이 사회주의자가 외쳐대는 토지공개념에 좌파 정치인들은 팔랑귀가 되어 지금도 논쟁이 진행형이다. 정부는 다주택자를 죄악시 하지만 예를 들어 9억짜리 다가구 주택은 은행융자 3억, 보증금 3억에 투자금 3억이 주로 많다.

월세수입은 지방인 우리 전주시 예를 들어 평균 150~200만 정도인데 여기에서 대출 은행이자, 수도료, 계단청소비, 인터넷 CCTV, 전기, 수도, 보일러, 하수구 수리비, 도배비, 입주청소비, 토지주택세금, 복비 등을 빼고 나면 다가구 주택 2~3채 가져도 주인의 수입이 별로이다. 그런데도 전월세 신고와 세금중과하는 정부야말로 어린이 코 묻은 돈까지 손을 내미는 것으로 보이는 것이다.

8. 현장에서 뛰는 생존경쟁

아니 누가 지금 월세를 2년으로 해요? 원룸을 갖고 있는 필자가 임대계약을 하면서 흔히 듣는 소리이다. 서울은 수요는 많고 공급이 적으니 전, 월세 기간을 2년에서 4년으로 늘리는데 지방에서는 임대기간이 원룸의 경우 2년에서 1년으로 줄어들고 있다. 수요는 적고 공급이 많아서 생기는 시장원리이다. 지방에서 다가구 주택을 몇 채 갖고 있다고 부자도 아니고 은행융자 빼고 임차인 보증금 빼면 사실은 서울의 아파트 전세값도 못 되는 서민들이 노후를 바라보고 지었던 주택인데 정부에서 다가구 주택도 임대사업신고를 하라 했다가 이제는 전월세 신고까지 하라고 압박을 하고 있기에 서술하지 아니할 수가 없다.

다가구 주택을 상대로 많은 가붕개 사장님들이 먹고 살고 있다. 말이 사장님이지 대부분 혼자서 일하는 기술자들이다. 전기, 수도배관, 열쇠, 가스, 필름지, 벽지, 청소, 타일 등 셀 수 없는 많은 가붕개들이 다가구 주택을 무대로 먹고 살고 있다. 이들의 생존경쟁은 지배받는 계층의 맨 밑바닥 사람들인데 경쟁으로 처절하기만 하다. 이 중 어떤 사람은 성공하고 어떤 사람은 허덕이면서 사는데 성공한 사람들에게는 분명한 노하우가 있다. 원룸에 세입자가 나가고 들어오면 제일 많이 하는 것이 벽지도배이다. 도배는 학원도 있고 누구나 어느 정도 연마하면 현장에 투입될 수 있어 여성 도배사들도 많이 있는 분야이다. 일감이 많은 도배사들의 특징을 보면 도배를 특별히 잘해서가 아니라 임대인의 가려운 곳을 알아서 긁어주기 때문이다. 벽지도배를 하면서 주인이 요청하면 LED전기등도 달아주고 훼손된 필름지도

씌워주고 떨어진 실리콘도 메꿔 주는 것 등이다. 어차피 집주인이 그것 때문에 사람을 별도로 불러야 하는데 벽지하면서 사소한 것까지 해주면 집주인에게 큰 도움이 되기 때문이다. 그렇다고 서비스 요청하는 것이 많으면 돈을 더 줘야 하지만 사소한 것은 도움을 받고 계속 단골로 삼아 거래를 하는 것이 좋다.

다가구 주택에는 일주일에 한 번씩 계단청소를 해주는데 월평균 7~10만 원을 받는다. 계단 청소야 쓱쓱 걸레질하면 되지만 분리수거를 하지 않는 배달음식 쓰레기 때문에 골머리를 앓는다. 아무리 경고장을 붙이고 문자를 넣어도 도대체 말을 듣지 않는다. 어차피 인생의 바닥에서 사시는 분들이라 도덕이나 환경은 사치스러운 것이다. 구청의 위탁업체는 쓰레기 분리가 안 되어 있다고 수거를 안 하면 쓰레기가 계속 쌓이게 되고 결국에는 집주인까지 발등에 불이 떨어진다. 가만히 앉아 있어도 월세가 공짜가 들어오는 것이 아니라 이러한 뒤치다꺼리의 최종책임을 지는 대가이다. 보일러가 가동이 안 되거나 물이 샌다. 쇼트가 나서 전기가 안 들어오고 싱크대 배수구에 물이 새고 화장실 물이 안 내려간다. 동파되어 물이 흘러나오는 것, 전자열쇠에 건전지가 떨어져 문이 안 열리는 것도 세입자는 일단 임대인을 부르고 임대인은 대부분 기술자를 부르고 임대료 수입의 일부도 그들에게 흘러간다.

다가구 주택을 무대로 많은 서민들이 서로 뜯어(?)먹고 살고 있으니 임대인은 저만 아는 놀부가 아니고 밑바닥 서민들과 같이 살면서 도움을 주니 이는 고용유지 효과까지 있는 것이다.

9. 청소

    필자는 원룸청소를 하는 일도 자주 생길 때가 있다. 어찌하다 보니 부부 합산 다주택자가 되어 임차인들이 들어오고 나가고 할 때마다 가봐야 하는데 관리자를 두고 하는 것이 말같이 쉽지 않기 때문이다. 남의 눈엔 돈 많은 부자로 보이지만 기실 은행융자, 임차보증금 제외하면 실제 원룸 투자액은 원룸 1채 시세의 1/3도 못된다. 얼마 전 쓰리룸 세입자가 만기가 되어 4000만 원을 빼주다 보니 통장이 바닥이 나는 것은 그만큼 윗돌 빼어 아랫돌 괴는 게 원룸 사업이기 때문이다. 원룸은 다가구 주택으로 원룸, 투룸, 쓰리룸, 주인세대로 나누어지는데 원룸은 주로 독신자들이 선호하며 거주기간도 짧다. 직장이나 일자리 때문에 홀로 사는 것도 있지만 결혼한 후 이혼하고 혼자 사는 사람들도 의외로 많다. 계약기간이 1년도 많아 이사 시마다 청소를 해주어야 된다. 세입자들은 내 집이 아니라서 청소를 거의 하지 않는 편이다. 그래서 임차인이 나가면 1년이라도 청소를 해주어야 한다. 원룸 청소비용은 원룸 10만, 투룸 18만, 쓰리룸 25만 원 정도인데 청소를 나 또한 가끔씩 할 수밖에 없는 이유는 청소업체에 맡겨도 청소를 보이는 곳만 하고 보이지 않는 곳은 숫제 청소가 잘 안 되어 있기 때문이다. 전등교체와 수도고장, 가스렌지 부품교환, 필름지보수 같은 잡다한 일도 청소하다 보면 같이 해야 할 일이 생기기 때문에 따로따로 업자들을 대려면 수입에 비해 지출이 많아 적자가 된다. 전기, 가스비는 임차인들이 낸다지만 수도세와 인터넷 및 CCTV비용, 주간청소비 등 수십만 원은 기본으로 지출된다. 거래가의 0.5% 부동산 복비와 원룸15만, 투룸 25만, 쓰리룸 35만 대의 도배까지 해주려면 집주인은 한 푼이라도 아끼려고 청소를 직접 하게 되는 일도 자주 생긴다.

　그날 나와 같이 청소한 아들도 창문을 닦았는데 안쪽만 닦고 바깥쪽은 숫제 닦지 않고 방치하여 왜 바깥쪽을 닦지 않았냐고 물으니 왜 바깥쪽을 닦느냐고 오히려 반문한다. 그도 그럴 것이 청소업체도 바깥 유리창 쪽은 닦지 않는다고 한다. 닦다가 떨어지는 위험성 때문에 모두가 그렇게 한다는 것이다. 바깥쪽을 닦으려면 크레인장비를 대야 하는데 누가 그리하나? 바깥 유리창을 닦는 특별한 도구가 있으련만 아직 못 찾았다.

　나는 원룸이 4층이지만 70살이 넘은 나이에도 창틀에 올라가 창틀을 붙들고 바깥 유리창을 닦았다. 아마 해병대의 고공훈련에 단련되어서 그전에도 그랬고 앞으로도 당분간은 그럴 것 같다. 잘못하면 떨어져 죽을 수 있다. 그러나 나는 그렇게 하는 것이 바깥 유리창도 닦을 수 있고 장비를 부르지 않으니 경제적이어서 왠지 그렇게 해왔다. 임차인이 오고 갈 때마다 청소해 주면서 먼지 때가 낀 바깥쪽 유리를 그냥 두고 볼 수 없기 때문에 칠십이 넘은 노인네가 4층 창틀에 올라가 바깥유리를 닦았다. 신세대 기준으로 보면 내가 완전 멍청이 바보로 보일 것이다. 청소하고 내려와 보니 분리함에 분리수거를 하지 않아 구청에서 빨간딱지를 붙이고 수거해가지 않았다. 그동안 분리수거를 해 달라고 임차인에게 수도없이 문자메시지도 넣고 게시판에 안내하여도 소용이 없다. 플라스틱용기에 먹다 담은 음식까지 일반쓰레기와 같이 재활용통에 구겨 넣는데 할 말이 없다. 원룸에 뒤죽박죽 쓰레기 내놓은 것은 비단 전주시만 그런 것이 아닐 것이다.

　우리나라의 무너진 공동체와 도덕성 부재가 낳은 결과물이다. 많은 집주인은 월세를 공짜로 받는 것이 아니다. 건물을 유지관리하는데 많은 비용이 지출되어 가붕개 처지의 많은 업자들이 같이 뜯어먹고 산다. 매달 은행에 꼬박꼬박 이자를 내고 재산세를 매년 내는데도 주택가격이 오른 바람에 종부세 고지서까지 날아든다. 살펴보면 속 빈 강정인데 부동산 정책이랍시고 전월세 신고제를 도입하여 더 짜내려고 한다. 취득세까지 0.8%로 올랐으니 10억 건물이라면 8,000만원을 내야 한다. 당연히 매수가 뚝 떨어져 팔려고 해도 팔리지 않고 그렇다고 종부세까지 과중하니 가지고 있지도 못해 진퇴양난이다.

정부에 하소연한다. 보유세든 취득세든 하나라도 내려서 조금 숨통이라도 튀게 해주라고. 이자 주고 세금 주고 관리비용 지출하면 먹잘 것이 없다. 평생을 안 먹고 안 쓰고 근면 저축해서 모은 돈으로 노후대책 다가구 주택을 마련한 많은 서민들이 지금 기로에 섰다.

10. 건물주도 힘들다

창조주 위에 건물주라고 많은 사람들이 건물 하나 갖고 있으면 가만히 앉아 있어도 돈이 척척 들어오고 갑질이나 하는 사람으로 알고 있지만 건물 하나 갖고 있다는 죄로 얼마나 사람들에게 시달리고 스트레스를 받는지 좀 아시라고 시시콜콜한 이야기를 쓴다. 가붕개는 과로사 때문에 심심치 않게 사망하는 택배기사나 뙤약볕에 건설현장에서 일하다가 사망하는 건설일용직 노동자만 있는 게 아니라 건물주도 사람들 때문에 스트레스 받아 죽는 것은 마찬가지이니 급수만 틀리지 건물주도 역시 가붕개이다. 누구든지 보이지 않는 애로와 그만한 노력이 뒤따라야 건물주가 된다는 것을 말하고자 한다. 물론 서울 도심의 큰 빌딩을 갖고 관리가 잘되고 있는 법인이나 급수가 다른 건물주는 예외로 한다.

나는 전주 시내에 6층짜리 작은 빌딩을 갖고 있는 임대사업자다. 빌딩을 갖고 있다 보면 여러 가지 민원이 발생한다. 임차인들의 소음갈등, 주차 문제, 비가 새는 것 등 다양하다. 몇 년 전 장마철에 200mm 이상 비가 쏟아지니 빌딩관리자의 전화가 왔다. 5층에 비가 새고 4층에도 천장배관에서 한 방울씩 떨어진다는 것이다. 서울 출장 중이라 관리소장이 알아서 처리하면 될 터인데 꼭 건물주에게 전화하니 비전문가인 건물주는 어떻게 하란 말인가? 사실 두어 달 전에 장마 대비하여 100만 원 들여 옥상 우레탄 방수처리를 하였고 그 이전에도 6층 베란다에 50만 원 들여 방수처리를 하고 2년간 보증을 받았다. 그런데도 비가 와서 누수가 되는 데도 업자가 와서 보고 하는 말이 샐 데가 없는데 샌다고 본인은 원인을 모른다고 한다. 돈 들여 방수 했는데 어이가 없는 일이다. 그래서 아는 동생한테 부탁해서 또 다른 업자를 불러 살펴달라고 했더니 비가 새는 것 없애주는데 150만 원 달라고 한다. 그런데 공사내역도 없고 어디가 새는지, 어떻게 하겠다는 것도 없다. 그냥 누수 잡아주는데 150만 원 달라고 한다. 그게 기술이란다. 정말 어이가 없다. 결국 건물주는 새는 곳이 어디인지도 모르고 깜깜이 수리를 맡겨야 한다는 것인데 내 상식으로는 도저히 납득이 가질 않아 또 다른 업자를 물색하여 80만 원 주기로 하고 수리를 맡겼는데 새는 곳은 의외로 간단한 곳이었다. 외벽 연결부에 마감처리를 빠트린 곳에서 새는 것을 몰랐던 것이다. 임대료는 매달 건물주인 내 통장으로 들어오나 빌딩관리를 위해 임차인들은 관리비를 관리업체에 이체한다.

전주시의 경우 보통 평당 3,000원씩 하는데 일주일에 5일 청소와 시설의 관리를 한다. 요즈음은 직장의 직원도 그렇지만 빌딩의 관리업체도 쉬운 일만 하고 궂은일은 안 하려 든다. 빌딩에는 소로에 접한 화단이 있는데 청소를 거의 해주지 않는다. 하다못해 작년에는 내가 직접 청소를 하였고 이는 청소하지 않고 방치하면 깨진 유리창의 이론처럼 금세 쓰레기장이 되기 때문이다. 관리업체를 바꾸려 해도 그게 만만치 않다. 우리 사회에 궂은일 하는 사람들이 줄어들다보니 관리업체도 마땅한 사람이 없어 아우성이고 또 품질서비스도 그 업체가 그 업체이기 때문이다.

아무리 조물주 위에 건물주라고 해도 최종책임은 건물주에 있다. 소방교육도 받아야 하고 시설이 노후되면 보수비용도 만만치 않다. 예전에는 비용부담이 그리 없었는데 소득주도성장이라고 최저임금을 급격하게 올리는 바람에 최저임금도 아니면서 건축이나 시설공사 인건비도 사정없이 오른 때문이다. 보조일꾼도 20만 원 줘야 하고 전기나 목수 등 기술자들은 일당이 30만 원선으로 올랐다. 건물을 지으려고 계획했던 사람들이 자재값에 인건비에 건축을 보류하는 사람들이 주변에 너무 많다. 임차인들의 피를 빨아먹는 것으로 비하되는 건물주도 따지고 보면 피지배층 사람들의 아류에 속한 것이고 무슨 권력이 있는 사람도 아니다. 제일 만만하고 관청에서 우편물이나 연락이 오면 제일 예민해지는 사람이다. 그래서 마음은 편한 날이 더 없는 편이다.

만병의 근원이 스트레스라 하는데 창조주 위에 건물주라는 필자 역시 건물 때문에 스트레스를 받는데 모두가 사람으로 인한 것이다. 건물에서 사무실만 있는 것이 아니고 식당과 유흥업소 다양한 업소들이 임차하여 사용하는 것인데 원래 식당에서 고기를 손질하면 기름기가 나오는데 그것을 그대로 방류하면 배수관에 기름때가 끼어 막히는 경우가 생긴다.

몇 달 전 화장실 물이 안 빠진다고 하여 기름을 걷어내고 해결했는데 이번에는 건물 밖의 배수관이 막혀 관리업체가 하수업자를 불러 뜯어보니 물티슈와 기름 덩어리들이 쏟아져 나왔는데 특히 겨울에 심하다. 콘돔까지 배수관에 섞여 나왔으니 도대체 건물 내 유흥업소에서 어떻게 화장실을 사용하는지 상상이 간다. 하수업자가 근본적인 해결은 건물외부 배수관의 90도 꺾인 부분에 맨홀이 없어 그렇다고 맨홀을 설치해야 한다고 한다. 설계도면을 살펴보니 분명하게 맨홀이 그려져 있는데 실제는 없었고 그래서 맨홀을 설치하려고 업자를 불렀다. 맨홀을 설치하는데 설치된 입간판을 옮기고 폐기물 비용까지 합쳐 150만 원을 달라 한다. 작업을 지시하고 가보니 일을 쉽게 하려고 간판 기초콘크리트를 부순 폐석을 그대로 두고 그 폐석위에 몰탈을 깔고 간판 기초를 조립하는 것이었다. 간판무게나 하중 계산없이 폐석위에 간판을 세우는 격이다. 땅속에 들어간 철재가 흙속에 녹슬고 부식되어 차후에 지지력이 문제될 수 있다는 우려에도 무조건 안전하다는 것이다. 기술적 공부를 하지 않고 어깨 넘어 배운 얼치기 현장업자들 때문에 또 스트레스가 쌓였다.

언젠가는 기초를 다시 해야 하겠고 신설된 건물 외부 90도 꺾인 부분 배수 맨홀을 열어보니 물티슈가 또 여러 장 나온다. 화장지를 쓰지 않고 쓰지 말라는 물티슈를 마구 변기에 버리니 나중에 골탕 먹는 것은 건물주이다. 2층의 노래방의 천장에 빗물이 떨어진다고 사장님이 전화가 와서 업자를 불러다 원인을 찾아보라 하니 3층 베란다 타일에서 물이 새 들어간다고 타일 전체를 걷어내고 방수처리를 해야 한다고 겁나는 소리를 해댄다. 또 업자를 불러다 확인했더니 3층 싱크대 배수관이 이물질로 꽉 막혀 역류하여 방수가 덜된 콘크리트 바닥체를 타고 흘러간 것이었다. 윗층의 사무실이 이사갈 때 간판을 단다고 또는 에어컨 실외기 때문에 벽에 구멍을 내고 나갈 때는 소리없이 나가버려 비가 샌 경우도 있다.

언젠가는 건물 주차장에 외부차량 주차를 못하게 주차봉을 만들어 달라고 하여 만들어 주었더니 차량이 들어오고 나갈 때 관리를 잘하면 될 것을 도로변에 함부로 내놓고 구청단속 나오니 치워야 한다고 카톡에 올라온다. 건물주가 갑질하는 것 같지만 사실은 임차인 뒤치닥거리 해주는 약자이다. 더욱이 코로나로 상권이 무너지고 특히 지방은 상가나 사무실 공실이 많아 건물주는 임차인 눈치를 살펴야 한다. 기간만료로 이사를 가면 새 임차인이 오질 않아 임대료를 깎아 주지는 못해도 반년이고 일 년이고 무상으로 사용하라는 파격적 조건도 제시한다. 임대료를 깎아 주면 건물시세가 하락하기 때문이다.

나는 임대료를 거의 올리지 않는데도 장기간 미납된 것이 한두 군데가 아니다. 노래방은 2014년 계약 후 지금까지 임대료 인상을 안 했는데도 장사가 안 되고 코로나에 직격탄을 맞으니 임대료가 체납되고 보증금을 다 까먹고 계속 채무만 누적되고 있으니 나가지도 못하는 것은 시설비가 있기 때문이며 건물주는 법적으로 판결을 통해서 내보내야 하는데 임차인이 버티면 임대인도 또 한 번 인도명령을 받아 시행하고 철거한 기물은 보관해야 하는 힘든 싸움을 해야 한다. 임차인도 시설비가 있으니 가방 싸들고 나오듯이 못하는 것이다.

건물 가진 사람들이 다 제 돈으로 마련하기보다 대부분 은행융자를 끼고 있다. 코로나에 상가가 죽었으니 임대료도 안 들어오고 몇 달만 이자납입을 못하면 바로 은행에 의해 경매가 신청되어 건물주가 아닌 건물에서 쫓겨날

신세가 될 사람도 건물주다. 코로나에 중소상공인, 자영업자는 폭망의 위기에 내몰렸는데 신한, KB, 하나 등 금융지주사들은 2020년 순이익이 2~3조 원씩 증가하여 직원들의 임금인상과 성과급 잔치를 벌였다고 한다. 99쌀가마 가진 부자가 1가마 가진 가난뱅이 쌀가마 빼앗아 100가마 채운다고 하는 말이 맞는 소리다.

11. 임대료 감면

코로나19로 자영업이 패닉상태에 빠지자 불똥이 창조주 위에 건물주라는 나에게도 떨어졌다. 장사가 전혀 안 된다고 하여 임대료 인하요청이 은연중 들어왔고 이를 받아들여야만 했다. 이전 전주시의 착한 임대료 운동은 그동안 상식에 맞지 않게 가파르게 임대료를 인상해온 한옥마을이나 해당이 되지 몇 안 되는 상가를 갖고 있어도 몇 달째 또는 1년 이상 임대료가 안 들어와서 은행이자와 원금일부를 상환하면 그 달 수익금이 항상 별로인 내 처지에서도 임대료 인하는 피할 수 없는 압박이 되었다. 필자는 그동안 5년째 임대료를 인상하지 않고 동결해왔는데 그럼에도 작년에 코로나 광풍이 불어 임대료를 3개월간 20%씩 감면해주었고 올해에도 같은 기준을 정하여 임대료를 20% 또는 3개월 감면해주겠다고 통보해주었다. 모든 임차인들이 고맙다고 카톡에 답신이 와 그것을 위안으로 삼았다.

그렇다고 임대료를 1년 이상 내지 못해 보증금을 다 까먹은 노래방에도 임대료 감면을 안 해줄 수 없어 형평성 차원에서 똑같이 임대료 감면을 통보해주었다. 그게 원칙이기 때문이다. 코로나가 확산될 때 9시 이후 영업을 못하게 하여 제일 타격을 받은 노래방이 코로나 확산방지라는 이유로 또 2주간 문을 닫게 하고 70만 원 지원받았다는 소리가 들렸다. 그 돈으로 간에 기별이나 가겠는가? 이후 몇 차례 소상공인 재난지원금을 받았어도 수렁에서 헤어나지 못하는 것은 노래방이 코로나 때문이기도 하지만 이제는 노래방 갈 일이 그만큼 없어졌기 때문이다. 노래방은 단합장소로 사기를 높이는데 안성맞춤 놀이터인데 신나고 흥이 나야 할 노래방이 근래 들어 직장인들의 단합장소로 매력을 잃어가고 있었다. 으샤으샤하는 사회적 분위기도 없고 더욱이 노래방이 성추행 장소로 보도되고 망신당하는 사람들이 많아지다 보니 직장인의 회식도 없어지고 아예 노래방으로의 발길을 끊었기 때문이다.

나 역시 노래방 임대료가 계속 밀려 노심초사 하고 있는 판에 편의점 아주머니까지 불편한 목소리로 전화가 왔다. 건물 현관에 낮에도 불을 켜놓는다고 사람들이 제 것 아니라고 참 못 되먹었다고 불평을 쏟아낸다. 나는 그것이 그동안 몇 년 동안 별다른 말이 없이 항상 미소를 지어주던 편의점 사장님이 사소한 것까지 예민하게 반응하는 것을 보고 그것이 코로나 때문에 장사가 안 되기 때문에 나온 스트레스일 것이라고 생각했다.

지금의 편의점 부부는 참으로 친절하고 착한 사람들이었다. 미성년자에게 모르고 담배를 팔았다가 걸려 일주일간 장사를 하지 못했어도 웃음을 잃지 않았던 분들로 남자는 울산 현대자동차에 근무하다 퇴직하고 이곳으로 이사 온 예의도 바르고 이해심이 깊은 사람들이었다. 그 이전에 편의점을 했던 사장님은 자신의 점포 앞에 자신이 청소를 하지 않고 현관과 계단청소를 하는 관리업체소장에게 해달라고 요청했다가 거절당하자 1년 이상을 관리비를 내지 않고 관리업체에 끔끔수를 준 사람에 비하면 천사와 같은 사람들인데 너무나 장사가 안 되다 보니 몇 푼 안 되는 공동전기료에도 히스테리가 나오는 것이다.

참으로 코로나 때문에 가붕개들의 삶은 고달프기 짝이 없다. 나같은 보잘 것 없는 임대인도 임차인의 어려움을 같이 나누고자 임대료를 깎아주는데 그 돈 많은 은행들이 고통분담한다는 말을 들어보지도 못했다. 임대인과 임차인 모두가 힘들어 하는데 은행만은 강 건너 불구경 하듯 한다. 내가 몇 달만 이자를 내지 못하면 그 즉시 내 건물을 경매신청하고 뺏어 갈 수 있는 지배층에 있는 기관인데 무엇하러 가붕개들의 어려움을 걱정하나?

코로나로 자영업자의 매출이 급감하고 폐업이 속출하자 민주당과 국민의힘 여야는 코로나를 이유로 임대료 감액을 청구할 수 있도록 하는 상가건물임대차보호법 개정을 추진한다고 보도되었다. 지난 7월 야당 반대에도 임대료를 기존대비 5%까지만 인상하고 임대기간을 배로 늘려 4년으로 하여 서울 강남 아파트는 전세가 씨가 마르도록 한 부작용을 알면서도 임대료 감면을 시장원리에 맡겨두지 않고 강제하였을 때 어떤 부작용이 날지도 모른다는 것을 지배층에 있는 사람들은 생각하지 않는다.

가붕개가 사는 개천은 이끼인 식물성 플랑크톤이 있고 이를 먹이로 하는 동물성 플랑크톤과 새우, 송사리 등 작은 물고기를 잡아먹고 사는 가재나 붕어가 있어 이보다 큰 상위 포식자에게 먹이를 제공하면서 순환의 생태계를 유지한다. 건물주라고 재산세에 소득세에 준조세 등 각종 세부담을 지는데 건물주만 가진 자라 하여 더 많은 양보를 요구하면 더 많이 가진 은행권도 코로나 팬데믹에 일정부분 부담을 가져야 되는 것 아닌가? 종부세를 대폭 올리고 각종 세금을 더 올리면 건물주는 하늘에서 돈이 나오나? 건물주도 똑같은 가붕개이다.

12. 부메랑 임대차 3법

정부가 강남 아파트 폭등을 잡겠다고 22번의 부동산 대책을 발표해도 이게 먹이지 않자 헌법 위헌소지가 있는 임대차3법을 공표하여 그 후폭풍이 부메랑이 되어 정책을 입안하고 추진한 총사령탑인 홍남기 경제부총리가 시중의 웃음거리가 된 일이 있다.

임대차3법이란 임차인이 계약기간 2년을 1회 경신하여 최장 4년을 보장해주고 임대인은 임대료 상한선을 5% 이내로 제한하고 또 임차인에게는 계약갱신청구권을 주어 사실상 사유재산을 침해하고 시장원리를 역행하는 강제적 틀에 가두는 것으로 심각한 부작용이 발생할 것으로 전문가들이 우려했던 사항이다. 아닌 게 아니라 본인부터 곤란한 전세 난민이 된 것은 홍 부총리의 의왕시 소유 아파트는 청와대의 공직자 다주택 처분정책에 따라 매각했는데 세입자가 계약갱신청구권을 행사하여 더 살겠다고 하니 매수자도 전세 난민이 되었고 홍 부총리가 서울에 전세로 거주하고 있는 마포 아파트도 집주인이 직접 살겠다고 하여 내년 1월에 집을 비워 줘야 하는데 지난 7월 31일부터 시행한 임대차보호법에 의해 전세는 씨가 마르고 가격도 평균 2~3억씩 올랐기 때문이다. 그러자 국토부는 전세가 있는 집을 계약할 때 공인중개사로 하여금 세입자에게 계약갱신청구권을 행사할 것인지 안 할것인지 계약서에 명기하는 방안을 추진한다고 하였다.

이 정권의 문제는 유기적으로 얽혀 있는 세상의 이치를 무시한다는 것이다. 길면 6개월 뒤에 벌어질 일을 어떻게 알고 세입자가 계약갱신청구권 행사 여부를 왜 집주인한테 말한단 말인가? 계약갱신청구권을 행사한다고 하면 계약 못하게 초치는 것이 될 수 있는데 집주인은 이제 집도 마음대로 못 팔게 한단 말인가? 이는 문재인 정부가 지난번 21번의 두더지잡기 부동산 정책에 내놓아도 아파트 가격이 잡히기는커녕 계속 오르자 22번째 7·10 대책으로 다주택자 종부세중과를 골자로 내놓았으나 실효가 없자 7. 30일 임대차3법으로 시장을 혼란으로 빠뜨렸다.

집값 안정을 위한다고 6·17 부동산 대책을 내놓아도 이를 비웃듯이 일주일에 수천만 원씩 오르고 있으니 또 다시 한 달도 못되어 두더지 잡기 놀이를 하고 있는 것이다. 김상조 전 청와대정책 실장도 자신이 주도한 임대차3법(계약갱신청구권, 전월세 상한제, 전월세 신고제) 때문에 전세파동이 일어나자 "불편하더라도 조금만 기다려 달라" 하고 자신은 시행 이틀 전에 자신의 아파트 전세금을 8억5천에서 9억7천으로 14.1% 올려 받았는데(사실은 주변 시세에 미치지 못한 인상율) 임대차법이 전세금 5% 이내로 제한한 것을 스스로 어겼는데 이를 자신이 살고 있는 금호동 아파트 전세값이 올라 어쩔 수 없다고 변명했는데 그의 예금통장에는 14억 원이 예치되어 있었다고 보도되었다. 이는 전세가격이 형성되는 이면에는 다양한 원인들이 존재하는데 이를 깡그리 무시하고 5% 이상 못 올린다고 할 때 이미 현실과 동떨어진 부작용은 예견되어 있었다. "재벌 혼내느라 늦었다"는 오만방자한 버릇이 국민을 향해서도 규제지역을 만들고 허가지역을 도입해도 잡힐 기미가 없자 매입할 때 취득록세나 살고 있을 때 보유세인 종합부동산세, 팔 때 내는 양도소득세를 왕창 올려가지고 세금규제로 부동산 가격을 잡겠다고 한다. 왜 부동산 가격이 오르는지 원인도 파악 못하고 오르는 현상만 보고 대책을 내놓기 때문이다. 더 가관인 것은 여권의 정치지도자였던 이해찬 전 당대표가 강남부동산 폭등이 계속되자 천박한 도시라고 서울을 비하한 것이다.

세종시로 행정수도 이전을 발표하니 세종시 아파트 값도 평균 1억5천만 원이 상승하니 서울 부동산 값은 못 잡으면서 세종 부동산까지 폭등하게 만들었다. 2004년 헌재의 행정수도 이전을 위헌이라 판결했음에도 16년이 지나서도 미몽에서 아직 못 깨어나고 있다. 주택임대차기간을 4년으로 늘리고 인상률은 5%로 제한하는 새 임대차보호법이 집 없는 임차인을 살리는 것이 아니라 임차인의 전세를 없애는 길로 내몰고 있는 것이다. 과거 부모의 집에서 분가하여 월세를 살다가 작은 전세로 옮기고 이어 큰 전세로 옮긴 다음 내 집 마련의 정상코스가 무너져 버리고 있다. 주택도 사유재산인데 전세로 하든 월세로 하든 시장원리에 따라야 하는데 4년 동안 묶어놓으면 집주인은 달리 있는 사람 내보내고 본인과 직계가족이 산다고 꾀를 내던지 4년 후 새로운 임차인에게 왕창 올리던지 하는 수밖에 없다.

세입자가 집주인이 직접 사는지 확인도 어렵고 무슨 원수 척졌다고 그렇게 할 세입자는 많지 않을 것이다. 집주인은 월세로 전환하거나 전세를 대폭 인상할 텐데 그나마 강남 근처에 살다가 이제는 통근 거리 2시간의 변방으로 밀려날 것이다. 임대차3법으로 2~3억씩 오르고 전세는 씨가 말랐으니 홍 부총리부터 서울을 떠나 변방으로 솔선수범 하여야 할 것이다.

13. 뉴타운 사업

2002년 추진하기 시작한 서울의 뉴타운사업은 1970년대 고도성장기를 거치면서 낙후되고 노후화된 구시가지 주거지 정비가 필요하여 시작된 사업으로 2006년 취임한 오세훈 서울시장에 의해 본격적으로 추진되었다. 새로운 주택을 바라는 수요층이 있었기에 부동산 시장안정을 위해 필요했던 사업이 오 시장이 무상급식 주민투표에 패하여 시장으로 물러나자 새로 선출된 박원순 시장에 의하여 보류되거나 폐기되었다. 한마디로 신규주택공급에 차질이 생긴 것이다. 자동차도 신차를 뽑으면 5~10년 타다가 새로운 신차를 다시 구입하고 여력이 안되는 층은 중고차를 타고 다니다 폐차하는 순환 리사이클이 작동되고 있다. 주택도 일정 부분의 신규가 지어져야 하고 그래야만 새 아파트를 필요로 하는 수요층에 신규주택을 공급할 수 있다. 시장이 전임시장의 정책을 이념적으로 배척하여 뉴타운 같은 재개발, 재건축사업이 무산되고 신규수요가 억제되어 왔기에 오늘날 아파트 폭등과 전세대란을 불러온 것이다. 정책의 오판은 오래된 폐가까지 포함되는 100%가 넘는 주택 보급률을 가지고 정책설계를 했다는 것이다. 요즈음같이 1-2인 가구가 늘어나고 셋방도 월세는 싫고 주거환경이 좋고 깨끗한 신축아파트를 선호하는 시장을 간과한 것이다.

민주당의 부동산 정책은 정책이라기보다 적을 섬멸하는 초토화 작전처럼 보인다. 22번의 부동산 정책을 융단 폭격하듯 쏟아내어 보유세, 양도세를 대폭 올리니 아파트 가격이 폭등하고 전세까지 씨가 마르니 사회주의 국가에서도 하기 힘든 임대차3법을 강행하여 평지풍파를 일으켰다.

서울의 아파트 평균값이 2020년 8월 기준 9억8500만 원이 되어 2016년 평균가격 5억7388만 원에 비해 근 배 가까이나 올랐다. 이러한 폭은 취득세에도 연결되어 종전 631만 원에서 3251만 원으로 오르게 되고 중개수수료도 그동안 9억 미만으로 0.4%인 230만 주었으나 이젠 9억 이상이 되어 887만 원을 주어야 한다. 이제 아파트 등 모든 주택을 폭등시켜났으니 정부의 다음 단계는 오른 만큼 세금 거두는 일만 남았다. 공지시가를 90%까지 올려 재산세와 건보료를 더 왕창 걷어들이겠다는 것이다.

정부 여당은 증세라는 말을 쓰지 않는다. 국민이 거부감을 갖기 때문이다. 시장원리에 의해 잘 돌아가던 아파트 가격을 폭등시켜 놓고 공시가격을 현실화한다는 명분으로 증세를 하는 것이다. 참으로 영악하다. 임대차3법으로 시장을 들쑤셔 났으니 아귀다툼이 벌어지고 있다. 세입자는 계약갱신청구권을 무기로 위로금이나 이사비용을 주어야 나간다고 협박(?)하고 임대인은 5% 이상 임대료 인상이 어렵자 따로 임대료를 올려놓고 차후 나갈 때 보증금에서 공제한다는 이면계약을 종용하고 있다고 한다. 전세가 씨가 마르니 줄 서서 제비뽑기를 하고 어떤 곳은 관람료를 받았다고 한다. 홍남기 부총리도 세입자에게 위로금을 주어 내보내기로 했단다. 그런데 문재인 대통령은 "전세시장을 기필코 안정시키겠다"고 한다. 믿을 수가 없게 되어가고 말았고 경제정의실천연합은 지난 6월 문재인 정부 들어 서울의 APT 가격이 52% 올랐다고 했는데 정부는 14% 올랐다고 하면서 근거를 대라는 시민단체의 요구에 정부는 답을 못하고 있다.

사람들은 주변 점포에서 흔히 볼 수 있는 80~90% 파격 세일이라는 프랑카드에 정말 그렇게 싸게 판다고 하여도 몰려들지 않는다. 가격을 뻥튀기 해놓고 그러한 허상가격에 90%를 할인해주어도 그게 제값 주고 산다는 것을 잘 알기 때문이다. 정부가 공시지가를 90%에 현실화한다고 해놓고 6억 이하는 재산세를 감면하여 준다고 한다. 눈가리고 아웅하는 격이다. 내년부터 3년 동안 한시적으로 재산세율을 0.05% 포인트 내려준다지만 공시지가가 현실화되는 2030년에는 재산세가 2배 이상 급증하는 것으로 나타났다.

특히 9억이 넘는 고가아파트는 3배 이상 폭등하는데 그동안 6억 미만의 서민아파트를 부동산 대책이랍시고 들쑤셔놓아 서울의 대부분 아파트가 9억이 넘게 되었으니 세금을 걷어들이는 꼼수가 지능적인 사기꾼보다 못하지는 않게 영악하다 할 것이다. 즉 기존에 6억 아파트의 재산세가 45만3천 원인데 3년의 감면 기간에는 42만4천 원으로 겨우 2만9천 원 깎아주고 난 후 2030년에는 공시지가를 90% 상향하여 98만2천 원으로 가져가겠다는 것이다. 정부가 국민을 상대로 이런 꼼수를 부리는 것은 조선 말기 동학혁명의 시발이 되었던 만석보의 수세와 무엇이 다르다는 말인가?

14. 천도

강남의 아파트가 천정부지로 치솟더니 상승세가 들불처럼 수도권 전 지역으로 퍼져나가고 이를 막느라 22번의 부동산 대책을 내놓아도 소용이 없자 여권은 비장의 행정수도 이전을 들고 나왔다. 당시 김태년 민주당 원내대표가 국회 교섭 단체 연설에서 뜬금없이 한 줄 알았는데 미리 여론조사도 하고 상당한 내부논의를 거친 것이었다. 수도 이전은 즉 천도를 말한다. 천도에는 세 가지 조건이 되어야 추진한다.

첫째는 나라를 새로 건국할 때이고 둘째는 국토의 균형발전을 위해서고 세 번째는 적의 침략으로 피난 갈 때 이다. 이성계가 조선을 건국할 때 개성에서 한양으로 천도한 것이 첫 번째이며 브라질이 수도를 리오자네이로에서 내륙의 깊은 곳 브라질리아로 옮긴 것이 두 번째요, 조선의 인조가 왜군에 쫓겨 의주로 옮긴 것이 세 번째 천도에 해당할 수 있다.

그러나 지금의 행정수도 이전이라는 이름으로 포장된 대한민국 수도의 천도는 집권세력이 만들어낸 수도 서울의 과밀해소와 균형발전이라는 이름 아래 자행되는 정치적 국가 유린행위라 할 것이다. 이는 수도 이전이 단순한 정부 기관의 이전이 아니라 공간인 나라의 중심을 정하고 시간인 국운을 확장형으로 가느냐 아니면 축소형으로 가느냐 하는 문제와 결부되기 때문이다. 우리 민족이 드넓은 만주를 호령할 때의 고구려의 수도가 국내성에서 남쪽의 평양성으로 내려와 멸망했고 백제가 위례성(서울)에서 웅진(공주) 이어 사비(부여)로 도망가듯 내려와 남쪽으로 남쪽으로 천도하면서 결국은 멸망했다.

지금의 코리아라는 이름을 세계에 알린 고려의 기상을 일구었던 개성에서 조선이 개국하면서 한양으로 천도하더니 이제 대한민국이 남쪽의 세종시로 수도를 이전하겠다고 하니 이 또한 나라가 망하는 길로 가는 것이다. 나라의 살길은 확장성에 있는 것이지 축소형에 있는 것이 아니기 때문이다. 반도라는 외통수 길목으로 내몰리는 민족은 쇠락의 길로 빠지게 되어있다. 2002년 대선에서 한나라당 이회창 후보에 비해 완전 열세였던 민주당 노무현 후보가 선거 국면 전환카드로 수도 이전 공약을 내걸고 충청도 표심을 끌어 모아 대통령에 당선되었고 "그 공약으로 재미 좀 보았다"고 실토한 적이 있다. 수도 이전을 2004년 행정수도 이전 특별법이 헌법재판소의 위헌 판결로 추진할 수 없게 되자 꼼수가 등장했다. 수도 이전이 아닌 행정중심 복합도시를 만들겠다고 시동을 걸었고 여기에는 사실상 국가 대사 법안이라 할 수 있는 행정도시건설 특별법을 다른 법과 함께 두루뭉술하게 2005년 3월 통과시켜준 당시 한나라당 대표 박근혜의 책임이 큰 것이며 오늘날의 논란을 만들게 해준 장본인이다.

정부주요 부처가 세종시로 내려가서 공무원들의 비능률과 불편함은 결국 국민의 손실로 다가왔다. 이제 청와대, 국회까지 이전을 추진하기 위하여 특별법이 되었던 헌재의 재심을 추진할 모양이다. 나중에는 사법기관도 이전할 것이니 천도가 맞는 것이다. 대의는 없고 사익만 추구하니 야당에서도 수도 이전 추진에 동조하는 의원들도 있다. 미래를 보지 못하고 근시안적 모리배들 때문에 국민의 안위가 걱정이 된다. 통일을 부르짖으면서 세종시에 수도를 두겠다고 한다. 통일된 한반도에 세종시가 수도로서 적합하고 그 역할을 수행할까? 그때 가서 또다시 수도를 옮기자고 하겠지 아니면 통일을 입에 올리는 사람들도 세종시 수도 이전에 찬성할 것이니 그것도 민족의 내일은 안중에 없는 위선자 아닌가?

정파적 이익 때문에 나라의 수도 이전을 국면 전환용으로 삼고 있는 정치인들 참으로 나쁜 사람들이다. 먹자판이 생기면 별의별 사업이 생기고 이로 인해 가붕개들은 상상할 수 없는 특혜를 공무원은 누릴 수 있다. 대표적인 것이 세종시 공무원에 대한 신규아파트를 제공하는 특공제도를 만들어 몇 억씩 벼락부자가 되게 하였다. 이전 대상 부처가 아닌데도 예산을 지원받아 청사를 만들고 특공혜택을 준 관평원이 이를 말해준다. 어찌 관평원뿐일까. 가붕개들의 한숨만 나오는 하루다.

5

부동산 해법

1. 부동산 정책은 남부권 균형발전에서

대선 선거판을 뒤흔든 성남시 대장동 개발사업에 자산관리회사 화천대유가 3억5천을 투자하여 4000억이 넘는 천문학적 이익배당을 받고 아파트 분양에도 돈방석이 확실했던 것은 허가기관의 특혜 이전에 집만 지었다 하면 수요가 몰리고 수요가 몰리니 개발토지를 비싸게 해도 팔리고 분양가격을 뻥튀기 해도 분양되는 수도권 과밀 때문이다. 이처럼 과밀구조를 놔두고 신도시를 개발하거나 교통망을 개설해도 그것은 근본대책이 될 수 없고 과밀만 더 부추기는 땜질방식 미봉책일 뿐이다.

아무리 지자체가 토지수용과 인허가를 책임지는 특혜를 베풀고 기라성 같은 법조 카르텔을 형성하여 방패막을 만들고 개발회사 지분에 은행과 재벌의 이름을 빌렸더라도 성남시 대장동이 아니고 남부권의 어느 지방에 사업을 벌였다면 쪽박을 찰지도 모른다. 홍남기 경제부총리는 지난 7. 28일부동산 관련 대국민 담화를 발표하고 집값이 큰 폭으로 내릴 수 있으니 집을 사지 마라 하고 친절한 충고를 해주었다.

집값이 비정상으로 폭등한 것은 누가 올린다고 되는 것이 아니라 오를 요인이 있기에 오른 것이다. 또 시장원리에 의해 자연적으로 오른 것이라면 몰라도 인위적인 상승요인이 있다면 폭락 또한 있을 것이나 정부의 부동산 총괄책임자가 집값이 내릴 테니 사지 말라고 하는 것은 26번의 부동산 정책을 내놓고도 서울의 아파트 값은 못 잡고 전세대란만 만들었으니 백약이 무효라는 고백이나 다름이 없다. 집값 상승은 공급은 적고 수요가 많아서일 수도 있고 친구 따라 강남 간다는 말과 같이 지금 안 사면 늦는다는 집단심리가 발동하여 너도나도 뛰어드는 바람에 오를 수도 있고 임대주택에 대한 세금감면 정책일 수도 있고 투기꾼들이 한몫 챙기려고 장난친 여파 때문일 수도 있다.

정부의 지금까지 부동산 정책은 거리의 두더지 때려잡기 놀이와 비슷한 측면이 있다. 근본해결책을 내놓지 않고 현상 타개책만 내놓으니 약발이 서질 않는 것이다. 서울 더 넓게 말하면 수도권의 부동산 가격상승은 인구와 일자리의 과밀화 때문이다. 과밀화는 일자리가 있기에 수반되는 현상이고 일자리는 대부분 기업이 만들어낸다. 그 옛날 탱크 빼고 못 만드는 것이 없다는 청계천 상가의 제조업이 양평동을 거쳐 인천남동공단과 시화반월공단에 정착하더니 이제 경기도 전역에 퍼져 있고 4차산업시대에 핵심인 IT산업이 구로공업단지에 둥지를 틀더니 이제 성남판교의 테크노밸리와 경기도 전역에서 미래산업을 주도하고 있다. 당연히 일자리가 서울과 인근 수도권에 집중되고 양질의 교육시설도 대부분 서울에 소재하고 있다. 이러니 교육, 의료, 일자리가 갖추어진 강남에 아파트 한 채 마련한 것은 그 자체가 부의 상징이니 청와대민정수석보다 강남아파트를 선택하는 것이다.

수도권이란 서울과 경기도를 말한다. 전 국토의 1/10에 인구는 50%가 넘는다. 지방은 자체 예산이 없고 사람도 없고 하여 지자체 소멸론이 현실로 다가오고 있는데 수도권은 경제를 주도하고 세수도 넘쳐나니 경기도는 청년들에게 100만 원씩 청년기본소득수당을 준다고 공영방송인 KBS에서 홍보까지 해준다. 전북의 새만금은 공항, 항만, 넓은 부지 등을 구비한 최적의 기업투자 지역이지만 국내 최대의 재벌인 삼성도 외면하고 전북도민에 전혀 도움이 안 되는 태양광 패널만 깔게 되는 반면 경기도 내륙에 있는 용인시는 120조 규모의 반도체 클러스터 조성을 앞두고 있으며 기업들이 앞다투어 밀려드니 산업단지 신청 물량만 15개소에 412만m²가 넘는다.

이러한 수도권과 남부권의 극명한 차이는 지방의 산업단지의 저조한 분양률에서 볼 수 있다. 남부권 내륙의 남원시는 처음으로 조성한 사매 일반산업단지의 경우 준공 2년이 넘었으나 태반이 비어 있어 황량한 부지에는 잡풀만 자라고 있다. 경기도는 일자리도 많고 사람이 몰려드니 아파트를 지어도 분양이 잘된다.

수원시는 수원 군공항을 이전하면 군공항 자리에 아파트를 지으면 20조 원 이상의 이익을 창출할 것으로 수원시는 기대하고 있다. 대장동도 쩝이 안 된다. 이러한 양극화를 그냥 두고 볼 것인가? 같은 대한민국에 수도권과 떨어진 남부권을 균형발전시키면 일자리가 만들어지고 남부권에 일자리가 만들어지면 자연스레 수도권의 아파트 가격상승과 과열청약이 해소되고 전세값도 안정세로 돌아설 것이다.

노무현 정부 때 이러한 서울과밀을 해소하는 방법으로 공공기관 지방이전을 혁신도시개발로 추진하였는데 얼마나 서울시민들이 지방으로 이전하

없는가는 참담한 현실이 말해주고 있다. 오히려 공무원 및 공공기관 임직원들에게 지방 이전을 목적으로 공급한 아파트 특별공급제도(특공)는 실제 이주는 하지 않고 시세차익만 평균 5억을 벌어주었다는 비판을 받았다. 이러한 제도는 그들의 지방 이주를 목적으로 한 것이나 효과는 없고 시세차익과 자산가치를 상승시켜 주어 지방에서 스스로 벌어야 하는 서민들의 박탈감을 안겨 주었다.

솥단지에 물이 끓는다고 찬물만 부으면 도로 끓는다. 근본대책은 아궁이의 불타는 장작을 빼내 다른 쪽으로 옮기는 것이다. 정부의 부동산 대책도 수도권 과밀이라는 근본대책을 마련하지 않고 수요억제 대책이나 세금중과 정책으로 잡으려고 하였으니 실패하는 것이다.

고령화에 공동화되는 지방을 살리고 서울의 집값을 안정시키려면 역발상 전략을 만들어 내야 한다. 10배의 성장이 10%의 성장보다 오히려 더 쉽다는 문샷싱킹 전략이 필요하다. 현재 같은 국내 기업환경에서 국내기업에게 지방에 투자하라고 하면 안 한다. 기존 관점에서 벗어나 혁신적인 사고가 필요하다. 새만금을 한중일 경제특구로 개발하고 남부권관문공항과 새만금신항을 환적항만을 가진 물류 요충지로 만들어 국내 항만 물류의 75%를 차지하는 부산과 철도망을 개설하고 이를 중국과 일본과 한중해저터널과 한일해저터널을 추진하면 국내의 많은 기업들이 남부권으로 방향을 틀 것이다.

단순히 국내의 새만금에만 투자하는 것이 아니라 새만금을 통해 한중일의 경제 인프라가 유럽까지 연결되는데 세계로 도약하는 전략적 요충지에 기업인들의 열정이 가만 있겠는가? 대구 광주의 88고속도로와 얼마 전 발표한 달빛내륙철도는 새만금과 부산의 고속철도와 물류철도망이 함께 개설되면 남부권의 X자축이 형성되고 따라서 지금까지 수도권에 집중되었던 경제의 과밀현상이 해소되고 남부권으로 균형발전이 이루어질 것이다. 그렇게 될 때 서울 강남과 수도권의 부동산 가격은 자연스럽게 안정될 것이며 수도권과 중부권과 남부권이 균형있게 함께 발전할 것이다.

특히 향후 한중, 한일 해저터널이 이루어지면 한중일 벨트가 이루어지는 그날 길목에 있는 부산, 창원과 경남북동권(산청, 함양, 합천)과 새만금, 김제와 전북동남권(임실, 순창, 남원)에도 새 역사가 쓰여질 것이다. 서울의 매매, 전세값 안정은 단기적으로 서울의 낙후 재개발과 주변의 신도시 건설이나 장기적으로는 부산과 새만금의 교통망 개설과 이를 일본과 중국으로 확대하는 남부권개발이 서울 집값을 잡는 근본해결 신의 한 수이다.

이 책의 출간 목적은 제20대 차기 대통령과 집권세력에 대한민국의 생존에 새만금을 통하여 미중 틈바구니에서 벗어나고 동북아 중심국가를 건설하도록 하는 것이며 그러기 위해서 현재 새만금에 쏟아 붓는 태양광 발전사업을 일단 중단시켜달라는 민초의 우국충정 때문에 하는 것이다. 국민건강과 부동산에 대한 소회와 대안 제시는 필자의 생생한 경험에서 우러나온 것이며 이는 근본해결보다 매번 겉도는 정부정책에 충고의 의미도 있다. 성공하지 못한 일개 가붕개에 속하는 필자가 새만금을 통한 역발상 전략을 주장해도 정부 방향이 달라지지 않고 필자의 주장이 필자가 가붕개이기에 호응이 없을 줄도 잘 안다. 그러나 오래전부터 신념을 가지고 새만금에 대한 새로운 발상을 주장했고 할 수 있는 일은 다해보았다.

전북 지역의 아는 국회의원, 정당의 도위원장, 전북도청 해당부서는 물론 문재인 정부 출범에 광화문 1번가 국민제안까지 했으며 청와대 균형발전비서관 등 제안할 수 있는 곳은 다 해보았다. 필자의 이러한 역발상 전략은 새만금개발청이 공고한 새만금활성화 국민제안 공고에서 "새만금 신공항, 신항만의 역발상 전략"으로 장려상까지 수상했으니 정부도 나의 혁신적인 발상이 망상이 아니라는 것은 인정한 셈이다. 그러나 메아리도 들려오지 않았고 누구도 관심도 갖지 않았다. 한중일 삼국의 경제벨트를 후쿠오카, 부산, 새만금, 칭다오를 통해서 연결하자는 나의 신념은 아주 오래전 지금의 민주당의 도의원후보 경선에서부터 주장했고 이후 국회의원 후보경선에도 들고 나왔다. 그러나 후보도 못되고 예비경선에서 매번 미끄러졌으니 포기할 만도 하건만 단념하지 않았다. 사비로 일간지 5단광고까지 해보았고 2회에 걸쳐 책으로 출간해서 알리기도 했다.

부산과 새만금을 통해 국토의 균형있는 남부권 발전을 바라는 마음은 내 스스로 생각한 것이 아니라 어떤 영적 감응이 아니라면 설명이 안 된다. 천생아재필유용(天生我才必有用)이라 하늘이 나를 내려 보낼 때는 다 쓰기 위함이다. 청연거사로 불리우는 당나라 이태백이 쓴 장진주 시의 구절처럼 하늘이 대한민국의 생존을 걱정해서 나를 통해 뜻을 전하고자 했을 거라 자위한다. 정치권, 지방의회에도 명함 한번 내밀지 못한 필자에게 하늘이 주는 소임이 아니라면 왜 내가 그렇게 이 일에 매달리는지? 내가 생각해도 이해가 안 간다.

새만금 추진을 반대하는 세력에 맞서 새만금추진협의회 대변인으로 방패막이 역할은 하였지만 이후 필자가 이렇게 깊이 신념을 갖게 되고 새만금 개발에 역발상 전략의 대안제시를 하게 된 것은 새만금 개발의 목표가 방향설정이 잘못되고 분열되어 부처의 난개발과 시민단체의 반대로 지금도 표류하고 있기 때문이다. 새만금과 동시에 삽을 떴던 중국의 푸동은 30년이 지난 현재 중국 동부지역의 산업과 물류를 견인하고 있는데 한국의 새만금은 태양광 패널로 덮여지고 갈매기 똥만 치우는 세척장으로 변해가고 있다. 분노가 치밀어도 필자가 힘이 없고 전북도 힘이 없으며 중앙의 정권도 관심이 없으니 달리 방법이 없다.

제도권 밖에서는 뜻을 펼치기에 한계가 있어 정치판에도 매번 도전했으나 번번이 힘 한번 못써보고 완패한 것은 사람을 움직이는 이익의 원리를 따르지 않았기 때문이다. 원래가 인복이 없는 놈이 인덕을 쌓은 것도 아니면 실력자의 바짓가랑이라도 붙잡았어야 하는데 그것도 못했으니 결과는 당연한 것이었다. 이제 황혼에 접어들어 우리의 20·30 청년세대들에게 또는 세대 간 갈등을 겪고 있는 40. 50 중년세대에 이야기 해주고 싶어 주변의 조롱이 있으리라 생각되지만 70대 노인세대인 필자가 지난날을 되돌아보면서 책을 펴낸다. 필자와 같은 중소기업, 중소상공인, 자영업자 등 가붕개들이 너무나 힘들게 사는 것을 볼 수가 없었고 코로나 팬데믹으로 좌절하는 그들에게 생존의 힘을 주고 싶었다. 이익이 있어서가 아니라 이 나라를 걱정했기 때문이다. 이렇게 하지 않으면 조상과 후손에게 죄를 짓는 것 같아 이 시대에 피지배층으로 아등거리면서 살아온 가붕개의 철학과 메시지를 전달하기 위해서이다.

다가오는 2022년 20대 대통령선거에 당선된 대통령과 집권세력에게 새만금이 전북의 새만금이 아닌 대한민국의 새만금으로 한중일 삼국의 지정학적 요충지임을 알리고 싶었다. 새만금을 어떻게 활용하느냐에 따라 우리가 동북아 중심국가가 되거나 아니면 강대국의 갈등에 계속해서 약소국으로 살 것이다. 헛꿈을 꾸어 본다. 지성이면 감천이라고 내가 이 책으로 인하여 어떤 인연이 만들어지고 그래서 대통령 직속의 새만금위원회의 위원장이 되어 새만금 정책을 전면 검토할 수 있거나 아니면 전라북도지사 후보를 뽑는 정당의 경선버스에 승차할 수 있어 다행히 천운으로 지사가 된다면 현재 새만금의 태양광문제, 수질과 해수유통, 신공항, 신항만, 매립토, 행정구역, 투자유치, 기본계획 등 산적한 현안문제를 명쾌하게 해결하여 새만금이 전북의 새만금이 아닌 세계의 물류가 모여드는 대한민국의 새만금을 만들고 싶다.

SNS시대에 진인 조은산 씨처럼 청와대에 시무7조를 올려 단박에 유명

인터넷논객이 되기도 하는 세상에 책을 펴낸다고 무슨 큰 도움이 되겠냐만은 이 길 밖에 달리 없었다. 내 열정을 받쳤던 새만금을 사랑하고 내 조국 대한민국을 사랑한다.

문화일보 본사 앞 집회에서 필자

도올 김용옥 새만금
반대 기사에 항의 방문

서울 교육문화회관에서

새만금 민관공동조사단 발표에
항의하는 필자

전북도청에서

새만금 추진협의회의
기자회견하는 필자

새만금 방조제에서

역사적인
최종 물막이 공사에 필자도 한 컷

인간의 생존
집단의 경쟁

초판 1쇄 인쇄 _ 2021년 11월 20일
초판 1쇄 발행 _ 2021년 11월 30일

지은이 _ 조남수

펴낸곳 _ 바이북스
펴낸이 _ 윤옥초
책임 편집 _ 김태윤
책임 디자인 _ 이민영

ISBN _ 979-11-5877-273-4 03340

등록 _ 2005. 7. 12 | 제 313-2005-000148호

서울시 영등포구 선유로49길 23 아이에스비즈타워2차 1005호
편집 02)333-0812 | **마케팅** 02)333-9918 | **팩스** 02)333-9960
이메일 postmaster@bybooks.co.kr
홈페이지 www.bybooks.co.kr

미래를 함께 꿈꿀 작가님의 참신한 아이디어나 원고를 기다립니다.
이메일로 접수한 원고는 검토 후 연락드리겠습니다.